中外法商评论

第一卷

朱晓喆 主编

上海财经大学出版社

图书在版编目(CIP)数据

中外法商评论.第一卷/朱晓喆主编.—上海：上海财经大学出版社,2021.12
ISBN 978-7-5642-3904-6/F·3904

Ⅰ.①中… Ⅱ.①朱… Ⅲ.①民商法-文集 Ⅳ.①D913.04-53

中国版本图书馆 CIP 数据核字(2021)第 228039 号

中外法商评论(第一卷)

编 著 者：	朱晓喆　主编
责任编辑：	杨　娟
封面设计：	钱宇辰
出版发行：	上海财经大学出版社有限公司
地　　址：	上海市中山北一路 369 号(邮编 200083)
网　　址：	http://www.sufep.com
电子邮箱：	webmaster@sufep.com
经　　销：	全国新华书店
印刷装订：	江苏凤凰数码印务有限公司
开　　本：	787mm×1092mm　1/16
印　　张：	19.25(插页:2)
字　　数：	365 千字
版　　次：	2021 年 12 月第 1 版
印　　次：	2021 年 12 月第 1 次印刷
定　　价：	88.00 元

《中外法商评论》编辑委员会

第一卷

学术顾问：（按姓氏拼音顺序）

蔡立东　陈甦　冯果　顾功耘
何勤华　黄进　吕忠梅　申卫星
王利明　余劲松　张守文　赵旭东
郑成良

编　　委：（按姓氏拼音顺序）

郝振江　刘水林　马洪　单飞跃
宋晓燕　王全兴　吴文芳　徐键
叶名怡　张淑芳　郑少华　周杰普
朱晓喆

执行编辑：（按姓氏拼音顺序）

蔡元臻　樊健　冯静茹　刘洋
吴春潇　夏戴乐　于洋　袁波

目录 第一卷 CONTENTS

001 卷首语

005 编辑说明

主题研讨
——《民法典》视野下的商事问题

003 合而不同：《民法典》"合同"编民商事规则的分野与识别路径　李建伟
020 服务合同典型化理论工具及其概念界定　周江洪
044 《民法典》实施背景下世界银行营商环境评估"获得信贷"指标解析　罗培新
063 担保制度的体与用——兼评《民法典》和《九民纪要》中的担保制度　陈　克
105 《民法典》保证制度的发展与争议　李　昊　刘　磊

论　文

135 论混合-追踪法则在内国和跨国私法与刑法中的适用　徐国栋
162 论股东除名的事由、程序与后果　刘凯湘

184　抵押资产证券化产品风险规制机制的比较研究　　黄家镇
211　信托型基金和公司型基金之对比：误区与真相　　李　宇

评　论

239　新中国商法的社会经济史　　朱慈蕴　刘文科
258　继承标的之一般理论——《民法典》第1122条的法经济分析　　张永健
268　民法上的"逻辑一秒钟"　　杨代雄

译　文

281　为何存在一门与民法分离的商事私法？　　菲利普·黑克

295　**约稿函**

卷首语

新冠病毒肆虐，致各国人民密切交往难关重重，全球产业链重组呼声顿起；国际经贸领域中多边主义与单边主义争论四起，区域化趋势显增；国际公共健康规则如何嵌入国际经贸规则，引人深思；克服金融等系统性风险，防范资本的无序扩张，已成社会关注焦点与执政要务……凡此诸象，无论中外，致法商现象日趋复杂，法商规则呈重构之势。身处此大时局，吾辈学人焉有无动于衷之理？幸赖上海财经大学法学院诸位同仁组织编辑《中外法商评论》，为此大变局提供评论平台与探讨场所，并嘱我撰写卷首语。揣度众意，编辑《中外法商评论》，大致有其五端之意：

其一，人类命运使然。自有文字记录以来，人类命运的关联经由商贸而日趋紧密：公元9—11世纪地中海沿岸的商业复兴，催生了日后普及全球的公司制度与票据制度；地理大发现之后的工业革命，酝酿了风险投资制度与股份公司制度；第二次世界大战后经贸规则的"一体化"，推动了世界贸易组织及一些影响深远的区域性经贸组织的创设。由此观之,人类社会的发展,经由商贸变革与法制变革而呈紧密化特征。自此,在构建人类命运共同体的当下,焉有不思考法商之理?

其二,国家治理现代化使然。在中华文明的历史长河中,农耕文化居主流,重农抑商。纵然如此,商贸仍是维系各地人民的桥梁。鸦片战争以来,清末修律,中国被迫打开国门,开启了与世界接轨之路;辛亥革命,亚洲第一个共和国成立,尽管有半封建半殖民地之特色,然法商制度已然成为中国与世界沟通之桥梁,法商亦成为中国社会变迁的重要力量。新中国成立后,特别是改革开放以来,中国在独立自主的基础上敞开国门,与世界通过国际经贸规则勾联,中外法商联系日益紧密,中国融入经济全球化进程。党的十八大以来,中国特色社会主义进入新时代,推进国家治理体系与能力现代化,在参与、分享、构建全球经贸规则的过程中,中国已成为全球法商变革的重要力量。而于国内来说,国家治理现代化则面临着如何有效解决系统性金融风险与防止资本的无序扩张等法商问题。是以,无论国家治理的国际还是国内面向,皆应思考法商之机理。

其三,社会共同体使然。作为个体的一分子,欲达成社会共同体,法商制度的联结是一个重要途径。社会共同体可以通过命令-控制抑或合作-契约的模式实现。而合作-契约模式是社会共同体赖以形成的重要途径,特别是在没有主权者控制的条件下,更仰赖合作-契约模式。而法商制度则是合作-契约模式的集大成者。在社会共同体观念的关照下,法商制度的凝聚功效与人的聚合功能,亦为吾辈同仁常思常新的命题。

其四,宽容创新文化使然。纵观人类发展史,商贸扩张的领域,就是一个社会宽容包容的领域,就是充满创新的领域。因此,商贸所及领域,也是商贸带来的法律制度扩展领域,一个社会充满宽容创新精神的领域。是以,法商制度的宽容创新基因遂成探索者好奇的引子。

其五,百年法商融合传承使然。上海财经大学肇始于1917年成立的南京东南高师商科,1921年东南高师商科东迁上海。回首百年商科发展,上海财经大学自建校之始即开设保险法、海商法、银行法等法科课程,遂成百年法商融合传统。1987年,学校设置经济法本科专业,历经三十余年的发展,特别是近十余年的发展,形成完整的本硕博法科人才培养体系。为弘扬百年法商融合传统,助力法治中国与上海五个中心建设,上海财经大学法学院决定编辑《中外法商评论》,以此为百年法商融合的传承、为百年来中外法商教育传统的赓续与再造尽一份绵薄之力。

站在两个百年目标的交汇点上,祈望这个小小平台为学界同仁提供法商领域的真知灼见,祈愿这些见识能为中华民族伟大复兴提供助力!

郑少华
上海财经大学法学院教授委员会主任委员
2021 年 11 月 20 日

编辑说明

上海财经大学法科教育肇始于其前身东南大学商科及国立上海商学院。彼时按民国大学建制，商科（经济）与法科皆授法学学位。国立上海商学院期间，设置民法、公司法、票据法、银行法、海商法等课程，遂成法商（经）融合之教育传统。改革开放以来，上海财经大学继续发展法科教育。1980年设置国际贸易与经济法教研室；1981年改设经济法教研室；1986年设立经济法专业，并于次年招收经济法本科生；1991年设立经济法学系；1999年法学院成立。1997年获得经济法学硕士学位授予权，2005年获得法律硕士专业学位授予权，2007年获批法律经济学和法律金融学两个二级学科博士学位授予权，2012年设立财经法学博士点，2016年获批法学一级学科博士授予权，下设宪法与行政法学、民商法学、经济法学、国际法学和环境法学五个方向。

简要回顾上海财经大学法科发展的历史可知，法学院的教学和科研始终秉持"厚德博学、经济匡时"的校训理念，保持与商学、经济学、金融学等学科的关联与互动。但一直以来，法学院"法商融合"的学科特色囿于出版平台的欠缺而难以彰显于外。有鉴于此，上海财经大学法学院领导于2020年6月集体决定组织编辑一系列学术文集，提供一个学术展示与对外交流的平台。经法学院教授委员会讨论，这一系列学术文集被定名为《中外法商评论》，相应征稿与出版工作于2021年启动。《中外法商评论》的约稿选题聚焦于民商事、经济金融、环境生态保护、劳动社会保障、新科技发展等领域的法律问题，提倡古今中外的比较研究方法，探索基础性、前沿性、国际性的重大问题。《中外法商评论》为系列学术文集，由上海财经大学出版社出版，暂定每年两卷。

《中外法商评论》第一卷确定的研讨主题为"《民法典》视野下的民商问题"，经过紧锣密鼓的组织，编辑委员会对外发出诸多约稿邀请，最终收稿包括两篇涉及合同制度的论文、两篇涉及担保制度的论文，以及一篇关于《民法典》对世界银行营商环境评估"获得信贷"指标影响的文章。这些论文从不同侧面反映了《民法典》中的民商制度问题，能为相关领域的司法适用和立法的进一步完善提供重要的理论参考。除了主题研讨论文，本卷收录的论文还涉及财产"追踪"(tracing)、股东除名、抵押资产证券化、基金制度等论题。本卷"评论"部分的文章虽然相对简短，但思想性和可读性强，反映了作者们在法律史、法经济学、法教义学方面的有趣思考。本卷最后，我们组织翻译了德国法学家菲利普·黑克的《为何存在一门与民法分离的商事私法？》一文，在一定程度上回应了本卷主题即民商关系的问题。总体而言，这些文章既有深度的历史和法理研究，也有前沿和热点的实务问题，读者们可以各取所需、各享其美。

众所周知，当下国内学术界出版学术作品殊为不易。《中外法商评论》编辑委员会将投入最高的热忱、抱着最大的真诚来做好这一系列学术文集，也期待法学界的各位同仁能够多多支持和关爱这个新生儿。愿不久的将来，《中外法商评论》能以优秀的学术质量和鲜明的法商特色立于法学出版物之林。

《中外法商评论》编辑委员会　谨识

2021年11月

主题研讨

《民法典》视野下的商事问题

合而不同：《民法典》"合同"编民商事规则的分野与识别路径

李建伟

摘　要："合同"编是《民法典》实现民商规则形式合一、实质分立的基本平台，也是关键领域。合同规则的民商二元演变决定了在《民法典》"合同"编中民商规则"合"的表象，但商事交易的特殊价值取向又决定了规则适用上"不同"的实质。在规范设计上，《民法典》"合同"编存在"一般性合同＋典型商事合同""一般性条款＋特殊性条款""统一的一般性条款"三种结构。在此结构上欲要实现"合而不同"的目标，既要在解释论上对相关法律规范进行适用范围目的性限缩、法律漏洞的识别和续造、不合目的性规则的否定，同时也要重视裁判实践对商事规则完善的功能性调整。

关键词：合而不同；规范结构；民事合同；商事合同；规范识别

一、问题的提出

自《民法典》启动编纂以来，在民商合一的前提下如何以及在何种程度上编纂出一部具有商法品格的《民法典》的问题，就被商法学者提出并讨论，论者认为商事交易具有营利性、效率性、交易稳定性等特点，因此需要区别于普通民事规范的特殊规范供给。[①]学术界关于民商事规则区分研究的一个共识是，在统一私法体系下强调商法的独立性或曰独特性[②]，由于"对于商业实践和商法的研究关注不够，结果在民事法律、

作者简介：李建伟，中国政法大学民商经济法学院教授。
本文系阐释党的十九届四中全会精神国家社科基金重大项目"营商环境法治化的制度架构与实现研究"（20ZDA044）的阶段性成果。感谢师雅文、杨唯一、范雨等诸位同学在参与讨论、收集文献上的重要贡献，但文责自负。
① 参见王涌：《中国需要一部具有商法品格的民法典》，载《中国法律评论》2015年第4期；赵万一：《中国究竟需要一部什么样的民法典——兼谈民法典中如何处理与商法的关系》，载《现代法学》2015年第6期；柳经纬：《编纂一部商事品格的民法典》，载《比较法研究》2016年第1期。
② 参见赵旭东：《民法典的编纂与商事法》，载《中国法学》2016年第4期；许中缘、颜克云：《论商事规范的独特性而非独立性》，载《法学》2016年第12期；刘凯湘：《剪不断，理还乱：民法典制定中民法与商法关系的再思考》，载《环球法律评论》2016年第6期；夏小雄：《民法典编纂背景下商事规范的"法典化"表达》，载《法学》2016年第12期。

法规、司法解释或学说中间,呈现出两种矛盾的倾向:要么是商化过度,要么是商化不足"。① 对此,学界提出了三种应对之策:一是"民商合一并不是要将所有调整商事关系的规则都纳入民法典,而是将对民商事关系具有一体适用效力的规则写进民法典"。② 二是在民法总则层面,民商合一体例安排意味着将商事特殊规范纳入《民法总则》③,如提出"民法总则规则的设计应当尽可能考虑商事特别法的规则和商事活动的特殊性,相关规则的设计也应当保持一定的开放性"。④ 三是在"合同"编层面,认为"合同"编应当担负起解决"商化不足""商化过度"的立法任务。以原《合同法》第410条没有区分民商事委托为例,不少学者关注到其不区分民商事委托,一概规定委托合同双方当事人的任意解除权,导致司法实践的偏差与不公,"就众多的合同类型而言,《合同法》第410条对民商关系的处理只是冰山一角,更多的民商关系问题尚待深入发掘"⑤,所以,"在民法典中如何处理民事合同与商事合同的关系,如何在内容和规范上加以区别对待,这是非常值得关注的问题,否则将会导致不同主体、不同性质的合同关系中处理规则的偏差。"⑥

《民法总则》颁布之后,一个普遍的看法是,《民法典》总则部分并未充分重视商事关系,也未充分供给商法规范。因此,学界更多寄望于《民法典》"合同"编能够有效弥补商法规范尤其是商行为规范的供给缺失,并妥善处理民商事法律规范的合一、分野。事实上,按照《民法典》的既定体例,民商法规范的分野的确也主要体现在作为交易基本法的"合同"编之中。有力的例证是,在"合同"编规定的19类有名合同中,纯粹民事合同似乎很少见(典型者如赠与合同);其他诸如供用水电气合同、融资租赁合同、保理合同、运输合同、技术合同、仓储合同、物业服务合同与行纪合同均属纯粹商事合同;余者如买卖合同、保证合同、租赁合同、承揽合同、委托合同、中介合同和合伙合同属于兼具民商事性质的合同,但在实践中还是以商事合同面目出现的居多。由于上述兼具民商事性质的合同类型广泛存在,所以从整体上看,"合同"编第二分编"典型合同"显然无法仅仅通过对纯粹的民事合同、商事合同进行类型定位来完成民商事合同规范的"实质分立"之立法目标,民商事合同规范的区分还要依托对法律规范的解释之上,并由此带来不确定性。此外,"合同"编第一分编"通则"还有大量既适用于民事交易也适

---

① 张谷:《中国民法商法化举隅》,载《金融法苑》2005年第1期。
② 王轶、关淑芳:《民法商法关系论——以民法典编纂为背景》,载《社会科学战线》2016年第4期。
③ 参见李建伟:《民法总则设置商法规范的限度及其理论解释》,载《中国法学》2016年第4期;孟强:《经由编纂民法典实现民商合一——兼评〈民法总则专家建议稿〉与〈商事通则立法建议稿〉》,载《社会科学战线》2015年第12期;薛军:《民法总则:背景、问题与展望》,载《华东政法大学学报》2017年第3期。
④ 王利明:《民商合一体例下民法典总则的制定》,载《法商研究》2015年第4期。
⑤ 谢鸿飞:《合同法学的新发展》,中国社会科学出版社2014年版,第627页。
⑥ 刘保玉、周玉辉:《论我国民法典编纂的"四个面向"》,载《法学杂志》2015年第10期。

用于商事交易的法律规则,立法上往往未明确这些规范在适用对象上的差别,也未厘清不同规范之间的本质区分,这种立法上的民商不分也在一定程度上导致了司法适用中的民商混淆。如此,被学界广为诟病的"商化不足""商化过度"等积弊不仅未消除,反而有所增加。

可以说,《民法典》"合同"编作为实现民商事规范"形式合一、实质分立"的基础平台与关键领域,实质上并没有完成区分民商事规范的立法目标。基于民商合一的立场,"合同"编将民商事规范混杂规定或者杂糅不分,这是一种"合"的立场;民事合同和商事合同的发展历程以及其差异化的价值取向,又要求其在适用法律规范时有所"不同"。我们试图解答的问题是:如何认识与评价《民法典》"合同"编"合而不同"的立场。如何在民商事规范"合而不同"的立场上厘清合同编的规范结构,并在此基础上实现《民法典》"合同"编法律规则"合而不同"的法解释。

二、《民法典》"合同"编"合而不同"的立法预设

(一)"合"——合同法规范的民商二元演变

从《民法典》"合同"编的规范内容构造上看,民事合同规则和商事合同规则的混杂交错是不争的事实,大量规范在形式上既可以适用于民事交易领域,也可以适用于商事交易领域。事实上,"合同"编在形式上坚持民商合一的立场并非空穴来风,一方面来自立法者对于现阶段我国民商事法律体系的现实考量,另一方面也植根于我国合同规范发展历程中的民商二元演变,这决定了"合同"编的"合"具有一定的必然性。

20世纪80年代初以来,我国陆续颁布了《经济合同法》(1981年)、《涉外经济合同法》(1985年)、《技术合同法》(1987年)以及有关的行政法规规章、司法解释等。这些合同法律规范虽为调整有计划的商品经济而生,但以现代法学视角审视之,这些冠以"经济合同""技术合同"名号的合同无疑基本上都属于典型的商事合同。从调整对象看,三部合同法也主要调整的是企业之间的合同关系,尤以《涉外经济合同法》为典例,由于其主要参考《联合国国际货物销售合同公约》而制定,因此其商事合同法的属性更加明显。由于彼时立法规定的空白,民事合同的规范适用往往参照商事合同规范进行。彼时存在的合同规范领域"民商合一"的局面,不是因为民商事规则混杂难分而造成的,而是因为当时客观上立法资源有限、立法者根本无暇顾及民事合同立法而造成的。

1992年中共十四大确立市场经济目标模式、1997年中共十五大确立依法治国方略之后,一部"主要调整法人、其他组织之间的经济贸易合同关系,同时还包括自然人

之间的买卖、租赁、借贷、赠与等合同关系"①的统一合同法于1999年出台。《合同法》将民事规则与商事规则进行了形式上的统一,所有合同不分对象与行为性质均适用同样的规则,但也使理论界与实务界开始面对民商事合同内生性实质差异的困扰。② 合同法的目的在于调整动态的财产关系,本质上属于交易法,交易规则为发展市场经济须臾不可分,故《合同法》在市场经济法律体系中率先破茧而出,实非偶然。反过来,这部《合同法》的立法背景与历史使命决定了其为商事合同法的本性。在"以经济建设为中心"的政策要求下,合同被限制在财产性合同的范围内,并带有强烈的重商主义特色。③ 全国人大常委会在《关于〈中华人民共和国合同法(草案)的说明〉》中明确指出,此合同法是一部以调整企业、经营者之间的商事交易关系为主,自然人之间的民事交易关系为辅的法律规范。也即,这部合同法在实质上首先是一部商事合同法,其次才被视为一部民商合一的法律规范。但是,可能与以民法学者为主体的研究者群体有关联,在其后的合同法学术研究与司法适用中,民法原则、民事规则反而得到更多的强调,商事规则的特殊性与重要性在一定程度上一直遭忽视。此可谓,我国合同法立法先天重商轻民,却在后天重民轻商,这在客观上加剧了民商不分的混乱,在立法上体现为有些条文存在"商化过度"的问题,有些条文则存在"商化不足"的问题④,更体现为审判实践中对哪怕具有明显性质差异的民商事合同不加区分地适用同一裁判规范。历史的脚步走到今日,《民法典》"合同"编成为最集中体现民商形式合一的立法平台,殷鉴过去30多年来民商事合同规范的立法演变历程和司法裁判经验,民商合一的实质既不能是形式上抑或实质意义上的民法的商法化,也不能是商法的民法化⑤,而应该是民商形式合一、实质分立的"合而不同"。

(二)"异"——民商实质分立的价值分析

如前所述,民商形式合一的基础在于在合同法领域的民商事规则"互化"现象。无论认为商事合同规则是合同法的特别规定、民事合同规则是合同法的一般规定、商事合同规则不过是民事合同规则的例外,抑或认为合同规则主要是商事合同规则,民商事合同规则在合同法规范体系之下的"互化"现象都是客观存在的。时至今日,商事规则往往成为民事规则的前驱或者说是先行兵⑥,尤其近代以来,商事规则不断推陈出新,民事规则默默将其中的实体内容收作己用,因此民事规则和商事规则之间的分界

---

① 顾昂然1999年3月9日在第九届全国人民代表大会第二次会议上所作的《关于〈中华人民共和国合同法(草案)〉的说明》,《人大工作通讯》1999年第1期。
② 韩世远:《买卖法的再法典化:区别对待消费者买卖与商事买卖》,载《交大法学》2017年第1期。
③ 朱广新:《论合同法分则的再法典化》,载《华东政法大学学报》2019年第2期。
④ 张谷:《商法,这只寄居蟹——兼论商法的独立性及其特点》,载《清华法治论衡》2005年第2期。
⑤ 徐强胜:《合同法民商合一的规范实现——一个历史比较的视角》,载《北方法学》2021年第2期。
⑥ 施鸿鹏:《民法与商法二元格局的演变与形成》,载《法学研究》2017年第2期。

线在不断变化。我妻荣将民商法之间的互化现象比作"冰川的融化":冰川顶部,商法不断创新出新的规则;而在海平面下的冰川基石处,商法规范流入民法之中。[1] 民法的商化,体现为民法规范群自我更新,民法吸收商法制度上的规则、原则或者思想,从而形成内容更为丰富的新的民法规范群。[2] 商法的民化,体现为原来专门调整商事法律关系的规范不再专属于商人阶层,商法日益变成适用于平等主体之间的商业交易甚至是非商业交易的一般性法律。同时民法内在科学严密的一般原则可以补充商事规范供给不足,倡导商事法律关系中的法律适用,民法规范成为商法补缺的重要辅助。

尽管合同法领域的民商合一是不争的事实,民事规范和商事规范通过交流互通的方式消弭了彼此之间原本清晰的规范界限,但商事交易活动蕴含着区别于民事交易活动的价值追求,不同的价值立场导致民商事交易活动不可能分毫无差别地适用相同规范。民事法律行为的要旨是追求与实现个人的意思自由,法律行为式的商行为所追求的目标则是营业自由,自治与限制共生是商行为的本质。[3] 现代私法上的商行为与民事法律行为(尤其是民事合同与商事合同)之间的差异,不再仅仅表现为某些具体规则上的不同,而是呈现出由点到线、由线到某些领域基本理念上的不同。[4] 换言之,传统的民事合同更加注重规范的理性推导,强调平等主体之间相互保护和彼此关怀的义务,试图构建一个友爱和善的社会,这些构成了民法内在核心价值观的重要部分,商事合同则注重经济效益,强调对贸易公平的维护和对交易安全的保障。由此,商事合同呈现出不完全性、长期性、高度风险性等主要特征,并借此具象出商人逐利的本质,体现出鼓励商事技术、交易模式与制度创新的价值追求。民商事合同作为不同交易活动的载体所体现的价值取向的明显差异,不仅决定了当事人在合同权利义务安排上的不同,也决定了商事合同法律规范具有区别于民事合同法律规范的由点到线到面的独立性。

民商实质分立是商事法律自身独立性所决定的。[5]《民法典》"合同"编中商事规则的独立性体现在合同主体、合同内容、合同目的等各个方面。首先,商事合同的主体理性程度普遍高于普通民事主体,因此拥有更强的缔约、履约能力以及更加严格的责任限制。比如,自然人与自然人之间的普通民事合同(C2C)和经营者与经营者之间签订的商事合同(B2B)在买卖、租赁、借贷等法律关系方面的规则适用都存在着先天的

---

[1] [日]我妻荣:《新订民法总则》,于敏译,中国政法大学出版社 2008 年版,第 5 页。
[2] 参见赵万一:《论民法的商法化与商法的民法化——兼谈民法典编纂的基本理念和思路》,载《法学论坛》2005 年第 4 期。
[3] 参见范健:《中国〈民法典〉颁行后的民商关系思考》,载《政法论坛》2021 年第 2 期。
[4] 参见李建伟:《〈民法总则〉民商合一中国模式之检讨》,载《中国法学》2019 年第 3 期。
[5] 参见赵旭东:《民法典的编纂与商事立法》,载《中国法学》2016 年第 4 期。

差别,不能因为形式上合一而抹灭之。其次,商事合同的内容较之于民事合同往往具有很强的营利性、专业性,商人皆为利往的本质导致了商事合同的交易目的并非满足普通生活之需求,而是为了实现资本逐利之目标,数字时代商业社会的商人们为利益最大化,不断设计和创造出新的商事交易类型、交易模式,商事合同种类也就随之加快了更新迭代。事实上,每一个时代都有相应的极具专业性的新型商事合同规则,其中大部分无法被传统民事规则囊括且吸收。总之,一方面民商事合同规则相互影响互通,一些商事规则在演化中最终实现了普世化,而终被吸收为新的民事规则,两者形式上的合一既是历史的选择、又符合时代的发展;另一方面,商事交易的价值追求和商事合同的独特性导致了其存在不同于民事合同的规范群[1],尤其对于汩汩不断冒出的创新型商事合同的规则,确有相当部分难以抽象后一般化为民法所用,但这些特殊的商事规则不能因为无法被一般化而遭到立法的忽视。相反,必须识别出民商事规则在同类合同中的不同适用,在统一的"合同"编之内进行"合而不同"的法律规则设置。

三、《民法典》"合同"编"合而不同"的规范结构

在对原《合同法》分则的 15 类有名合同适当扩容后,《民法典》"合同"编列入了 19 类有名合同,新增保证合同、保理合同、物业服务合同及合伙合同 4 类合同。从合同类型看,与《合同法》分则体例编排一样,民商事合同混杂一处,既包括赠与合同等纯粹民事合同,也包括融资租赁合同、保理合同等纯粹商事合同,更有民商合一买卖合同、租赁合同、借款合同等合同类型。从民商事合同规范分野看,纯粹民事、商事合同各自的规范自然区分,天然形成了民商分立的格局,但在民商合一的诸类合同章节中,究竟哪些规范仅适用于民事交易、哪些规范仅适用于商事交易、哪些又同时适用于民商事交易的共同规范,并不十分明确。民商事合同的识别是民商事合同法律规范的识别与区分设计之前提,规范识别与区分设计则是民商事合同区分的目的与归宿。[2] 当然,有一部分法条从行文表达上是足以自动识别出其适用范围的。兹举一例,《民法典》第 696 条规定:"订立借款合同,借款人应当按照贷款人的要求提供与借款有关的业务活动和财务状况的真实情况。"此处的"业务活动"和"财务状况"披露义务明显仅适用于商事借款合同场合,毋庸多言,但更多的法律规范无法通过文义解释方法判断其适用范围,例如,买卖合同中关于买受人瑕疵检查义务的规定就缺乏明确的主体指向,如想当然地认定民事交易主体也适用该条规则,则可能过分加重了买受人的义务,带来不

---

[1] 参见赵万一:《中国究竟需要一部什么样的民法典——兼谈民法典中如何处理与商法的关系》,载《现代法学》2015 年第 6 期。

[2] 李建伟、帅雅文:《民法典合同编分则"二审稿"民商事规范的区分设置检讨》,载《法律适用》2019 年第 21 期。

公。整体而言,正如有学者所观察的,较为纯粹的客观主义立法模式遮蔽了本为民商合一下应有的"分",使得应有的民事规则与商事规则的差异不能通过明确的规则体系予以表达。[①] 由此可见,不同的规范类型会引发不同程度的民商规则混淆也即民商不分的问题,对《民法典》"合同"编规范结构进行恰当的分类和总结,能够凸显实现"合而不同"目标过程中需要关注的关键节点。

(一)"一般性合同+典型商事合同"结构

"合同"编中的"一般性合同+典型商事合同"编排模式,是指对同一类型的合同,既有一般合同的规范供给,也有该类合同的特别商事规范供给。比如承揽合同/建设工程合同,保管合同/仓储合同,委托合同/行纪合同的组队关系,后者分别是前者的特别表现形式。兹以保管合同、仓储合同为例,说明民商事合同的"分立"之要义。一方面,"合同"编注意到并体现了对于商事保管合同的特殊化处理——在"保管合同"(民事合同)章确立一般性规则的基础上,又另立"仓储合同"(商事合同)章来确立特殊的商事保管合同规则,以积极落实实质的民商分立;另一方面,商事保管和民事保管既然都为保管合同,自然具有相当的共性,因此,在仓储合同没有规定的情况下,自然适用保管合同的相关规定,故有"仓储合同"章第918条规定,"本章没有规定的,适用保管合同的有关规定"。对于民商事规则重合的部分规范,要求保管合同章供给的规范既要涵盖民事领域也要涵盖商事领域,保持开放性。因此,"合而不同"的关键,是准确识别法律关系的性质,并正确选择与适用规范。比如,前往超市购物的消费者在进入之前,通常使用超市提供的保管柜,在顾客寄存物发生毁损灭失时,往往首先需要根据《民法典》第897条规定[②]来确定保管合同属于有偿合同还是无偿合同,进而进一步判断超市是否负有赔偿义务。超市一方常主张此为典型的无偿民事保管合同,在其无故意、重大过失的情况下不负赔偿责任。这对于顾客是否公平?这一问题在"李杏英诉上海大润发超市存包损害赔偿案"中得到典型展现,并引发了极大争论。事实上,超市在门前放置保管柜的行为,与其说不仅含有利于扩大其经营的企图(方便旅客存包),毋宁说就是其营业行为的一部分(防止旅客夹带货物逃避结账),其表面的"无偿"实际都通过顾客消费进行了"有偿"支付。换言之,该类保管合同表面上的"无偿性"因为超市的营利性质而内含了"有偿"的禀赋,是为具有营利性追求的商事合同。相比于无偿民事保管合同,有偿商事保管人所适用的严格责任原则加重了经营者的义务。具体而言,在超市具有一般过失(保管不善)时,即需对该保管物的毁损灭失承担赔偿责任。

---

① 徐强胜:《〈合同法编〉(审议稿)民商合一的规范技术评析》,载《中国政法大学学报》2020年第2期。
② 《民法典》第897条规定:"保管期内,因保管人保管不善造成保管物毁损、灭失的,保管人应当承担赔偿责任。但是,无偿保管人证明自己没有故意或者重大过失的,不承担赔偿责任。"

回到李杏英案,两者的争议焦点即在于消费者在超市自助存包与超市形成怎样的合同法律关系,是保管合同关系还是借用合同关系。进一步,如为前者,是有偿的还是无偿的。法院审理认为,双方形成的是借用合同关系,因为一则超市没有收取保管费,二则保管合同是实践合同,自助寄存并没有转移占有保管物,故双方只能形成借用合同关系。需要讨论的是:存放在自助电子柜里的物品有没有交付、转移占有,是否与超市管领范围紧密相连?消费者无偿存包究竟是独立存在还是与买卖关系紧密相连?本案的裁判结果已经并不重要,重要的是裁决说理以及合同关系定性,就法院的上述两个认定,存在进一步讨论的空间,或者说终究未解释清楚自助寄存柜为何是新型的借用合同关系而不是保管合同关系。本案所争,与其说是技术上论证借用合同、保管合同之争,不如说是裁判思维方式与理念之争。当然,根据《民法典》第888条第2款规定,"寄存人到保管人处从事购物、就餐、住宿等活动,将物品存放在指定场所的,视为保管,但是当事人另有约定或者另有交易习惯的除外",据此,除非另有约定或另有交易习惯,今后消费者在超市存包的行为会一律被视为成立保管合同,如此,彼时李杏英案的裁判逻辑已经不再成立。类似的,委托合同、行纪合同亦是一般合同与特别商事合同的关系,在适用委托合同规则前也需要判断法律关系的性质,准确地选择和适用规则,避免产生混乱。

(二)"一般性条款＋特殊性条款"的结构

某类合同如既可为商事合同也可为民事合同的,商事规则和民事规则不通过单列一种特殊合同类型的方式加以区分,而在同一种合同规则内部设置不同的条文进行规范,也就形成"一般性条款＋特殊性条款"结构。"合同"编"典型合同"中多数是此类合同,其规范设计"并未强调'商事-民事'合同区分的意义,也未体现'商人-商人''商人-消费者'在交易规则上的差异"[①]。民商事规则叠加在一章之中。换言之,这些合同不仅可为民事主体签订,也可以为商事主体签订,"合同"编某章对这些合同进行合一安排时,不仅需要提炼出适用于民商事合同的一般性规范,还要回应以上合同在民商事领域之差异,也即就其中差异部分进行不同的规范供给。

兹以借款合同为例说明之。《民法典》"合同"编第二分编"典型合同"第十二章"借款合同"包括14个条文(第667～680条),其中第667条、668条第2款、670条、671条、673条、674条、675条、676条、677条、678条等,为民商事"合一"规范,分别规定借款合同的定义、主要条款、禁止预付利息、贷款人解除权、支付利息时间点、还款请求、逾期利息支付、提前偿还借款的利息计算、延迟借款期限等,统一适用于民商事借款合

---

① 李建伟:《民法典合同法编分则的重大立法问题研究》,载《政治与法律》2017年第7期。

同。第 669 条、672 条、679 条则为民商事"分立"规范,其中第 679 条属于纯粹的民事规则,规定了自然人之间的借款合同的实践性,第 669 条、672 条属于纯粹商事规则,规定借款人负有披露业务活动、财产状况、财务会计报表等义务。第 668 条第 1 款是形式"合一"条款,规定商事借贷合同必须为书面形式,但自然人之间借贷另有约定的除外。就民商事规范"合而不同"的模式设计与内容处置,借款合同可谓合同编的典范,但也仍有不足。被广为诟病的是第 680 条第 2 款、第 3 款之规定:"借款合同对支付利息没有约定的,视为没有利息。""借款合同对支付利息约定不明确,当事人不能达成补充协议的,按照当地或者当事人的交易方式、交易习惯、市场利率等因素确定利息;自然人之间借款的,视为没有利息。"受诟病之处有二:一则第 2 款规定没有区分民商事之别,诸如自然人之间的民事借款合同在没有约定利息时推定为无偿合同,确乎符合民事重伦理性的价值取向,但将没有约定利息的商事合同直接推定为无偿合同,却违背了商事交易营利性的价值追求;二则如进一步推究,即便所谓的自然人民间借贷也需要一分为二,一为借款人救济解困的民事借款,二为借款人商业用途的投资性借款,在当今社会后者似乎更为主流,那么在借款合同对支付利息不明确的背景下,第 3 款不区分借款用途,而仅仅依托借款人身份(自然人之间)就直接推定为无偿,是否合适?批评者指出,第 3 款隐隐透露出区分民商事合同规则的意图,但由于采用的区分标准不当(当事人身份),导致民事、商事规则的双向缺失——于民事借款合同的外延,尚缺少了法人组织、非法人组织与自然人的借款合同情形;于商事借款合同而言,一揽子的无偿性推定论,打击了自然人之间借款合同的商事借贷人。窥一斑而见全豹,"一般性条款+特殊性条款"的规范结构在一定程度上实现了民商规则的分立,但也可能存在"分立"不足、"合一"过度之流弊。

(三)"统一的一般性条款"结构

"统一的一般性条款"的规范结构大量存在于买卖、租赁、保证、合伙、委托等民商事合一的合同类型。此类合同不存在一般性民事合同和特别性商事合同之区分,也不存在一般性商事合同和特别性民事合同之区分,通常被视为既适用于商事领域也适用于民事领域,比如买卖、租赁合同,既有普通个人之间的货物买卖行为与解决家庭住房的房屋租赁行为,也有商家与商家的货物批发、商家与消费者之间的货物买卖行为,以及房地产开发公司与商户之间的写字楼、商铺租赁行为。在此种类型的合同章节中,多没有如"借款合同"章一样针对民事、商事交易进行不同的条文设计,章节内的所有条文原则上都通用于民商事领域。对于这些合同规范,无论究其文义还是通过体系化解释,都无法甄别、厘定其不同的民商事适用场景,似乎也就可以毫无差别地适用于民商事交易。但实际上,民商事交易不同的价值追求使得这些规范在适用上一定存在着某种差异。那么,如何正确解读与适用"统一的一般性条款",成为实现民事合同规则和商事合同规则"合而不同"的关键(见表1)。

表 1　　　　　　　　《民法典》"合同"编"合而不同"的规范结构

结构种类	范　式	例　证
"一般性合同+典型商事合同"	CON(Ci&Com)+CON(Com)	保管合同+仓储合同
"一般性条款+特殊性条款"	CON[CL(Ci&Com)+CL(Ci or Com)]	借款合同之下设一般性条款,以及区分民商事的条款
"统一的一般性条款"	CON[CL(Ci&Com)]	买卖合同、租赁合同等,项下不区分民商事而设置不同条款

注:CON=contract;CL=clause;Ci=civil;Com=commercial。

四、"合而不同"的规范区分路径:解释论的视角

《民法典》"合同"编第二分编"典型合同"通过上列三种结构确定了"合而不同"的基本架构,但不能说满足了实质民商分立的要求。在"一般性合同+典型商业合同"的构造中,商事合同的特殊性通过"特殊规则优于一般规则"的方式展现出来,但仍然需要解答的问题是:一般性合同规定是不是可以无差别适用于民事交易或者是商事交易?在典型商业合同没有规定的情况下,商事合同真的可以不加区分地适用一般性合同规定吗?在"一般性条款+特殊性条款"的结构中,第二分编对于一些民商事合同明显差异的内容设置了不同的条款进行规范,但问题就在于,该编对于一般性条款和特殊性条款的规定散见于整个规范体系之中,如无系统地规范甄别和适用解释,则在区分适用上存在困难。即使可以明确区分商事规范、民事规范和统一适用规范等三类规范,对于统一适用规范如何区分民商事交易的不同场景而适用,也是一个值得思考的问题。在"统一的一般性条款"中,第二分编试图对民事合同和商事合同设立统一的规则,但同样的问题是,统一规则是否真的可以毫无差别地适用于本质不同的民事合同和商事合同,也同样需要思考。

由此可见,《民法典》"合同"编第二分编的条文结构无论在立法层面上还是司法层面上,都难以称得上直接达到了"合而不同"的立法效果、法律适用效果,但是人们已经普遍关注并指明了实现"合而不同"目标所需要重点解决的问题。《民法典》民商合一的规范体例已成定局,部分商事合同类型独立成章,或者某些商事规范以独立的姿态加入民商合一的合同章节。对于大量民商不分的合同规范,需要进行甄别并透过解释论的视角明晰其适用范围。差异的价值序列影响了民事规则和商事规则具体的制度构造,而对价值内容的分析更是为合同具体条文的解释提供了正当性的基础。因此,通过法律解释甚至理论分析的范式对具体规范进行"再造",是实现"合而不同"的应有路径。在适用与解释具体规则时,需要根据主体的不同身份、行为的不同性质等进行差异化个案处理,对于某些规范应当进行适用范围的目的性限缩,对于某些规范应识别其存在的法律漏洞并进行法律续造,对于不合目的性的规范还可能涉及规范的否定,以更多地实现民生的需求,实现我国《民法典》的人本性价值。[1]

(一)适用范围的目的性限缩

民事行为和商事行为二者所反映的社会关系和法律价值追求不同,需要采用不同的方法分别规制。[2] 但是在民商合一模式下,"合同"编分则的一些一般性规定如一体适用于民商事领域,反而造成与立法目的背道而驰之效果。因此,需要以目的性限缩的解释方式予以矫正。

例一,任意解除权的适用范围分析。任意解除权是指当事人无须任何理由即可主张单方解约的权利。该权利之设定,是对唯有发生根本违约方能赋予当事人法定解除权之基本原则的反动,使得某些特定类型合同的当事人能自由进出契约义务而无任何法律负担,故而应恪守法定、谨慎原则,如若恣意行使必将严重破坏合同秩序,危害合同公平,带来巨大道德风险。商事交易和民事交易对于诚信基础和合同逐利性的态度有所不同。在民事交易领域当事人更关注交易之人身信赖关系,因此应当赋予当事人退出交易的自由;而在商事交易领域,任意解除权的行使可能会导致不必要的经济损失,这和商事交易逐利性的本质不符,因此应当谨慎赋予当事人以任意解除合同的权利。原《合同法》第410条、第268条、第232条第2部分并不区分民商的不同场景,一体规定委托合同、承揽合同和不定期租赁合同中当事人可享有任意解除权,实践证明,这种做法造成了商事交易主体享有过大的解约自由,从而影响了交易安全,减损了交易效率。在《民法典》"合同"编"典型合同"分编中,任意解除权的区分适用得到了一定的立法回应。例如第933条规定的委托合同任意解除权行使的赔偿,就区分了委托合同区分有偿和无偿——无偿委托合同的解除方应当赔偿因解除时间不当造成的直接损失,有偿委托合同的解除方则赔偿对方的直接损失和合同履行后可以获得的利益。背后的法理在于,商事委托存在较大的经济价值,赋予委托人任意解除权且只需要承担"直接损失"的赔偿责任,会造成受托人的损失无法获得充分救济。[3] 委托的有偿收

---

[1] 参见王利明:《论民法典的民本性》,载《中国人民大学学报》2020年第4期。
[2] 施天涛:《商事法律行为初论》,载《法律科学》2021年第1期。
[3] 崔建远、龙俊:《委托合同的任意解除权及其限制——"上海盘起诉盘起工业案"判决的评释》,载《法学研究》2008年第6期。

费往往取决于代理人所提供的专业服务及市场行情①,所以单方解除所需填补的损失不仅仅是直接损失,守约方的信赖利益亦须考虑。尽管有偿、无偿的划分很难说对应商事、民事委托合同,但毋庸置疑的是,商事委托合同都是有偿的,所以可以说有偿、无偿的划分在相当程度上可以起到替代商事、民事委托合同划分的作用;在此基础上,有偿商事合同的任意解除权方即使行使解除权亦需要赔偿合同的履行利益,将会对其行使解除权起到抑制作用,从而间接限缩了商事委托合同任意解除权的适用范围,并实现了任意解除权在民商事委托合同中某种程度上的界分。

但在其他典型合同中,不区分民商事合同而一概适用任意解除权的规定的问题仍然没有得到有力的解决。例如,关于承揽合同和建设工程合同的任意解除权问题,《民法典》第787条规定:"定作人在承揽人完成工作前可以随时解除合同,造成承揽人损失的,应当赔偿损失。"对于这一规定,存在两个疑问:一个疑问是,该规定能否适用于商事承揽合同?针对这一问题存在不同意见。笔者认为,一方面,商事承揽合同当事人在缔约与履约上都具有更高的理性,商事定作人如因自身需求的变更而径行任意解除权,这种主观色彩太过浓重的解约理由不为商事交往所接受;另一方面,商事承揽合同中的承揽工作更加专业复杂,很多承揽工作的完成耗时耗力,且承揽方为完成一项承揽工作大概率与其他第三方签订上下游的连环合同,如允许定作人任意解除合同,将破坏商事交易的稳定性。因此,从解释论的立场上,应当限制《民法典》第787条的适用范围,定作人的任意解除权仅适用于民事承揽合同,而不应适用于商事承揽,除非当事人另有约定。第二个疑问是,"建设工程合同"章第808条规定:"本章没有规定的,适用承揽合同的有关规定。"从文义解释与体系解释的角度看,承揽合同与建设工程合同构成一般合同与特别合同的关系架构,作为商事合同的建设工程合同是否适用承揽合同关于任意解除权的规定?理论上存在肯定说与否定说两种观点,如持肯定说,则将面临一系列如同上文一样的诘问。

例二,报酬请求权的分析。报酬请求权是指一方当事人在适当履行义务后向相对方主张报酬的权利。民法伦理鼓励社会成员友爱互助,法律行为未必能够以有偿为原则;商法强调财产权益的对价流通,交易行为自然以有偿为原则、无偿为例外。因此,关于服务类合同的报酬请求权当以双方当事人的约定优先,在无约定也无法达成补充协议的情况下,法律如何推定之?对此似有必要区分民商事领域,如有商法学者提出民事委托原则上无偿,商事委托原则上有偿。② 而原《合同法》不分民商地一概推定委

---

① 蒋大兴:《论民法典(民法总则)对商行为之调整——透视法观念、法技术与商行为之特殊性》,载《比较法研究》2015年第4期。

② 参见施天涛:《商事法律行为初论》,载《法律科学》2021年第1期。

托合同为有偿合同,保管合同为无偿合同,实际上扩大了推定条款的适用范围,这一问题在《民法典》"合同"编依旧未得到解决。例如关于委托合同,《民法典》第928条确定了报酬请求权的约定优先主义,但在当事人没有约定的情况下,一般解读为默认委托合同为有偿合同。正如有学者提出,该条实际上仅规定了商事委托合同,忽略了民事委托合同,"其原因在于立法者考虑到公民的委托关系大多基于人身信赖,事务简单,且争议标的不大,实在没有规定的必要,从而只规定了前一种委托合同关系"[①]。我们以为,可以通过限缩解释的方式,将委托合同有偿推定条款的适用范围限定在商事合同领域。

与委托合同推定有偿形成对比的是关于保管合同推定无偿的规定,《民法典》第889条规定:"寄存人应当按照约定向保管人支付保管费。当事人对保管费没有约定或者约定不明确,依据本法第五百一十条的规定仍不能确定的,视为无偿保管。"现实生活中保管多为熟人之间短时间地帮忙照看物品,民事性质明显,适用以上规则并无不妥,但不可因此否认商事保管关系的存在,商事保管合同的受托人为尽妥善保管之责可能需要租借场地、购置装备以及配置人力资源,具有职业性的商事保管服务合同适用原则无偿、例外有偿的规定,不符合商事交易的营利本性,将产生与委托合同类似的困局。所以,也理所应当通过限缩解释方式将保管合同无偿推定条款的适用范围限定在民事合同领域。

《民法典》"合同"编第二分编"典型合同"民商不分的立法困境,在第一编"总则"中存在更多,限于本文的研究对象,在此仅举一例。《民法典》第585条对于违约金约定畸高的司法干预,是否一律适用于民商事合同?一直以来聚讼纷纭。一般认为,违约金调整规则的初衷是为了保护违约方,在其过错范围内以及对方受损限额之内进行相应赔偿,过高的违约金会带来实质的不公平,且对于普通生活中的民事主体来说无疑是一剂重创,成本和代价过高。但对于商事合同而言,商主体都是理性的经济人,拥有丰富的交易经营和商业知识,订立合同之时所约定的违约金哪怕是畸高的,也是为其商业目的所服务,甚至说商人不承诺较高的违约金,其将会错失交易机会。[②] 此时法律之手应伸向商业王国的合同之中,还是退回无形之手以求充分尊重商人自治?这值得深思。商法学界的一般共识是,对于违约金调整条款的适用范围,根据该制度的本义进行目的性限缩,宜限于民事合同领域。

(二)商事规则法律漏洞的识别及其续造

既然《民法典》"合同"编分则的民商事规则实行形式上的合一,如此,便要求在制

---

① 王利明:《中国民法典的体系》,载《现代法学》2001年第4期。
② 施天涛:《商事法律行为初论》,载《法律科学》2021年第1期。

度设计的框架中既要面向民事活动，又要对商事领域进行特殊考虑。在立法对于特殊的商事规则照顾不周之时，就需要进行规则续造，以回应司法实践的现实需求。在制度框架设计中既要面向民事又不失商事领域的特殊考虑。相反，如果立法上对于特殊的商事规则照顾不周，就需要司法适用中的规则续造，以回应司法实践的现实需求，也更加经得起理论范式的拷问。兹以商事留置权规定的续造为例说明之。留置权历来有民商事之分野。从源头看，商事留置权源于中世纪意大利商人团体的习惯法，主要作用在于维持商人间的信用，保障交易关系的稳定并维护交易安全。① 比较法上，各国立法都有商事留置的单独规范。民商合一的民法典多选择在民事留置权基础上进行例外补充规定，以体现商事留置权的特殊性。如《瑞士民法典》第895条第1款规定："债权已到期，按其性质该债权与留置的标的物有关联，债权人在受清偿前，有权留置经债务人同意由债权人占有的财产或有价证券。前款关联发生在商人之间的，仅以占有系由商业交易中产生的为限。"②民商分立国家则直接商法典另行规定商事留置权。如《日本商法典》第三编"商行为"对商事留置权进行了一般性规定（第521条），同时在各编的具体商行为规定中作了特别规定（第51条，代理商的留置权；第557条，行纪商的留置权；第562条，承揽人的留置权；第589条，承运人的留置权等）。我国《民法典》物权编第448条规定："债权人留置的动产，应当与债权属于同一法律关系，但企业之间留置的除外。"这是民事留置权一般性规定、商事留置权特殊性规定的合一，可视为民商形式合一、实质分立的规范范式典范。此外，《民法典》"合同"编对加工承揽合同（第783条）、运输合同（第836条）、保管合同（第903条）和行纪合同（第959条）的留置权分别另行规定。问题是，"合同"编中的留置权究竟属于民商抑或商事留置权？③ 目前的条文表述似乎含糊其辞。以承揽合同留置权为例分析，《民法典》"合同"编第783条规定："定作人未向承揽人支付报酬或者材料费等价款的，承揽人对完成的工作成果享有留置权或者有权拒绝交付，但是当事人另有约定的除外。"通过文义解释，我们只能解读出民事留置权行使的一般要件，而缺乏对商事留置权的规范设置，实属立法遗漏。即使《民法典》物权编明文规定了商事留置权，但该条在商事留置权的构成要件上亦显单薄，单凭第448条简单的一个但书"但企业之间留置的除外"不足以承载整个商事留置权制度。④ 故而，商事留置权的构成要件需要通过法律续造的方式进行完善。

目前学界从权利行使主体、客体范围、留置物与债权的关联关系、排除适用情况等

---

① [日]我妻荣：《新订担保物权法》，申政武、封涛、郑芙蓉译，中国法制出版社2008年版，第22页。
② 《瑞士民法典》，殷生根、王燕译，中国政法大学出版社1999年版，第324页。
③ 相关争议详见熊丙万：《论商事留置权》，载《法学家》2011年第4期。
④ 参见李赛敏：《论商事留置权——兼评〈物权法〉第231条》，载《商事法论集》2008年第1期。

方面提出了商事留置的完整制度构想。归纳起来,关于商事留置权行权要求大致包括三方面:商事留置权适用于商事主体为商业目的而签订的合同;留置权的标的范围不限于动产,还应包括有价证券,不必具备牵连关系。也有学者认为,我国应采用牵连关系缓和的态度而非否定的态度,因为商事留置权的制度目的是平衡各方利益,如过于倾向保护债权人,反而会损害债务人和第三人的合法权益,所以应对牵连性问题进行限缩解释,明确牵连性问题的要求为发生在营业关系中的债权和标的物。① 也有学者提出,对商事留置权牵连关系的构建可适度凸显效益优先原则,但应确保其对效益的追求不得突破公平正义之底线。② 至于留置物是否需要属于债务人这点尚有争议,持肯定立场的比较法依据来自民商合一的瑞士、民商分立的德国,其中《德国商法典》第369条规定了排除留置权适用的情形:"标的物的留置违背指示,而此种指示是由债务人在交付之前或者交付之时所给予的,或者违背以一定方式处分标的物的义务,而此种义务是由债权人所承担的,排除留置权。"可见,如果秉承大陆法传统,坚持商事留置权人仅可就债务人所有的标的物进行留置,那么行纪合同、运输合同中的行纪人、代理商以及运输代理人原则上不得将他们为出售以及为发运而保有的物品予以留置,因为债务人可能早已将标的物通过其他交付方式交付给了第三人。③

(三)不合目的性的商事规则及其否定

根据《民法典》第 135 条规定,民事法律行为可以采用书面形式、口头形式或者其他形式;法律、行政法规规定或者当事人约定采用特定形式的,应当采用特定形式。《民法典》"合同"编规定非自然人借款合同、保证合同、融资租赁合同、保理合同、建设工程合同、技术合同、物业服务合同应采用书面形式,这其中唯保证合同、借款合同兼跨民商事领域,融资租赁合同、建设工程合同、技术合同等都是典型的商事合同。相比于借款合同"应当采用书面形式,但是自然人之间借款另有约定的除外"的相对区分立场,纯粹的商事合同规则对书面形式的要求更为绝对和严格。

关于立法对商事合同要式性要求的合理性,有两个主要理由:其一,商事合同的要式性体现了政府对于交易活动的干预;④其二,书面形式具有证据功能、警示功能、区隔功能以及信息提供功能,⑤商事交易的复杂性需要借书面形式明确当事人的权利义务关系,保障交易安全。第一个理由似可理解,但父权关爱式的立法导致了商事合同

---

① 参见刘灿:《民法典时代的商事留置权完善路径》,载《河北法学》2020 年第 8 期。
② 参见曹兴权、胡永龙:《民法典编纂背景下商事留置权牵连关系的重构》,载《西南政法大学学报》2018 年第 3 期。
③ 刘凯湘:《比较法视角下的商事留置权制度》,载《暨南学报》2015 年第 8 期。
④ 王利明:《中国民法典的体系》,载《现代法学》2001 年第 4 期。
⑤ [德]海因·克茨:《欧洲合同法》(上卷),周忠海等译,法律出版社 2001 年版,第 116—117 页。

的形式自由受限，是否必要，备受质疑。第二个原因虽然说得通，但会导致"合同"编自身体系难以自洽，因为如立法者认为商事合同具有复杂性需要书面形式确定的话，为何仅对以上商事合同类型而非全体商事合同提出书面订立的要求？事实上，商事领域的合同多为连环交易的一个环节，一个合同的成立或者生效的否定会带来一连串连锁反应，动辄否定商事合同的成立或者生效，可谓罔顾商事交易主体的意思自治及便捷原则，与商法的价值取向大相径庭。作为借鉴，《法国民法典》第1341条规定标的超过5 000法郎的合同需要书面形式作出，但据《法国商法典》第109条规定，上述规定不适用商行为。同样的，《德国商法典》第350条规定，"对于保证、债务约定或债务承认，以保证在保证人一方、约定或承认在债务人一方为商行为为限，不适用《民法典》第766条第1款、第780条和第781条第1款的方式规定"，实际上豁免了商事合同的要式要求，承认了口头保证合同的效力。① 德国的立法有其国情考量，普通民众由于对法律知识的欠缺，往往认为自己只要"不留下字迹"就无须承担责任，相反商人深受"义不容辞的惯例"影响，不论其是否与交易对手留下文字记载，对自己许下的承诺一定尽力完成。正是缘于商人天生比普通人更重视对契约的遵守，导致了德国商法规定商事合同不适用民事合同的要式限制。但是，我国《民法典》合同编的规定恰恰相反，对民事合同的形式多持宽松立场，反而对商事合同的形式要求更趋严格，个中缘由如何解释？随着我国社会主义市场经济快速发展，商事惯例不断积累，商人品格逐渐养成，有学者建议承认商事往来中以口头形式达成的合同效力②，不无道理。

五、余论

一方面，法律解释和法律续造可以弥补立法的不足，有助于在合同规则上形成民事合同和商事合同"合而不同"的格局；另一方面，也要承认相对于迅猛发展的商事交易实践，通过《民法典》"合同"编调整商事交易一定会存在规范供给不足或者不合目的性等弊端。因此，即使可以通过法律技术的辅佐使《民法典》"合同"编能够较好地实现民商事规则的区分，也不能忽略司法的功能性配合，或曰"接受法院裁判的功能性调整"③，以适应快速发展的商事实践需求。

在民商合一的背景下，商事裁判之于立法的补充功能主要通过独特的裁判理念、原则、思维方式体现出来，重点在于商事审判法官的商事思维之养成。已故的商法学

---

① ［德］卡纳里斯：《德国商法》，杨继译，法律出版社2006年版，第593页。
② 参见张良：《民法典编纂背景下我国〈合同法〉分则之完善——以民事合同与商事合同的区分为视角》，载《法学杂志》2016年第9期。
③ 夏小雄：《从"立法中心主义"到"法律多元主义"——论中国商事法的法源建构逻辑》，载《北方法学》2014年第6期。

者王保树先生提出:"在审判工作中应注意发现商法的特殊性,尊重商法的特殊性,把蕴藏在商法中的理念、思维通过商事审判弘扬出来,形成商事审判的理念和思维。"①一般来说,商事审判理念包括注重效益优先、充分尊重意思自治、优先适用商法和尊重商事习惯等。② 商事审判法官应明确商事交易一切以"营利"为出发点,对商人追求效益予以肯定,鼓励和保护商主体之间有关经济利益的正当设计安排,最大程度尊重商人自治,在干预商事合同的效力与履行方面都保持谦抑性,以促进交易为原则,慎重否定合同效力、介入合同具体的安排,做到"市场的归市场(实体性商业判断),法院的归法院(程序性法律判断)"。举例言之,过去多年来企业间的借贷合同效力认定的审判规则演变,就是对商人间效益追求以及自治认可的曲折过程。从最早期企业间借贷合同无效且债权人无利息请求权的裁判立场,到之后个别法院认可合同效力支持债权人的利息返还请求权,再到2015年最高人民法院出台《关于审理民间借贷案件适用法律若干问题的规定》基本承认企业间的借贷合同的有效性,可谓一波三折,企业间的借贷合同至此基本得以正名。这其中,商事裁判注重效益优先、充分尊重意思自治理念的推动作用不可忽视。再以对赌协议效力的裁判立场为例,从三级法院裁决的第一案"海富案"到2019年11月最高人民法院颁布的《九民纪要》关于对赌协议的规范意见,对赌协议经历了否定、部分肯定(投资人与公司之间的对赌条款因为违反公司资本维持原则,损害公司债权人利益而无效,但投资人与股东、实际控制人之间的对赌条款有效)再到基本肯定(对赌协议的一方不论公司抑或股东、实际控制人均有效),可以视为司法机关由固有"民事思维"到"商事思维"的转变,是尊重商事习惯、不过于干预商人自治及自主决策的胜利。无论如何,"对合同的解释要以最大限度地促进合同的成立为解释方向,促成合同的实际履行,尽量避免宣告合同不成立或无效。这一原则在判例法中也被广泛采用"③,从而为商事创新、商事交易提供司法保障。④ 由此可见,良好的商事裁判原则、逻辑、思维与理念有助于弥补立法上民商不分、民事分立不足的缺陷;而商事裁判规则及其续造的成果在商事实践的特别需求、强调商事交易行为独特价值的基础上,可为商事特别规范的供给提供重要的帮助。

---

① 王保树:《商事审判的理念与思维》,载《山东审判》2010年第2期。
② 赵万一:《商法的独立性与商事审判的独立化》,载《法律科学》2012年第1期。
③ 王利明:《民法分则合同编立法研究》,载《中国法学》2017年第2期;参见 UNCITRAL, Digest of case law: on the United Nations Convention on Contracts for the International Sale of Goods, at 45 (United Nations, 2012)。
④ 胡庆龙:《保护企业发展打击金融违法》,载《人民法院报》2014年1月16日,第8版。

服务合同典型化理论工具及其概念界定

周江洪

摘　要：服务合同典型化的理论探讨，在我国《民法典》施行不久的当下仍具有其意义。关键性概念工具及方法的选择和分析，是构建服务合同一般规则的前提所在。除了典型合同意义及典型合同的取舍标准，以"类合同"为代表的层级结构合同类型及其共通规则框架、手段之债与结果之债的区分、民事基本法与特别法的相互配合作用等构成了服务合同典型化的重要理论工具。"类合同"背景下的"各种合同的法"理论表明，抽取出服务类合同的基本要素并构建相应的规则，是服务合同典型化的关键所在。手段之债与结果之债的区分对于界定服务合同中双方当事人义务的强度、确定服务的过程质量和结果质量等具有重要的意义。要发挥民事基本法与民事特别法的协同作用，注意发挥民事特别法对于服务合同私法配置的独特功能，将两者有效结合以形成体系化、科学化的服务合同规则体系。在服务合同概念及范畴界定上，可通过排除法将雇佣类和运输类劳务提供合同排除出服务合同的范畴，并同时限缩承揽合同和委托合同各自的边界，以便所构建的服务合同一般规则保持其体系妥当性。

关键词：服务合同；各种契约的法；类雇佣合同；承揽合同；委托合同

一、问题的提出

服务合同典型化的必要性和可行性问题，国内已有不少学者对此作出探讨，[①]但2020年通过的我国《民法典》最终未能将服务合同作为典型合同予以规定。与此相反，在各国各地区民法典立法方面，服务合同或服务类合同已成为受关注的重点之一。

作者简介：周江洪，浙江大学光华法学院教授。
本文为中宣部文化名家暨"四个一批"人才工程"民法判例百选编纂与中国民法学问题研究"的阶段性成果。
① 参见周江洪：《作为典型合同之服务合同的未来——再论服务合同典型化之必要性和可行性》，载《武汉大学学报》（哲学社会科学版）2020年第1期。

例如,加拿大《魁北克民法典》第五编"债权"第二章"有名合同"第 8 节中规定了"承揽及服务合同",在第 2098—2129 条就承揽与服务规定了共通的规则。① 在欧洲,《荷兰民法典》第七章的章名就是服务合同,其第一节规定了服务合同总则。欧洲民法典研究小组于 2006 年发布了《欧洲私法原则:服务合同》(PELSC)。《欧洲示范民法典草案》(DCFR)第四卷第三编专门规定了服务合同总则和各类具体的服务类合同。《欧洲共同买卖法草案》(CESL)则对买卖合同领域与销售相关的服务作出了专门的规定。法国 2016 年的债法改革,虽然没有实现服务合同的有名合同化,但以《法国民法典》第 1165 条为代表的、作为给付标的确定性规则例外的服务合同报酬决定规则,开创了服务合同一般规则的萌芽。在此基础上,亨利·卡比塔(Henri Capitant)协会②于 2017 年 6 月向法国司法部提出的《关于各种特殊合同的法的改革草案》(*Avant-projet de réforme du droit des contrats spéciaux*)更是采纳了"各种合同的法"的理论,在其草案第十章第一节用 9 个条文专门规定了服务合同总则。③《俄罗斯联邦民法典》也在第三十九章规定了有偿服务,适用于通信、医疗、兽医、会计、咨询、信息提供、教育、旅游等服务合同。而在亚洲的日本,虽然最近的债法大修改未能实现增加典型合同类别以及增加服务合同一般规定的目标,但从 20 世纪 90 年代开始,就有不少日本学者开始探讨服务合同立法。同时,作为日本债法 2017 年大修改重要参考资料之一的学者草案[民法(债权法)修改研讨委员会《债权法修改的基本方针》,2009 年 5 月 1 日公布],在合同法分则中专设一章就服务合同作出了总则性规定。经过法务省法制审议会的多次讨论,虽然因各种原因未能实现服务合同的典型化,但在服务类合同(承揽、委托、雇佣等)报酬规则领域,则通过履行比例报酬、"风险委托"领域的"成功报酬"规则的导入,也实现了部分规则的、实质上的统一化和抽象化。④ 此外,《德国民法典》则在劳务合同、承揽合同和无偿委托合同之外规定了有偿事务处理合同,并规定了旅游合同、决算服务合同、医疗合同等具体的服务合同类型。《英国货物与服务供应法》则规定了服务供应合同的定义、注意义务、对价费用等规则,并在《消费者权利法》中对服

---

① 本研究引用《魁北克民法典》相关条文,依据徐国栋主编、孙静江等译《魁北克民法典》(中国人民大学出版社 2005 年版)及日本学者中原太郎提交给日本法务省审议会参考的译本(日本法务省网站公开了审议会的立法相关材料)。另外在对个别条文确认其原文含义时,得到留学法国的浙江大学硕士研究生黄薇同学的积极帮助。
② 由巴黎教授 Henri Capitant 领导,由来自法语国家的一些法学家组成,成立于 1935 年。
③ 草案具体条文参见 http://henricapitant.org/travaux/legislatifs-nationaux/avant-projet-de-reforme-du-droit-des-contrats-speciaux,最后访问日期:2019 年 8 月 10 日。写作过程中,黄薇协助翻译了该草案中服务合同部分的规则。
④ 都筑满雄:「各種契約の一般理論と日仏の契約法改正——役務提供契約について」、道垣内弘人ほか編:「社会の発展と民法学(下巻)——近江幸治先生古稀記念論文集」、成文堂、2019、頁 449;周江洪:《日本服务合同立法受挫的经验和教训》,载《上海政法学院学报》2020 年第 3 期。

务作出了专门的规定。《秘鲁民法典》《越南民法典》等也设置了有关服务合同的一般规定。《埃塞俄比亚民法典》《奥地利民法典》《澳门民法典》等虽然并未规定服务合同的一般规则,但以章节名的方式规定了"提供劳务"的类合同概念。

当然,尽管比较法的立法趋势如此,但我国《民法典》并未规定服务合同一般规则毕竟是客观的存在,在《民法典》施行不久的当下讨论服务合同典型化的路径问题,其意义究竟何在?《民法典》中的典型合同类型亦已成定局。从我国民法典编纂过程来看,只是增加了四类典型合同,而其他合同即使有较为成熟的方案,受制于立法成本和机制,也都没有被增加为新的典型合同,更何况是作为全新合同类型的服务合同。但从《民法典》的未来发展来看,无论是从服务合同的特性,还是从经济社会发展的服务化,或者是从比较法的发展趋势,都决定了如何对待服务合同是必然要面对的问题之一。也正是因为如此,从为《民法典》的未来发展和完善做好相关理论储备的角度考量,服务合同典型化的路径探索也显得十分必要。同时,对服务合同一般规则的进一步探索,也有助于对《民法典》规定的服务类典型合同进行更为深入的理解,有助于厘清不同服务之间的规则异同,从而对民法典服务类合同规则适用时的解释考量等有所助益。再者,从服务合同研究的国际比较对话层次来看,对于中国服务合同一般规则的构建作出探索,也有助于厘清我国服务类合同与比较法之间的不同,从而有助于在比较法借鉴过程中保持更为客观的科学态度。

也正是如此,在《民法典》并未设计服务合同一般规则的背景下,笔者仍然试图就服务合同一般规则的若干问题作出探讨,以推动关于服务合同一般规则设计的批评和交流,开拓服务合同研究的广度和深度。而服务合同一般规则的设计,其基本前提是确定概念范畴的边界;而要确定该边界,则有必要借助相关的理论工具。基于此,本文拟从服务合同典型化的理论工具角度出发,就典型合同化背景下的服务合同概念及其范畴作一简单分析。

二、服务合同典型化的若干理论工具

在欧洲层面的服务合同一般规则构建探索过程中,欧洲民法典研究小组等在《欧洲私法原则:服务合同》(以下简称 PELSC)、《欧洲民法典示范草案》(以下简称 DCFR)服务合同编的起草过程中,都曾就起草方法作过讨论。通常来说,方法及工具的选择,是法律起草过程中的重要内容之一。当然,PELSC、DCFR 的目标是欧洲层面的私法统一,而"服务合同"编更是选择了不受制于任何特定国家现有合同类型配置及服务合同规则的路径。在这点上,与我国《民法典》中的服务合同一般规则构建存在不同的选择。毕竟我们的立法选择,要受制于我国原有合同法框架或民法典的体例以及多年来丰富的司法实践。我国《民法典》编纂过程中,历史延续性是其重要的考量之一,采取了"既保持民事法律制度的连续性、稳定性,又保持适度的前瞻性、开放性"的立法原则。①

服务合同典型化的可行性,集中体现为能否设计出科学的服务合同一般规则。而构建服务合同一般规则,关键性概念工具及方法的选择和分析,是其前提工作之一。其中,合同性质决定相关理论、典型合同的意义及民法典典型合同的取舍标准,构成了基本的概念工具,但因笔者就此已在其他论文中有所探讨,这里不再赘述。② 但要再次强调的是,民法典典型合同的取舍标准,不仅在于该类合同的社会经济重要程度,更重要的是该类合同区别于其他典型合同的异质性,而在具体的取舍过程中,要充分考虑民法典的市民社会基本法功能、典型合同的功能、成文法与司法判例、行业协会在规则形成过程中的不同功能分担、民法典与特别法的不同面向、民法典不同编章的体系安排、混合合同与无名合同规则的清晰度及其适用效果等。基于上述考虑,本文将就服务合同规则构建过程中可能涉及的其他一些概念工具及方法作简单分析。

(一)"类合同"概念及合同类型的层级结构

从比较法发展趋势上来看,合同类型的发展出现了层级结构发展的趋势。③ 从各国各地区的经验以及我国《民法典》的规定来看,各典型合同之间并非简单的并列结构,并不一定处于同一层次。例如,我国《民法典》中的仓储合同是保管合同的子类型,客运合同是运输合同的子类型,建设工程合同(不含监理合同)是承揽合同的子类型,中介合同与行纪合同被视为委托合同的子类型等。在比较法上,DCFR"服务合同"编、《荷兰民法典》和加拿大《魁北克民法典》等虽然在服务合同各自的外延上存在很大不同,但都是将服务合同作为总括性的合同类型,然后在此基础上细分为各个子类型。其实,从罗马法开始,就存在着这样的层级结构,比如说罗马法上的"租赁"概念,就包含了物和劳务在内的各种"租赁",也是一种层级结构的表现。因此,各合同类型之间除了具有并列结构之外,尚有层级结构,是各国合同法领域的普遍现象。因此,从合同类型层级结构的普遍现象出发,我们也可以试图在现有的各服务类典型合同基础上构建出上位概念,形成一个新的层级,这也是服务合同区别于以物为中心的其他合同的异质性的客观要求。而且,从民法典体系角度而言,结构层次的数量也是民法典体系

---

① 参见全国人大常委会王晨副委员长在第十三届全国人民代表大会第三次会议上《关于〈中华人民共和国民法典(草案)〉的说明》,载中国人大网,http://www.npc.gov.cn/npc/c30834/202005/50c0b507ad32464aba87c2ea65bea00d.shtml,最后访问日期:2020年5月22日。

② 参见周江洪:《作为典型合同之服务合同的未来——再论服务合同典型化之必要性和可行性》,载《武汉大学学报》(哲学社会科学版)2020年第1期;周江洪:《典型合同与合同法分则的完善》,载《交大法学》2017年第1期。

③ 王利明:《典型合同立法的发展趋势》,载《法制与社会发展》2014年第2期。

效益决定因素之一。[①] 事实上,我国民法学界较早时期就已经非常明确地将提供服务的合同与转让财产的合同、使用财产的合同等并列,将其作为单独的一类合同看,[②]只不过在如何抽取以及抽取怎样的共通规则上,还有待进一步达成共识而已。

实际上,在共通规则的抽取过程中,广义的合同类型对服务合同规则的构建也具有重要的参考意义。在合同类型中,除了按照给付予以分类的合同类型体系外,还有其他分类可能。比如说,有偿合同与无偿合同、双务合同与单务合同、持续性合同与一时性合同、主合同与从合同、预约合同与本约合同、束己合同与涉他合同、诺成合同与要物合同、要式合同与非要式合同等,也都是一种合同类型的分类方法。而且,即使同样是合同法分则层面的典型合同,如保证合同、合伙协议、和解合同等,与买卖、租赁、委托等依给付类型划分的合同不同,并非同一层级的合同,但同样并不妨碍其成为典型合同的一种。在这些合同类型中,各自的规则之间区别较大,且有别于其他合同类型,有必要在"合同"编通则层面或者以分则层面典型合同的方式明确其各自的法律规则。这也同样表明典型合同类型设计并不限于并列结构和层级结构,也可能会存在一个网状而不是树状的合同类型体系。

在这点上,法国民法理论中的"各种合同的法"理论[③],对我们具有重要的参考意义。"各种契约的一般理论"之所以登场,存在着一定的背景。通常,在民法典制定或修订过程中,契约的一般理论或债的一般原理具有绝对优势,关于各种典型合同的法规范,被认为只不过是其具体适用而已。但随着产业的细分、社会的发展,诸如保险合同、劳动合同一样的各种新类型契约不断出现,甚至拥有自己的特别法或法典,越来越"逃离"固有合同理论的框架和契约的一般法理。不仅如此,在法国法租赁合同范畴下,也出现了农事租赁、商事租赁、住宅租赁等各种子类型,在原有的典型契约的范畴内也出现了分化的趋势,各种子类型不断出现。随着这类新类型契约或子类型契约的出现,契约的特别规范不断增加,契约一般理论的适用领域在逐步减少。契约法规范的重心日渐扩张到此等细分的子类型领域的各种契约的法规范。而此等规范,在很多情形都是以特别法的方式游离于民法典之外。契约法规范日渐复杂和分裂,进而在体系性和整体性上出现问题,有损契约法的秩序性。不仅如此,为应对各种复杂的交易,拥有数种契约特性和复杂内容的各种新的复合型的复杂契约不断出现,但又无法一下

---

① 谢鸿飞:《民法典的外部体系效益及其扩张》,载《环球法律评论》2018 年第 2 期。
② 谢怀栻:《外国民商法精要》(第 3 版),程啸增订,法律出版社 2014 年版,第 192 页;《法学研究》编辑部:《新中国民法学研究综述》,中国社会科学出版社 1990 年版,第 415 页、第 520 页以下。
③ 北村一郎编:『フランス民法典の200年』,〔森田宏樹〕,有斐閣 2006、頁 317 以下;都筑満雄:『各種契約の一般理論と日仏の契約法改正——役務提供契約について』,道垣内弘人ほか編:『社会の発展と民法学(下卷)——近江幸治先生古稀記念論文集』,成文堂、2019、頁 431 以下。

子通过立法纳入法定类型之中,进而产生法律适用上的困难。[①]在这样的背景之下,法国学说也深刻地意识到了问题所在,试图将契约再类型化,通过横向切分而并非目前纵向分割的方式来实现契约法规范的再构成。其中,从现有合同类型中发现那些虽然不能适用于所有的合同类型,但就特定的问题可以超越典型契约的现有"篱笆"而适用于某类合同类型的共同规范的"各种契约的一般理论",尤其令人瞩目。

从"各种合同的法"理论角度来看,对于服务的提供、物的交易、物的瑕疵担保等要素,都会存在着共同适用的规则。若以物的交易为例,不管有偿无偿,都会存在着权利移转等共同的现象,虽然其基本规则可能会来自买卖合同,但其不限于买卖合同而得以扩张至所有的物的交易当中。对于此种基本要素(权利移转)的法律适用,无须界定其合同性质、无须经过买卖合同性质的确定也同样可以导出其规则。同样地,在服务提供领域,也同样存在着类似的共同规则,如《法国民法典》第1165条的规定。[②] 也就是说,在各种典型合同的规范之中,有些规范虽是针对原先预定的特定类型的契约,但是其"射程"有可能超越该典型合同的"篱笆"而扩及其他典型合同。而此等规范,根据其所要解决的问题不同,其"射程"可以及于拥有同样性质的同一系属的契约。随着类似的扩张适用,典型契约之间的区隔就会出现模糊化,典型契约之间的差异在该规范的范畴之内会逐渐消失。在这层意义上来说,合同性质决定的重要性会有所降低。例如,只要认定为某给付为服务给付,在其报酬请求权上就可以适用《法国民法典》第1165条的规定,而不必去区分究竟是承揽还是委托。诸如这样的"各种契约的一般理论",因其"射程"及于同系属的契约类型,与"射程"及于契约一般的"契约一般法理"以及其"射程"仅限于特定契约类型的"特定契约的法"相比,处于一种相对中间的状态。在法国最近的一些立法当中,都可以见到该理论的影子。例如,前述关于服务合同报酬决定规则的修改、所有权移转型契约的相关规定(《法国民法典》第1196—1198条)、消费者法典中的瑕疵担保责任规则等。[③] 从某种程度上来说,这是"合同法中心主义"

[①] 都筑満雄:『各種契約の一般理論と日仏の契約法改正——役務提供契約について』,道垣内弘人ほか編:『社会の発展と民法学(下巻)——近江幸治先生古稀記念論文集』,成文堂、2019、頁435。

[②] 《法国民法典》第1165条规定,"在服务给付合同中,若缔约各方在合同履行前未能就交易价格达成合意,债权人可以单方确定交易价格,但须负担交易价格遭到质疑时,解释确定相关金额的理由之义务。单方定价权被滥用时,法官可以管辖缔约一方提出的损害赔偿之诉";第1163条规定,"债的标的是指当前或未来的给付。给付必须是可能且确定或可确定的。若给付可以从合同中推知,或者是通过参考习惯或缔约各方以前的关系获知,则属于可确定的,否则,缔约各方必须重新就此达成合意"。《法国民法典》2016年修改后的条文译文出自秦立威等译注:《〈法国民法典:合同法、债法总则和债之证据〉法律条文及评注》,载《北航法律评论》2016年卷,法律出版社2017年版,第184页以下;相关条文翻译另可参见李世刚:《法国新债法——债之渊源(准合同)》,人民日报出版社2017年版,第142页。

[③] 都筑満雄:『各種契約の一般理論と日仏の契約法改正——役務提供契約について』,道垣内弘人ほか編:『社会の発展と民法学(下巻)——近江幸治先生古稀記念論文集』,成文堂、2019、頁439—442。

背景下以"狭义之债"为中心的债权债务构成的回归,而不仅仅是合同构成的问题。特定债务或给付的性质,而不是双方合同的广义之债关系,成为切分的主要根据。

关于"各种合同的法"理论表明,能否抽取出服务类合同的基本要素并构建相应的规则,是"各种契约的法"理论的应用能否成功的关键。原因在于,"各种契约的法"乃是以"债务"或者"功能"作为基本元素来构建合同法规则体系,而不仅仅是总分体系。该理论一方面维持了现有的典型合同体系框架,另一方面则使得某些具有共同基本元素的"债务"或"功能"跨越典型合同之间形成的"藩篱"而得以共同适用。为发现这些共同元素,则需要深刻理解服务区别于物的本质,以及拟构建的服务合同的"样本"类型。比如说,《荷兰民法典》中的服务合同,其设想的立法原型是"个性化服务"及委托类事务处理合同,并有意识地与雇佣、承揽合同相区别,也正是如此,其在规则的抽取上可能就会更加注重亲自履行义务以及当事人之间的信息警示义务等。而与此不同,DCFR"服务合同"编,其本质上是各种独立劳务的提供,因此其并不像《荷兰民法典》一样将针对有体物的劳务排除在外,而是既包含了与物相关的承揽合同,也包含了与物的关联性不大的服务类合同,与此相适应,在服务合同规则设计上,也相应地分别规定了"合理注意与技术"与"结果达成"两类不同的义务。也就是说,"各种契约的法"理论的运用,与后述的服务合同涵摄范围的设定之间,存在着相辅相成的关系,只有确定了服务合同的范围,才能抽取出共同的规则并加以体系化。

(二)手段之债与结果之债

手段之债与结果之债的区分[①],虽然并不是区分合同类型的必然方法(在这点上,《荷兰民法典》和DCFR"服务合同"编都有意识地避免以此作为合同分类的标准),虽然该概念产生之初也并不是专为解决服务合同问题而设(例如,在日本法上"手段债务"原本多用于归责事由的内容判断及证明责任的讨论[②]),但该概念对于服务合同中双方当事人义务强度的界定、服务的过程质量和结果质量的确定等具有重要的意义,因此与服务合同规则的构建之间也具有重要的联系,故此处也作适当介绍。

民法学说中将债的给付分为手段型和结果型,前者又称为方式型给付,分别对应手段之债和结果之债。这一源于法国法理论中的分类,也逐渐为大陆法系许多国家的

[①] 手段之债和结果之债区分的由来及其内涵,参见森田宏樹:『契約責任の帰責構造』、有斐閣、2002、頁 46 以下。

[②] 例如,在债务不履行责任过错归责体系中,手段之债情形,没有经债权人证明债务人存有过失,不得追究债务人的债务不履行损害赔偿责任;而结果之债情形,若债权人证明了未实现特定的结果,除非债务人证明其源于外部客观原因,否则债务人难以免责。参见淡路剛久:『債権総論』、有斐閣、2002、頁 17;柳经纬:《债法总论》(第 2 版),北京师范大学出版社 2017 年版,第 29 页。当然,对于手段之债,也有主张基于经验及公平等也从结果之未实现推定债务人存在过失时,债务人得证明自己不存在过失。参见森田宏樹:『契約責任の帰責構造』、有斐閣、2002、頁 55。

判例和学说采纳①,《国际商事合同通则》第 5.1.4 条也用两款明确区分了"（特定结果达成义务）duty to achieve a specific result"与"（最大努力义务）duty of best efforts",以便在确定合同内容时类型化地把握债务的内容和性质。同样,该分类在我国民法学界也逐渐得到认可。② 在服务合同研究领域,这一对概念也已成为重要的工具之一。③ 一般认为,对于结果之债,服务预定的效果或者当事人期待的结果没有实现时,很难说已按约履行。相反,对于手段之债,因品质标准、数量范围本身不确定,如何判断该类债务是否已按约履行显得非常模糊和困难④,因而不得不依赖"合理的注意与技术"之类的抽象标准判断其服务过程质量。对方式性债务而言,只要债务人在履行过程中尽到相应的注意义务,即便没有达成特定的履行结果,债权人也无权请求债务人承担债务不履行的责任。而对于结果性债务而言,债务人履行债务必须达成特定的履行结果,否则即应当对债权人负担债务不履行的责任。⑤ 当然,各种方式之债所要求的"相应的注意义务"的程度,应当根据合同的具体情况具体确定,并不一定完全一样。也正是从这一层意义上来说,也许会有人认为,"合理的注意"之类的抽象标准对于判断方式之债是否已适当履行并没有实质意义。或许是对该模糊性标准的不满,在《英国货物与服务供应法》及《英国消费者权利法》立法讨论过程中,甚至有报告建议以货物供应同样的标准来要求服务供应。而对于结果之债,也会因理解不同而存在着诸多不同的类型,既有可能是诸如有体物承揽一样的劳务凝结在有体物结果中的结果之债,就此类型的法律效果判断相对容易；而也有可能存在着服务提供人保证达成一定的结果,但其结果并非以有体物行使表现出来的类型,对于此类所谓的"结果之债"是否符合合同约定的判断,有时候难免也会有赖于顾客的主观评价。对于依赖主观评价的这类所谓的"结果之债",其是否达成了所保证的结果,仍然不得不依赖于事先的合同交涉过程、当事人之间的说明以及合同的解释来对需达成的"结果"首先作出判定。⑥

虽然有学者否认该分类方法的积极意义⑦,但也有学者积极肯定该分类在服务合

---

① 王利明:《债法总则研究》(第 2 版),中国人民大学出版社 2018 年版,第 162 页。
② 柳经纬主编:《债法总论》(第 2 版),北京师范大学出版社 2017 年版,第 29 页；王利明:《债法总则研究》(第 2 版),中国人民大学出版社 2018 年版,第 161 页以下；等等。
③ 周江洪:《服务合同类型化及服务瑕疵研究》,载《中外法学》2008 年第 5 期；唐仪萱:《服务合同的法律特征和义务群——兼论过程义务、结果义务的区分和统一》,载《四川师范大学学报(社会科学版)》2016 年第 1 期；曾祥生:《服务合同一般规则与立法模式研究》,中国政法大学出版社 2017 年版,第 90 页以下；等等。
④ 長尾治助:『サービス法と消費者問題』,『製造物責任と消費者サービス取引法』,『立命館大学人文科学研究所紀要』60 号(1994 年)、頁 105 以下。
⑤ 王利明:《债法总则研究》(第 2 版),中国人民大学出版社 2018 年版,第 163 页。
⑥ 河上正二:『債権法講義[各論]— 35 役務提供契約・雇用(1)』,『法学セミナー』776 号(2019 年 9 月)、頁 84。
⑦ 加藤雅信:『結果債務・手段債務——債務性格論への純化を求めて』,『法学教室』274 号(2003 年)、頁 106 以下。

同领域的积极意义,认为方式之债与结果之间也具有一定的联系,"缔结合同时,当事人必定意欲达成一定的结果;缔结合同本身乃是当事人意欲达成一定结果的活动",并因此认为,当服务提供人的行为"离所意欲达成的结果越来越远,或者是与意欲达成的结果相矛盾"时,或者是存在"阻碍结果达成"的情形时,大致可以推定该服务提供存在着瑕疵或缺陷。[1] 而服务合同领域,存在着大量的方式型给付,而且从服务受领人的期待而言,此等给付并非与结果毫不相关,甚至往往会扩大其结果导向,进而影响到服务合同双方当事人的协作义务。也正是立足于这一点,PELSC、DCFR 服务合同编在考虑服务提供人义务时,也特别关注到了方式之债的特点,一方面规定了"合理注意与技术"的注意义务标准,另一方面不区分结果之债还是方式之债,在结果之实现可能出现障碍时课以当事人双方的警示义务。[2] 如 DCFR 第Ⅳ.C-2:102 条规定,若服务提供人意识到被请求的服务不能达到客户所指明或所设想的工作成果的,服务提供人负有警示客户的先合同义务(PELSC 第 1:103 条);在合同履行过程中若意识到上述情况,服务提供人也同样负有警示义务(DCFR 第Ⅳ.C-2:108 条;PELSC 第 1:110 条),若顾客意识到无法实现预期之结果时,顾客也有义务通知服务提供人(PELSC 第 1:113 条[3])。也正是因为方式之债与结果也密切相关,因此有学者在定义方式之债时将其表述为"实现给付结果所必要的各种具体行为(作为或不作为)义务",而结果之债则是"依当事人之合意或法律规定保证给付结果之实现"[4],该定义特别强调了"给付结果"这一概念。[5] 在我国有关服务合同的研究中,也有学者从服务合同的持续性视角特别强调服务提供人的义务具有典型的手段之债的特点,并主张服务合同中服务提供人过程义务的一般性和结果义务的特殊性,秉持服务合同连贯性的过程性和双向性,主张应当以合同过程为线索,构建以先合同义务、过程义务和结果义务为框架的服务合同义务群体系。[6] 虽然该观点强调了过程义务与结果义务的统一性问题,但其实质仍然是手段之债和结果之债相区分的思维体系,并以此作为规则设计的出发点。

---

[1] 河上正二:『商品のサービス化と役務の欠陥・瑕疵』(下)、NBL595 号(1996 年)、頁 16;河上正二:『債権法講義[各論]— 35 役務提供契約・雇用(1)』,『法学セミナー』776 号(2019 年 9 月)、頁 83。

[2] 王利明教授也认为欧洲合同法原则和 DCFR 实际上区分了方式性债务和结果性债务,参见王利明:《债法总则研究》(第 2 版),中国人民大学出版社 2018 年版,第 166 页。虽然笔者也持同样观点,但 DCFR 并没有从方式之债与结果之债出发来对典型合同加以分类本身,也是其重要的特征之一。

[3] 当然,在 DCFR 服务合同编中明确该通知义务限于结果达成义务违反之情形(DCFR 第Ⅳ.C—2:110 条),与 PELSC 稍有区别。

[4] 潮見佳男:『新債権総論Ⅰ』、信山社、2017、頁 158。

[5] 当然,也有学者从"给付"概念的内涵角度去理解"给付"概念所蕴含的给付行为和给付结果的内在体系矛盾,参见王洪亮:《债法总论》,北京大学出版社 2016 年版,第 19 页。

[6] 唐仪萱:《服务合同的法律特征和义务群——兼论过程义务、结果义务的区分和统一》,载《四川师范大学学报(社会科学版)》2016 年第 1 期。

当然,判断手段之债还是结果之债,并不是对某一类合同所作的判断,而应该是对合同中某一具体债务的性质所作的判断。在某一广义的债权债务关系中,有可能会同时包含结果之债和手段之债。① 而且,也有一些国家出于保护消费者等特定群体的利益考虑,可能会将一些方式性债务规定为结果性债务,如医疗服务合同中的告知义务等。② 甚至在服务合同领域,欧洲曾经尝试但失败的《服务责任指令草案》,虽然没有采纳结果之债的归责方式,但就服务提供人之服务责任中过失要件的判定采取过失推定的证明责任倒置;而在日本,也有学者主张就标准化地向消费者提供的商品化服务,建议可以导入类似"结果债务"的判断标准,就服务瑕疵的判断原则上采取"消费者期待标准"③;英国消费者权利法修改的讨论过程中,也曾出现了强调服务结果的学说主张。我国则有学者主张应当与产品责任一样,就服务责任(服务对人身、财产安全造成的损害赔偿责任)采取无过失责任原则。④

与上述分类方法密切相关的是"为之债"理论。⑤ 虽然对于"为之债"概念的功能也有持消极意见的,但不能否定的是其对于债务履行过程中不完全履行的判断具有重要意义。⑥ 一般来说,"为之债"存在着以下特征:(1)给付的不可视性;(2)给付内容随着履行过程的展开而具体化;(3)当事人之间的人身信赖关系构成了托付事务的基础;(4)债务人的行为所面对的债权人权益的多样性等。这些特征也在很大程度上降低了"平均的注意"或者"合理人的注意"这一标准在确定"为之债"的债务内容时的意义。该学说认为,在确定"为之债"的债务内容时,应充分注意到债权人的自我决定与债务人的裁量性判断之间的平衡、当事人之间的能力差别等对义务内容及其程度的影响。具体来说应考量以下要素:(1)债务人的能力、技术的专业性与债权人的理解能力、信息收集能力以及两者之间的相关性;(2)债务人的从属性、独立性与债权人的行为统摄能力以及两者之间的相关性;(3)人身信赖关系的重要性和该要素与给付内容之间的相关性;(4)被托付权益的种类。

从上述分析也可以看出,在设计服务合同一般规则时,从债务性质角度去考虑服务提供人的义务内容、违约救济方式以及损害赔偿责任的归责原则,也是完全有必要的。而债务性质的判断选择,则直接决定了服务合同范畴大小的选择问题。

---

① 潮見佳男:『新債権総論Ⅰ』、信山社、2017,頁158。
② 王利明:《债法总则研究》(第2版),中国人民大学出版社2018年版,第162页。
③ 河上正二:『サービスと消費者』、『ジュリスト』1139号(1998年)、頁75。
④ 金福海:《论服务责任的性质和归责原则》,载《法学论坛》2001年第5期;孙颖:《服务侵权的无过错责任》,《法学》2008年第11期。
⑤ 潮見佳男:『債権総論Ⅰ債権関係・契約規範・履行障害』(第2版)、信山社、2003,頁83以下。
⑥ 長坂純:『役務提供契約の性質決定と提供者責任』、NBL 917号(2009年11月)、頁11。

(三)民事基本法与特别法的关系

实际上,民法典作为市民社会生活的基本法,其功能主要表现为,集中承载民商事生活中最基本的法律思想或价值观念,为商法、民事特别法及其他法律、行政法规中的民法规范提供元概念、元规则,并对民事特别法或其他法律、行政法规中的民事规范起补充、兜底作用。① 与此同时,因服务合同领域涉及各行业法治,即使在私法领域,也同样如此,会涉及诸多行业特别法。以行业为区分,典型的行业类服务合同有旅游合同、运输合同、电子商务服务合同、律师服务合同、物业服务合同等,通常都伴随着相应行业的特别法。若以主体区分,对于一些特定群体的保护,则会依据消费者权益保护法、劳动法、劳动合同法等诸多特别法。总之,除了民事基本法层面的服务及其合同规则,在诸多民事特别法领域,也存在着大量与服务相关的私法规则。甚至可以认为,特别法的泛滥对民法体系造成的冲击,严重影响了民法典的透明度,使得民法的法律适用及民法学陷入了"解释之迷雾"。② 因此,在民法典层面构建服务合同规则体系,也不可避免会涉及民法典的定位和民事特别法之间的关系问题。

在我国民法典编纂过程中,学者对此也作了诸多探讨。其中有学者认为,民事特别法依其功能类型可分为补充型、政策型与行政型三种,中国未来《民法典》既应成为纯粹的私法,又应纳入并整合政策型民事特别法,真正成为市场经济与家庭生活的基本法。对于消费者法,可以考虑形式纳入,并授权民事特别法规定具体内容;对于劳动合同法,则可采取实质纳入的方式,将其置于"合同"编。③ 有学者将上述问题纳入《民法典》"总分结构"体系中予以探讨,认为借鉴总分结构理论可以实现民法典分编的体系化,而民法典与民事特别法之间的关系被定位成"外部的总分结构"。④ 有学者在此基础上主张,"合同"编关于典型合同的增设问题,同样可以采取基本法与特别法相结合的处理模式:"合同"编主要规定合同类型的典型形态,每一类典型合同的变异形态或特别形态,由特别法加以规定为宜,主张将雇佣合同作为服务性合同的典型类型,由"合同"编作出规定较为适宜,而像物业服务合同、旅游服务合同、快递服务合同等则以特别法规定比较合适。⑤

---

① 谢鸿飞:《民法典与特别民法关系的建构》,载《中国社会科学》2013 年第 2 期;茅少伟:《寻找新民法典:"三思"而后行——民法典的价值、格局与体系再思考》,载《中外法学》2013 年第 6 期;邱本:《论民事生活与民法典》,载《法制与社会发展》2015 年第 4 期;朱广新:《民法典编纂:民事部门法典的统一再法典化》,载《比较法研究》2018 年第 6 期;等等。

② 周江洪:《论民法典透明度的实现及其障碍》,载《法制与社会发展》2015 年第 6 期。

③ 谢鸿飞:《民法典与特别民法关系的建构》,载《中国社会科学》2013 年第 2 期;谢鸿飞:《民法典的外部体系效益及其扩张》,载《环球法律评论》2018 年第 2 期,也主张将"雇佣合同"作为有名合同予以规定。

④ 王利明:《总分结构理论与我国民法典的编纂》,载《交大法学》2019 年第 3 期。

⑤ 朱广新:《民法典编纂:民事部门法典的统一再法典化》,载《比较法研究》2018 年第 6 期。

与此相关的是,在服务合同领域,需要重点处理的是服务领域所涉及的消费者和劳动者(以及类劳动者、类受雇人)等特殊群体问题。从民法典秩序稳定、体系周延等角度言,纯粹民法的观念很有吸引力。《德国民法典》将消费者权益保护纳入民法典体系之中的做法,也是争议不断,甚至被认为是"对德国民法典体系的破坏,也就是体系效益的减损,难以估量"。[1] 但民法学体系是一个不断变化发展的制度结构,也需要随着社会生活的变化而发展。以民商之间的关系为例,现代民法的重要趋势之一就是传统商法的一些价值逐渐融入民法的价值体系中来,民法也需要吸收商法的制度和规则。[2] 同样地,就消费者合同领域而言,也可以观察到同样的现象,诸如消费者权益保护领域特别注重的信息提供义务等,也逐步成为民法的一般规则。甚至有学者主张消费者合同与民法上的合同,应当作"一元化的理解",而不是像日本债法修改过程中的"二元化理解",应当将一些消费者合同的规则纳入民法典之中,然后再来考虑哪些才是消费者合同中特有的规则,进而推动消费者法的修改。[3] 在这方面,英国的做法是《英国货物供应与服务法》与《英国消费者权利法》之间相互分立,而不是统合;日本法上,则存在着单独的特定商交易法以及消费者合同法,也是二元化的方法。而PELSC和DCFR"服务合同"编以功能论的视角从服务活动的具体场景出发来抽象出服务合同的规则,虽然其并没有明言如何处理消费者服务合同的问题,但似乎是采用了统合的做法。在这点上,我国学者多主张将消费者保护由特别法处理,而劳动合同的原型"雇佣合同"则应当纳入民法典。[4] 但笔者以为,消费者法与民法之间并非简单的割裂状态,不少起源于消费者领域的合同规则,也逐步"消融"于民事基本法领域,在考虑服务合同规则时,并不一定排除消费服务合同规则,而是应从民事基本法视角出发去发现消费服务合同领域的规则是否得以纳入服务合同的一般规则,比如说警示义务问题。[5] 而对于雇佣合同,作为传统民法上的典型服务类合同,有不少国家将其作为基本的服务合同类型。但从服务合同一般规则设计的可行性角度言,即使将其纳入民法典之中,也应当在服务合同与雇佣合同之间作一适当区隔,将其作为单独的合同类型

---

[1] 苏永钦:《现代民法典的体系定位与建构规则——为中国大陆的民法典工程进一言》,载《交大法学》2010年第1期。苏永钦教授在该文中也主张雇佣合同在民法典中不可或缺。
[2] 王利明:《民法典编纂与中国民法学体系的发展》,载《法学家》2019年第3期。
[3] 後藤卷則:「民法の契約と消費者契約」,瀬川信久编著『債権法改正の論点とこれからの検討課題』別冊NBL 147号、商事法務、2014,页41以下。
[4] 当然,也有一些学者主张民法典应当将消费者保护纳入其中。例如,苏号朋:《民法典编纂与消费者保护——以德国债法改革为参照》,载《法学杂志》2015年第10期。
[5] 关于消费者法与民法之间的互动关系,我国也有学者以消费者权益保护领域的告知义务为例,讨论了合同法与消费者法之间的互动关系,非常具有前瞻性。参见陆青:《论消费者保护法上的告知义务》,载《清华法学》2014年第4期。而关于消费者法与合同法在其他领域的交错,可参见韩世远:《合同法总论》(第四版),法律出版社2018年版,第905页以下。

对待更为可取,或者是将其作为民事特别法对待,这样也更有利于类似雇佣的服务类合同的规则配置,有助于将特殊的政策考量纳入其中。对此,我国有学者主张将雇佣合同和"类似劳动者型服务合同"排除在外,以消费者型服务合同为中心构建服务合同的一般规定,在考虑创设服务合同一般规定时,最主要的是要考虑其与委托、承揽和消费者型服务合同之间的关系。① 当然,由于我国《民法典》增加了物业服务合同作为典型合同之一,在服务合同一般规则设计过程中,同样需要注意这一新增类型之间的协调。

总之,在构建服务合同一般规则时,一方面要时刻注意民法典作为民事基本法的基本定位,另一方面也同样要注意民事特别法对于服务合同私法配置的独特功能,将两者有效结合以形成体系化科学化的服务合同规则体系。

三、服务合同的概念界定及其规则适用范围

作为服务类合同的"各种契约的法"规则的抽象提取,在设计一般规则前首先需要厘定的是服务合同的涵摄范围。服务合同一般规则所适用的对象是我国服务合同研究中的重要争点之一。而在比较法上,《英国货物与服务供应法》及《英国消费者权利法》、《荷兰民法典》、DCFR"服务合同"编,都采用了定义和排除列举法相结合的方式来界定服务合同一般规则的适用范围。加拿大《魁北克民法典》在定义服务合同之后,也明确规定"服务提供人与顾客之间无从属关系"(第 2099 条),试图排除某些合同类型。《欧洲共同买卖法草案》(CESL)在定义买卖合同伴随的"相关服务"时,也明确排除了运输、培训、电信服务以及金融服务。而另一方面,《德国民法典》中的"劳务合同"在一定程度上得以应对服务合同私法配置问题,但不得不在劳务合同与雇佣合同、承揽合同甚至与有偿事务处理合同之间进行精细化的界分,以追求其规则适用的妥当性,但其对于服务类合同的私法调整谈不上满意。另一方面,法国学者提出的合同法改革方案,则试图利用"各种契约的法"理论提取出"服务提供"的共同规则,其规则地位类似于债法总则规则的地位,因此在定义服务合同的同时并没有刻意排除其适用范围,但同时也带来了服务合同总则性规定条文数相对较少的结果。正是由于服务合同定义和涵摄范围的不同,也带来了各国各地区在规则设计上的不同。以下就此作简单分析。

---

① 战东升:《民法典编纂视野下的服务合同立法——日本立法经验及其借鉴》,载《法商研究》2017 年第 2 期。当然,也有学者主张将劳动(雇佣)合同排除在服务合同的适用范围之外,但在对服务合同作一般法安排的同时,应当将类似受雇人进行私法社会化保护,而不是纳入劳动法统筹[参见钱叶芳:《民法典编纂背景下雇佣(劳动)合同的去向——现代民法与劳动法的分工与合作》,载《浙江学刊》2018 年第 6 期]。

(一)服务合同概念界定

笔者曾经将服务合同定义为"指全部或者部分以劳务为债务内容的合同……并不以有偿为要件",又称为劳务提供合同。根据服务提供过程中服务与物之间的关系,服务又可以细分为与物的交付相伴随的服务,服务提供过程中物作为手段、设施、材料被使用的服务以及纯粹的服务。[1] 与物的交付相伴随的服务,又可以细分为服务凝结为特定的物之情形(如建设)、以物为对象的服务(如保管)、与物的给付一起提供的服务(如婚礼宴席的操办)、物作为手段设施材料的情形(如养老设施、酒店住宿服务、电信服务等)等。纯粹服务中,依标准化、规格化程度高低的不同,又可以细分为个性化服务、得以用服务水平衡量的服务(医生等各种专业服务可归入此类)与标准化服务。当然,因标准化程度不同,三者之间也会存在模糊之处。[2] 日本学者河上正二依服务与物的关联程度不同、标准化程度不同予以分类,对于所提供的服务是否符合合同要求的判断——即是否存在服务瑕疵的判断,具有重要的启示。

当然,1999年合同法立法过程中的《合同法征求意见稿》曾认为:"服务合同是服务人提供技术、文化、生活服务,服务受领人接受服务并给付服务费的合同",明确其有偿性。[3] 但从社会现实来看,无偿服务的大量存在也是一个不争的事实,如各种志愿者活动,也可能构成服务合同的一部分,而且随着社会的发展,无偿服务也会日益重要,其中的法律规则也需适当考量。另外,也存在着依经济学上的产业区分来界定"服务"的观点,依产业划分将第三产业中的各种服务行业的合同形态总称为"服务合同"。[4] 但是,产业划分上的服务概念与民法学上的服务概念,并不能完全等同,比如作为第二产业的建筑业相关的建设工程施工合同,不少国家或地区都将其作为服务合同对待。在我国通常的合同分类中,也是将其作为承揽合同的子类型当作提供服务类合同予以对待。

除就无偿性以及产业划分角度的服务有所争议之外,从现有文献来看,对于服务合同定义本身争议并不大。例如,《荷兰民法典》将其定义为"一方当事人(服务提供人)同意向另一方当事人(服务受领人或客户)实施一定的活动的合同关系";DCFR"服务合同"编将其定义为"一方当事人(服务提供人)承诺为他方当事人(顾客)提供服务,他方支付价款的合同",但准用于无偿服务合同;法国《关于各种特殊合同的法的改

---

[1] 周江洪:《服务合同在我国民法典中的定位及其制度构建》,载《法学》2008年第1期。
[2] 河上正二:『債権法講義[各論]—35 役務提供契約・雇用(1)』、『法学セミナー』776号(2019年9月)、頁80—83。
[3] 参见全国人大常委会法制工作委员会民法室编著:《中华人民共和国合同法及其重要草稿介绍》,法律出版社2000年版,第150页。
[4] 王家福、谢怀栻等:《合同法》,中国社会科学出版社1986年版,第285页以下。

革草案》则将其定义为"服务提供人为客户独立提供劳务之契约",有偿无偿均可,但强调了独立性。《英国货物与服务供应法》第 12 条将"服务供应合同"定义为"受制于以下第(2)款规定(即本法目的不适用于雇佣合同或学徒合同)的、合同一方('供应人')同意完成服务"的合同。日本学者草案将其定义为"当事人一方(服务提供人)受有相对人(服务受领人)之报酬,或者未受报酬而负有提供服务之义务"的合同。而就国内而言,也有不少学者就服务合同作出了定义。如有学者将其界定为"指一方向对方提供特定的劳务行为为标的的合同,又称提供劳务的合同"[①];或者将其界定为"双方当事人约定,一方依他方的要求,完成一定服务行为或者客观特定的服务活动,他方可支付报酬的一类合同"[②];或者将其界定为"指以全部或者主要以劳务、劳务过程或者特定劳务成果为债务内容的民事合同的统称"[③];或者将其定义为"服务合同是指双方当事人约定,一方依他方的要求,完成一定服务行为或者交付特定的工作成果的合同"[④],该概念特别强调了过程义务和结果义务;等等。

从上述定义可以看出,除就无偿性的要求稍有区别以外,各国各地区就服务合同的定义并无实质性差别,其核心在于"服务的提供"。这里不一一列举。争议较大的是服务合同所涵摄的范围,其通过特别规定予以排除适用的范围并不相同。在 20 世纪 90 年代,我国民法学界通常采用最狭义的服务合同概念,认为提供劳务合同包括运输、保管、委托、信托、居间等合同,而不包括完成工作成果类的承揽合同,也不包括旅游、医疗等社会性服务合同。反观国际层面,则多采用广义上的服务合同范围。[⑤] 对于我国民法典来说,服务合同的范围认定会影响到服务合同一般规则的拟定,因此有必要对此予以界定。当然,如何界定其范围,也会受制于我国现行制度及其司法实践,同时也需要考虑立法的可行性问题。

从我国《民法典》的规定来看,我们现行法上的服务合同至少有承揽类、委托类、运输类、保管类等服务合同,或者是具有多种服务合同元素的其他服务合同,如物业服务合同、旅游法上的旅游合同等。而从我国司法实践来看,民事案由"服务合同纠纷"项下涵盖了电信服务合同、邮政服务合同、医疗服务合同、法律服务合同、旅游合同、房地产咨询合同、教育培训合同、网络服务合同、家政服务合同、财会服务合同、娱乐服务合同、保安服务合同等 22 类合同。如果要设定服务合同总则,似乎应该考虑能够涵摄这

[①] 余延满:《合同法原论》,武汉大学出版社 1999 年版,第 644 页。
[②] 张俊浩主编:《民法学原理》,中国政法大学出版社 1997 年版,第 730 页。
[③] 曾祥生:《服务合同一般规则与立法模式研究》,中国政法大学出版社 2017 年版,第 34 页。
[④] 唐仪萱:《服务合同的法律特征和义务群——兼论过程义务、结果义务的区分与统一》,载《四川师范大学学报(社会科学版)》2016 年第 1 期。
[⑤] 关于服务合同定义的大同小异以及 20 世纪 90 年代我国民法学界及国际上关于服务合同的涵摄范围的梳理,可参见王金根:《服务合同研究》,载《重庆工商大学学报》2010 年第 6 期。

些类型服务的规则,这也是服务合同总则一般性规定设计的出发点——应该以此为基础,考虑规则设计的可行性问题而适当增减。

(二)服务合同一般规则适用范围的限缩

从比较法经验来看,虽然服务合同一般规则的适用范围大多被限缩了,但各国的限缩方式也不尽一致。虽然被排除的诸多合同都可能被称为"服务合同",但并非属于各自立法或学说中作为典型合同对待的"服务合同"的范畴。例如,《荷兰民法典》排除了雇佣合同以及以有体物为对象的承揽、保管、出版、运输合同,并设置了4类服务合同子类型:委托代理合同、经纪合同、代理商合同和医疗服务合同。同时还以兜底性的规定来限制其范围,即如果"法律、合同或其他法律行为的内容或性质上""或者习惯上"不应适用的,也不在服务合同的涵摄范围之内。从《荷兰民法典》的情况来看,其更多的是以提供无形的劳务(类似纯粹服务)为中心来构建服务合同规则。法国民法学理意义上的"事务处理委托合同"以建设合同为原型发展出了服务合同的学理,并将从事法律行为的服务提供纳入委托而排除,同时将保管合同、雇佣合同排除在外。法国"事务处理委托合同"的概念,更多地接近我国的承揽合同,并不区分有形的工作还是无形的工作。当然,随着法国《关于各种特殊合同的法的改革草案》的进展,其未来的涵摄范围还有待进一步观察。《英国货物与服务供应法》排除了雇佣合同与学徒合同。PELSC及DCFR"服务合同"编则排除了运输、保险、提供担保或者提供金融产品或金融服务范围内的合同,同时也排除了雇佣合同和委托合同。在委托合同的处理上,DCFR的规定接近《荷兰民法典》规定的"委托代理合同",将其限定在直接代理、间接代理和涉及经纪人及类似活动情形的本人与受托人之间的合同关系上。但与《荷兰民法典》将委托代理合同作为服务合同的子类型不同的是,与PELSC一样,委托合同并不是DCFR服务合同的子类型。

从比较法上来看,服务合同与承揽、委托、雇佣之间的关系仍然是界定服务合同范围的重要争点之一,这点与罗马法传统密切相关。而且,还有一点非常类似,大部分立法或文件都是将雇佣合同排除出服务合同的范畴。

通常来说,有关劳务提供的合同,不管是部分劳务也好,还是纯粹的劳务提供也好,都可以纳入服务类合同的范畴,雇佣合同当然也不例外,应当属于典型的服务合同。但这样一来,除非以雇佣合同为中心来构建服务合同规则,否则在规则设计上必然会面临不同的利益衡量,进而会导致各种不同利益的杂糅,无法设计出科学的规则。以信息交换义务为例,根据《德国民法典》的相关规定,在劳动合同领域,由于劳动者面对歧视性的问题有权撒谎,因而在这种情况下劳动者非真实的回答并不构成法律意义上的不法欺诈。而在消费者领域,对于服务提供人的信息义务,其要求会更加严格,服务提供人的信息隐瞒即使不构成欺诈,也可能因为"相对人惹起的错误"或"过失欺诈"而受到特定的规制。不仅如此,若将雇佣合同纳入服务合同一般规则之下,也可能会面临各种典型合同规则适用上的解释论难题。德国为了能够区分自由劳务合同、雇佣合同、承揽合同等,也不得不发展出了诸多理论,而且也有不少学者因此而批评德国关于服务类合同类型配置和私法规则体系的不完备。从某种意义上来说,日本民法修改过程中对此未能达成共识,也是其最终未能形成立法的原因之一。从服务提供人角度而言,雇佣或类雇佣合同与消费者合同的利益衡量刚好处于两端,若设计规则时要时时顾虑对雇佣或类雇佣服务合同中的服务提供人的保护,则消费者作为服务受领人时必将处于极端不利之地位;而若设计规则时要时时考虑对消费者作为服务受领人的保护,则对于类雇佣的服务提供人的保护势必难以兼顾。而《德国民法典》及其实践没有明确这一点,而是以劳务合同为中心,辅之以承揽合同、有偿事务处理合同以及具体个别的服务类合同(如医疗服务合同、旅游合同)规则来解决服务合同的法律适用问题,其所需要的精细化解释,难免会减损其体系效应。因此,从规则设计角度而言,将其中一类排除出服务合同的适用范围,是必然的选择之一。而从消费者法对民法规则的"融化"效应来看,对于服务类消费合同来说,一方面优先适用消费者权益保护的特别法,另一方面亦得以适用服务合同一般规则,并不影响其法律适用的妥当性。因此,笔者也主张服务合同一般规则应当将雇佣合同排除在外,与大部分比较法做法保持一致。关于这一点,已有学者作了充分的论证[①],这里不再赘述。

若难以区分出委托与承揽的横向关系,难以区分出服务合同与委托、承揽之间的层级纵向关系,设计的服务合同规则就无法有效地统筹服务合同规则体系,也会影响法律的适用问题。因此,有必要作适当探讨。

实际上,我国现行法上服务类典型合同的类型划分,类似于日本民法的框架体系。而日本债法修改过程中试图就服务类合同规则体系作出重构——或构建服务合同典型合同,或改革"准委托"规则,其重要的原因之一就是服务类合同之间的界限以及合同性质决定所伴随的规则适用上的非妥当性。因此,对日本的相关学说情况作梳理介绍,也会有助于我们完善服务合同规则体系。

从较早阶段开始,如何对纷繁复杂的各类服务定性并加以归类,就是日本民法学的重要议题之一。虽然日本民法的起草者们曾以雇佣和承揽为中心来应对服务类合同,承揽乃是就劳务结果支付对价,而雇佣则是以劳务本身为标的,包括医生、律师等

---

① 战东升:《民法典编纂视野下的服务合同立法——日本立法经验及其借鉴》,载《法商研究》2017年第2期。

高级劳务在内。① 但后来随着劳动合同概念的形成,准委托逐渐成为服务类合同的"兜底"。日本通说认为,承揽是以劳务或劳动所为之结果(工作的完成)为标的,该工作既可以是有形的,也可以是无形的;委托则以处理一定事务的整体性劳务为标的,劳务人(受托人)保留了以自己的知识、经验和才干适当处理事务的自主性;保管是以保管他人之物这一特殊的劳务为标的;雇佣是利用劳务或劳动本身构成了其标的,使用人具有指挥命令权限,区别于承揽,不是以特定工作的完成为契约内容,区别于委托,该工作也不是作为一个整体的事务成为契约的内容。当然,日本通说也主张,上述差别只是典型意义上的差别,社会中所为的每一劳务供给契约到底属于其中哪一种,虽然依客观的、一般性情形确定的场合很多,但依当事人意思决定的场合也不少。② 由于雇佣合同中包含了"使用从属性"的特征,而在服务类合同中出现了既非雇佣又非承揽的服务,如何予以处理就会成为问题。对于此类服务,借鉴瑞士债务法的经验,日本将其纳入"准委托"予以处理,但适用委托合同规定时面临了诸多问题,日本司法实践中也有不少案例对一些服务刻意不采用"准委托"构成,以回避委托合同规则的适用。③ 日本关于服务合同私法配置的改革尝试,正是在这一背景之下展开的。而在此之前,已有不少学者试图重构服务类合同的分类体系,其中山本敬三教授的类型化理论具有非常重要的实践意义。④

该学说以承揽合同的重构为中心展开讨论,其主要目的是将无形工作等排除出承揽的范畴。围绕《日本民法典》第 632 条规定的文义,依据承揽工作的不同性质,立足于报酬与工作成果之间的相互关系,将承揽区分为"以劳务为中心的承揽"和"以物为中心的承揽"。后者是劳务直接作用于物的类型,如建筑、定作、加工等,从性质上看,即使将此类承揽理解为物的提供与金钱的交换,在具体规则适用上也不会有大问题。但就前者来说,诸如设计、信息提供及其处理等工作,劳务本身与劳务的结果之间无法清晰区别,劳务的提供不一定与有形的物相结合。在此分类的基础上,山本教授建议将承揽合同纯化为"以物为中心的承揽",而将"以劳务为中心的承揽"从传统的承揽合

---

① 梅谦次郎:『民法要議卷之 3 債権編』、有斐閣書房、1912、複刻版、頁 682、702。
② 我妻荣:《民法讲义Ⅴ3 债权各论中卷二》,周江洪译,中国法制出版社 2008 年版,第 2—3 页。
③ 如大学入学合同的解除问题(最判平成 2018 年 11 月 27 日民集 60 卷 9 号、頁 3437),参见寺川永:『役務提供契約の法理についての覚書』、小野秀誠ほか編:『松本恒雄先生還暦記念民事法の現代的課題』、商事法務、2012、頁 827。关于准委托在日本司法实践中的适用情况,参见山本豊編集:『新注釈民法(14)債権(7)§§623—696』、有斐閣、2018、頁 350 以下。
④ 山本敬三:『契約法の改正と典型契約の役割』、『債権法改正の課題と方向』別冊 NBL 51 号 (1998 年)、第 14 頁以下;同《民法讲义Ⅳ-1 契约》、有斐阁、2005、頁 643、710 以下。此处关于山本教授的类型化理论梳理,笔者曾就此作出较为详细的介绍,这里作要概括,具体参见周江洪:《服务合同的类型化及服务瑕疵研究》,载《中外法学》2008 年第 5 期。

同中分离，后者与委托合同共同构成"服务合同"。其中，"以物为中心的承揽"，基本上属于"物的交易的衍生"，可以类推适用关于物的规则；对定作人的设备、设施所为的工作，虽然劳务的一面逐渐加强，但其本质并未改变。而"以劳务为中心的承揽"型的服务工作，则很难区别其为承揽还是委托。因此，将该类事务用承揽还是委托这种简单划分的方法加以规制并不符合生活实际，而应将承揽纯化为"以物为中心的承揽"，将以"服务"为内容的"承揽"加以分离，并将其与委托相统合，构成新的"服务合同"范畴。该"分离统合论"通过纯化承揽合同，使得一直以来在是否适用瑕疵担保责任上非常模糊的承揽和委托之间的中间形态在适用法律上更为明确。

实际上，日本的司法实践也在一定程度上验证了该学说的合理性。从 1945 年以来大量的案件判决来看，瑕疵担保责任主要适用于作为"物的交易的衍生"的建筑承揽等非常狭窄的范围。那些虽然负有工作完成义务但并不对工作成果承担瑕疵担保责任的情形非常多。例如，设计、侦探所的调查、审计业务、律师的文书制作、保安承揽等。虽然从"完成工作"的义务来看，似乎更接近"承揽"，但实践当中即使将其认定为承揽合同，也很少援引《日本民法》第 634 条以下的瑕疵担保责任制度[①]，而是适用债务不完全履行的一般原则。[②] 这也表明，既然承揽人并不承担瑕疵担保责任，非要认定其为承揽并没有实质意义。[③]

当然，上述分类方法更多的是着眼于服务质量的判断问题，对于其他规则适用的探讨，特别是承揽合同中仅限于定作人的任意解除权与委托合同中适用于双方当事人之间的任意解除权以及统合后的服务合同规则的具体设计等等，并未有进一步地展开。从具体构成上来说，该设想将承揽纯化为有体物承揽并将其排除出服务合同规则的适用范围，在这点上与《荷兰民法典》具有一定的类似之处。对此，也有学者在阐述解决服务合同问题的方向性时指出，由于当事人对结果达成的期待不同，或者是当事人之间的独立/从属关系类型存在程度上的差异，服务类合同呈现出了多样化的状态。例如，信息提供类服务等，会因为服务受领人要求程度不同而影响服务提供标的的范围，进而无法判定其为承揽抑或委托；教育服务类合同，不仅对儿童等会有安全保障义务的问题，而且在结果达成度上也会因为各自情形不同而不同；再如律师的诉讼代理、持续性的法律咨询服务以及医生诊疗活动，在一定程度上也会带有雇佣的色彩；而运

[①] 《日本民法》第 634 条以下原来共有 8 个条文规定承揽人的瑕疵担保责任，但 2017 年修改后仅剩 2 个条文，即第 636—637 条。

[②] 周江洪：《服务合同研究》，法律出版社 2010 年版，第 162 页。

[③] 这里需要说明的是，日本债法 2017 年的修改对于瑕疵担保责任也做出了修改，无论是买卖合同中的瑕疵担保责任，还是承揽合同中的瑕疵担保责任，都统一为契约责任说，统一为通常的债务不履行责任，结束了常年以来法定责任说、契约责任说的争议，具体参见中田裕康ほか：「講義債権法改正」、商事法務、2017、頁 265—267。

输、安保合同中的委托与保管混合,旅游合同及护理服务中的承揽、委托、保管的混合,律师、医生等高级劳务中的雇佣、承揽和委托的混合等,这些都呈现出了服务合同样态的多样性。面对这样的情形,在重构典型合同类型时,该学者建议进一步"纯化"《日本民法》中的雇佣、承揽、委托、保管等典型合同类型,然后在此基础上设计出其他服务类合同的共通规则。[①] 从这里也可以看出,现有合同类型适用范围的限缩和整合,也是服务合同规则设计中不可避免的一个环节。

就我国来看,在违约损害赔偿责任方面,我国原《合同法》总则及《民法典》"合同"编通则都采取了严格责任原则。因此,一旦被认定为非典型合同,就很有可能适用"合同"编通则中的严格责任原则;而被认定为典型合同的,则有可能适用各典型合同层面的过错责任。至少从字面上来看,两者之间区别甚大,可能给债权人、债务人之间的利益关系带来重大影响。而且,即使被认定为非典型合同,根据《民法典》第467条的规定,同样需要考察该合同与哪一类合同最为类似。总之,我国现行法上的合同性质决定,比日本民法背景下的合同性质决定更为重要,事关过错责任的适用与否。同样的,我国现行法虽没有采纳独立的瑕疵担保责任制度,但与日本一样,是否要求债务人有过错是承揽和委托在损害赔偿责任构成要件上的重大区别之一。因此,如何区别承揽和委托在我国也十分重要。而从立法论视角而言,如何区分出两者以及两者与服务合同总则之间的适用关系,对于规则设计也具有同样重要的意义。因此,典型合同还是非典型合同、承揽还是委托这两重性质决定对法律适用具有非常重要的意义。以日本民法的发展为参照,实践中可依以下方法对现有合同在再类型化的基础上进行性质决定。[②]

首先,可以根据交易的样态,将《民法典》"合同"编规定的典型合同分为财产移转型合同、财产利用型合同、服务类合同以及其他合同。其中,服务类合同包括承揽合同、建设工程合同、运输合同、技术合同(技术转让合同除外)、保管合同、仓储合同、委托合同、行纪合同、中介合同、物业服务合同等。其次,服务合同的再类型化。如同承揽和委托的定义规定所表明的那样,与德国民法和法国民法相比,我国现行法有关服务类合同的规范在体系结构上与日本民法更为接近,因此,前述山本说对我国也同样具有参考意义。我国《民法典》第770条规定:"承揽合同是承揽人按照定作人的要求完成工作,交付工作成果,定作人给付(支付)报酬的合同。"依该条规定的承揽概念,亦可以将承揽的本质解释为"工作成果与报酬之间的交换"。因此,可以借鉴山本理论将承揽限定在"以物为中心的工作"的范围之内。基于这样的理解,现有典型合同类型中

[①] 長坂純:「役務提供契約の性質決定と提供者責任」、NBL 917号(2009年11月)、頁14。
[②] 关于我国民法学中的类型化理论,参见刘士国:《类型化与民法解释》,载《法学研究》2006年第6期。

可以明确纳入承揽型服务合同的是承揽合同、建设工程合同（监理合同除外）及运输合同；委托、行纪和居间（中介）可以归类为委托型服务合同；保管和仓储合同可以归类为保管型服务合同；物业服务合同则是混合型合同类型。除此之外的技术开发合同、技术咨询合同和技术服务合同，可依以下原则归类：将技术开发合同纳入承揽型服务合同；技术服务合同纳入委托型服务合同；而技术咨询合同，根据《民法典》第881条第2款的规定，也可以视为技术咨询报告这一"工作成果"与报酬之间的交换，似乎可纳入承揽型服务合同，但从该条规定来看，技术咨询合同在损害赔偿责任等方面与一般的承揽并不相同，而与委托更为接近。对于《民法典》没有明确规定的服务类型，考虑到《民法典》第467条的规定以及与严格责任原则之间的关系，不应单纯地认定其为非典型合同，而应尽可能地决定其具体的合同性质，否则极易陷入"严格责任"的泥沼。在具体的认定上可以参考《民法典》第881条的规定，根据是否构成"结果与报酬之间的交换"关系决定其为承揽型服务还是委托型服务。

在目前的一些著作中，也有将是否以自己的名义和费用完成工作作为区别承揽与委托的重要标志，认为前者乃是承揽人以自己的名义和费用依定作人的要求完成一定的工作，而后者则是受托人以委托人的名义和费用依委托人的要求完成一定的工作。[1] 但通常来说，只有与第三人发生关系时，才涉及委托人名义与否的问题。而且，在我国现行规定中，无论是委托合同的定义还是具体规范，委托合同并不要求"以委托人的名义和费用"完成工作。因此，从现行法律规定来看，上述识别方法仍有商榷的余地。笔者认为，与其从名义入手，还不如从是否存在"结果与报酬的交换"入手来区别承揽和委托，更为符合我国现行法上承揽与委托相关规则的立法精神。

但是，笔者的这一解释方案，如果没有更加明确的立法上的支持，囿于传统上对承揽合同的理解，难免会受到不少质疑。因此，更合适的方式是在立法上明确限缩承揽的适用范围[2]，将无形的工作交由小总则层面的服务合同来处理，其法律适用将更为简洁。当然，也有学者建议以承揽为中心重新构筑服务合同。但如前所述，我国合同法中至少存在着委托、承揽和保管三大服务类型。其中，承揽和委托在瑕疵判断及其法律效果方面存在相当大的区别，仅仅依据承揽的规范难以统合所有的服务合同类型。而且，若将承揽理解为"结果与报酬的交换"或"物的交易的衍生"，以承揽为中心来统合

---

[1] 谢怀栻等：《合同法原理》，法律出版社2000年版，第426页；费安玲主编：《委托、赠与、行纪、居间合同实务指南》，知识产权出版社2002年版，第11页。

[2] 当然，也有学者主张承揽合同无需强调"交付工作成果"，而应以是否完成工作作为概念界定的标准。参见宁红丽：《〈民法典草案〉"承揽合同"章评析与完善》，载《经贸法律评论》2020年第1期。若不考虑建构服务合同一般规则，以完成工作作为界分标准，将无形工作纳入承揽之中，具有一定的合理性，但从服务合同一般规则构建的视角而言，如此扩张承揽合同的范围，将会导致合同性质决定的困难，应当慎重。

所有的服务合同并不合理。因此,笔者认为应以现行法律规定为依据,以承揽、委托和保管等复数的合同类型为支柱重新构筑服务合同体系,只不过在其上构建得以共通适用的服务合同总则,以应对那些难以纳入此等类型中的服务类合同的私法规制。

同样地,在构建服务合同一般性规定时,是否需要就委托合同的适用范围作出限缩,也需要我们作出适当考虑。在这点上,日本债法修改过程中曾试图就"准委托"作出限定,并提出了将其限定在受托与第三人从事事务之情形或者是为解决任意解除权可能被滥用的风险而将准委托限定在具有特定人身信赖关系的事务委托中,但最终都未能成功。《荷兰民法典》的"委托代理合同"则是作为服务合同的子类型,但更多地关注代理规则和利益冲突规则;《德国民法典》中的委托,则坚持罗马法以来的无偿原则,但通过有偿事务处理合同的规定,将委托合同的部分规则准用于以处理事务为标的的劳务合同及承揽合同,作为服务合同典型的"劳务合同"与委托合同的界限虽然趋于模糊,但委托合同规则的准用被限定在特定范围之内。也就是说,排除了部分委托合同规则的适用。DCFR 则将委托合同作为服务合同之外的合同类型处理,将委托限定在直接代理、间接代理和经纪人合同之中,试图借助委托合同概念的限缩而达成服务合同概念的明晰化。《法国民法典》则将委托合同限定在法律行为事务的处理,将其与学理上的服务合同概念"事务处理委托合同"相区别。从这些国家和地区的情况来看,处理好委托合同规则的适用范围,同样与服务合同一般规则的设计相互联动。从我国委托合同的规定来看,如同日本的"准委托"一样,其面临的最大问题在于委托合同所涵摄范围非常宽泛,可能会导致其规则适用上的不妥当性,如任意解除权制度等。因此,笔者认为借鉴比较法上的理论将委托作适当限缩也是一种可行的方案。

另外,对于运输合同而言,虽然作为空间移动的特殊承揽,也是服务类合同之一,但因其产生与发展与运输行业的商业惯例息息相关,因而形成了诸多稳定的规制,在规则形成上与承揽之间区分甚大。而且,通常来说,运输与其他服务之间的合同性质决定通常不会形成问题,逸出其范围纳入服务合同总则范畴的情形相对来说微乎其微。从比较法上来说,常见的方式也是将其单独处理。考虑到这些情况,这里也不将其纳入服务合同总则性规定的下位概念对待。

除了上述纯粹服务合同领域所涉及的范围界定之外,《欧洲共同买卖法草案》(CESL)及《英国货物与服务供应法》都给我们提供了服务合同还有可能涉及的另外一个重要方向。即买卖合同中所伴随的各种服务,如安装、修理、售后服务等。关于这方面的规则,与纯粹的服务提供规则之间的关联性上有待进一步研究确定。从立法技术角度而言,可以首先设计出服务合同的一般规则,然后再在此基础上进一步探讨此等规则适用于买卖合同所伴随的服务的可行性问题。CELS 就是采取这种方法,将 PELSC 及 DCFR

"服务合同"编的规则根据需要适当导入至买卖伴随的"相关服务"中。

综上，如果要构建服务合同的一般规则，得明确其适用范围。具体来说，可以在排除雇佣合同及类雇佣合同，并同时限缩承揽合同、委托合同边界的基础上来确定，对于那些无法纳入保管型、承揽型和委托型的劳务提供，均适用服务合同一般规则；而且，对于那些得以纳入上述类型的劳务提供，则优先适用上述各合同的规则，按照总分体系适用法律即可。

四、结语

综上所述，我国的服务合同典型化，仍然只是停留在"纸上谈兵"阶段。而且，就服务合同一般规则的设计，现有的立法或学者案都受制于特定国家或地区的法律背景或起草背景等，并没有形成一个相对统一的模板。尤其是服务的多样性和高度复杂性，使得在相关规则设计时会面临诸多困难。但"类合同"理论等为服务合同的典型化提供了重要的理论工具，据此，就服务合同的概念和范畴界定等问题上形成一定思考方向，并抽取出服务合同的一般规则，是完全可能的。

作为本文的结论，笔者拟就服务合同的定义及其适用范围做如下立法设计，以求教于方家。

第一条【服务合同定义】 服务合同，是当事人约定一方当事人（服务提供人）为对方当事人（服务受领人）提供服务的合同。

【简要说明】

（1）本条是关于服务合同的定义，以服务的提供为服务合同的核心内容。

（2）本条不区分有偿与无偿。无偿服务合同大量存在，且随着经济社会的发展，无偿服务日趋重要，作为民事基本法应将其纳入涵摄范围。

【比较法参考】

《荷兰民法典第》400条、加拿大《魁北克民法典》第2098条（有偿合同）、英国《货物与服务供应法》第12条、PELSC第1：101条（修正后准用于无偿服务）、DCFR第Ⅳ.C-1：101条（准用于无偿服务）、日本《债权法修改的基本方针》【3.2.8.01】、法国《关于各种特殊合同的法的改革草案》第69条。

【相关现行法】

我国《民法典》第770条、第888条、第919条、第937条。

第二条【适用规则及适用范围】 除非本分编其他章节或其他法律另有规定，本章适用于所有服务合同。

本章不适用于雇佣合同及类雇佣合同、运输合同、保险合同、保理合同。

【简要说明】

(1)本条规定服务合同的总则性。作为服务合同小总则,原则上适用于所有服务合同,但依总分原理的民法典立法技术,分则或特别法有特别规定的,特别法优先。

(2)本条涉及服务类合同的体系化问题。该条的设计前提是,拟以适当限缩承揽、委托合同范围的基础上来确定服务合同一般规则的适用问题,对于那些无法纳入保管型、承揽型和委托型的服务提供,均适用服务合同一般规则的方式来厘定范围。

(3)关于服务合同的适用范围,比较法上并不一致。本条的主要考虑是:因劳动合同、雇佣合同及类雇佣合同,存在着特别保护劳务提供人的政策考量,将其排除出民法典服务合同范围、纳入劳动法领域更为妥当。运输、保险、保理等领域,有较为深厚的商业习惯,亦不宜将其纳入。不仅如此,将这些合同类型排除出服务合同规则的适用范围,有利于纯化和抽象服务合同一般规则。

(4)关于货物买卖等物之交易过程伴随的服务提供问题,如售后上门安装、修理、售后维护等,与纯粹的服务提供规则之间的关联性上有待进一步研究确定,可以留待司法实践发展和解释论予以处理。对此,PELSC采用的方案是结合混合合同理论,采用准用的方式。即"若一方当事人根据某一合同有义务提供服务以及其他义务,则本章及第2至第7章相关之章节,经适当之修正,适用于该合同中与服务相关之部分。"加拿大《魁北克民法典》第2103条第2款采用的是物与服务之间的价值大小比较确定适用规则,即"工作或服务,较之所提供之物的价值只不过是附随之情形,非为承揽及服务合同,而为买卖合同。"国际货物销售合同公约第3条则排除了绝大部分义务为提供劳务情形对公约规则的适用。《欧洲共同买卖法草案》(CESL)则专设一部分就买卖合同中的"相关服务合同当事人的债务及其救济措施"作出了完整的规定,但其规则有不少承继自 PELSC 及 DCFR"服务合同"编,与服务合同规则之间存在着非常紧密的联系。

(5)除上述"相关服务"之外,比较法上还会涉及数字内容服务与服务合同规则之间的关系问题。关于该问题,英国《消费者权利法》对此作出了相关的规定。但服务合同一般规则是否得以适用于数字内容服务,还有待于将来作进一步研究确定。

【比较法参考】

《荷兰民法典》第400条、加拿大《魁北克民法典》第2099条、《英国货物与服务供应法》第12条、PELSC第1:101条、DCFR第Ⅳ.C-1:101条、日本《债权法修改的基本方针》【3.2.8.03】、CISG第3条、CESL第2条以及德国学说区分自由劳务与雇佣等、法国学理上排除雇佣、保管等。

【相关现行法】

我国《民法典》第761条、第809条;《保险法》《劳动法》及《劳动合同法》相关条文。

《民法典》实施背景下世界银行营商环境评估"获得信贷"指标解析

罗培新

摘　要：世界银行发布的《2020年营商环境报告》（DB2020）显示，我国营商环境全球排名持续提升，而其中"获得信贷"指标的排名却连续四年下跌，究其原因，包括缺乏全国统一的动产担保登记平台，未能实现全国范围内的动产担保登记、查询、撤销等功能，以及我国原来的担保法律体系固守物权法定原理，未能引入实质担保观，导致大量的担保形态未获法律认可。我国《民法典》删除了《物权法》有关动产抵押和权利质押具体登记机构的内容，为构建统一的动产担保登记制度留下了制度空间，同时引入了实质担保的制度安排。本文在阐释世行评估方法论的基础上，结合《民法典》及相关司法解释的最新规定，对"获得信贷"指标的我国评估状况予以评析。

关键词：世界银行；营商环境；动产担保；法律变革

一、世界银行评估"获得信贷"指标与制度规则密切相关

世界银行营商环境评估受到全球的高度关注。2019年10月24日，世界银行发布《2020年营商环境报告》（DB2020），中国营商环境排名提升15位，在全球190个经济体中名列第31位。①我国连续两年名列全球营商环境改善前十的经济体，首次晋级前20%。

"获得信贷"（getting credit）是世界银行此项评估的十项指标之一。在我国近年来绝大多数营商环境指标排名提升甚至是显著提升的情况下，"获得信贷"的排名不但没有提升，近四年反而一直在下跌，由全球第62名跌至第80名，成为一个格外引人关

作者简介：罗培新，华东政法大学国际金融法律学院教授。
感谢北京大学法学院纪海龙教授，本文在写作过程中，得到了他的指导与帮助。
本文是教育部重大攻关项目《我国社会信用重大立法问题研究》（19JZD017）的中期成果。
① 新华社快讯，载中国政府网：http://www.gov.cn/xinwen/2019-10/24/content_5444374.htm，最后访问日期：2019年10月25日。

注的指标(见图 1)。

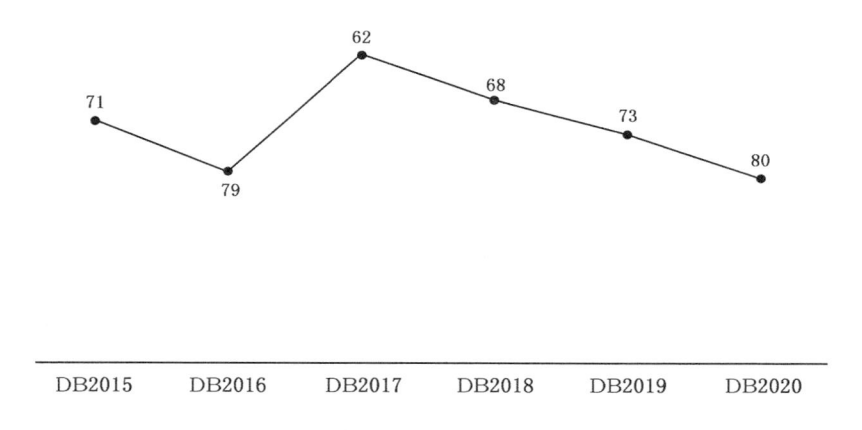

```
         62
         ●
              68
              ●      73
71                   ●
●                         80
   79                     ●
   ●

DB2015  DB2016  DB2017  DB2018  DB2019  DB2020
```

图 1　世界银行营商环境评估"获得信贷"指标我国排名

笔者近年来参与中国迎接世界银行营商环境评估的工作,对世界银行的评估体系比较熟悉。世界银行对全球 190 个经济体的营商环境的评估,是围绕着"规则"(regulation)进行的,即所有指标中,每一项指标的程序、时间和费用都需要"规则"支撑。在世界银行评估的语境下,"规则"包含三层含义:

第一层含义:一切可反复适用、普遍适用的成文规则,都在其列。法律、行政法规和部门规章、作为指标城市的北京和上海制定的地方性法规、政府规章、各委办局发布的规范性文件、证券交易所的上市准则以及最高法院的司法解释等,林林总总,只要适用于该特定事项,都属于"规则"的范围。换言之,有成文规则,则遵从规则。然而,这只是第一层含义。

第二层含义:在缺乏成文规则的情况下,市场中的通常做法,或者称之为惯例,世界银行也予以认可。例如,在"财产登记"指标中,虽然没有任何规则要求查询财产权属状况应委托律师进行,但世界银行专家通过问卷了解到,在类似的交易中,市场主体仍然会委托律师做调查,因而还会产生尽职调查费用,世界银行还会将这笔费用计为"财产登记"指标项下的费用。

第三层含义:如果有成文规则,但在实践中企业没有遵守这套规则,而是有另外一套做法,则世界银行认定的是后者,更为具体地说,受访专家中 50% 的人士认定的做法,就是世界银行认可的答案。比如,北京、上海作为指标城市,为了降低企业设立成本,都在各自的地方性法规中规定,电子印章与实物印章具有同等的法律效力。这样,企业可以不必刻制实物印章,而用电子印章代替,这样会省掉企业数百元钱的开办费用。然而,2020 年 6 月 1 日进行的"开办企业"磋商中,世界银行专家问起,实践中有多少企业使用电子印章,并且强调,根据评估方法论,必须确认企业已经根据新的法律和政策规定,落实了相关举措,才能被认可。所幸的是,指标城市已经通过行政给付的方式,暂由财政承担了企业开办的刻章费用,这项费用不会被计入。但未来的方向是,推动更多的企业使用电子印章。

"获得信贷"指标非常特殊,该项指标的"合法权利力度"指数极度依赖规则。可以说,"获得信贷"指标之所以连年退步,法律规则是主要原因。笔者是"获得信贷"指标的问卷受访专家,接下来,结合答卷过程,对该项指标的问题逐一回应。

二、世界银行评估"获得信贷"指标之"合法权利力度"指数的假设

"获得信贷"的二级指标"合法权利力度指数"(strength of legal rights index),满分 10 分,多年来我国均仅得 4 分,表现不尽如人意,亟须在了解世界银行方法论基础上,通过制度变革予以提升。

世界银行营商环境评估"获得信贷"的方法论,源自西蒙·詹科夫(Simeon Djankov)、卡拉利·麦克利什(Caralee McLiesh)和安德鲁·施莱弗(Andrei Shleifer)的《129 个国家的私人信贷》(Private Credit in 129 Countries)一文[①]。在这篇文章中,作者运用合法债权人权利以及私人和公共信贷登记机构的最新数据,寻找获得信贷的决定性因素。作者发现,受法律保护的债权人权利和信息共享机制,与获得信贷的便利度息息相关。

世界银行问卷对担保债务人(ABC 公司)和担保债权人(BizBank 银行)的假设如下:①ABC 是一家国内有限责任公司(或其法律对等组织)。②ABC 公司有 50 名员工。③ABC 公司的总部及唯一经营地,位于经济体最大的商业城市。对于 11 个人口过亿的经济体,也收集了第二大商业城市的数据。④ABC 公司和 BizBank 银行都是 100%的国内企业。

接着,世界银行问卷提供了两个情景案例,其假设如下:

案例 A 中,ABC 公司以一项无须转移占有的单一类别流动动产(如该公司的应收款项或存货)为 BizBank 银行设定担保权益。ABC 公司保留资产的所有权和占有权。有些经济体的法律不允许存在不转移占有的动产担保权益,在这种情况下,ABC 公司和 BizBank 银行就使用一种受托权益转让安排(或者与不转移占有担保权益相类似的一种替代方式)。

案例 B 中,ABC 公司向 BizBank 银行提供商业抵押、企业抵押、浮动抵押或任何

---

① Simeon Djankov, Caralee McLiesh and Andrei Shleifer, "Private Credit in 129 Countries", *Journal of Financial Economics* 84(2),2007.

其他可以就 ABC 公司全部动产向 BizBank 银行提供担保权益的抵押。ABC 公司保留资产的所有权和占有权。

"合法权利力度指数"衡量与担保法中的合法权利有关的十个方面,以及与破产法相关的两个方面。指数范围从 0 到 12,得分越高,说明担保法和破产法制定得越好,信贷也更加易于获得,具体解析如下:

第一,经济体存在整合或统一的担保交易法律框架,延伸到四个功能等同于动产担保的权益的创设、公示及执行,也就是具有担保功能的所有权受托转让(在中国语境下,可以理解为让与担保,下文将作详细解析)、融资租赁、应收账款转让与保留所有权等。

第二,法律允许企业在不转移占有的前提下转让单一类别动产之上的担保权益(比如应收账款或者库存),而不要求对担保物进行具体描述。

第三,法律允许企业在不转移占有的前提下转让所有动产的担保权益,而不要求对担保物进行具体描述。

第四,担保权益可以延伸到将来或以后获得的资产,并可自动延伸到原始资产产生的产品、收益或替代品上。

第五,担保协议和登记文件中允许对债务和付款义务进行一般性描述,即各种债务和付款义务都能通过担保协议而获得担保,而且担保协议还可以设定用作担保的资产的最大额度。

第六,有一个正常运营的动产抵押权登记处或登记机构,法人或者非法人主体皆可使用;该登记处的地理位置与资产类别相统一,并拥有一个以担保债务人姓名为索引的电子资料库。

第七,抵押登记机构以通知为基础——登记机构只注册担保物权的存在(而非具体文件),并且不对交易进行法律审查。登记机构也公示与担保权利功能等同的权益。

第八,抵押登记机构具有现代化特征,例如允许担保债权人(或其代表)在线注册、修正、撤销及搜索担保权益。

第九,当债务人在破产程序之外拖欠债务时,担保债权人首先得到赔付(比如,在税款和雇员要求之前)。

第十,当企业被清算时,担保债权人首先得到赔付(比如,在税款和雇员要求之前)。

第十一,当债务人进入由法院监督的重组程序时,担保债权人受自动冻结或延期偿付的限制,但法律规则保护担保债权人的权益,规定担保债权人在特定依据下可免于自动冻结或延期偿付(比如存在损失动产的危险)。另外,法律规定了自动冻结的期限。

第十二,法律允许双方在担保协议中同意债权人庭外行使其担保权益。法律允许公开和私下拍卖,也允许担保债权人用资产抵债。

上海是世界银行评估的两大指标城市之一,占中国总分的比重为55%。作为国际金融中心,上海有责任对标国际最高标准、最好水平与最佳实践,提升金融服务实体经济能级,营造良好的金融发展环境。"获得信贷"指标的改善,已然成为检验的重要标尺。为改善这一指标,我国务须逐题研判得失,特别是运用我国《民法典》的最新制度安排,作出妥当的回应。接下来的分析,以类型化的方式概述世界银行问题,逐项解析。

三、世界银行关于"获得信贷"指标的改革更新及我国的回应

世界银行营商环境评估每一项指标的问卷,首要问题都是"改革更新"(reform updates),考察的是受访经济体过去一年来相关规则的变迁。"获得信贷"指标也不例外。DB2022世界银行"获得信贷"指标问卷的第一个问题是:

【世界银行问题】从2020年5月2日到2021年5月1日为止,您的经济体中是否发生了关于担保交易、破产的法律法规的改革或者修正?如果有的话,请详细描述通过日期、生效日期、电子版本的链接,以及对该项改革的描述。

Have there been any reforms or amendments of secured transactions and insolvency laws or regulations in your economy between May 2, 2020 and May 1, 2021? If yes, please provide the following information: name of the legislation, date of adoption, date of entry into force, link to an electronic copy, description of the reform.

针对这一问题,有人根据英文字面意思认为,世界银行认可的是法律法规(laws or regulations),即仅限于全国人大颁布的法律(laws)、国务院颁布的行政法规及北京和上海作为受访地颁布的地方性法规(regulations)。

然而,此种理解并不准确。事实上,如前所述,regulations应当作广义解释,是指具有拘束力的"规制性文件",具体而言,是指对担保交易具有反复适用性与普遍适用性的一切"规制性文件"。这样,最高人民法院司法解释,中国人民银行、银保监会颁布的政府监管规章、市场监管总局等发布的关于动产抵押登记的管理办法,应当悉数包括在内。如果受访者遗漏了其中的部分内容,则极有可能因援引法律渊源不完整而错答,从而导致中国失分。

另外,世界银行在采集数据时,要求受访经济体详细描述发布日期、生效日期及官网网址,同时还希望获得相关文件的电子文本。这表明世界银行对规制性文件的效力

及可获得性高度关注。在这方面,在营商环境评估中多年高居全球排名前五的我国香港地区的做法值得借鉴。香港律政司推出了免费的"电子版香港法例"数据库,公众可一站式查阅所有法律法规的中英文本,甚至还能查到部分法律法规的历史版本。我国司法部如能提供一站式的法律法规查询平台,对于我国营商环境的优化与排名提升,必定大有助益。①

以下是我国规则体系的更新:《中华人民共和国民法典》(以下简称《民法典》)2020年5月28日通过,2021年1月1日生效,该法典参照了国际通行惯例,完善了担保物权的相关规定;《最高人民法院关于适用〈中华人民共和国民法典〉有关担保制度的解释》(以下简称《民法典担保制度司法解释》)②2020年12月25日通过,2021年1月1日生效;《国务院关于实施动产和权利担保统一登记的决定》(以下简称《担保登记决定》)2020年12月22日通过,2021年1月1日生效。

另外,2019年11月14日,《全国法院民商事审判工作会议纪要》(由于是第九次民商事审判工作会议后发布的,以下简称《九民纪要》)发布。最高人民法院称,纪要不是司法解释,不能作为裁判依据进行援引。但最高人民法院同时指出,《九民纪要》发布后,人民法院尚未审结的一审、二审案件,在裁判文书"本院认为"部分具体分析法律适用的理由时,可以根据《九民纪要》的相关规定进行说理。《九民纪要》第71条关于"让与担保"的规定、第66条关于等同功能担保合同的规定(当事人订立的具有担保功能的合同,不存在法定无效情形的,应当认定有效),对于我国此项指标的提升助益良多。《九民纪要》可被视为我国的习惯,具有法律效力。③ 因此,尽管《九民纪要》的发文日期不在本轮评估的改革事项时间范围内,但以往多轮磋商时一直未曾援引该规则,我国此次可将其作为磋商依据。

世界银行问卷在完成了整体提问后,引入了前述案例情景假设,开始了分项提问,涉及担保形式、登记对抗规则、担保物描述规则、统一的登记机构与平台等方面。

四、世界银行关于担保形式的问题及我国的回应

在世界银行的评价体系中,担保方式包括所有具有担保功能的交易形式,这方面的分值为1分。世界银行问卷关于"担保交易"的定义如下:

---

① 在这方面,全国人大作了有益的尝试,将现行有效的法律及经其备案通过的地方性法规进行了一站式收纳。
② 司法解释也是世界银行认可的重要法律渊源。我国这方面的成功经验是,在世界银行2020年营商环境评估工作中,在法律未作修订的情况下,最高人民法院出台了有关公司法、破产法的司法解释,有效提升了"保护中小投资者""办理破产"指标的全球排名。
③ 我国《民法典》第10条规定,处理民事纠纷,应当依照法律;法律没有规定的,可以适用习惯,但是不得违背公序良俗。

"这里所称的担保交易,是指为确保义务履行而针对资产创设权利的所有交易。出于研究目的,我们将重点关注非占有型担保权益、让与担保、融资租赁、应收账款转让和所有权保留的交易"(Secured transactions are here understood as all transactions that create a right in any type of asset meant to secure the performance of an obligation. For the purposes of our study, the focus is on non-possessory security interests, fiduciary transfer of title, financial leases, assignment of receivables, and sales with reservation of title)。

在我国动产担保交易实践中,融资租赁、应收账款转让和所有权保留等交易形式广泛存在,这里的难点在于,如何理解和翻译"fiduciary transfer of title"。对此术语的理解,直接关系到如何回答世界银行接下来的这道问题:

【世界银行问题】是否存在调整让与担保的法律法规?如果有的话,指出法律法规的名称。

Is there a regulation that covers fiduciary transfer of title? If yes, please provide the name.

在问卷中,世界银行提供了解释:Fiduciary transfer of title means a transfer of ownership for security purposes until the debt is extinguished. The debtor may retain possession of the assets. Example: Company/individual "A" transfers the title of machine "B" to bank "C" as security for the loan and expects to retrieve ownership following payment of the debt.

我国 DB2018、DB2019、DB2020 及 DB2021 的回答均为"No",未能得分。许多受访者将"fiduciary transfer of title"理解为"信托财产权的转让",实在是望文生义的理解。

根据世界银行对该词的解释,我们认为,"fiduciary transfer of title"在我国是指"让与担保"。这是一种非典型意义上的担保,以担保物所有权的移转作为担保标的,约定还款后所有权再回转给原所有权人。让与担保的法律基础不是信托法,而是相关财产权转让规则及合同法规则。

举例来说,张三把一台机器的所有权转让给李四,李四付款,但张三还继续使用该机器。双方同时约定,张三还款后,李四有义务把机器所有权再转回给张三,如果到时张三不还款,李四就可以行使对机器的所有权,取走机器并转卖等。

有人担心,让与担保违背了物权法定原理,其实不然。物权法定的含义是物权类型和内容法定,让与担保是转移所有权再加合同约定,即还款后所有权再行回转,这既没有创设新的物权种类,也没有改变物权内容,因而不违反物权法定原则。目前在司法实践中,让与担保的法律效力已经为法院所认可,并且体现在《民法典担保制度司法解释》及《九民纪要》之中。

因而,本题的回答应当是"Yes",理由如下:

其一,我国《民法典》采取了功能主义的立法例。《民法典》第388条规定,担保合同包括抵押合同、质押合同和其他具有担保功能的合同,就此而言,让与担保显然属于"其他具有担保功能的合同"。

其二,《民法典担保制度司法解释》第68、69条对于让与担保的效力作出了明确规定:第68条第1款原则上认可让与担保具有担保的效力,第68条第2款规定,在事先归属型让与担保中,"财产归债权人所有"的约定无效,但是不影响"提供担保的意思",也就是说,司法解释认可了让与担保的此种功能。

其三,《九民纪要》第71条规定了"让与担保",即:债务人或者第三人与债权人订立合同,约定将财产形式上转让至债权人名下,债务人到期清偿债务,债权人将该财产返还给债务人或第三人;债务人到期没有清偿债务,债权人可以对财产拍卖、变卖、折价偿还债权的,人民法院应当认定合同有效。合同如果约定债务人到期没有清偿债务,财产归债权人所有的,人民法院应当认定该部分约定无效,但不影响合同其他部分的效力。

总之,在与世界银行磋商时,应整体运用以上说理,争取得分。

【世界银行问题】是否存在调整融资租赁的法律法规?如果有的话,指出法律法规的名称。

Is there a regulation that covers financial lease? If yes, please provide the name of the regulation.

此题既往已经得分,DB2022只需更新一番法源即可,即指出以下法律规定:①《民法典》"合同"编第15章"融资租赁合同";②《民法典担保制度司法解释》;③《最高人民法院关于审理融资租赁合同纠纷案件适用法律问题的解释》。

【世界银行问题】是否存在调整应收账款处分及直接转让应收账款的法律法规?如果有的话,指出法律法规的名称。

Is there a regulation that covers assignment of receivables and outright transfer of receivables? If yes, please provide the name of the regulation.

我国DB2018、DB2019、DB2020及DB2021的回答均为"No",未能得分。

此题DB2022应当得分,法律依据如下:①《民法典》"合同"编第十六章"保理合同"中包括了应收账款的内容;②《民法典》第545—550条规定了债权(包括应收账款)的直接转让;③《民法典》第440、445及446条规定了应收账款的质押;④《民法典担保制度司法解释》第 61 条及第 66 条对应收账款及保理有进一步的细致规定。

【世界银行问题】是否存在调整所有权保留的法律法规？如果有的话，指出法律法规的名称。

Is there a regulation that covers retention of tile sales? If yes, please provide the name of the regulation.

此题既往已经得分，DB2022 只需更新一番法源即可，即指出以下法律规定：①《民法典》第 641～643 条；②《民法典担保制度司法解释》第 1、6、54、56、57、64 及 67 条对所有权保留有进一步规定。

五、世界银行关于"登记对抗"的问题及我国的回应

在登记制度方面，我国失 3 分。根据世界银行和联合国贸易法委员会推行的现代动产担保制度，只有建立了统一的公示对抗效力规则、统一的登记机构和登记系统，才可以获得满分。

世界银行问卷里，每一道关于担保形式的问题之后，都会紧跟关于权利的"登记对抗"问题：

【世界银行问题】让与担保是否必须登记才能对第三方产生法律效力？如果是，请注明登记机构的名称。

Do fiduciary transfer of tiles have to be registered to be enforceable against third parties? If yes, please specify the name of the registry.

我国 DB2018、DB2019、DB2020 及 DB2021 的回答均为"No"，未能得分。

此题 DB2022 可以争取得分，原因如下：

《民法典担保制度司法解释》第 68 条第 1 款规定，债务人或者第三人与债权人约定将财产形式上转移至债权人名下，债务人不履行到期债务，债权人有权对财产折价或者以拍卖、变卖该财产所得价款偿还债务的，人民法院应当认定该约定有效。当事人已经完成财产权利变动的公示，债务人不履行到期债务，债权人请求参照《民法典》关于担保物权的有关规定就该财产优先受偿的，人民法院应予支持。

根据该条，只有当事人已经完成了财产权利变动的公示，即在登记机构完成了登记，才能够对第三方产生对抗效力。根据《担保登记决定》，自 2021 年 1 月 1 日起，在全国范围内实施动产和权利担保统一登记，登记处为中国人民银行征信中心动产融资统一登记公示系统。

【世界银行问题】融资租赁是否必须登记才能对第三方产生法律效力？如果是，请注明登记机构的名称。

Do financial leases have to be registered to be enforceable against third parties? If yes, please specify the name of the registry.

我国 DB2018、DB2019、DB2020 及 DB2021 的回答均为"No",丢失 1 分。

此题 DB2022 可以争取得分,规则如下:

我国《民法典》在"融资租赁合同"一章第 745 条规定,出租人对租赁物享有的所有权,未经登记,不得对抗善意第三人。因而,本题应当得分。

同样地,根据《担保登记决定》,自 2021 年 1 月 1 日起,在全国范围内实施动产和权利担保统一登记,登记处为中国人民银行征信中心动产融资统一登记公示系统。

【世界银行问题】应收账款处分及直接转让应收账款,是否需要经过登记才能对抗第三人?如果是,请指明登记机构。

Do assignments of receivables and outright transfers of receivables have to be registered to be enforceable against third parties? If yes, please specify the name of the registry.

我国 DB2018、DB2019、DB2020 及 DB2021 的回答均为"No",丢失 1 分。

此题 DB2022 可以争取得分,规则如下:

我国《民法典》第 768 条规定,应收账款债权人就同一应收账款订立多个保理合同,致使多个保理人主张权利的,已经登记的先于未登记的取得应收账款;均已经登记的,按照登记时间的先后顺序取得应收账款。

《民法典担保制度司法解释》第 66 条规定,同一应收账款同时存在保理、应收账款质押和债权转让,当事人主张参照《民法典》第 768 条的规定确定优先顺序的,人民法院应予支持。

【世界银行问题】所有权保留的买卖合同,是否需要经过登记才能对抗第三人?如果是,请指明登记机构。

Do retention-of-title sales have to be registered to be enforceable against third parties? If yes, please specify the name of the registry.

我国 DB2018、DB2019、DB2020 及 DB2021 的回答均为"No",丢失 1 分。

此题 DB2022 可以争取得分,规则如下:

我国《民法典》"买卖合同"一章中第 641 条规定,当事人可以在买卖合同中约定买受人未履行支付价款或者其他义务的,标的物的所有权属于出卖人。出卖人对标的物保留的所有权,未经登记,不得对抗善意第三人。

根据《担保登记决定》,自 2021 年 1 月 1 日起,在全国范围内实施动产和权利担保统一登记,登记处为中国人民银行征信中心动产融资统一登记公示系统。

【世界银行问题】BizBank 是否必须登记其无须转移占有的担保权益,才能使担保权益对第三方产生法律效力?

Must BizBank register its non-possessory security interest for the security interest to be enforceable against third parties?

我国 DB2018、DB2019、DB2020 及 DB2021 的回答均为"No",从而在登记制度方面丢分。

在 DB2022 中,我国应当争取得分。该情形主要指动产抵押和应收账款质押。我国《民法典》第 403 条规定,以动产抵押的,抵押权自抵押合同生效时设立;未经登记,不得对抗善意第三人。

以上多处出现"善意第三人"的表述。是否"善意",逻辑推理如下:中国人民银行当事人可在征信中心下设的动产融资统一登记平台(在线登记机关)办理动产及权利抵押的登记。如果完成了登记,但第三人未查阅登记平台,或者虽然查阅了但没有看出来,则均非善意,可予以对抗。

六、世界银行关于"担保物描述"的问题及我国的回应

根据世界银行的标准,允许对担保物和担保债务进行一般性或概括性描述。

【世界银行问题】根据法律规定,应收账款或未清偿债务,是否可在担保协议以及(如果进行了担保登记)登记担保权益时用一般性术语(例如"所有应收账款")进行描述,而不需要特别注明?

According to the law, can the accounts receivable or outstanding debts be described in general terms both in the security agreement and when the security interest is registered, or do they need to be specified with particularity (e. g., "all accounts receivable")?

我国 DB2018、DB2019、DB2020 及 DB2021 的回答均为"No",从而丢分。

受访者援引我国《物权法》第 210 条的规定:设立质权,当事人应当采取书面形式订立质权合同。质权合同一般包括下列条款:质押财产的名称、数量、质量、状况……

受访者误以为《物权法》第 210 条关于质权合同条款的列举规定属于强制性规范,事实上,它只是示范性规则,并不意味着缺失其中的任一要素会导致质权合同无效。例如,此前我国的《合同法》(现已废止)第 12 条规定,合同的内容由当事人约定,一般包括以下条款:①当事人的名称或者姓名和住所;②标的;③数量;④质量;⑤价款或者报酬;⑥履行期限、地点和方式;⑦违约责任;⑧解决争议的方法。但在法理上及实践中,一项合同只要具备当事人名称、标的等构成合意基本要件的内容即可,缺乏"履行

地点、方式、违约责任、解决争议的方法"等要素,并不会导致合同无效,可以通过合同解释来解决。

我国《民法典》第 400 条规定,设立抵押权,当事人应当采用书面形式订立抵押合同。抵押合同一般包括下列条款:①被担保债权的种类和数额;②债务人履行债务的期限;③抵押财产的名称、数量等情况;④担保的范围。以上规定表明,欠缺任何一项并不必须导致合同无效或不成立。另外,《民法典担保制度司法解释》第 53 条规定:当事人在动产和权利担保合同中对担保财产进行概括描述,该描述能够合理识别担保财产的,人民法院应当认定担保成立。

【世界银行问题】根据法律,在担保协议中以及担保权益登记时,存货能否以概括性术语进行描述?(例如,使用"所有笔记本电脑存货",而不是"PXS 笔记本电脑,编号 3278632,金属色,14 英寸显示屏"。)

According to the law, can the inventory be described in general terms(e. g., "all laptop inventories" rather than "PXS laptop, serial number 3278632, metal-colored, 14-inch screen") both in the security agreement and when the security interest is registered?

我国 DB2018、DB2019、DB2020 及 DB2021 的回答均为"No",再次丢分。此题我国应当通过说理而得分。

《民法典》第 400 条规定:设立抵押权,当事人应当采用书面形式订立抵押合同。抵押合同一般包括下列条款:①被担保债权的种类和数额;②债务人履行债务的期限;③抵押财产的名称、数量等情况;④担保的范围。

另外,《民法典担保制度司法解释》第 53 条规定:当事人在动产和权利担保合同中对担保财产进行概括描述,该描述能够合理识别担保财产的,人民法院应当认定担保成立。

【世界银行问题】根据法律规定,在担保协议中以及担保权益登记时,有形动产能否用概括性术语进行描述?(例如,使用"300 头赫里福德牛"而不是"头等'Blue Ribbon'牌赫里福德公牛,刺青编号 125,育种登记编号 56"。)

According to the law, can tangible movable property be described in general terms(e. g., "300 head of Hereford cattle" rather than "Roger Prime Blue Ribbon Hereford bull, tattoo ♯125, breeding registry ♯456") both in the security agreement and when the security interest is registered?

我国 DB2018、DB2019、DB2020 及 DB2021 的回答均为"No",从而丢分。

在 DB2022 中,我国应当通过加强说理来得分,以下为法律规则。

《民法典》第 400 条规定：设立抵押权，当事人应当采用书面形式订立抵押合同。抵押合同一般包括下列条款：①被担保债权的种类和数额；②债务人履行债务的期限；③抵押财产的名称、数量等情况；④担保的范围。

《民法典担保制度司法解释》第 53 条规定：当事人在动产和权利担保合同中对担保财产进行概括描述，该描述能够合理识别担保财产的，人民法院应当认定担保成立。

七、世界银行关于"担保利益"范围的问题及我国的回应

【世界银行问题】根据法律，对于能够纳入担保权益的财产，是否存在限制？（例如，这种限制体现在担保物是抵押物的附属物、对于动产有具体位置的描述、及时更新的担保物清单，或者价值限制等。）

According to the law, is there a limitation on the assets that can be included in this security interest?（e.g., collateral is accessory to a mortgage, specific description of location of movables, updating of lists of collateral upon change, limit in value）

有些受访者误把此题理解为"哪些财产可被用来提供担保"，即担保物存在哪些限制，于是很自然地援引此前《物权法》第 184 条、现《民法典》第 399 条的规定，学校、幼儿园、医疗机构等为公益目的成立的非营利法人的教育设施、医疗卫生设施和其他公益设施，不能设定抵押。如此做答，当然就走偏了。

事实上，本题考察的是，担保物的一些变化是否会导致脱保，即导致担保权益无法实现。例如，担保物以前不是从物，现在成为从物了；担保物所处的地点发生变动了（例如，作为担保物的机器，从徐汇区被运送到了静安区）；担保物的清单发生了变化（例如，住房开发贷款，房子卖掉一套，就去掉一套，当然可以更新清单）；担保物的价值发生了变化（例如，房子涨价）。凡此种种，是否影响它们成为担保物？当然并不影响，也就是说，法律不存在此种限制。此题我国应当争取得分。

【世行问题】ABC 公司（债务人）能否仅就其有形动产向 BizBank（担保债权人）设立无须转移占有的担保权益的抵押？（例如机器设备、家具、家畜、农作物等。）

Can ABC（the Debtor）grant BizBank（the Secured Creditor）a non-possessory security interest over only its tangible movable property?（e.g., machinery, furniture, livestock, crops, etc.）

我国 DB2018、DB2019、DB2020 及 DB2021 的回答均为"No"，从而失分。

在 DB2022 中，我国应当得分。我国《民法典》第 396 条对于抵押物进行了非常宽泛的设定，其中一大类型即为无须转移占有的动产抵押，例如，机器设备、原材料、半成品等都可以成为抵押物，此题我国应当得分。

【世行问题】ABC 公司（债务人）能否使用以下动产：未来资产（例如 ABC 公司知悉未来将收到一队卡车，并将卡车作为担保物）及事后取得的资产（例如，尚未取得且可能永远不会取得的财产，或目前及未来的存货）作为贷款的担保？

Can ABC (the Debtor) use the following movable assets to secure a loan: future assets(e. g. , ABC knows that it will receive a fleet of trucks in the future and uses them as collateral) and after-acquired property (e. g. , property that it has not yet acquired and that it may never acquire, or present and future inventory)?

我国 DB2018、DB2019、DB2020 及 DB2021 的回答均为"No"，从而失分。

此题 DB2022 应当得分。我国规定了浮动抵押制度，具体可参见《民法典》第 396 条的规定："可以将现有的以及将有的生产设备、原材料、半成品、产品抵押……"另外，第 395 条第 1 款第 5 项规定："正在建造的建筑物、船舶、航空器"也可以设定抵押。

【世界银行问题】根据法律，担保权益是否及于原始担保物之上的"产品、收益和替代品"？担保权益在情形 A 和情形 B 中是否适用？（例如，原始担保物是一堆木材，该资产的产品可能是由此制成的家具；收益可能是出售家具或木材后收到的货款；最初那堆木材遭到破坏后，替代物可以是另一堆木材。）

By law, does the security interest automatically extend to "products, proceeds and replacements" of the original collateral? Does it apply to Scenarios A and B? (An example: If the original collateral is a pile of lumber, the products of this asset could be the wooden furniture made from it; the proceeds could be the money received from selling the furniture or the lumber; and the replacements could be another pile of lumber given in replacement after the original pile of lumber was destroyed.)

我国 DB2018、DB2019、DB2020 及 DB2021 的回答均为"No"，从而失分。

在 DB2022 中，应当通过说理而得分[①]，相应的规则如下：

《民法典》第 390 条规定，担保期间，担保财产毁损、灭失或者被征收等，担保物权人可以就获得的保险金、赔偿金或者补偿金等优先受偿。被担保债权的履行期限未届满的，也可以提存该保险金、赔偿金或者补偿金等。

《民法典担保制度司法解释》第 41 条规定，抵押权依法设立后，抵押财产被添附，添附物归第三人所有，抵押权人主张抵押权效力及于补偿金的，人民法院应予支持。

抵押权依法设立后，抵押财产被添附，抵押人对添附物享有所有权，抵押权人主张抵押权的效力及于添附物的，人民法院应予支持，但是添附导致抵押财产价值增加的，

---

① 此题应当是最有可能通过说理而争取得分的。很遗憾，在 DB2019、DB2020 中，我国均未得分。

抵押权的效力不及于增加的价值部分。

抵押权依法设立后，抵押人与第三人因添附成为添附物的共有人，抵押权人主张抵押权的效力及于抵押人对共有物享有的份额的，人民法院应予支持。

本条所称"添附"，包括附合、混合与加工。

《民法典担保制度司法解释》第 42 条规定，抵押权依法设立后，抵押财产毁损、灭失或者被征收等，抵押权人请求按照原抵押权的顺位就保险金、赔偿金或者补偿金等优先受偿的，人民法院应予支持。

八、世界银行关于"担保权益"的问题及我国的回应

世界银行的方法论，强调担保权益的充分保障，高度尊重担保权人与担保人的意思自治。

【世界银行问题】根据法律规定，对于重组程序（若不存在重组程序，则认为处于破产程序）中影响担保追偿的自动冻结是否存在时间限制？若存在，时间限制是多少？

Is there a time limit prescribed by law on the automatic stay imposed on the secured claims in the reorganization procedure（or bankruptcy if reorganization is not available）? If yes, what is the time limit?

我国 DB2018、DB2019、DB2020 及 DB2021 的回答均为"No"，从而失分。

在 DB2022 中，我国可以试着通过法律解释来争取得分。

我国《破产法》第 75 条规定，在重整期间，对债务人的特定财产享有的担保权暂停行使。但是，担保物有损坏或者价值明显减少的可能，足以危害担保权人权利的，担保权人可以向人民法院请求恢复行使担保权。举例而言，A 公司欠 B 银行 100 万元，以 5 辆汽车作为抵押。A 公司资不抵债进入破产重组程序后，B 银行的抵押权暂停行使。但如果 B 银行发现，A 公司破罐子破摔，对 5 辆汽车过度使用，汽车价值明显降低，就可以向法院请求解冻这 5 辆汽车，提前拍卖以清偿债权。

当然，必须承认，由于我国《破产法》未规定自动冻结的时间限制，此种解释有些牵强。建议我国修订《破产法》，参考其他国家的破产法规定，针对自动冻结规定一个时间限制，从而实现得分。

【世界银行问题】如果债务人在情形 A 和情形 B 中均违约，法律是否允许担保协议的当事人在创建担保权益时约定在法院外处分担保权益[即出现拖欠后，担保方是否可以(i)获得担保品，或者(ii)销售、交换、转换成金钱或以其他方式对担保物进行私人处置或拍卖]？

Does the law allow parties to a security agreement, at the time a security interest is created, to agree to enforce the security interest outside of court if the debtor defaults in both Scenario A and Scenario B[i. e., upon default, may the secured party (i) take possession of the collateral or (ii) sell, exchange, convert into money, or otherwise enforce against the collateral privately or by auction]?

我国 DB2018、DB2019、DB2020 及 DB2021 的回答均为"No",从而失分。

在 DB2022 中,我国应当争取得分。

《民法典担保制度司法解释》第 45 条规定,当事人约定当债务人不履行到期债务或者发生当事人约定的实现担保物权的情形,担保物权人有权将担保财产自行拍卖、变卖并就所得的价款优先受偿的,该约定有效。

【世界银行问题】在您的经济体中是否可能存在"流质约定"(即担保债权人是否可在债务人违约后自动获得设定担保的资产)?债权人能否根据约定获得担保资产以偿还全部或者部分债务?

Is a "pactum commissorium" possible in your economy (i. e., may the secured creditor automatically appropriate the encumbered asset upon default of the debtor)? Is the creditor allowed to acquire the asset as a full or partial repayment of the debt by agreement?

我国 DB2018、DB2019、DB2020 及 DB2021 的回答均为"No",没有得分。我国法律允许当事人在担保协议中约定庭外行使担保物权,但是明确禁止在担保协议中约定流质、流押条款①,即不得在担保协议中约定,债务人不履行到期债务时,债权人可以获得担保物。债权人要实现担保物权,需要通过法院拍卖、变卖来完成,或者在债务人违约后与之达成折价交易的安排。

在英、美、法等国家,法律允许通过担保协议作出流质、流押约定,以充分体现意思自治,提升担保权利实现的效率。

我国《民法典》第 401 条规定,抵押权人在债务履行期限届满前,与抵押人约定债务人不履行到期债务时抵押财产归债权人所有的,只能依法就抵押财产优先受偿。

我国《民法典》第 428 条规定:"质权人在债务履行期限届满前,与出质人约定债务人不履行到期债务时质押财产归债权人所有的,只能依法就质押财产优先受偿。"因此,我国只能进行优先受偿,不能够在期限届满前约定取得该资产。我国没有规定流质制度,有其合理性。故而,此项我国不得分,完全没有问题。当然,也应当看到,我国对待流押、流质的态度,已经有所缓和,并不认为绝对无效。

---

① 我国《物权法》第 186 条、第 211 条,《担保法》第 40 条、第 66 条都设定了禁止性规定。

九、世界银行关于"登记机构和登记系统"的问题及我国的回应

世界银行要求建立统一的登记机构和登记系统,以方便查询,降低信息收集成本。这方面,我国急需采取切实的行动,也就是建立全国统一的平台。

【世界银行问题】请注明情形 A 和情形 B 中 BizBank 的担保权益进行登记的机构的名称。(情景 A 规定的是动产抵押,情景 B 则规定了浮动抵押等多种抵押方式。)

Please name the registry (or registries) where BizBank's security interest would be registered in Scenario A and Scenario B.

此题涉及登记机构的规定。我国法律规定了动产担保物权的登记机构,在历史上,我国登记机构不统一,动产担保物权登记职责分散于不同的政府部门中。《动产抵押登记办法》规定了生产设备、原材料、半成品、产品的抵押权登记机关是工商部门(机构改革后应为市场监管部门);《船舶登记办法》规定了船舶抵押权登记机关是交通运输部海事局;《民用航空法》规定了民用航空器抵押权登记机关是国务院民用航空主管部门;《道路交通安全法》规定机动车抵押权登记机关是公安机关交通管理部门;《应收账款质押登记办法》规定了应收账款质押权的登记机关是中国人民银行征信中心;《中国人民银行关于使用融资租赁登记公示系统进行融资租赁交易查询的通知》规定了融资租赁的出租人可以在融资租赁登记公示系统办理融资租赁登记。

自 2019 年 4 月 30 日始,北京和上海均设立了动产担保统一登记系统,为市场主体提供统一、便捷、高效的动产抵押登记、变更、查询、注销等服务,有助于解决各项动产担保权益登记系统分散、登记规则不统一的问题。然而,根据世界银行的方法论,我国应建立全国统一的动产担保登记平台,实现全国范围内的动产担保登记、查询、撤销等功能,才能得分。例如,在上海,A 与 B 发生交易,B 以在广东的一项动产予以担保,A 就无法在上海的这个平台上查询该项动产的权利状况。因而,如果要得分,必须建立全国统一的动产担保平台。

2020 年 12 月 14 日召开的国务院常务会议提出在全国实施动产和权利担保统一登记,助力企业担保融资。会议决定,自 2021 年 1 月 1 日起,对动产和权利担保在全国实行统一登记。原由市场监管总局和中国人民银行承担的生产设备、原材料、半成品、产品质押登记以及应收账款质押、存款单质押、融资租赁、保理等登记职责,改由中国人民银行统一承担,该机构设立"动产融资统一登记系统",提供基于互联网的 7×24 小时全天候服务。

因而,对于世界银行这一问题,答案应当为"中国人民银行征信中心的动产融资统一登记公示系统"。

【世界银行问题】请提供动产担保物的主要登记机构的网站地址和电话号码。

Please provide the website address and phone number for the main collateral registry for movable property.

《担保登记决定》,明确自2021年1月1日起,在全国范围内实施动产和权利担保统一登记。中国人民银行全面承担动产和权利担保统一登记工作,中国人民银行征信中心具体开展服务性登记工作。市场主体办理动产和权利担保登记和查询的,将统一以互联网方式在中国人民银行征信中心的动产融资统一登记公示系统自主办理;登记内容的真实性、完整性和合法性由办理登记的当事人负责;登记机构不对登记内容进行实质审查,不开展事前审批性登记。

登记机构的网址为:https://www.zhongdengwang.org.cn,电话为:+86 400-810-8866。

【世界银行问题】新登记的信息,大概多长时间会录入电子数据库以供检索?请提供一个大概时间(例如,1个小时之内、24小时或3个工作日等)。

When is a new registration reflected and retrievable in the database? Please provide an estimate (e.g., within 1 hour, 24 hours, 3 business days, etc.)

该题考察的是我国抵押登记信息查询的便利度,宜尽可能答得全面一些,争取得分。

在北京和上海,2019年4月30日以前,中国人民银行征信中心建立的动产融资统一登记平台可以提供统一在线登记、修改、查询等功能。自2019年4月30日始,北京和上海均已设立动产担保统一登记系统,登记信息的录入时间应当是大为缩短的。当然,这一平台必须是全国性平台。新登记的信息多长时间会录入电子库,应由市场主体来回答。

【世界银行问题】担保登记机构是否有在线系统,以供登记、修改、更新、取消和查询担保权益?

Does the collateral registry have an online system for registrations, amendments, renewals, cancellations and searches of security interests?

如前所述,市场主体办理动产和权利担保登记和查询的,可以通过在线方式,在中国人民银行征信中心的动产融资统一登记公示系统自主办理。

【世界银行问题】这是不是一个基于通知的登记机构(即不需要提交比如合同副本之类的任何文件,且登记处不会核实交易的合法性)?

Is this a notice-based registry (i.e., no documents, such as a copy of the contract, need to be submitted and the registry does not verify the legality of the transactions)?

我国 DB2018、DB2019、DB2020 及 DB2021 的回答均为"No",没有得分。

在 DB2022 中,我国应当争取得分。此题是前一问题的延续,涉及的是登记查询方式问题。根据《担保登记决定》第 3 条,纳入统一登记范围的动产和权利担保,由当事人通过中国人民银行征信中心动产融资统一登记公示系统自主办理登记,并对登记内容的真实性、完整性和合法性负责。登记机构不对登记内容进行实质审查。由此看来,我国建立的是基于通知的登记机构,登记者自身对登记材料的真实性、完整性与合法性负责,登记机构无须查证交易的合法性。

营商环境的法律制度变革,永远在路上。希望在即将到来的世界银行 DB2022 磋商中,我国能够妥当运用法理,以良好的说理,赢得世界银行的认可,切实提升这项指标的全球排名。

担保制度的体与用

——兼评《民法典》和《九民纪要》中的担保制度

陈 克

摘 要：本文从裁判者的用户体验视角，以《民法典》担保内容为主，结合《九民纪要》，就文本与实践两方面进行了学习性阐述。全文讨论了五个问题：第一，从新制度经济学角度讨论了担保制度缔约激励和履行约束的本质属性；第二，立足于《民法典》的文本，从构建担保制度通用规则、统一担保公示方式和受偿序位、担保运行环节的公因式提取三个方面，对担保制度进行再体系化论述。第三，从意定动产担保对涉动产非典型担保统合的角度，以让与担保为例，讨论了让与担保的法律构造以及公示及清算、债权让与担保的对抗效力安排、集合财产让与担保的优先受偿规则与例外等问题。第四，立足资产证券化的结构分析，以及其展现的债权、担保、证券的融合，讨论担保制度另一发展可能。第五，从现阶段担保财产、担保形式、法律调整、公示对抗、担保范围、担保实现六个方面的变化，讨论了担保制度的发展与法律应对。

关键词：《民法典》；《九民纪要》；担保；意定动产担保；让与担保；资产证券化

一、引言

市场主体为顺应市场需求，不断创新担保方式，持续突破既有制度的束缚，而法律人希望以概念法学主导担保法演进，习惯将担保交易放进既有的法律框架。由此造成的担保制度于法律和市场上的两层皮，在让法律人对担保实践毫无头绪的同时，也让市场主体视担保诉讼为畏途。2020年5月28日通过的《民法典》中的担保制度，有了一些与时俱进的改革，如第406条明确抵押权不受抵押物转让的影响，以追及力的强化，来否定抵押权对转让的限制。但更多的还是固守原有担保类型、结构内容，忽视担保制度的整体性改进，导致其还是法律人臆想中的法律秩序，不是生动的市民社会的

作者简介：陈克，上海市高级人民法院民一庭审判员。

秩序,令人遗憾。

可参考的是强调市场立场的世界银行营商环境问卷,我国去年虽然已跃居全球第31位,而在涉及担保的获得信贷便利度指数部分,满分12分,我国连续6年只拿了4分,反降至第80位。[1] 对照该问卷,我国担保制度上失分较多的有四个方面:首先,没有抽象出统一的公示规则、权利序位规则,分门别类地规定动产抵押权、动产质权、权利质权等,导致没能在法典层面上构建统一的动产担保制度。其次,没有将担保利益自动延伸至担保财产的收益,限制了担保物的流转,减损了担保制度的效用。再次,担保登记中过多地要求对担保财产的具体性描述,变相地限制了担保财产的范围,也有违担保登记的初衷。最后,在破产程序特别是破产重整程序中,无论是担保的实现时间还是实现程度的相关规定,对担保权人的保护力度都不足。

刨除最后一个关涉部门法衔接的失分点,前三个失分点集中于法律规范的分散,导致担保制度整体性缺失。看似是立法技术问题引发的法律调整缺位,关键点还在于事实判断和价值判断问题。首先是没有了解担保制度要解决的问题是什么,这与担保在整个经济生活中的定位有关。其次是在厘清担保功能之后,要明确在担保制度法律安排上,如何贯穿减少搜寻和信息费用、降低监督和执行费用这两个价值取向,并于担保的子制度中进行价值上的微调。解决好上述两个问题之后,就需要直接面对法律技术问题了,又包括立法技术和司法技术两个方面:前一个方面必须尊重有权机关的立法决策,后一个方面的重点是裁判者精准适用担保法律规范,应做到是对现行法解释的适切,对漏洞填补的必要,利益平衡理由的正当[2],前述司法技术的运用必然糅杂了价值判断和法律技术两个方面。可能的作业有二:一是在担保功能导向下对担保制度外部体系的再梳理,关注体和用的协调;二是同样在担保功能导向下,以裁判者合义务的正确性确信为基础,将现行法担保类型之规则,扩展适用于非典型担保、资产证券化。

由此本文立足于融贯担保制度的功能定位主线,阐述五个问题:第一,从事实判断的角度,阐述担保制度在经济生活中的功能定位;第二,从侧重价值判断、兼顾立法技术的角度,就《民法典》中的担保规则进行体系化的再整合;第三,从司法技术的角度,讨论实现担保制度对非典型担保制度的调整;第四,资产证券化对担保制度的扩展及

---

[1] [英]麦凯科恩:《获得信贷便利度相关指标分析》,载《中国金融》2019年第7期;参见罗培新:《世界银行"获得信贷"指标的法理分析及我国修法建议》,载《环球法律评论》2019年第2期。

[2] [德]拉伦茨:《法学方法论》,陈爱娥译,商务印书馆2003年版,第300页。

担保制度上解读①;第五,讨论担保制度的发展与法律应对。

为论述方便,本文采用广义担保说,是指其所保债务之外的辅助的保障。② 但是,若保障是债务的本身属性,或来自法律状态本身,则不属于担保,如特别优先权、代位权、撤销诉权;若担保是某项制度的副作用,也不在本文讨论范围内,如抵销制度的目的是简化交互债权支付,不属于担保。另外,本文引入"意定动产担保"作为实定法层面动产抵押权、动产质权和权利质权的上位概念,系依据"当事人的意思"而产生的动产(权利)担保权,排除担保财产为不动产的"不动产抵押",排除产生方式为法定的"留置",该概念有时也涉及部分涉动产非典型担保。

二、担保制度的功能定位

市场是市场各个因素间自生自灭的调试所形成的一种秩序,市场主体通过发挥个人的主动性而加以协调,这种协调又通过有利于公益证明该种自由的正当性,继而形成了市场中耦合的秩序,担保制度就是市场中的该种秩序。又鉴于法律无力建立某种特定的秩序,只是在恰当的条件下有效地调试它们③,在阐述法律对担保制度的调整之前,需要先从市场秩序视角来观察担保制度各个根本问题。

(一)担保是合同缔约的激励机制

现代延时性合同替代即时性合同成为合同的主要类型,这意味着更多的交易在合同达成后到承诺实际履行之间相隔着相当长的时间,而不是现金型一手交钱一手交货的合同④,合同的跨期性决定了未来承诺的履行具有不确定性,后履行承诺一方需要提供"信号",打破其对于先履行承诺一方的信息不对称。提供担保就是有效信号的提供方式。一方面,发送信号需要耗用资源,愿意承担成本就是可信的承诺者。而信号

---

① 此四个问题的关系是:担保是个混杂的、不断变化的社会与经济问题,现行担保制度是经济实践结果,又被形塑为现行的法律文本,以形成标准工具,便于系统化的运用。据此,第一个问题"担保的功能定位"就是融贯制度始终的主线。再借用"体"与"用"这对概念,法律文本是抽象于担保实践的理性化、技术化的规则框架,是指涉担保基础性因素之"体",对应的是第二个问题。待调整的各类担保实践,又是基础之"体"与工商业发展、市场变动牵连互动,映射于经济生活中的"用",关涉的又是第三个问题。体与用两者互为表里,担保的法律文本是实现担保制度功能之手段,引导市场行为更规范、更有效,而恰恰是经济实践才能提供更好的解决方法,促使法律文本依据现实情况不断校准。同时,变动不居的市场促使担保制度保持开放性,鼓励经济创新,又需要法律文本提供分析框架,根据制度的功能目的予以审查,将体用糅合起来发挥功用,促进担保秩序的自我生长,由此引申出第四个问题"担保的发展与法律应对",可归结为对担保的"悟"。由此,担保功能决定的法律文本,以及伴生的体、用、悟就成为本文的论述重点。
② 李世刚:《法国担保法的改革》,法律出版社 2011 年版,第 25 页。
③ 参见[英]哈耶克:《法律、立法与自由》(第二、三卷),邓正来译,中国大百科全书出版社 2000 年版,第 197—200 页。
④ 参见[美]弗鲁博顿等:《新制度经济学:一个交易费用分析范式》,姜建强、罗长远译,格致出版社 2012 年版,第 167 页。

质量的高低，比如担保的强弱，又取决于投入的多少，借此可进一步区分已承诺者的优劣。背后的逻辑是信号成本是有价格的，只有优质的承诺者才承受得起。另一方面，担保安排是将激励机制融入合同安排中，相较于依约履行，不履行后被执行担保的后果更为严重，故设置事后的风险负担，反向激励承诺者履行，以防范不履约风险。可见，担保制度是在合同中预先设计的保护措施，事前提供衡量风险的信息，事后设定对机会主义的约束，通过"事后治理-风险负担"的信号输出向对方提供可信承诺。[①] 担保的主要目的在于激励缔约，对其理解不应过分突出事后担保的变现与清偿，违约状态下的变现也是为了对承诺者产生不愿失去资产的守约激励，否则就是颠倒了手段和目的。

由此担保可被理解为信息不对称下激励缔约的治理措施，其源于承诺履行的不可证实，激励对方缔约的主要方式就是要传递出"不诚实时强迫对方兑现承诺"的信号。同时有两种主要落实方式：一是增加债务人清偿的资产，二是提高债权人的清偿序位。无论是责任财产范围扩大还是债权序位提前，都是释放当事人缔约的考量法律与经济因素，以未来变现财产激励缔约。这显现出对履行承诺的反向激励，通过自选择机制促使其贯彻承诺[②]，因为个人对事物反应的方式总是有利于自身，表明不诚信履行带来更多的坏处，通过督促实现诚信履行。[③] 以上两种落实方式对应的是人保和物保两项主要担保制度。

还可以补充第三种落实方式，增强清偿压力，通过嵌入一个加权因素督促其作出守约选择。像《民法典》第587条规定的定金制度，收受定金的一方不履行合同的，就要双倍返还定金，定金作为损失扩大的条件加权，针对考量要素上表现突出的选项[④]，以可能的惩罚反向激励其选择"守约"。更应强调承诺的可履行性是商事交易中的固有问题，市场中债权人从经验与具体事项出发，更关注担保实质效用，聚合到"信用增强"的功能导向下，在除担保法定类型之外，又扩充了许多非典型担保，除常见的让与担保之外，还创设了优先/次级证券的分层结构、利差账户、第三方承诺购买等增信结构。

（二）担保激励的程度差异导致担保的多样化

担保提升不同主体的信用等级，增加其缔约机会，也正因为不同主体的自身情况差异，需要有不同强度的"担保-信用增强"的激励，进而决定了担保的多样化，具体表

---

① ［美］威廉姆森：《治理机制》，石烁译，机械工业出版社2016年版，第239页。
② 又称自我履行协议，或隐性合约。
③ 参见［美］阿克洛夫：《柠檬市场：质量不确定性与市场机制》，载罗卫东编选：《经济学基础文献选读》，浙江大学出版社2007年版，第149—163页。
④ ［美］卡尼曼等主编：《选择、价值与决策》，郑磊译，机械工业出版社2018年版，第528、538页。

现为担保主体多样化、担保对象多样化和担保方式多样化。

其中担保主体多样化，像在人保领域，银行提供备用信用证、保险公司提供保证保险实现担保功能①，信托计划中的劣后级受益人的差额补足责任。担保对象的多样化体现在《民法典》的下述条款中：第395条规定，"法律、行政法规未禁止抵押的其他财产"均可进行抵押；第396条明确现有与将有的机器设备等也可进行抵押，呈现出很大的开放性。但第407条没有继续这种开放性，又规定抵押权不具流通性，是对德国法上因抵押证券与转让契约的公证证书相结合的流通质押的否定②，可能增加资产支持贷款证券化产品（MBS）推广的障碍③。

特别是担保方式作为担保自发秩序的主要体现，因其是提供信息、减少不确定因素的重要途径，也呈现出多样化。既有利用合同条款来实现担保功能，除提到过的租赁合同中担保功能的创设，还有对既有所有权保留条款的选择，如《九民纪要》第44条、第45条直接引入的以物抵债协议；也可以表现为通过有名合同的组合，以借款合同与买卖合同为载体构建所谓后让与担保；还可以采用其他制度实现担保功能，如抵销制度，以及《民法典》第552条提及的债务加入等。上述表现名殊而体一，以非法定的担保类型来实现实质担保，借助了合同法的路径，目的还是强化"特定财产＋优先受偿"，以及"增加其他人一般财产受偿"。

（三）担保的外部性决定了公示的必要性

担保制度的目的之一是以优先受偿来获得缔约激励，而优先受偿是向其他无担保债权人或后序位担保权人施加外部性，通过使其他债权人的地位变差而获得收益。④外部性的产生决定就特定财产有负担之状况进行公示成为必要，提供债权人简便高效的查知方式，成为对抗其他债权人及不特定第三人的确定之方法。

进行担保公示是一种信息披露。信息披露导致披露者无法利用信息优势且有成本，自愿披露是不可能的。《民法典》第403条"动产抵押未经登记，不得对抗善意第三人"，第441条、第443条、第444条、第445条"没有载体的无形物办理登记时质权设立"，明确不登记不能对抗、不能设权的法律后果。一方面是红灯绕行，向将来的交易相对方警示风险，另一方面保障既有担保权人权益，又有以此信息受益方的后续交易，反向激励担保信息的自我披露。有观点提出，为什么法律不直接规定强制性披露？信

---

① 可关注安然与新安普顿保险公司案，保险公司对销售协议签订了6项连带责任保证，合同中写明了"绝对与无条件"承保。
② 德国主要的不动产金融方式，详见［德］鲍尔、施蒂尔纳：《德国物权法》（下册），申卫星等译，法律出版社2006年版，第110—113页。
③ 黄家镇：《从保全到流通：民法典编纂中不动产抵押权现代化之构想》，载《政法论坛》2018年第4期。
④ 这在破产领域表现得尤为突出，依据《破产法》第109条，担保财产一定程度上不属于破产财产。

息披露是会增加成本的,一个人有权选择不披露个人信息接受验证,只要愿意承担相应后果。①

公示是有成本的,但能够解决信息不对称,防止事前的逆向选择与事后的道德风险,社会总价值大于零时就有必要性。同时也要尽量减少成本,占有与登记是主要公示方式,应选择匹配不同担保类型的公示方式及法律后果。如动产担保中,因动产型资产种类众多,且交易频繁,登记成本较高,因此就变动没有登记公示,不否定变动生效,但不产生对抗第三人的效力。《民法典》第403条规定动产抵押自抵押合同生效时设立,未经登记不得对抗善意第三人就是此理。再如动产质权对占有公示功能的沿袭,权利质权也按权利载体的有无,区分了占有公示与登记公示,其中流通证券依文义性、无因性剥离了基础关系,权利与证券合一了,票据质权人不得不采占有来阻断流通,占有公示更具有不能取代的地位。②又如以金融机构设置账户设定担保权的账户质押,本质上是以债权为标的之担保权,原可依登记公示方法,而账户内货币数额的变动不居,让相关示范法中确定的"控制"公示方法更具便利性③,到底因其对账户的控制,最终还是指向货币,控制实施了权利宣示,将其纳入"占有"概念之下,或可纳入现行法的公示体系。

(四)担保制度运行需要环节的程式化

合同是人保、物保、非典型担保发生的原因,有的直接发生效力,有的还需具备其他要件才能生效,但毋庸置疑不论担保交易采取何种形式,合同是设立担保负担的必经路口。④合同的诞生、存续、死亡,分别对应担保合同的缔约、履行、终止三阶段,嵌入动产担保物权作为履行内容,就可细分为:诞生阶段,缔结担保的设立合同,明确各类担保标的、担保债权范围;存续阶段,完成公示设立担保权,确定担保关系当事人间权利义务关系,明确优先受偿次序;死亡阶段,担保物权的消灭,或者是担保条件成就后实现担保。由此构成担保交易的七个联动环节,"缔结担保合同→界定担保财产→完成公示设立担保→确定担保当事人权利义务关系→明确担保受偿次序→担保实现→消灭担保"。

合同缔约后,一方面担保实现作为可能的替代方案,以其相较于不履约更坏的结果,通过当事人的自力行为,减少事后机会主义行为的发生,降低缔约后合同履行的信

---

① [美]博尔顿等:《合同理论》,费方域等译,格致出版社2008年版,第135—136页。
② [日]铃木竹雄:《票据法·支票法》,赵新华译,法律出版社2014年版,第18页。
③ 《联合国国际贸易法委员会担保交易示范法》第2(g)、25条,《欧洲示范民法典草案》第93:204条,《美国统一商法典》第9:104条。
④ 参见[美]丹杰菲尔德编著:《美国商业贷款法律实务操作指南》,尹颖等译,法律出版社2019年版,第531页。

息、监督、实施成本。[①] 另一方面，借助法律使得"担保"约束可信承诺，经济应视为市场力量和国家力量同时存在的系统，作为制度秩序的担保不能单纯根据法律进行形式性判断，特别不能排除担保争议背后的实质目的。近阶段以来过度重视法教义学，是把实定法的解剖学结果看得太重了，把功能看得过轻了[②]，更何况即便民法典担保制度的再体系化还有待完善的背景。为此，法律应当是尊重当事人意思自治下的负反馈，是对预期行为结果和实际行为结果间的差异作出反应，以避免不确定性。那么，法律应是要求担保满足一般的要件，而不论采取何种设立方式、实现方式等。[③] 更直接地说，现行物权编背景下担保制度侧重于物权领域，而不是市场规则，为更贴合现实经济生活，应向合同编做一定延伸。

三、《民法典》中担保制度的文本结构与后续整合

我国《民法典》的结构大体已定，就必须尊重民法典分编立法架构。"三个非不可"指导原则下《民法典》编纂的腾挪空间有限[④]，但立法机关还是尽力对现有担保制度存在的模糊、冲突、漏洞、错误等问题予以补充、修改和完善。就裁判者来说，后续更重要的工作是进行法律文本的再体系化梳理，整合制度发挥功用。对于担保制度的体系化梳理的路径，要忽视法律概念体系中技术或分析的因素，重视商事交易中经过长期淘汰、演变和考验延续至今的东西，拼接成担保交易的脉络，理由是实践的抽象应高于理性的抽象。

（一）担保制度的实际状况

担保是市场交易与企业投融资的媒介，附随性导致的体系上凌乱，要求规制路径选择上要功能引导规则，实质高于形式，由此也决定了其结构独立性，独立成编是最优选择。一个佐证就是 1804 年制定的《法国民法典》于 2006 年单设担保卷（第 2184 条至 2302 条），我国 1995 年的《担保法》也一度统一了物保和人保。但这种实用主义式立法模式，随着 2007 年《物权法》施行被颠覆了，物权法掏空了担保法中的物保，担保债权和担保物权分解安放于不同部门法。《民法典》文本显示，借鉴担保独立成编已被否定，物保人保分编安置已成现实，担保制度具体的文本结构是：担保物权部分位于物

---

① 参见[美]弗鲁博顿等：《新制度经济学：一个交易费用分析范式》，姜建强、罗长远译，格致出版社 2012 年版，第 358 页。
② [荷]海塞林克：《新的欧洲法律文化》，魏磊杰译注，中国法制出版社 2010 年版，第 104—105 页。
③ [德]巴尔等主编：《欧洲私法的原则、定义与示范规则：欧洲示范民法典草案》（第九卷、第十卷），徐强胜等译，法律出版社 2014 年版，第 23 页。
④ 梁慧星教授提出的"三个非不可"民法典编纂原则是指："非增加不可"的条款才可予以增加；"非删除不可"的条款才可予以删除；"非修改不可"的条款才可予以修改。

权编的第四分编"担保物权",保证被作为合同编第二分编有名合同中的保证合同章,定金被纳入合同编第一分编中违约责任章的第586条至第588条。

同时,担保制度更重视缔约激励与风险防范的功能落实,是由市场需求来解读,现有的法律规范只提供秩序框架。[1] 一旦现行担保制度不能满足需求,突破实定法就成为常态,要么另寻途径要么规避法律,法律和司法只能亦步亦趋地予以协调。所谓另寻路径,像通过有名合同来实现担保功能,从租赁演进到融资租赁,出租人利用租赁来获取融资的利润,其除了提供融资以取得租赁物之外没有其他义务,租赁物所有权是抽象的,积极权能都由承租人行使。还有对某些规避法律的肯定,《九民纪要》对让与担保、流动质押、保兑仓交易等非典型担保的承认,还出现了肯定"当事人以特定财产提供债权担保对抗效力"的裁判结论[2],对于法律中没有规定的担保类型,以司法政策的形式予以承认。此并非内存于法律的目的推论而得,应属于司法裁判从民法总则第10条提到的"习惯"法出发,对商事实践的认可。[3] 担保制度的现代化在民法典外展开是现实的选择,也是立法现状的必然。

可见担保制度中法律文本与实践的分离已成常态,然而法律文本包含了"要求受其规整之人,依其规定而为行为",该行为规则有时又为有权解决争端的裁判者的裁判规制[4],应然层面上通过事前引导事后规制,成为指引社会行为之标准,系担保制度的"本体"。虽然说担保是根据强化信用需求产生的商事安排,意思自治是主导,不过可能带来过分多样化,甚至突破担保之债的基本原则,比如附随性,于法律中心主义之下是不能接受的。考虑到担保制度本身就是担保实践之镜像,担保实践规则也应统合于担保制度的法律原则之下。既然法律文本是抽象于担保实践的理性化、技术化的规则框架,作为"体"应与工商业发展、市场变动牵连互动,映射作用于经济生活中的担保制度的"用"。体与用两者互为表里:担保的法律文本是实现担保制度功能之手段,引导市场行为更规范更有效;恰恰是经济实践才能提供更好的解决方法,促使法律文本于基本原则下,依据现实情况不断校准。

(二)提取通用规则整合担保制度

实定法采物权债权二分框架下,定金、保证与物保为主要担保类型分属不同权利类型,《民法典》将其分置合同编与物权编是当然选择,物权编沿袭物权法的抵押权、质

---

[1] 参见[美]万安黎:《担保论:全球金融市场中的法律推理》,江照信等译,中国民主法制出版社2013年版,第85—87页。
[2] 参见贺小荣主编:《最高人民法院民事审判第二庭法官会议纪要:追寻裁判背后的法理》,人民法院出版社2018年版,第239—254页。
[3] 参见[德]拉伦茨:《法学方法论》,陈爱娥译,商务印书馆2003年版,第287—289页。
[4] [德]拉伦茨:《法学方法论》,陈爱娥译,商务印书馆2003年版,第132页。

权、留置权三分天下,定金、保证、所有权保留、融资租赁及保理散落于合同编各章,让与担保等其他非典型担保又散见于各类司法文件中,呈割裂、凌乱状态,需要回溯到担保制度的经济逻辑来构建担保制度的规则体系。

以人保(保证)与物保(抵押、质押)为主要分析对象(见表1)。一方面是担保制度的功能同质性,都是通过"不诚实时强迫对方兑现承诺"解决当事人间的信息不对称、道德风险提供缔约激励,并以风险负担产生债务履行的自我约束,成为消除债务风险敞口的最优治理机制。另一方面是调整方式的异质性,鉴于保证是扩大责任财产,物保是提升清偿序位,大方向上都为激励缔约,但介入的方式差异明显。特别是物保类型更为多样,需要自身的共通规则。由此,"和而不同"状况决定需要有人保与物保的共通规则,物保内部的两个层次共通规则如下所示。

表1　　　　　　　　　　　人保与物保间的同质性与异质性

增加信用措施				
扩大清偿财产	提升受偿序位			
保证合同	非典型合同		担保物权	
非典型人保,如差额补足、回购	涉不动产非典型物保	涉动产非典型物保	动产抵押	动产(权利)质押	不动产抵押
		意定动产担保		

第一层次的人保与担保物权的共通规则宜采取"一般规定+准用规定"。鉴于人保位于典型合同分编下的保证合同章,重点是保证债权的产生;担保物权本身系物权编的独立分编,兼顾债权与物权内容,内容安排先于保证合同;从位序、位阶、内容完备都应在担保物权分编设立"一般规定"(《民法典》物权编第16章),再于保证合同章设定"准用规范"解决。

试举担保制度的两项共通规则:首先,消减清偿风险上采取增加责任财产或提前清偿序位,都无损人保与物保对主债权的从属性共通规则,表现在对独立担保的限制,担保债权的范围附随于主债务,担保债权与主债权的共生共死担保责任的存等。其次,所有担保都要服从善意的要求,担保的设立和实现过程中,债权人应考虑担保人的利益。[①] 比如在人保和物保中的第695条、第698条、第437条第二款等,都有因债权人原因导致担保责任加重的,担保人在相应范围内不再承担担保责任,或对担保人承担赔偿责任的规定。

更不能遗漏的是合意规制,担保制度无非是种交易选择,强调物权属性的担保物

---

① 参见李世刚:《法国担保法的改革》,法律出版社2011年版,第35—36页。

权也是交易选择,那各方的合意就是先导,公示只是把相对性的担保债之相对关系,推进到可以对世的、与物结合的相对关系。也就是说所谓类型法定的担保物权,本身就存在一个独立的担保相对债之关系对世化的效果意思,通过公示赋予了对抗力和追及力。是在担保合意之上叠加了公示合意,通过公示登记达到了关系的客观化,但毫无疑问合意是基础。更何况加上了合意该共通规则,部分的物权内容可通过配套的债之内容来补强,顺理成章地将非典型担保囊括于担保制度之下,体系效益更为强大(见表2)。

表2

	外部关系	内部关系	公开与私密	时间	经济上处分权	内容调整
长期债之关系	相对性	有内部关系	秘密	长期性	有处分权	内容类型自由
担保物权	对世性	有内部关系	公示性	长期性	限制性处分权	内容类型法定
所有权	对世性	无内部关系	公示性	永久性	无处分权	内容法定

第二层次担保物权的共同规则。保障担保物权上优先受偿以牺牲债权平等为前提,担保产生外部性又以公示为前提,因此通过担保权益的公示来确定优先受偿次序系担保物权的核心共通规则,需建构"统一登记制度"来统领"统一受偿次序规则"。又鉴于抵押权为非占有担保解放担保财产的使用价值,已成为近代产业社会核心担保制度[1],宜从中提炼出一般规则,故担保物权中可采取"抵押权一般规定+准用规范"。考虑到民法典将不动产、动产以及权利都纳入可抵押财产的范围,又由于不动产抵押于第209、210条确立了公示生效主义与不动产统一登记制度,问题相对清晰[2],关注重点是意定动产担保共通规则。此处引入的意定动产担保的概念,如文首所述系定位动产抵押、动产质押、权利质押的上位概念,并作为后文论述重点。

首先是区分原则。本原则是第215条区分原则在动产担保制度上的贯彻,切割了动产担保合同效力与动产担保权设立。前者,不论是明确抵押合同要素的第400条,还是涉及质押合同内容的第427条,都以合同为担保权设立的基础,就担保动产上权利义务作出的承诺,产生当事人间的约束力。后者,对承诺进行公示产生对外效力,是对该承诺的法定强化方式。[3]

这又涉及了《九民纪要》第60条未登记抵押合同的效力问题,还可延伸到登记对抗规则对应的未登记物权的效力范围,但此系价值判断问题,需要有权机关对冲突的

---

[1] [日]近江幸治:《担保物权法》,祝娅等译,法律出版社1999年版,第62页。
[2] 董学立:《担保法理论与实践》,中国法制出版社2018年版,第94页。
[3] 虽然《九民纪要》第60条规定的是不动产抵押合同未进行抵押登记,仍产生抵押人与抵押权人间的约束力,但其精神在动产担保制度中也是一贯的。

利益关系确立协调规则,学者的讨论只是为有权机关决断提供理由。笔者本人接受的观点是,登记对抗采取权利外观构造目的在于加快财产流转,这主要发生在权利依意思发生变动的场合,该种物权不能对抗善意相对人,但没有正当权利人以及恶意第三人应排除在外。[①] 进而言之,可以将债权人拆分为狭义的债权人、特定物的债权人,以及不可对抗的第三人,后者如破产、扣押、分配债权人就是要在保护范围内的,不展开论述。

其次是统一的公示制度与受偿次序规则。《民法典》于第415条确立了登记与占有两种公示方式的同质性,若再辅之以后续的统一登记公示平台,即可完成统一公示制度构建。在此基础上,结合第414条、第415条、第416条等相关规定,就可形成统一受偿次序规则:其一是有公示优先于没有公示的;其二是公示在先、权利在先;其三是一系列例外优先受偿次序规则,如留置、价金优先权规则等,此系源于民法体系内对人格法益、公共利益以及利益协调产生的特别优先顺位(超级优先权)。《九民纪要》第65条按是否完成公示、公示先后确定的动产抵押质押竞存规则,已进行了尝试,值得重视。[②]

以价金优先权为例,《民法典》第416条"担保抵押物价款且标的物交付10日内登记的抵押权,优先于除留置权外的其他担保权人"的规定,是对美国商法典9:324(a)的追随,确立的后来价金担保对"先登记规则"的例外。价金优先权人向债务人提供货物(担保物),该增加的担保物不是登记在先担保权人设立债权的前提条件;也便于债务人扩展其他融资渠道,平衡登记在先权利配置可能给其带来的经营困境,增强偿债能力;对先登记担保权人有利无弊,"例外"的调整有其必要性。另外,对该价金优先权是否扩展至提供贷款使其获得担保物的,应持肯定态度。[③]

(三)统一公示制度整合"纵分的意定动产担保"

不能回避《民法典》出台后,随着统一登记制度的有序推行,一元化的意定动产担保物权制度必将是我国担保制度现代化的远期目标。[④] 排除人保、留置外,意定动产担保的标的可分为有形动产、无形动产(权利),权利依据《民法典》第440条又包括票据、债券、仓单、基金份额、股权、应收账款、知识产权等,大致区分为有载体和无载体两

---

① 参见王泽鉴:《民法学说与判例研究》(第八册),中国政法大学出版社2005年版,第271页。
② 同时排除了《担保法解释》第79条"登记抵押优先于质押"的适用。
③ 多见于民法典第396条规定的浮动抵押,初始担保权人的担保权益可能扩展到嗣后获得贷款购买的新物品。
④ 董学立:《担保物权法编纂建议》,载《山东大学学报》(哲学社会科学版)2017年第6期;董学立:《我国意定动产担保物权法的一元化》,载《法学研究》2014年第6期;高圣平:《民法典担保权法编纂:问题与展望》,载《清华法学》2018年第2期。

类。① 有载体的权利又分为形式权的证券与实质权的证券,实质权的证券还可以分为有因性证券与无因性证券。② 此为实定法依据担保财产区分动产担保类型的"纵分"模式(见表3)。

表3

不动产	抵押 395				质押 425、440			非典型担保		
	动 产				动 产			涉动产	涉不动产	非典型人保
	有形动产		无形动产		有形动产	无形动产				
	独立物(独立抵押)	集合物(浮动抵押)	权利抵押(极少)	一般动产质押与流动质押	有权利凭证	无权利凭证			
登记时设立	合同生效时设立,登记对抗		交付时设立	交付时设立	登记时设立	合同生效时设立,登记对抗	登记时设立		
完成权利变动的公示方式是担保权"完善"										

实定法上法不禁止的财产都可抵押,其抵押财产包括不动产、有形动产、无形动产,"法为可以的动产"都可质押,因此就动产担保而言,不移转占有的是动产抵押,移转占有的是动产质押。两者更重要的差异为设立担保的公示方式不同,前者是登记,权利抵押实践中很少出现;后者有形动产是交付占有,无形动产按有无权利凭证,区分为交付占有与登记两类,实质权的无因证券还要明确质押背书;但不论是抵押还是质押都要求公示登记才产生担保效力。

还要注意《九民纪要》第 66 条按实定法规定之有无来确定典型担保抑或非典型担保,同时后者的担保财产也涵盖了有形与无形动产,《民法典》第 641 条、第 745 条、第 768 条皆已明确了采取"登记对抗"。

那么,意定动产担保作为动产抵押、动产质押、权利质押的上位概念,再加入涉动产非典型担保,随着统一动产登记制度的推进完成,就区分为"未经公示"与"已经公示"。前者发生担保协议当事人间相对担保效力,没有对抗效力和优先性;后者又分为登记公示、占有公示,以及有争议的控制公示。各类意定动产担保若设立于同一动产之上,已经公示的优先于没有公示的,且不区分登记方式,"已经完成财产权利公示方

---

① 参见[英]伍德著:《国际金融的法律与实务》,姜丽勇等译,法律出版社 2011 年版,第 327—328 页。
② 参见[日]我妻荣:《债权在近代法中的优越地位》,王书江等译,中国大百科全书出版社 1999 年,第 77—78 页。

式"按公示时间先后确定受偿序位①,《九民纪要》第 65 条表明了对此规则的确认。由此,一元化的登记公示制度统一了意定动产担保,虽然实定法上还坚持以担保财产区分担保类型,但最终法律上的意义已经很薄弱了,意定动产担保的一元化已不容回避。

(四)运行环节的公因式提取进一步实现意定动产担保的一元化

"纵向拉条"显现的各类担保类型区分只是表象,隐藏背后的是"统一公示制度"与"统一受偿次序规则"统领下的一元意定动产担保,意定动产担保运行结构亦是围绕公示制度与受偿规则展开的,进而产生的同质性决定了提取公因式的可能性,由此产生的"总分+参照"实然的法律适用状态,进一步凸显了意定动产担保的一元化。

首先是意定动产担保客体的同质性。表面来看动产既可抵押,也可质押,还是非典型担保之担保财产,这就是担保客体的同质性,既然担保财产没有差异,意定动产再拨开这些担保客体的面纱,第 386 条明确担保是"担保财产优先受偿的权利",即就是对担保财产的"变价款的优先受偿权",那担保支配的是财产权利而非财产本身,是依附于财产上的有价值且可交易的权利。②动产本身的差异进一步被消灭了。而担保运行的各环节又是一致的,自应按一体化公示一体化地实现。而权利属性不同,导致向外宣示方式的差异,或登记或占有(或支配),不是本质性,若再过分强调担保财产不同而区分担保类型进行差异处理,是不合适的。

其次是意定动产担保运行环节的一致性。"诞生-存续-消灭"是所有意定担保都要经历的,"意定动产担保设立-担保财产范围界定-公示确定对抗效力-明确受偿优先序位-澄清权利内部关系-担保消灭-担保实现"各环节有序展开,于民法典规定中也次第推进。

从表 4 来看,民法典于担保物权分编遵循的还是一般规定→抵押、质押;抵押→动产、不动产抵押;质押→动产质押、权利质押的两层次"总分+参照"结构。但随着担保财产对应的不同公示方式被统合后,担保类型也无可奈何地被统一公示制度格式化了。那么区分原则、登记公示方式、受偿序位规则等内核的一致,更显现于运行规则一致性。那担保物权编设定的一般运行规则与动产抵押规则相结合,形成了实质上意定动产担保的一般规定,内生了"(意定担保一般规定=一般规则+动产抵押)→动产抵押、动产(权利)质押、涉动产非典型担保",单层总分模式。

---

① 超级优先权除外。
② 参见[美]康芒斯:《制度经济学》,于树生译,商务印书馆 1962 年版,第 317—318 页。

表 4

	设立	担保财产	公示、效力	优先序位	权利内部关系	消灭	实现
一般规定	388、389	390		392		391、393	
动产抵押	400	395~399、401、407、411	402、403、404	405、409、414—416	406、408	419	410、412、413、417、418
动产质押	427	426、428	429	435	431、432、433、434、437/2	436/1	430、436/2、437/1、438
无形动产（权利）质押	(427)	440	441、443/1、444/1、445/1	443/2、444/2、445/2			442、437/1

就意定动产担保的展开结构来看，动产担保协议设立→担保财产界定，动产担保权设立→确立权利内部关系→公示产生对外效力→公示先后明确受偿序位→担保消灭或实现，表现于立法的形式构造为，"担保财产范围→动产担保设立→公示→对外效力→对内拘束→消灭→实现"的七块构造，对应规范的重复程度高。抵押一章的规定囊括了"设定-公示-效力-次序-消灭-实现"运作和概念体系，实定法上是通过准用性规范为质押、涉动产非典型担保所参照适用。实质上抵押各环节运行规则，作为参照结构地嵌入意定动产担保的一般规则，与"一般规定-抵押、质押、涉动产非典型担保"总分结构相对应，对意定动产担保制度进行了进一步的"一元化"统合。

四、现行担保制度规制对非典型担保的统合

受经济发展的影响，担保交易中的新形态层出不穷，而制度立法上高度技术化的种类固定、内容固定，使得法律上的担保与市场渐行渐远。一方面是新融资方式激发出无穷的担保方式，另一方面是实定法担保制度的僵化，非典型担保就顺势而生了，通过柔化法律规定，实现经济目的。最高法院对非典型担保采取了开放的态度，肯定其担保功能，功能主义的立场明显。

然而，再怎么突出功能主义，亦要同时强调法教义学的立场，否则在《民法典》未出台前就频繁突破，是不合适的。因此，《民法典》第641条、第745条、第768条一致规定的登记对抗并不是眉角的调整，承认某些合同登记产生物权效力有深刻的意义，"合同＋登记"直接产生事实上的担保功能，结合《民法典》399条、第426条、第440条继续了《物权法》对抵押、质押标的的开放性表述，从大陆法向英美法的迈进是明显的。到底是立法者无心为之，还是背后有世界银行营商环境评估指标作为推手，不得而知。不过无论如何，在此基础上承认非典型担保不能认为是僭越了实定法。

下一步就要明确非典型担保调整策略,但首先要秉持的观念是:就担保功能而言,担保物权只是一种交易选择,跨过公示,就多了对抗第三人的优先和追及效力,对于公示成本是当事人的选择。① 其次,意定担保理解上不是小号的所有权,而是持续性债权关系加了登记的公示版。与此对应的就非典型担保的调整策略应是:对新创制的非典型担保由事后的个别承认转变为事前的有前提的一般承认,物权法定的内涵由种类固定收缩到程序固定。其中又包含四层意思:其一,引入意思自治,不轻易否定非典型担保的合同效力②;其二,通过程序要求反制私法自治的弊端,明确协议创设的动产担保物权采取适宜的公示方法就具有物权效力;其三,实定法下创设、公示、执行等程序上强制规定,系非典型担保发生物权效力必须予以参照适用的程序性要件。③ 其四,区分非典型担保财产类型,按举轻以明重,参照适用最类似实定法之担保规定,如流动质押对动产浮动抵押规定、动产让与担保对动产质押规定等参照。

同时还须指出,非典型担保是学术上分类,非法律上的概念,本文采用近江幸治教授的观点,以是否属于民法或其他法律规定的担保为区分标准,民法或其他法律规定的保证、抵押权、质权及留置权均为典型担保,反之,民法或其他法律未规定者,则为非典型担保④,其中还包括未明确其担保属性的所有权保留、融资租赁、保理、债务加入等也归入,本节考察的是流动动产质押(其到底是对质押制度的扩张,还是非典型担保还存有争议)和让与担保,前者着眼于对担保某种原则的弹性解释,后者关注意定动产担保规制对让与担保的可调整性。

(一)流动质押

《民法典》沿袭了《物权法》的浮动抵押⑤,对实践中多见的动产的流动质押却没有规定。后者是指债务人或第三人为担保债务的履行,将其有权处分的动产向债权人设定质押,双方委托第三方占有并监管质押财产,质押财产被控制在一定数量或价值范围内进行动态更换的一种担保方式。⑥ 对此,最高法院于《九民纪要》第 63 条中对流动质押的效力、设立认定、监管人责任进行了明确。⑦ 另外该纪要第 68 条至第 70 条

---

① 苏永钦:《寻找新民法》,北京大学出版社 2012 年版,第 542—543 页。
② 最高人民法院民事审判第二庭编:《〈全国法院民商事审判工作会议纪要〉理解与适用》,人民法院出版社 2019 年版,第 387—388 页。
③ [美]ALI(美国法学会)等:《美国统一商法典及其正式评述》(第三卷),高圣平译,中国人民大学出版社 2006 年版,第 45 页。
④ [日]近江幸治:《担保物权法》,祝娅等译,法律出版社 2000 年版,第 9—10 页。
⑤ 分别于《物权法》第 181、189、196 条规定了该制度内容、登记、担保财产的确定,《民法典》第 396 条、第 412 条延续了浮动抵押制度,仅将登记与对抗的内容统合于第 403 条之下。
⑥ 参见最高人民法院民事审判第二庭编:《担保案件审判指导》,法律出版社 2014 年版,第 31 页。
⑦ 参见最高人民法院民事审判第二庭编:《〈全国法院民商事审判工作会议纪要〉理解与适用》,人民法院出版社 2019 年版,第 374—379 条。

保兑仓交易的规定中也有涉及。从上述规定中明确了三件事：流动质押的债权效力按《合同法》确定，物权效力取决于较宽泛的法定登记，以及除最高法院之外各级法院不得创设非法定担保物权类型。①

就此出发，在交易模式梳理法律关系的基础上，就流动质押所反映的担保财产特定的缓和、占有公示的柔性化两问题再作阐述。先予亮明的态度还是，法律理论要为经济需求让出一条路，若法律不能理想地解决担保财产的特定和公示，就有必要对原有理论进行调整。

1. 交易模式及对应之法律关系

电子商务催生的物流供应链中，物流企业介绍银行向有融资需求的供货企业提供资金支持，供货企业以存货动产作为担保，物流企业从中提供质物评估、质押监管、资金结算等系列服务获益，各方协作发展出了存货动产质押融资业务。该业务中的担保交易又分为两大类：一是动产静态质押，物流公司作为监管人，代银行（债权人）对融资企业（出质人）的存货动产进行监管，存货动产形态固定且不能流动，出质人依据债权人指令提货。二是动产流动质押，债权人与出质人依据债权约定存货的价值控制线，监管人以此为限控制保持存货动产，此界限下存货动产可以出旧补新。② 实践中前者为辅后者为主，本节也以后者流动质押为讨论重点。

第二类业务可抽象出的流程是：①债权人与出质人订立商品融资合同，依据债权数额确定质物的价值控制线→②出质人、债权人（质权人）与监管人订立质押监管合同，质权人委托监管人占有、监管质物→③出质人向监管人交付质物转移占有，出质范围以核对后质物清单列明为准→④担保期间，质物价值高于双方约定的价值控制线时，出质人可依据质权人放货单申请提货，监管人凭单放货→⑤如提取后质物价值低于最低限额，提货前出质人补交相应保证金或归还融资，或补充质物→⑥到期债务人不能按时还本付息，债权人就担保物变价款优先受偿。

就该流动质押可分解为三层法律关系：融资合同是主合同，质押合同是该融资合同的从合同，监管协议则是依附于该两者的次级合同。③ 根据担保物权从属性原理，主债权债务因清偿等原因归于消灭，相应地质押担保应当解除，而旨在确保质权实现的监管协议也随之解除。其中监管人以约定限额为限控制保持质物，出质人依营业常

---

① 参见最高人民法院民事审判第二庭编：《〈全国法院民商事审判工作会议纪要〉理解与适用》，人民法院出版社 2019 年版，第 393—394 页。
② 李毅学等：《物流金融中季节性存货质押融资质押率决策》，载《管理科学学报》2011 年第 11 期。
③ 陈本寒：《企业存货动态质押的裁判分歧与规范建构》，载《政治与法律》2019 年第 9 期。

规为处分时,质物不断流入又不断流出,故范围变动不居①,此为该类质押中的"流动"意义之所在。

若在流动质押的质物上再负载一层买卖关系,将买卖双方理解为一个整体,并将出卖人支付保证金获得买受人为收款人的承兑汇票,理解为买卖双方与贷款人的融资合同履行,就构成了《九民纪要》中保兑仓交易。② 融资金额是"汇票面值-保证金",同时据此也确定了出卖人提供流动质押的价值控制线。

可以多说一句的是,经济类型决定担保类型,担保财产都是就地取材。创新型公司通过风投进行股权结构上安排估价不论。大型综合型上市公司因有强大的财务能力,可通过股票债券发行获得长期无担保融资。生产型公司都选择可在自己资产上设定最大限度的抵押,由银行提供授信额度,随时地借新还旧,实际上拉长了融资期限,而且政府出于多种原因也很关心此类公司,债务人保护政策体系较为充分。营业型公司高速发展的资金需求比较强烈,向公众发行股票又不具备条件,倾向产权融资,保理、证券化交易,特别是后者通过设立特色目的主体 SPV 为载体,把自己稳定未来收益以资产证券化,转换成中等期限低成本资金。③ 贸易型公司则以持有货物为担保财产,涉及进出口的利用信用证,国内的利用银行汇票获得短期融资,通常不会涉及过多资金和过大的资产,流动质押就是此类担保的典型担保。不同经济类型有不同融资需求,借助自身资产确定担保类型进而降低资金成本。随之而来的问题,就是让担保的职能根据不同的担保类型有所调整,让法律的刚性为实现担保的价值,在不损及原则前提下做少许柔化解释。

2. 担保财产特定性原则的缓和

特定性原则来源于识别可能实行担保财产的需要,一般来说只有保证特定性,才能清晰财产。同时担保财产的公示又要求债权人持有该财产,就意味着除非担保财产得到特定化,否则就无从公示。公示取决于特定性,两者是联系在一起的。那么世行营商问卷的第三个失分点指向了特定性和公示两个方面。

本节先就流动质押讨论质物的特定性,此关涉"占有"所有人流动质物有效与否的问题。又可具体为,最低价值控制线下的流动质物能否满足担保财产特定化要件。争议的源头是担保财产的特定化要求,即不能或尚未特定的物,以及不能或尚未单一化

---

① [日]小山泰史:《流动财产担保论》,成文堂,2009、页14,转引自谢在全:《浮动资产担保权之建立——以台湾地区"企业资产担保法草案"为中心》,《交大法学》2017年第4期。

② 参见最高人民法院民事审判第二庭编:《〈全国法院民商事审判工作会议纪要〉理解与适用》,人民法院出版社2019年版,第394—397页。

③ 参见[英]伍德:《国际金融的法律与实务》,姜丽勇等译,法律出版社2011年版,第577—588页。

的物,如聚合物、混合物等,均不能成为物权的客体。① 但该陈旧的观念早已被翻篇了,多个质物联合出资没有坏处,担保财产的价值特定取代形态固定是现代融资担保的普遍共识,本身就是交换价值担保向收益价值担保变迁的必然产物。② 就流动质押而言,只要质物价值处于最低价值线之上,出质人便可对质物进行流动循环销售,而一旦质物价值接近抑或达到最低价值控制线时,出质人应事先向质权人提出提货申请,并追加或补充保证金或打款赎货,或以货换货,否则质物便停止流动。并无损于质权人的担保利益,且加快存货流转增益偿债能力,应将担保财产特定性解读为可特定性。另一方面实定法也没有否定规定,而且《民法典》第 396 条肯定了浮动抵押,同类事物应同样对待,对质押亦应允许。德国法上就物之可能变化的存量,如变化存量的仓库可被出质,值得借鉴。③

说得更直接一点,流动质押多见于贸易融资,担保财产作为贸易商品不断流转,是出质人经营必须进行的财产处分。相反特定担保财产对质权人意义不大,其更关心此方式下出资人的持续经营实现资金保障。法律以特定性生硬地介入,还不如允许就特定财产进行种类性描述,甚至可像英国法上那样超种类型描述④,避免对概括性担保造成阻碍。特别是就未来获得的资产,若要求列入担保财产清单更是不现实的。

至于部分裁判中坚持质权应当成立于特定质押财产之上,且质押期间质押财产不能变动,强调要根据具体参数锁定质押财产范围、固化质押财产形态,并不足取。⑤《九民纪要》第 63 条就机械理解"特定性"问题进行了纠正,并特别指出,在动态质押中,权利人藉由仓库的独立性、货物的区隔化以及最低价值或数量控制等兼有实体特定与价值特定的方式已实现存货的明确化、可识别性,就已有效划定质权的支配范围。⑥

3. 占有公示的柔化操作

诚如上言,担保财产的特定性与公示紧密相连。担保公示的主要动力是保护市场免受秘密担保的影响,若是购买的动产有担保负担,对市场影响是负面的。反过来说,按照法律规定的担保公示难以操作,或者成本很高,而不实施公示就让质押归于无效,作出这样强制性规定法律必须有压倒一切的政策依据,否则就需要进行调整。比如,

---

① 孙宪忠:《德国当代物权法》,法律出版社 1997 年版,第 86 页。
② [日]近江幸治:《担保法理念的变迁》,渠涛译,载渠涛主编:《中日民商法研究》(第三卷),法律出版社 2005 年版。
③ [德]鲍尔、施蒂尔纳:《德国物权法》(下册),申卫星等译,法律出版社 2006 年版,第 542 页。
④ 比如公司现在和将来的所有资产等。
⑤ 上海市第二中级人民法院(2013)沪二中民六(商)终字第 247 号民事判决。
⑥ 最高人民法院民事审判第二庭编:《〈全国法院民商事审判工作会议纪要〉理解与适用》,人民法院出版社 2019 年版,第 375 页。

公示方式上的柔性调整,《美国商法典》、我国台湾地区"企业资产担保法草案"第 15 条等,采用声明登录制,舍弃文件登记制。由当事人一方在线登录,按格式事项提供担保权存在之信息,市场监督机构不再做审核,确有便捷及低成本之功效。因公示信息之有限性,潜在债权人欲深入了解,可向担保当事人继续查询。①

再回到流动质押,质权以占有为成立和公示对抗第三人之条件,采取此构成的理由是不以占有为前提,可能危及其他债权人利益。② 由此大陆法系的通说进一步推进到,为了彻底贯彻物权公示,确保质权之留置功能,促使债务人从速清偿债务,都直接或间接禁止以占有改定方式设立动产质权。就引出了流动质押中质权人委托监管人租赁出质人仓库占有并监控质物时,出质人未完全丧失对质物的支配力,能否以占有改定方式设定质权为由,认定无效?③

《九民纪要》的回答是,监管人为质权人监管质物是确定质权成立与否的依据。并明确如果监管人系受出质人委托监管质物,表明质物并未交付债权人,应当认定质权未有效设立。尽管监管协议约定监管人系受债权人的委托监管质物,但有证据证明其并未履行监管职责,质物实际上仍由出质人管领控制的,也应当认定质物并未实际交付,质权未有效设立。也就是说,应从监管人的监控管理情况来判断是否为质权人之履行辅助人,对担保财产进行了有效占有,简单地说,管理+监管,行;只是监管,不行。

最高院对流动质押的公示退却到概括性公示,没有再放松到占有改定。既然占有明定为公示方式,且有概括占有的便利管道,再允许出质人继续占有担保财产,不足对外显示担保权存在,也不利于通过留置状态约束履行,从速清偿之质权功能制度的实现,应予禁止。④

上一个问题实质不是占有改定下的质权成立与否,而是该状态是否有效设定了质权。还有个可能的问题:如果出质人与监管人共同监管质物呢?最高法院的意见是监管人受质权人委托监管质物,且实行了实质监管,如质物出库时要征得其同意,就有效设定了质权。⑤ 问题还可以追问下去,质物还是存放于出质人仓库是否影响质权成立? 有法院认为动产质权时不能简单以质物存放地点来确定质物是否完成交付,对于大宗金额借款,通常涉及的质物数量多、体积大,质物不仅有极强的流动需求,而且对存放地点要求高并须方便出质人使用、补足,在监管措施合理情形下,尽可能利用出质

---

① 谢在全:《浮动资产担保权之建立——以台湾地区"企业资产担保法草案"为中心》,载《交大法学》2017 年第 4 期。
② [日]我妻荣著:《新订担保物权论》,申政武等译,中国法制出版社 2008 年版,第 123 页。
③ 陈本寒:《企业存货动态质押的裁判分歧与规范建构》,载《政治与法律》2019 年第 9 期。
④ 谢在全:《民法物权论》,中国政法大学出版社 2011 年版,第 973 页。
⑤ 最高人民法院民事审判第二庭编:《〈全国法院民商事审判工作会议纪要〉理解与适用》,人民法院出版社 2019 年版,第 377 页。

人仓库既可解决上述困惑,又有利于降低成本、方便生产。应对当事人所采取的动态质押方式予以认可。① 上述两个回答还有继续讨论之必要,其立足于市场实践理解适用法律,值得借鉴,但可能要把制度本身放到市场中进行分析,并非交易中的一方。担保人释放担保信号激励债权人(担保权人)与之缔约,同时也不能造成负的外部性,若单纯赋予担保权人就变价款的优先受偿地位,没有以公示透明担保信息,损及利害关系人的交易安全,也是得不偿失的,故透明且查询便利的公示亦是担保制度的基石。如与出质人共同监管质物、利用出质人的仓库监管质物,再比如多见的,4S店将库存车辆质押的情形下,通常所质押并待售的车辆仍存放在4S店的仓库内,债权银行委派第三方公司加以监管,同时控制车辆的合格证。② 此种情况下不能当然得出占有"公示"状态,已经使得利害关系人对流动质押设定成立,获得了合理程度的确定性。可能更需要关注的是制度层面上社会整体效益的最大化,不是交易一方成本的减少。③

(二)让与担保

实践中最常见的非典型担保就是让与担保,其以所有权为中心的权利上,通过权利移转来避免和物权法定主义抵触,进而达到担保的功能。④ 其与意定缔约、公示设立、优先受偿、清算实现与意定动产担保的要素相同,比照意定动产担保一般规则处理具妥当性,最高法院也于《九民纪要》第71条,"担保债务清偿"的实现限制,完成权利变动的公示限制,承认了符合一定条件下的物权效力⑤,与实定法中的担保物权并无二致。如何依托实定法上的意定动产规则进行规制,是典型担保对非典型担保进行统合,进而构成统一的担保制度的关键。

1. 让与担保与向动产担保规制的靠拢

广义上的让与担保是指通过转移担保财产来达到授予信用之目的的一种制度⑥,即债务人或第三人为担保债务的履行,将担保物的所有权移转予担保权人,而使担保权人在不超过担保目的的范围内,取得担保物的所有权。其法律后果为,债务清偿后,担保物应返还予债务人或第三人;债务未获清偿,担保权人得就该担保物优先受偿。⑦

---

① 江西省萍乡市安源区人民法院(2017)赣0302民初801号民事判决。
② 刘保玉:《完善我国质权制度的建议》,载《现代法学》2017年第6期。
③ 支持质权的成立理由是,出质人之所以要委托监管质物,而且监管费用实质也由出质人承担也为常态。背后理由在于经济效益,异地监管能有效降低质物转库、存储等物流成本,进而减少融资成本,法律也应从善如流。
④ [日]松冈久和:《日本非典型担保法的最新的动向》,郑芙蓉译,载渠涛主编:《中日民商法研究》(第八卷),法律出版社2009年版。
⑤ 高圣平:《担保法前沿问题与判解研究》(第四卷),人民法院出版社2019年版,第338页。
⑥ [日]我妻荣:《新订担保物权法》,申政武等译,中国法制出版社2008年版,第539页。
⑦ 谢在全:《民法物权论》(下册),中国政法大学出版社2011年版,第1100页。

其成因在于大陆法系缺乏保障债务人对担保财产享有用益利益的担保类型,[1]而随之产生的让与担保中,出于担保原因向担保权人转移担保财产的所有权及变价权,担保人保留直接占有与用益权能,而且赋予担保权人比他需要的更多,即给予他完全所有权。由此,债务人(担保人)以所有权移转释放"强信号",债权人(担保权人)可以少量的债权换取很大价值的担保财产所有权,一旦担保条件成就同时又通过以物抵债简便的收回债权,又同时对债务人履行主债务形成"强约束"。该加强版的激励、约束机制,迅速获得了债权人(担保权人)的接受,很快压制了典型担保。

可以说是资本稀缺性使得让与担保合法化,表面上担保财产交换价值的"大减价",对应了实质上担保目的的所有权,让与担保具备"秘密担保"属性,同时加之可能的以物抵债,暴利性和隐秘性这两要素一前一后构成让与担保的基本样态,担保人实质所有权人和其他债权人平等受偿地位的排除皆出自于此。平衡担保权人与担保人之间利益的政策,就将各自关系恢复到合理范围内确定为既定的制度取向。最有效率的还是比照实定法下动产担保的安排,如《九民纪要》第71条第一款以担保权人与担保人的约定构建内部关系,第二款完成财产权利变动的公示才产生让与担保物权效力,在担保实行时对担保权人课以清算义务,都是朝此方向的努力。

如此一来,清算后的优先受偿与公示后的物权效力,对让与担保也形成了"新的类型强制"。法律理论为经济现实让开了一条路,担保财产的交换价值不因混同而被所有权吸收,通过继续独立存在成为担保的实质客体。法律规则应为经济上收益刺激下的商事交易划定界限,而不是否定商事实践,[2]此系很好范例。

2. 让与担保对意定动产担保构造的吸收

《九民纪要》沿袭通说观点,肯定让与担保的物权效力,并采担保权构造,内含两阶段进行区分:第一阶段,让与担保合同界定让与担保财产,确立债权人与债务人的权利关系;第二阶段,担保财产权利变动公示,确定债权人(让与担保权人)对其他债权人的优先受偿地位。在第二阶段背后又包含了两段物权变动立场:首先,担保财产的所有权属于担保权人;其次,担保财产所有权保留,再将担保权能以外的剩余价值返还与担保人,担保权人保有的仅是担保权能。[3] 此两阶段,主观上明确有担保债务履行的意

---

[1] 毋庸讳言,复杂的合同安排交易成本较高,以对世的财产安排交易成本较低,后者采取法定形式演化成物权法定原则,然而法律滞后性严重影响社会利益,利用新类型财产安排付出成本远低于资产增益,且有利于社会公共利益的增加,就应当承认经由习惯法所形成之制度。详见[美]罗伯编:《财产权与民主的限度》,刘晓峰译,商务印书馆2007年版,第12—15页。

[2] 参见[德]鲍尔、施蒂尔纳:《德国物权法》(下册),申卫星等译,法律出版社2006年版,第588页。

[3] [日]铃木禄弥:《经营法学全集》(第九卷),第293页,转引自谢在全:《民法物权论》(下册),中国政法大学出版社2011年版,第1108页。

图，客观也确定有担保债务履行的效果，与实定法的动产担保差异在于担保合意具体内容，但不足于否定"意定缔约，公示设立，优先受偿，清算实现"等实质要素的一致。由此对让与担保的法律构造上，可大致理解为一个原则、四个要素。

一个原则是重法律实质而非交易形式。让与担保于制度竞争中已证明自身的有效可靠，无论名称为何，就担保财产移转实现优先受偿地位，只要当事人的法律行为产生同样效果，就承认其具有动产担保物权的功能。① 担保合意的四个要素，法院宜立足于诠释合同文本，尝试自当事人用语收集本意，确定各方当事人是否拟就"让与是公示""担保是目的""返还是义务""清算是实现"四要素构建法律关系的，符合就应做出让与担保之肯定判断。

3. 借道公示与清算义务回归动产担保制度

针对让与担保的"暴利"和"隐秘"，裁判还是遵循了意定动产担保的思路，采取清算与公示的对策。前者通过实行时对让与担保权人课以清算义务，避免担保权人取得超过其经济目的的额外利益，从而保护了担保人及其他债权人的利益；后者通过公示担保财产的权利变动，减少其他债权人预期，确定优先受偿序位。

(1)对担保权人清算义务的追问，到底是归属清算还是变价清算？让与担保清算型的实现方式是对流质流押条款之回应，系暴利部分无效不是全部无效，既然流质流押禁止作为意定动产担保共同原则之一，是对广义自力救济的限制，也应适用于让与担保，以避免担保权人获得额外暴利。至于采取归属清算还是处分清算，因担保权人"清算义务"的规定已可原则性地落实担保关系当事人间利益平衡。归属清算可能引发担保权人与担保人串通，做低折价数额；处分清算可能因拍卖的低价高成本，折损担保财产价值②；宜于具体案件中审视何种清算更能实现担保财产之价值即可，无强制规定之必要。

而暴利部分无效对应的是让与担保过度担保之弊端，担保财产超出被担保债权如此之多，以至于当事人间利益失衡，亦会影响债务人的业务活动，也不利于社会资源最大化。为限制担保权人权利过度滥用，从《民法总则》第 153 条"公序良俗"之经济正义出发，有部分调整之必要。德国法对担保财产是否暴利取名义价值的 150% 为标准，③考虑到我国网拍解释规定，首次起拍价不得低于评估价 70%。再次拍卖的起拍价降价幅度不得超过前次起拍价的 20%，若按二拍起拍价成交为担保财产评估价的 56%，再考量变现成本 15% 左右，可按担保财产名义价值是否超过被担保债权的 170% 来判

---

① [德]巴尔等主编：《欧洲私法的原则、定义与示范规则：欧洲示范民法典草案》(第九卷、第十卷)，徐强胜等译，法律出版社 2014 年版，第 7 页。
② 参见高圣平：《担保法前沿问题与判解研究》(第四卷)，人民法院出版社 2019 年版，第 360—361 页。
③ [德]鲍尔、施蒂尔纳：《德国物权法》(下册)，申卫星等译，法律出版社 2006 年版，第 622 页。

断暴利,超过部分无效。

(2)动产让与担保的公示方式向质押靠近。《九民纪要》第 71 条规定完成财产权利变动的公示方式转让至债权人名下时让与担保才产生物权效力。这一处理模式于不动产中没有争议。就动产让与担保,有观点提出,动产占有改定不能产生对抗其他债权人效力,理由是由于担保财产呈占有改定状态,无任何外部表征确定在债务人占有财产中债权人享有的权利。① 又鉴于动产让与担保与动产抵押是功能类似的制度,让与担保的公示宜采取动产抵押相似之方式,参照《动产抵押登记办法》的规定,将动产让与担保纳入现有的动产担保登记系统。②

也有观点提出,吸引担保人提供动产让与担保的原因之一在于隐秘性,对外显示支付能力一如既往,若强制采取"类抵押登记",减少了其他债权人风险,也实质抹杀了让与担保的基本属性,商主体还是会另寻其他非典型担保,产生更大社会成本。不过,动产让与担保在债权人与债务人间产生隐秘担保的合意,首先是回避抵押之公开登记对抗模式,可准用的只能是同为意定让与担保动产质权规定。通说又是否定"占有改定为质权公示方式"的,那么动产让与担保的公示定位应在现实交付或除占有改定之外的观念交付。③ 此又与让与担保为保障担保财产的用益权利设定目的不匹配。让与担保企图协调的交换价值与使用价值关系,又以公示的问题显现出来了,此就是让与制度本身之问题,还需要有权机关衡量法政策而定。目前最高法院采用后一种观点。④

(3)担保权构造说应贯彻于涉让与担保的执行异议之诉处理。让与担保在对外效力上强调担保属性的同时,也应注重其特性。清偿期内担保权人之债权人的执行,偿还了被担保债权的担保人,就获得了取回担保财产的请求权,可通过案外人执行异议之诉排除执行。理由是担保权人只在担保范围内享有对担保财产的所有权,故没有理由限制担保人清偿债权消灭担保后取回权之行使。《九民纪要》第 124 条区分生效裁判确定的是类物权性请求权,还是纯粹的债权请求权,进而承认或否定执行异议之诉请,也是同理。另外,担保人之债权人执行,有观点认为宜承认担保权人排除执行之异议,理由是尊重担保权人回避公开拍卖之不利益。⑤ 但通说观点认为,可以认可前一观点可对抗执行的理由,然而若是执行行为可以保障担保权在财产中确定的担保负担

---

① 参见[德]鲍尔、施蒂尔纳:《德国物权法》(下册),申卫星等译,法律出版社 2006 年版,第 603 页。
② 高圣平:《动产让与担保的立法论》,《中外法学》2017 年第 5 期。
③ 最高人民法院民事审判第二庭:《〈全国法院民商事审判工作会议纪要〉理解与适用》,人民法院出版社 2019 年版,第 376 页。
④ 参见最高人民法院民事审判第二庭编:《〈全国法院民商事审判工作会议纪要〉理解与适用》,人民法院出版社 2019 年版,第 405 页。
⑤ 也有观点提出既然同为担保,应关注变价款之优先受偿权,通过执行分配方案异议之诉最终解决。

的,其干预方式视为权利滥用,应否定其主张①,权利考量上更为细致,值得赞同。

4. 债权让与担保亦受意定担保规制调整

债权作为具有交换价值且可界定,毋庸置疑地成为担保财产,债务人(或第三人)为其债务进行担保,向债权人(担保权人)让与他对次债务人享有的债权,就是债权让与担保。有鉴于其隐藏起担保人(债务人等)支付能力的欠缺,担保权人于"设定担保债权"作为所有人地位的强化等原因。② 更重要的在于我国的应收账款质押选取了美国法上的 ACCOUNT 这相对狭窄的概念,限于付款请求权,通说理解上对应的是金钱债权,③集合债权质押如果包含非金钱类债权,实定法的基础就欠缺了。此时集合债权让与就作为债权质押的替代物,同时也是有形财产让与担保的一种收取权的延伸,逐渐取代了《民法典》第 445 条规定的应收账款的质押,此在德国、日本与我国的商业实践中均并不鲜见。④

这也体现了典型担保"质押"与非典型担保"让与担保"的联系,强根本弱形式,前者是担保的本旨非但没变,债权让与担保相较于质押,对债权的担保力度更为强大,既然担保财产已在担保权人名下,控制实现障碍较少。后者是担保运行具体环节更为简便,特别是设立、公示等环节运作更符合商业实践,如提及的变相的债权转让通知等;若此一来以让与担保为代表的非典型担保制度,不脱意定动产担保的本旨,而运行效率更高。而正是对实定法意定担保的变通,又显现出了一些特殊问题需要考虑。

(1) 与所有权保留、以物抵债的联系与交叉。让与担保的目的是将特定财产从担保人责任财产中分离出来,专用于特定债权的履行担保,债权让与担保作为其基础类型,其担保财产"债权"作为交易中基本单元,导致其更易于与其他担保或类担保制度发生联系和交叉。既表现于前端的各类担保制度的结构中,又体现于自身运行的过程中。

如对出卖人允许买受人继续转让其以所有权保留形式获得的商品,所有权保留及于该商品产生的债权,为延长性所有权保留。⑤ 其结构中包含了让与担保,即担保提供人(买受人)出让担保物(商品)产生的债权,事先经由所有权保留"延长性"约定产生的就是未来债权让与担保的效果。

---

① 参见[德]穆托斯特:《德国强制执行法》,马强伟译,中国法制出版社 2019 年版,第 268—269 页。
② 债权质权人在质权到期前对设定质权的债权,依赖于债务人作用,产生一同收取而非单独控制的权利。
③ 全国人大常委会法制工作委员会民法室:《〈中华人民共和国物权法〉条文说明、立法理由及相关规定》,北京大学出版社 2007 年版,第 404 页。该定义被《应收账款质押登记办法》第 2 条定为明文。
④ 参见中国人民银行研究局等:《中国动产担保物权与信贷市场发展》,中信出版社 2006 年版,第 45—46 页。
⑤ [德]鲍尔、施蒂尔纳:《德国物权法》(下册),申卫星等译,法律出版社 2006 年版,第 667 页。

又如《民法典》规定的有追索权的保理中,应收账款的债权人将现有或将来债权转让给保理人,保理人选择向应收账款的债务人主张应收账款债权额,扣除保理融资本息和相关费用后有剩余的,不就是以债权让与来担保"贷款合同"吗？当然保理是被让与的债权没有获得清偿才能要求返还贷款,法律上归类有争议,不过有追索权保理将风险留在作为贷款方的"应收账款债权人",对让与担保的定性有关键影响。

说到底各类新型担保模式是各类基础法律制度的组合,所谓创新是通过各项制度的重新组合排列获得更大的制度优势而已,因此解构担保模型获取最小之制度单元是认识和运用该制度的第一步,即便是看似较基础的债权让与担保也可再行解构。

争议较大的后让与担保,又称"买卖型担保协议",表现形式多为"以履行房屋买卖合同来担保债权实现"。①《民间借贷司法解释》第 24 条也有涉及,《九民纪要》第 71 条的规定,承认了约定将财产形式上转让至债权人名下(后债),作为系争债权(前债)担保之整体效力,但要受到流质流押禁止的规制。② 就是以后一个合同确定债权来担保前一个合同,也可理解为以后债来担保前债,被担保的债权,与作为担保的债权的当事人相同,但债之内容相异,因后一合同的成立生效,于当事人之间发生了债权让与担保。后续若没有就权利变动的公示,没有物权效力但仍有债权约束,只要不违背流质流押,就产生了以物抵债,或也可理解为以债抵债,也就是抵销。若进行了权利变动的公示,依据区分原则,债权让与担保第一阶段的债权效力因后一合同生效而成立；第二阶段物权效力因履行后一合同中"权利变动公示"义务而完成。由此对某些制度进行基本单元的解构后,支持后让与担保合理性存疑了,其本质上也就是债权让与担保的一个阶段。

(2)将来债权让与担保的确定性与效力。简单来说,作为担保财产的将来债权,与作为担保财产的有形资产及于嗣后取得是一致的,只要将来债权可被确定就可被让与担保。涉及的是担保财产特定性问题,这是需要通过意思解释来明确债务人与次债务人的合同,只要求指向的债权客观可确定即可。③ 但该让与担保债权的发生原因和让与范围应当是明确的,且债权发生可确切预测是必须的,如"我位于某路某号的超市,将自某日起一个月的经营收入作为系争债权让与,作为某债务的担保",就属于确定的债权让与担保。

然而过长期限的概括性债权让与担保,因显著的制约债务人的经营活动,也会给

---

① 杨立新：《后让与担保：一个正在形成的习惯法担保物权》,载《中国法学》2013 年第 3 期。
② 杜万华主编：《最高人民法院民间借贷司法解释理解与适用》,人民法院出版社 2015 年版,第 412—413 页。
③ ALI(美国法学会)等：《美国统一商法典及其正式评述》(第三卷),高圣平译,中国人民大学出版社 2006 年版,第 110、132 页。

其他债权人带来不利影响时，此时可通过公序良俗来否定一部或全部的效力。同理，如果将来债权的让与担保设定，对之前与之关联的担保视而不见，如该债权本身就是延长所有权保留的涵摄范围的，该让与担保此时也应视为违反公序良俗无效，也可由其他担保权人依据《民法典》第538条行使撤销权。

(3)对次债务人对抗要件与对第三人对抗要件。前一个对抗要件，债权让与担保实现前，次债务人的作用是不需要的，德国通说认为只要受让人和让与人之间订立合同就足够了。这点值得肯定。理由在于，债务人地位不会因让与担保而有损害。在实现让与担保，再通知或授予担保权人收取权就足够了，因此并没有法律意义上的对次债务人对抗要件。[1] 实践中也有考虑到债权转让和债权让与担保在"让与"上重合，为谨慎起见，还是依据《民法典》第546条通知为对次债务人对抗要件。在集合债权让与中，担保多见于预先由债务人（担保人）交付"次债务人收的债权转让通知书"，债务人经营恶化时向次债务人送达，至少完成了相对于次债务人的担保公示。

重要的是集合债权让与担保对其他债权人、后序位债权让与担保权人的对抗效力。从《九民纪要》第71条来看，"完成财产权利变动的公示转让至债权人名下"为让与担保的公示对抗要件，债权让与的通知也可视为该要件。问题是如何通知所有的现有和未来债权的次债务人，有观点认为可通过全国或者省级有影响的报纸上发布债权转让公告，不过《关于审理涉及金融资产管理公司收购、管理、处置国有银行不良贷款形成的资产的案件适用法律若干问题的规定》第6条，转让公告视为债权转让通知限于"金融资产管理公司受让国有银行债权"的情形。

那么登记就可能成为后一个选项吗？《民法典》第768条规定了"同一应收账款上存在多个保理合同已登记先于未登记的"，其精神是登记对抗，保理无非是"贷款合同＋债权让与担保"，作为组成部分债权让与担保，自应贯彻登记对抗之精神。而《中国银行业保理业务规范》第4条明定，登记对象还是金钱类的"付款请求权"。其他债权呢？现阶段的选择是对主体的扩张以便公告通知也可装入其他主体，还是范围扩大，付款请求权不限于金钱债权，都是司法政策的选择，最高法院对此并无明确观点。[2] 笔者倾向于公告通知产生对抗效力，理由也很简单，既然没有一定层级的法律就非金钱债权的登记予以明确，进行了公告通知就是对外提供了让与担保存在的信息，对秘密担保有一定程度的克服，但问题的最终解决还有待于统一公示登记系统的建立。

5. 集合债权让与担保中先登记先受偿序位的遵守与例外

---

[1] [德]鲍尔、施蒂尔纳：《德国物权法》（下册），申卫星等译，法律出版社2006年版，第655、658页。

[2] 参见最高人民法院民事审判第二庭编：《〈全国法院民商事审判工作会议纪要〉理解与适用》，人民法院出版社2019年版，第405—406页。

一方面，担保人在其集合债权（包括未来资金流）上设定让与担保，原则上不应过度制约担保人之经营，包括给予担保人对债权的一部分支配权，更重要的是现在与未来的债权作为集合财产提供担保，对应的是担保人（债务人）与次债务人间继续的交易关系，并以此交易关系的维持为目的①，否则何来将来债权连续不断地产生。该连续性也决定了担保权人受偿序位除遵循意定动产担保的一般规则外，还有其特殊性。

首先，集合债权亦是集合物，包括通过种类、所在地、数量、价值要素特定范围后，作为一个整体在其上成立让与担保，并依托通知或登记来具备对抗要件，而后个别财产或权利的变动不丧失集合物同一性。

其次，同类性质的担保总体贯彻先登记先受偿规则，如设立在先的集合债权让与担保，设立之际将来债权已经从债务人处分离出来了，又考虑到债权并无善意取得之说，那么后序位的债权让与担保人不可能再就该债权设定让与担保了，该原则也发生于保理之间、延长性所有权保留之间。

再次，特别情况下基于法政策考量，非同类别债权之间，要以较近原则突破登记在先原则。以同一债权上发生的延长性所有权保留与集合债权让与担保为例，背后是公司的短期贸易债权人②与中长期贷款债权人争夺优先权，法政策的取向是作为延长性所有权保留的贸易债权人，优先于作为集合债权让与担保人的贷款债权人受偿③，即便债权让与担保设立在前。理由是所有权保留的出卖人比债权让与担保权人更接近"担保财产—债权"，它本身就产生于被保留所有权的商品，没有支付货款的商品再出让产生的债权，作为商品的替代物所有权依然被出卖人保留，强硬地将该债权归入让与担保集合性债权是违反经济正义的，此为对意定动产担保统一公示制度确定的登记在先受偿优先规则之调整。④

需要指出，不论是集合债权还是集合有形财产形成的动产担保，基于担保财产概括性，先登记先受偿规则强调先登记先得，将担保权益扩张到担保设立后获得的财产，可能抑制未来融资途径，对债务人公司经营带来负面影响，也会降低债权人自身受偿之可能。还不如取法于《美国商法典》第九编，扩张第 416 条价金优先权至未来债权，就增益财产型事后担保开个较近原则的后门。⑤ 还需特别指出保理要区分有追索权保理与无追索权保理，前者作为债权让与担保的属性已如前述，性质上属于中长期的

---

① ［日］近江幸治：《担保物权法》，祝娅等译，法律出版社 2000 年版，第 291 页。
② 指向商品与服务贸易之短期融资，通常由供应商或银行提供融资，以流动性动产提供担保，采取动产担保外，保函、票据、补偿性承诺书等也较为常见。详见［英］Ross Cranston：《银行法原理》，林鼎钧等译，新学林出版股份有限公司 2019 年版，第 471—472 页。
③ ［英］伍德：《国际金融的法律与实务》，姜丽勇等译，法律出版社 2011 年版，第 385 页。
④ 采从英国法就集合性担保财产范围的结晶说，担保财产固定之前不能对抗后续设立的担保。
⑤ 参见董学立：《美国动产担保交易制度研究》，法律出版社 2007 年版，第 147—156 页。

金钱借贷,与同类型的集合性债权让与担保,按照登记先后确定受偿序位。后者作为债权买卖较为合理,应作价金优先权之同样处理,保理人已经进行了现金支付,保理让与应为允许,先成立的集合性债权让与序位劣后于时间较后的保理让与债权。

最后,恶意串通或违反善良风俗作例外之处理。延长性所有权保留的出卖人,对已有的让与担保故意视而不见①,且具有可指责性,与买受人订立所有权保留协议掏空让与担保债权的,违反善良风俗,应作无效处理。但若商品用于公司增益性经营,即便知晓也不能认为可指责性。② 当然事前安排的集合债权让与担保,导致后续债务人完全丧失经营自由、融资可能,作违反公序-经济正义之无效处理。

五、资产证券化于担保制度上之意义

近年来,经历了美国次贷危机洗礼的资产证券化业务,作为新型金融工具已在我国落地生根,早在 2016 年累积发行规模已破万亿元级,我国也成为亚洲最大的资产证券化市场。③ 该制度产生良好的经济效益的同时,其内含的简便、有效率的金融担保方式,突出担保、债权、证券三者的结合,反映了担保发展的一种趋势。为论述方便起见,将拟证券化的资产(基础资产)限定于未来能够产生可预见的稳定现金流的资产,即能产生应收账款的资产,以对应《民法典》第 440 条应收账款出质的规定,故本节所谓的资产证券化从融资制度安排上理解,是发起人将缺乏流动性但将产生可预见的未来稳定现金流的资产或资产集合,出售给 SPV,由其通过结构安排,分离重组资产的收益和风险,并增加资产信用,转化成由前述资产产生现金流担保的可自由流动证券,销售给投资者。④ 同时 SPV 以销售证券的收入来偿付发起人资产的对价,以资产产生的现金流来偿付投资者的证券权益。

(一)资产证券化对担保的制度更新

资产证券化的优点不胜枚举,对于发起人而言,它提供了相较于传统融资更便利有效的新融资方式,转化了资产形式提高了流动性,且既不增加债务负担也不影响经营管理等;对于投资人来说,它是低风险高质量的投资工具、提供了较高的资产流动性等。⑤ 证券化又称结构融资,表明了公司融资工具的属性,证券化之前再加上资产两字,实质是发起人(借款方)将对外债权以股权或债权等证券形式出售,此证券以被隔

---

① 是否还有就其他债权人之照顾义务值得商榷,若承认产生的是侵权调整,并非无效认定。
② 参见[德]鲍尔、施蒂尔纳:《德国物权法》(下册),申卫星等译,法律出版社 2006 年版,第 587、703 页。
③ 洪艳蓉主编:《金融法苑》(第九十五辑),中国金融出版社 2017 年版,第 3—5 页。
④ 参见[美]舒瓦茨:《结构金融:资产证券化基本原则》,倪受彬等译,中国法制出版社 2018 年版,第 2—7 页。
⑤ 参见洪艳蓉:《资产证券化法律问题研究》,北京大学出版社 2004 年版,第 2—3 页。

离的"生息资产"或"资产池"所担保,更直接地说,出售的证券就是资产或资产池所担保的债权凭证,是产权融资的升级版,是一种准担保。

再回观资产的证券化运作:发起人(借款方)构筑一个能产生收入的资产集合→建立资产集合SPV,受让资产结合形成一个隔离的资金池→通过内部完善结构外部增级信用,优化资金池配置→信用评价后筹备证券发行→获得证券发行收入,支付资产对价→管理资金池,按期支付证券权益,到期处置分配资金池余额。[1] 以上包含脱敏、包装、发行三个关键词,"脱敏"指基础资产转让至SPV隔离发起人破产风险;"包装"指通过对基础资产的优化增信,为市场上量身打造格式化资产,以该资产产生的现金流为担保,向投资人(贷款方)"发行"证券融资。其间,缺乏流动性的债权债务关系,通过证券化转换成可流通的证券;把融资方对特定主体间债务风险,通过证券化也转移给投资者。给融资方带来低成本资金和分散风险,以及投资者的低价优质投资机会,多方共赢局面背后是支撑资金安全的资产信用。

现代社会中,信用是跨期交易得以成立的要件,具有确实性本质物的担保又据于信用制度的中心。[2] 而资产证券化中发行人向SPV移转特定资产的收益权,该"风险隔离"的关键作用在于,以特定资产信用来保障资金安全,将投资者的风险锁定于客观、确定的资产信用上,投资于资产的"锚定",债权变成了证券[3],投资者持有的证券对应于价值份额资产,债权与担保权合二为一,形成了最实质的担保,把以物保为中心的现代担保制度发挥到极致。由其引导担保制度应在风险隔离与资产信用进行考察。

(二)组织法层面分析

证券化的资产"真实销售"[4]给SPV,此为资产证券化业务操作的关键一步。首先是实现偿付投资人的责任财产,与发起人的隔离,即便发起人破产,隔离后的基础资产产生的收益,保障投资人较发起人的其他债权人有优先受偿地位。其次,在风险隔离的基础上,为实现基础资产的稳定收益,鉴于发起人对SPV的资产管理的专业性,通过资产管理服务合同,由发起人担任资产日常运作和收益的管理人,而投资人通过SPV对收益账户的控制、监督资产运行。鉴于该资产处于发起人整体资产之中,既有发起人的一般信用对偿还投资人本息的承担,更有经营失败时该基础资产的变价偿还,是在发起人的一般信用之上叠加了基础资产的保障。

可深入探讨的是,资产证券化中发起人转让资产,SPV负责资产优化,中介机构

---

[1] 参见洪艳蓉:《资产证券化法律问题研究》,北京大学出版社2004年版,第31—33页。
[2] [日]近江幸治:《担保物权法》,祝娅等译,法律出版社2000年版,第58、59页。
[3] 参见[美]弗兰科:《证券化:美国结构融资的法律制度》,潘攀译,法律出版社2009年版,第26页。
[4] 一般贯彻的是LAS32、LAS39和FRS5确定的实质性规则,形式上是发起人将资产移出表外,实质上是该资产收益与风险的实质性转让,分别对应的是会计上与法律上的真实销售。

实施风险评价,投资者进行投资选择等,在多嵌套的合同架构下,为资产增值的共同事业目标,各参与方获得相应保障和收益,是以组织合同来约束平衡各方的利益驱动。反映到法律关系上,就是以 SPV 为中心的稳定的组织架构。无论是该组织架构的核心目的"增资收益",还是制度基础"风险隔离",似曾相识的安排同样出现在担保制度、公司制度、信托制度中。股东投资于公司的财产,公司制度阻却了股东债权人对该财产的追偿;担保人为债权人 A 设定的特定财产的担保,担保制度阻却了债权人 B 对担保财产(于债权人 A 的债权范围)的追偿;委托人将特定财产委托给受托人作为信托财产,信托财产仅于本身产生债务范围内才能被追偿①,信托制度同样阻却了委托人、受托人、收益人的债权人对信托财产的追偿。②

  上述三项制度最基础的共通性在于财产区隔。通过法律安排或制度安排,将债务人的一部分财产独立出来作为特定清偿财产,债务人即便是该财产的法律上、经济上、伦理上的所有者,但该财产又不直接受其控制。不同的制度中就建立起了关联点,一部分财产独立出来作为清偿基础③,不论采取何种组织安排都能产生相同的效果。担保要提供缔约激励,就要释放履约约束的信号,形成独立的清偿财产是约束信号的主要类型,在功能主义的立场下,采取何种策略是当事人利益衡量的结果。可以多说一句的是,担保,或者信托,抑或公司制度,不在于对实现担保功能的制度如何定性,而在于裁判者不应以破坏创新的方式来定性。

  对此问题的更进一步的思考就进入了组织制度的层面,一开始就要明白,资产的风险是基础,资产产生稳定的收益是目的,该项基础资产必须融合于组织架构中。选择可靠的孤立的财产作为担保财产,还是依托该组织(发起人)于社会中的法律关系与事实关系,掌握该优质基础资产的单向收益权,把财产保障扩张至收益享有④,答案不言自明。再辅之资产结构优化安排、增强信用的辅助安排、评级机构的信用背书等,证券资产化本身作为组织体的强资产产生强刺激、强信号,强信号又产生强激励,形成对投资人担保的强构建。

  背后的经济逻辑在于,担保财产的价值虚高或价值不稳定性,可能带来的担保落空,投资人意识到自己投资对象"产不产生利润"才是资金安全度的保证。⑤ 那建构于公司制度之上的基础资产能持续地产生收益,资金安全就不会有影响,由基础资产保

---

① 《信托法》第 17 条规定了四项可强制执行信托财产的法定事由。
② 《九民纪要》第 95 条对此又予以了强调。
③ [英]拉登:《财产法》,施天涛等译,中国大百科全书出版社 1998 年版,第 188 页。
④ 直接接触下的直接融资,考虑风险分散的同时也关注利益分享。
⑤ [日]近江幸治:《日本担保法的发展》,载《第四届担保物权法理论与实践国际研讨会论文集》,2019 年 12 月。

障且由该资产产生"业务的将来收益"为支撑的融资就是可期待的。① 于集合资产担保之后,资产证券化构建的基础资产之上,再叠加未来收益,这就产生了"静的资产担保"发展至"动的资产担保",又进一步产生了"动的收益担保",证券化的交易的发展正反映了此趋势。

(三)资产信用层面的分析

上面组织层面分析提到的,担保财产从静的资产向动的收益转化,已经涉及了资产信用的问题,需重视的是资产证券化对应的资产信用及实质担保属性。

将基础资产可期待的未来债权转化为担保证券发行的流动的信用资产,是对存量资产的证券化,不同于公司发行股票、债券借用的是公司商业信用,资产证券化依托的是基础资产对应的资产信用,是物保的升级版,且是在发起人总体资产质量和管理能力不变的情况下,选取其中高质量资产来保障投资人的受偿②,建立在发起人商业信用与特定担保财产资产信用的叠加之上。发起人顺利获得融资过程中,将既存的静态债权担保,转化为担保债权发行的流动的信用资产,再到提供给投资者的源于基础资产产生的将来债权。那么担保财产从过去和现在的财产,到将来的财产,再到建立在现在和将来财产上的收益的三阶段的转变。若以此对应于历尽几千年"熟人社会→市民社会→资本社会→信息社会"变迁的,"人保→物保→权利担保→人物合一的集合担保"担保制度演进,可以说资产证券化的过程浓缩了担保制度的千年跋涉。

再把资产证券化揉碎掰开,公司将基础资产收益权销售给 SPV,亦可理解为,转让基础资产是对借款的债权型"让与担保"。第一是设立阶段,资产信用的基础是独立的、特定的基础资产。需要通过 SPV 的破产隔离与真实销售两阶段来实现。为什么不采取传统公司以自身信用融资,一方面需要有雄厚的资本才有发行资格,另一方面公司全部资产可能良莠不齐,再一方面信用资产既是担保标的又是偿付来源,兼具了保全担保和投资担保的双重功能。③ 第二是存续阶段,维持基础资产的安全性与稳定性。向转让 SPV 基础资产是为资产证券化,为投资人资金安全而特设,不同于公司对其资产可就经营需要进行处置,该基础资产不得再次出让,不得为第三方设置担保。第三是终止阶段,支付各类费用,处理资产收益余额。基础资产收益权收入在支付费用后若有剩余,按 SPV 与发起人间的约定进行处理。重点是资产信用与投资人债权的对应性。从设立到存续再到终止,贯穿的是 SPV 证券化资产所产生的资产信用,其

---

① [日]近江幸治:《生产信用汇总的项目融资的手法及担保法学上的课题》,载《第四届担保物权法理论与实践国际研讨会论文集》,2019 年 12 月。

② 需要资金的公司,要求获得信用等级较高的证券融资,必须挑选质量高的资产,否则资产评级一关就过不了。

③ 参见李国安主编:《国际融资担保的创新与借鉴》,北京大学出版社 2005 年版,第 278—281 页。

与投资人的投资范围基本匹配,基于持有证券与基础资产份额的对应性,投资人对基础资产已享有了排他性的优先受偿权,针对该已经依附于投资者整体的资产,再以其为投资者设定担保只是徒增成本。

若还纠结于发行人真实销售给SPV的资产是否再为投资人投资担保的问题,可回归到"实质高于形式"的理解,法律是建立于现实基础之上,不管形式、名称如何变化,不论让与、信托、附条件买卖等,只要客观情况表明了设定担保的真意。可参考《美国商法典》第九编1-(201)"担保权益指对担保债务之清偿或者履行的动产或附着物享有的权益"的规定①,其中也包括将来对外账款等预期财产。如《九民纪要》第91条强调增信措施符合保证规定的,应认定成立保证合同关系等,体现了最高院在《九民纪要》这一政策性文件中强调的穿透式审理,也是此功能主义思维的体现。②

(四)资产担保证券层面上的分析

资产证券化中证券都以收益权证的形式出现,按学术上观点,对应的是有价证券的一种,其具有财产性价值的私权的证券,其权利发生、转移、行使的全部或一部分,必须依证券才能进行③,也可做新证券法第二条第三款也提及了资产支持证券解读。若再细化的话,应视为资产担保证券,是采用资产信用融资生产的证券。该证券,以拟证券化的资产(对外债权)为担保,资金池的价值决定了该证券的价格,且持有人对基础资产有不可分割的所有者权益。进言之,作为完全财产化的证券,投资者权益实现取决于资金池产生的收益,与发行人资产状况不发生直接关系,因此投资者决策购买时关注的是资金质量,为防止资金池收益不理想,获得的较高信用评级,以及发起人或第三方提供保障和足额补偿的承诺,无非是补充。如前所述,资金池产生的收益作为基础资产既是该证券对价,亦是其担保,资产与权利不可分性,决定了债权与担保是合一,也决定了资产担保证券的属性。当然SPV运作时可能将盈余收益进行投资利用,但利润也不必然归属于投资,这是由资产担保证券的属性决定的。完全不同于依靠公司信用融资生成,价格取决于该公司现资产与后续经营的传统证券。

对资产证券化的加深认识,还要回溯至担保标的的演变。④ 第一阶段,人的保证

---

① [美]美国法学会等:《美国统一商法典及其正式评注》(第一卷),孙新强译,中国人民大学出版社2004年版,第15—16页。
② 《最高人民法院民二庭负责人就〈全国法院民商事审判工作会议纪要〉答记者问》,载最高人民法院网站:http://www.court.gov.cn/zixun-xiangqing-199681.html,2019年11月14日,最后访问日期:2020年3月13日。
③ [日]铃木竹雄:《票据法·本票法》,赵新华译,法律出版社2011年版,第2页。
④ 这是随着近现代以来债权的优越地位的确立主轴进行的,伴随着其自身从主观人身关系向客观经济关系的推移,也就其特定人格属性逐渐抽离,也伴随着担保制度的不断变化。

减少了风险发生概率,只因为或然性的个体差异,但不能消解不确定性①,担保制度中人保只能居于补充地位。第二阶段,物保提供给债权人在特定财产上的排他性优先地位,其提供的风险的可确定性成果,确立了其在担保制度中的主流地位。第三阶段,物保中能够同时获取收益的产权担保(让与担保的前身),后因货币经济的发达,导致获得担保财产收益的意义也不存在了②,而且交易繁琐以及当事人间利益失衡,逐渐为占有但不作转移的质押所替代。第四阶段,担保最终是以担保财产的交换价值为目的的,释放出担保财产占有使用的权能,无损担保权人利益,同时又助益于债务人提高偿债能力,登记制度的发展,使得登记与占有能同样产生公示效力,物保中非占有的抵押成为主流。第五阶段,在抵押成为担保之王之际,担保权人也意图获得最大安全性,产权担保又以让与担保形式卷土重来。③ 不过"让与"是不转移的占有改定,伴生的公示性不足,毁誉各半,但无损于其作为重要的非典型担保,与抵押并行而立。第六阶段,从纯粹的物的担保再出发,又发生了向由现代经济组织支持的信用担保的迈进,如集合性权利质押、浮动担保等,依托于整合了法律关系与事实关系的公司等组织体,把担保财产从单纯的物信用扩张成了以整个组织体的人物合一的信用。

就此可稍作小结,到第六阶段作为担保标的的交换价值已经从单纯的资产信用进入到复合的资产信用,后者是以一定的经济组织为前提的④,是企业自身可担保化的镜像,是组织所赋予的信用。就此担保完成的变迁历程是:人保→强制债务人的手段(质权)→分离使用价值于交换价值财产的担保(抵押等)→企业资产信用的担保(公司本身的担保化),从人保到物保又到了复合了物保之人保,呈螺旋上升的循环。

第七阶段,发起人剥离优质资产支持资产证券化发行,表面上看仅是该担保资产(资金池)的收益用于支付投资人。而产生收益的资产池,依存于发起人公司的整体资产运作,如前所述,该收益权的基础资产是公司资产信用和优质资产的叠加。进一步说,支撑证券的优质资产不局限于表面的发起人输送的该部分资产,而是又渗透至SPV 后续优化、其他机构增信等产生的 SPV 组织体全部价值。该组织体是作为担保财产本身能持续产生的收益,投资安全就不会有影响,那么以 SPV"业务的将来收益"为担保进行融资就是可期待的。⑤

一言以蔽之,担保从强制债务人的有效手段,发展到有确实交换价值的以物为基

---

① [美]奈特:《风险、不确定性与利润》,安佳译,商务印书馆 2010 年版,第 230 页。
② [日]近江幸治:《担保物权法》,祝娅等译,法律出版社 2000 年版,第 61 页。
③ [英]拉登:《财产法》,施天涛等译,中国大百科全书出版社 1998 年版,第 189 页。
④ [日]我妻荣:《债法在近代法中的优越地位》,王书江等译,中国大百科全书出版社 1999 年版,第 82 页。
⑤ [日]近江幸治:《生产信用汇总的项目融资的手法及担保法学上的课题》,载《第四届担保物权法理论与实践国际研讨会论文集》,2019 年 12 月。

础的责任财产担保,再演进到依存于组织体的集合财产担保,这时候发行人持有证券与现实资产的结合已经不可避免。广义来说,该证券呈现的"SPV 本身所具有的信用",超越了该证券包含的"发起人真实转让资产信用(担保)"之上。既有证券的信用基础脱离了物的因素,其又作为有因证券而存在,那么该证券等于完全专有对应的组织体资产信用份额的支配权,对第三人也完全公示了该种权利。资产证券化的结果是将债权与担保权整合为一体,债和信用合一了,形式统一的证券又使得 SPV 新创造的组织体的资本信用,从静止状态变为流通状态,以物之担保为中心的现代担保制度作用在资产证券化融资过程中发生到极致,意味着融合了债权、担保、证券的资产证券化,又进一步推进了金融资本对全社会的统治力,该种统治力到底是减少资本间的倾轧,还是让人类的生存服从于少数人控制的金融资本,还有待观察。

六、担保制度的发展与法律应对

《民法典》担保内容一元化梳理还是在实定法层面,非典型担保法技术上处理也源于实定法。资产证券化也可解读为复杂的资产担保操作,贯彻的理念是与经济生活联系最为紧密的担保制度中,从实在论的角度,其法律规制的合法性取决于有效地解决现实生活的问题,那么担保制度的生命就不在于理论上的体系严密,而在于实践中的效益。

现实生活中债权人属于风险厌恶型主体,借款还款的跨期性带来的不确定和道德风险,单纯的利益驱动对其出借款项等并不形成足够的激励,除非相应的担保制度能保障信息透明和对债务人的财产控制。[①] 而提供担保是有交易成本的,过度担保对债权人是有利的,对债务人就不是最优定价,最好的担保制度就要实现双方利益均衡。举例来说,让与担保人(债务人)丢失了对担保财产的所有权,出质人丧失了占有,抵押人保留了用益物权,表面上看让与担保中担保人与担保权人得失悬殊。为什么市场主体还是倾向选择让与担保呢?因为让与担保财产实践中采取了占有改定形式,让与担保人的用益物权不受影响,担保权人不需要登记就获得物权对抗,让与担保是双方的最优选。

市场主体作为理性经济人,是以成本最小化来组织交易的。虽然实定法下采取担保权的类型法定,标准化的产品于社会看似边际效用是最高的,但给定的担保方式,随着社会变迁,运行成本增高,市场主体必然会采取措施予以变通降低。需求的多样性,也会激励市场主体创设适合的新类型担保。

[①] 参见[美]迪克西特等:《不确定条件下的投资》,朱勇等译,中国人民大学出版社 2013 年版,第 12—13 页。

但并不能就此认为非典型担保比典型担保更有效率！此误读了法律文本的真意，因为法律不是源于立法者的意志，而是来自民族共同意识的演进和沉淀。① 从这个意义上讲，立法者的任务并不是建立某种特定的秩序，而只是创造一些条件。在这些条件下，伴随着社会经济的变化，一个有序的安排得以自生自发地型构起来并得以不断地重构。那么实定法上的典型担保是立法者安排的基础方式，恰当的条件下有序地调适就产生了非典型担保，没有可比性。

法律安排无非是社会实践的反应，还是要回到社会经济生活来寻找担保制度的内涵，债权人（担保权人）关心的是一项担保安排能否实现激励缔约与约束履行。随着现代社会金融资本比重的扩大，推进了债权非人格化并进入流通领域，本身要求于社会资源中无限提高和引出尽可能确实的、多额的、便宜的担保价值，进而产生了全部财产担保化的趋势。担保财产泛化无疑会妨碍担保财产的有效流通和利用，又引发了外部担保权人与其他债权人间交易自由与特殊保护的协调，内部担保权人与债务人间担保财产交换价值与使用价值的协调问题。上面的一个趋势和两类协调构成了担保制度发展的主线，市场主导下也对应形成了富有特色的社会和法律担保规则群。本节就担保制度发展与法律回应选取几个讨论的问题。

第一，担保财产方面的变化。不动产泡沫虚高，可能产生"担保跌破"的预期，债权人意识到自己借款对象产不产生利润才是资金安全度的保证②，债务人全部财产担保化从理论进入了现实，这就产生了"静的资产担保"向"动的收益担保"的转化。主要表现形式是担保关注焦点发生了从不动产出售价格为中心，到不动产收益为中心，再到企业正常业务收益为中心的"活担保"转变，前已论及。

围绕企业业务产生的担保财产，既包括有形动产，也包括无形动产——权利，权利又涉及将来的收益，有现实资产还有未来资产。诚如谢在权教授所言，只要具备财产权益皆有担保之可能。此情况下，又从单个物到集合物，从现时的财产权益扩张到兼具现时与未来的财产权益集合。民法典对此予以了回应，担保财产的开放，第395条对抵押财产范围抽象性的表述为法无禁止即可，以及担保财产特定性的柔化，第396条与第440条分别具体提到将有的设备、产品和将来的应收账款，皆可作为担保财产。

理由在于，社会逐渐意识到高度依赖不动产进行债权担保的风险，不动产的价格虚高可能带来的担保落空，且不动产迟缓又高成本的拍卖，导致债权回收低效。虽然动产（权利）价值不稳定，但可借助评级机构的信用评价予以克服③，协商折价变现更

---

① ［德］萨维尼:《历史法学派的基本思想》，郑永流译，法律出版社2006年版，第7—8页。
② ［日］近江幸治:《日本担保法的发展》，载《第四届担保物权法理论与实践国际研讨会论文集》，2019年12月。
③ 资产证券化借助评级机构的信用评价已成常态。

凸显了担保实现的便利性,都导致了动产(权利)担保的需求在不断提升。随着动产担保泛化又催生的企业自身的担保化,若企业作为担保财产本身就是持续产生的收益,资金安全就不会有影响,那么以公司"业务的将来收益"为担保进行融资就是可期待的。[1] 集合动产、集合债权等特殊动产担保随之崛起,证券化交易的发展也是此趋势的体现。

另需提及担保权对担保财产效力范围的统一规则的欠缺,使得第 390 条担保及于替代物、第 412 条以扣押日为据确定孳息归属,还有第 406 条担保权的追及力等规定,都显得较为零碎,还不如以收益概念统合替代物、孳息及其他收益,除其他收益需特别约定外,都并归入担保权的效力范围[2],更符合集合动产及债权担保的发展趋势。

第二,担保形式方面的变化。不动产担保的风险增大,单个动产的交换价值偏低,动产担保财产的集合化已是不可避免,同时为解决担保财产交换价值与使用价值的协调,又催生了动产担保财产的流动性。这时需要停下来回答担保客体到底是什么,也就是担保财产的交换价值!动产担保在保持担保财产的流动性之后,担保也完成了从强制手段到以纯粹支配交换价值的过渡。[3] 在债权人(担保权人)那里,交换价值与留置强制效力[4]被颠倒过来了,背后的主因是留置担保财产损耗的使用价值,对债权人(担保权人)没有主观上的重要性,为了实现他所要的交换价值,故而可以放弃,而使用价值又恰恰于债务人处才能显示最强的主观价值。现代法上抵押、让与担保逐渐取代质押,乃至于第 406 条放松抵押财产的转让都是此趋势的体现。

另外,若担保财产系集合财产,其不是孤立的个体,活跃状态下个别物的流转可增益担保财产。通过债权人(及辅助人)监督正常营业状况下集合财产每天个别内容的变化,保证流通,又控制交换价值,遂形成了浮动抵押、流动质押,以及更复杂的保兑仓交易。流通产生的价金,从政策与经济面向的考虑又形成了第 416 条流入物的价金优先权,第 404 条流出物免担保追及的效果。可以说除权利属性之外,集合性担保对担保财产使用价值的关注,是优先权产生的另一个源头。

集合性担保财产也扩展至将来债权,债权本身没有使用价值,债务人(担保人)行使收取权不是交换价值,是为维持集合债权价值的便利行使。或许我们也观察到了,有形财产是因为有使用价值才产生交换价值,提单仓单股票等证券也是以确实有形物

---

[1] [日]近江幸治:《生产信用汇总的项目融资的手法及担保法学上的课题》,载《第四届担保物权法理论与实践国际研讨会论文集》,2019 年 12 月。

[2] 可借鉴欧洲示范法民法典草案第 IX-2:306 条的规定。

[3] [日]我妻荣:《债权在近代法中的优越地位》,王书江等译,中国大百科全书出版社 1999 年版,第 100 页。

[4] 此处留置并非民法典的法定担保类型的"留置",是指担保权人对担保财产的占有支配,不能让其实现使用价值。

的使用价值为依托的,才使之成为担保财产。而债权已经脱离了纯粹的物的因素,它的交换价值只能是以一定的经济组织为前提的①,是企业自身可担保化的镜像,是组织所赋予的信用。就此担保完成前已提及的变迁历程是:强制债务人的手段(质权)→分离使用价值于交换价值财产的担保(抵押等)→企业信用的担保(集合财产担保),从人保到物保又到了人保,呈螺旋上升的循环。

进一步的思考是,既然可把债权类担保理解为人保,我们为什么不能弱化物保和人保的差异性,《民法典》第 392 条调整了《担保法》第 28 条物保优先于人保规定,限缩至债权人提供物保先于人保,只是第一步。人保与物保都源自于债务人可信承诺的缔约激励与履行约束,担保效力的强弱只是源于承诺的内容不是法律的性质。② 对承诺的市场价值的可度量化,如评级机构的有效运作,足以填平人保与物保的差异,为统一担保制度克服理论和技术的困难。毕竟,现实社会需要的是功能主导而不是概念化的担保制度。

第三,法律调整方面的变化。主要体现在合同法在担保制度中的优先性。实定法上的担保类型仅具初步的建议性,具体担保的实施对债权人缔约激励的强度多少足够,对债务人履行约束的刚性多少合适,都是主观标准,而个人才是自己利益的最好决断者,这决定了合同安排具体担保内容的优先性。而担保人与担保权人之间的权利义务配置又是第一序位,解决不了之后才有担保权人优先(于其他债权人)受偿序位的补强。后者作为合同外部性的实现才需要担保人承诺的公示,此为承诺的法定强化方式,这时赋予公示对抗效力的物权法才走到前台。上台序位先后也显现了合同法对担保的调整优先于物权法。

到具体担保措施上,如果实定法规定的典型担保不能满足现实交易的需求,就会转而求助更为灵活的非典型担保,像让与担保是以权利转移替代限制物权寻求更稳定之安全。那伴随产生的多种多样的规避手段,抑或称为金融手法也好,都需借助于合同安排。前面谈及的证券化交易,首先是基本交易框架安排,资产所有人(发起人)将资产收益权出售给"SPV",该机构或借款或融资来支付价款,并用所购得的资产收益来偿还融资。③ 融资又可能采取用资产收益权为支撑发行新证券,为发行证券机构设计的不同信息披露模式,来降低投资者的信息成本,如评级机构对资产的信用评级。④

---

① [日]我妻荣:《债权在近代法中的优越地位》,王书江等译,中国大百科全书出版社 1999 年版,第 82 页。
② 张淞纶:《债权人视角下的担保制度——兼论〈民法典〉中担保制度的立法构想》,载《法律科学》2019 年第 6 期。
③ 参见[美]弗兰科:《证券化:美国结构融资的法律制度》,潘攀译,法律出版社 2009 年版,第 4—5 页。
④ 自从《信贷资产证券化试点管理办法》颁行以来,中国的证券化进程也开始启动。尽管抵押贷款因违约率较低而证券化需求不高,但国有企业的不良贷款无疑是证券化的另一个诱因,而且消费贷证券化市场也在最近迅猛发展。

实质上发起人是用资产收益权作为担保财产向机构融资,机构的钱又来自以担保财产为基础的证券发行,是"空口袋背米"。而且不同于普通担保,投资人不需要就清偿融资后的额外收益再行返还,但同时发起人也将资产收益的风险转移给了机构。其次是融资担保(增信)安排。机构为便于证券发行,又安排劣后级收益人对优先级收益人的补足义务、发起人或指定第三方的无条件回购等增信条款。最后是资产运行和监督环节。资产能提供收益是此类融资构造的前提,就需有专业知识的发起人具体运行资产,资产只能采取占有改定形式转让。对此又须通过合同安排使得资产管理权能得以充分发挥,形成监控之警戒作用,督促资产能运行于商业合理性常轨,产生收益偿还债权。由此,不但担保可得保障,机构、投资人额外利益也可实现。①

此时,担保机能已从事前的信号甄别、事后机会主义的防范,转为更侧重于事中资产收益的产出。以资产证券化为代表的新型非典型担保,已非单纯之变价、优先受偿,对担保财产之监督、管理机能日益重要。② 由此合同中嵌入了治理机制,组织合同的属性决定其中心问题是寻找最优安排,需要根据具体情况进行细小利益衡量。③ 合同各主体间相互依赖程度,内容高度复杂性又包含明显互补性,观察确定相关合同安排到底是形式还是实质的判断,对裁判者而言已成为可能完成的任务,遵循文本原意可能是不得不做的选择。

第四,公示对抗方面的变化。公示目的是债权人(担保权人)取得相对于其他债权人的优先受偿地位,担保财产的流动性增加附随着登记要求的提高。不动产乃至于动产的公示对抗问题不大。可能出现问题的动产让与担保前已论及,权利的隐秘性,通过《民法典》第 228 条占有改定约定产生内部拘束力,登记产生对抗其他债权效力,也可基本解决,此系笔者认为较恰当解决模式。最关键的理由在于,占有改定是当事人之间的意思表示,外观上无法判断,不是充分公示,何来对抗的正当性。④

疑难的是集合财产(动产、债权)担保,表面上是财产集合性与流动性对公示方面的法技术的要求⑤,本质还是担保权人与债务人间担保财产交换价值与使用价值的协调,这里又突出表现为担保权人对担保财产的支配权利与债务人经营活动自由度的协

---

① 谢在全:《担保物权制度的成长与蜕变》,载《法学家》2019 年第 1 期。
② [美]威廉姆森:《可信的承诺:用抵押品支持交易》,载威廉姆森等编:《交易成本经济学经典名篇选读》,李自杰等译,人民出版社 2008 年版。
③ [美]梅纳尔:《执行程序与治理结构:什么关系》,载[美]威廉姆森等:《制度、契约与组织》,刘刚等译,经济科学出版社 2003 年版。
④ 段匡:《日本近年担保法的修改对我国担保法修改的若干启示》,载渠涛主编:《中日民商法研究》(第五卷),法律出版社 2006 年版。
⑤ 概括性、未来性担保财产带来的,既有该集合性担保财产的范围界定,也有对该担保财产所有权与该财产收益因查封、转让、抵销、物上代位等债权人之间的关系。

调。以集合让与担保为例,如果是有形的集合物担保,依靠价值、地点等标准还能实现特定性公示的话,对无形权利如何公示进而产生对抗效力确实更成了难题。如应收账款质押中将来不可预见的债权,该债权又被转让,如何对抗债权受让人呢? 此为讨论重点,宜针对此多层次的交易关系以多层次的规则体系来应对,主要可以分为将来债权的特别设立规则和登记对抗规则。

首先,关于将来债权的特别设定规则。作为担保财产的将来债需要法律性或事实性基础,但只要达到可识别程度就可以了,次债务人不确定不影响设立效力。[1] 债权的期间因关涉债权确定性与债务人经营自由双重问题是必须的,具体而言,若有法律基础存在,其间依构成该债权的合同来确定;若有事实性基础存在,日本法采 10 年为标准;鉴于我国有较多部门规章约束,还应视具体事实关涉内容来定,一般以 3 年为上限,不宜过长。

其次,关于一般登记对抗规则。准用《民法典》第 768 条,于担保权人(债权人)与其他债权人间,债权转让登记视为对其他债权人的公示对抗要件,都没有登记的,到达次债务人的债权转让通知视为公示对抗要件,而且系争债权本身禁止转让特约不具对外对抗效力。同时依据第 546 条债权转让一般规则之规定,该债权转让通知或次债务人承诺,视为对债务人的拘束要件。又鉴于债权让与担保的秘密担保属性,其登记对抗可做变通处理。

第五,担保范围方面的变化。此处为论述又更广面向,特别将本文坚持的瘦小版的广义担保概念,从"保障债权"扩张至"债权安全",采用最广义担保说。担保作为缔约激励与履行约束的治理机制,还原到跨期交易背景下,改善近因偏好的主要路径就是增加信用,该增加信用应成为担保制度的主导,可依据不同激励约束之方式差异,将担保制度扩展为四大类型。以此在功能的层面上来统合担保、类担保,可做如下归纳,除实定法下的典型担保、优先权之外,都是非标准化的私人安排属性。

其一,增信措施有四个主要方向(见表 5)。扩张责任财产范围、提升受偿序位、增加清偿压力,以及赋予超级优先权,前三种是通过各方合意基础上,以附加的信用措施赋予相对方更优势的受偿地位,加大债务人清偿压力,促其积极履约;第四种是法律从阶段性的政策考量,给予的特殊主体的特殊照顾。[2]

---

[1] [日]鸟谷部茂:《债权让与担保与抵押权的再构建》,任一玮译,载《山东大学法律评论》2014 年第 1 期。
[2] 我妻荣教授对价金优先权的作用有所怀疑,并认为可能阻止担保制度的发展,详见[日]我妻荣:《新订担保物权法》,申政武等译,中国法制出版社 2008 年版,第 2、64 页。

表 5　　　　　　　　　　　增加信用措施的四个方向

赋予超级优先权		增加清偿压力		扩张财产范围		提高清偿序位		
一般优先权：破产费用等共益费用、工程优先款优先权等生存费用	特别优先权：价金优先权等	惩罚型压力	添付型压力	增加责任主体：保证、债务加入	扩大财产范围：抵销、以物抵债、债的保全等	意定动产担保		不动产担保
		定金	以物抵债、押金、回购			典型动产担保：抵押、质押	非典型动产担保：让与担保等	不动产抵押、非典型不动产担保

其二，超级优先权赋予。不以占有或登记等公示为要件，为公共利益或特别私利益之考量，法律赋予其超级优先受偿地位。又区分为一般优先权与特别优先权，前者是基于共同利益与基本生活保障，对债务人全部财产为标的的共益费用与涉基本生存雇员工资之优先权，[①]《民法典》第 807 条规定的工程款特别优先权就是其典型代表。后者是基于对担保财产的增益，或者特别利益考量，如法定留置权、价金优先权，以及海商法、航空法上特别规定。

其三，扩张责任财产范围的增加信用措施。除常见的保证之外，还包括债务加入、抵销、债的保全制度等。以债务加入为例，类似于保证，系以民事主体加入债务承担，增加了担保债权实现的责任财产的数量，属于担保的范围。且相较于保证，直接发生债之关系，并无主从关系，已经剥离了保证的从属性，担保强度上更高于保证。同理，债权人撤销权、奉行"入库规则"的债权人代位权、抵销等，或是采取增加积极财产，或减少消极财产等措施，都实现了责任财产扩大，均具有明显的增加清偿信用作用。

其四，增加清偿压力型信用增加措施。原债务以外，增加其他履行方式，或又多交付一定数额的金钱，履行方式变更或金钱得失与债务履行与否联系在一起，强化债务人清偿压力，从而促其积极履行债务。以定金为例，对于接受定金的一方当事人来说，其债权的实现或变相实现的可能性较强，因为他已经受领了一定数额的金钱，在交付定金的一方当事人不履行债务时，他能够全部或部分地得到救济，可是对于交付定金一方当事人而言，其是寄希望定金罚则的威力迫使接受定金的一方当事人履行债务。

其五，提升受偿序位的增加信用措施，主要是包括抵押、质押等典型担保，以及涉及不动产、动产的非典型担保等，不作展开。

第六，担保实现方面的变化。能否有效地实现担保是评价一国担保制度优劣的关键因素之一，包括受偿债权的实现价值、所需要的时间等。[②] 担保实现主要出现于司

---

① 王利明等：《中国民法典学者建议稿及立法理由：物权编》，法律出版社 2005 年版，第 549—550 页。
② 宋林霖：《世界银行营商环境评价指标体系详析》，天津人民出版社 2014 年版，第 175—176 页。

法程序,担保权人必须为实现担保权争夺司法资源,相对于私力实现的迟缓,法院立案、审理、执行各部门成了被诉病的对象。而最主要原因是债务人不诚信与各部门法上缺口。

诚信缺乏导致担保实现制度安排无地着落,甚至被反向利用。《民法典》第410条、第436条、第453条都有协议以通过担保物折价清偿的安排,可据此实现担保的少之又少。而《民诉法》第196条、第197条虽然有实现担保物权程序的安排,但要求以无实质性争议为前提,担保人动辄反对,导致该程序高效实现担保的目的在实践中不能发挥。另外,《民诉法》第225条执行救济制度,反过来也成为担保人阻却担保物执行的利器。

更核心的原因还在于担保制度位于众多主流法律分支的交叉点上,其植根于合同法与物权法,强制执行程序构成了担保在程序上的延展,担保实现多发生于担保人破产的场合[1],而上述部门法就担保问题的规定协调还有待完善。集合财产担保出现后,按第768条"就同一账款订立多个保理合同,按登记先后顺序受偿……"规定,将来债权以登记公示来获得对抗效力,涉及将来债权的数额如何登记?对作为担保财产的债权清偿中之抵销、以物抵债,产生的法律后果与担保权人的权利竞合,又如何解决?若将该条扩张适用至特殊动产给付之债,《买卖合同司法解释》第10条规定在特别动产一物多卖情况下,"已交付买受人的给付请求权履行序位优先于已登记的买受人",第768条的登记对抗效力如何与后者协调?上述问题既关涉合同法,又与物权法有关。担保条件成立后,实现担保过程中拍卖是常态,第410条规定除拍卖外,抵押权人与抵押人还可就抵押财产协议折价。若已经达成上述和解,当事人出尔反尔,依据《执行和解司法解释》第9条还须另诉解决,实定法明确迅速高额处分担保财产的精神,如何在执行过程中得以贯彻,这是强制执行法的问题。《破产法司法解释二》第2条规定,债务人在所有权保留买卖中尚未取得所有权的财产,不应认定为债务人财产。该解释第34条又规定,破产管理人(债务人)有权决定解除或者继续履行该所有权保留买卖合同。对于第416条规定的价金优先权,该价金优先权人破产的,其管理人是否也有权决定解除或购买呢?这不仅涉及交易相对方的债务人,又关涉该债务人的担保权人权利,三方利益如何平衡,这是破产法的问题。

担保纠纷特别是非典型担保纠纷实体法的规定涉及甚少,担保客体的多样性又同时涉及多个法律部门,担保制度作为附随于主债权的多方私安排,内含变量也远多于双方合同,很难设计出统一的法律规范。而且就担保财产的个别立法之间的体系整

---

[1] 李世刚:《法国担保法的改革》,法律出版社2011年版,第25页。

合，也会导致某些问题处理上的对立，这都是今后一个阶段的难点。此次《九民纪要》已经作出了初步尝试，但如何得出一个整合性的解决方案还需依靠裁判者的智慧，但多个部门法的联动是条必然路径。

七、结语

本文基于三个方面来考察担保制度中的五大问题。第一，担保作为预期激励与约束履行的制度安排，债权人的支配地位必然导致担保财产泛化；第二，担保权人（债权人）与担保人（债务人）间担保财产交换价值与使用价值的协调；第三，担保权人（债权人）、担保人（债务人）与债务人的其他债权人三者之间，又会牵涉债务人与其他债权人交易自由与担保权人债权特殊保护的协调。

以上述三个面向为视角，本文再以《民法典》的担保制度规定为考察文本，结合近期出台的《九民纪要》，立足于用户体验，主要阐述裁判者关心的五方面问题：第一，社会经济生活中担保的制度本旨是什么，随着经济变迁，又需要哪些基本的规制安排。第二，民法典的担保文本能否提供担保的制度框架，阐明其规范性内涵，构建担保制度多层次的内核。第三，尝试以担保制度法律规定运用于让与担保等非典型担保，实现担保制度统领担保创新，整合担保实践。第四，试图从资产证券化出发，分析担保制度之可能发展趋势。第五，就担保制度的发展与法律应对上，如何从"增加信用"实质功能角度切入，以共通规则贯穿典型与非典型担保，尽量实现担保制度实然层面的体系融贯。

《民法典》保证制度的发展与争议

李 昊 刘 磊

摘 要： 本文结合《民法典》和《担保制度解释》，分析了保证和其他担保制度的共同适用规则与保证的特殊规则两个方面的适用问题。前者涉及的问题主要有担保制度的从属性、法人分支机构的担保人资格、共同担保中的追偿权、最高额担保合同之"最高额"的理解、主合同内容变更对担保责任的影响、借新还旧对担保责任的影响、追偿权与代位权，后者涉及的问题主要有保证方式的推定、保证期间、《民法典》第702条规定的保证人抗辩权。《民法典》和《担保制度解释》针对这些问题的规定，既有进步，也存在进一步解释的空间，有待将来司法实践明确。

关键词： 保证；最高额担保；追偿权；借新还旧；保证期间

一、引言

我国1995年施行的《中华人民共和国担保法》(以下简称《担保法》)对担保制度进行了统一立法，并采用了"担保制度的共同规则——各担保制度的特殊规则"的立法模式，具体分为总则、保证、抵押、质押、留置、定金、附则七个章节。2007年《中华人民共和国物权法》(以下简称《物权法》)则涉及对抵押、质押及留置三种担保物权制度的规定，并明确《担保法》与《物权法》的规定不一致的，适用《物权法》的有关规定，这意味着《物权法》打破了《担保法》所确立的对担保进行统一规定的体例。沿袭《物权法》确立的区分物保和人保的立法思路，《中华人民共和国民法典》(以下简称《民法典》)将抵押权、质权及留置权三种担保物权制度规定在物权编，并将原《担保法》规定的保证及定金制度归入"合同"编。

《民法典》在"担保物权"编仍规定了部分可以适用于全部担保类型的一般规则。

作者简介： 李昊，北京航空航天大学法学院教授；刘磊，中国政法大学比较法学研究院博士研究生。

例如,"担保物权"编第 388 条明确规定作为上位概念的担保合同包括典型担保合同(抵押合同、质押合同等)和非典型担保合同(融资租赁、保理、所有权保留等)[1],并基于第 414 条、第 441~445 条、第 768 条等条文为构建统一的动产和权利担保登记体系提供了基础,以消灭隐性担保。[2] 此外,"担保物权"编第 391 条关于债务转让对担保责任的影响、第 392 条关于人保与物保并存时的处理规则等规定,都属于可适用于全部担保类型的一般规则。不过,从整体来看,《民法典》中并未有较多的条文涉及担保制度的共同规则,其在《民法典》中缺乏形式意义上的存在。

为更好地实施《民法典》有关担保制度的规定,《最高人民法院关于适用〈中华人民共和国民法典〉有关担保制度的解释》(以下简称《担保制度解释》)仍采取了"担保制度的共同规则——各担保制度的特殊规则"的结构,具体分为一般规定、保证合同、担保物权、非典型担保及附则这五个章节,并且在一般规定部分还明确了《民法典》关于保证合同中的部分条文也具有担保一般规则的意义。因此,本文将围绕保证与其他担保制度的共同适用问题和保证特殊制度的适用问题两大部分展开,尝试对《民法典》和《担保制度解释》中有关保证合同的规定作相应解读。

二、保证与其他担保制度共同适用的规则

(一)担保制度的从属性

相较于原《担保法》第 5 条,《民法典》第 682 条存在两处实质性的改动。其一,《民法典》第 682 条第 1 款将"担保合同是主合同的从合同"之后的逗号改为句号,全面体现了保证合同的从属性。[3] 其二,《民法典》第 682 条第 1 款将原《担保法》第 5 条第 1 款的"担保合同另有约定的,按照约定"修改为"法律另有规定的除外",表明对独立保证采取严格限制的立法态度。[4] 结合理论或司法实践中的争议,关于保证合同的从属性,还有如下几个问题需要特别关注。

1. 关于在担保合同中专门约定针对担保人的违约责任条款的效力

司法实践中对于该问题的处理存有较大争议,为统一裁判思路,最高人民法院 2019 年印发的《全国法院民商事审判工作会议纪要》(以下简称《九民纪要》)第 55 条认为,针对担保责任约定专门的违约责任的做法,导致担保人承担的担保责任范围大

---

[1] 参见刘保玉:《民法典担保物权制度新规释评》,载《法商研究》2020 年第 5 期。
[2] 参见龙俊:《民法典中的动产和权利担保体系》,载《法学研究》2020 年第 6 期。
[3] 参见最高人民法院民法典贯彻实施工作领导小组主编:《中华人民共和国民法典合同编理解与适用(二)》,人民法院出版社 2020 年版,第 1286 页。
[4] 参见黄薇主编:《中华人民共和国民法典合同编解读》(上册),中国法制出版社 2020 年版,第 739—740 页。

于主债务,有违担保从属性的要求,应认定为无效。《担保制度解释》第 3 条也延续了这一思路,作了同样的规定。但如此规定是否具备理论上的正当性,值得讨论。

有观点认为,担保人不履行担保债务的违约行为是独立于债务人的违约行为的,针对该担保人不履行担保债务所约定的违约责任条款并不违反担保的从属性。[1] 该观点确有一定道理。具体而言,当事人针对担保责任约定专门的违约责任与当事人约定的担保责任范围大于主债务其实是两个不同层次的问题,前者与担保的从属性无关,而是担保人固有范围内应承担的违约责任,其原因可能是担保人未如约承担担保责任或未如约履行其他固有范围内的担保合同义务等,而后者才是违反担保从属性的表现,如担保合同中约定了担保责任数额高于主债务、担保责任约定的利息高于主债务的利息等。但从现实角度讲,如果债务人和担保人都未如约向债权人履行债务,则针对主债务不履行的违约金就会一直处于累计之中,担保人也会对该累计部分的违约金承担担保责任,如果再令担保人单独承担不履行保证债务的违约责任,便会出现担保人承担双重违约责任的情形。[2] 因此,基于对这种现实情况的考量,认定专门针对担保债务清偿而约定的违约条款无效,也未尝不可。但这也只能是特殊情况,如果是针对担保人的其他不履行行为约定的违约条款,仍应认可其效力。例如,如果当事人在担保合同中约定若担保人未能履行保密义务则应向债权人支付相应数额违约金的,应认可该违约条款的效力。

2. 关于反担保所担保的对象

反担保所担保的对象是担保合同抑或是担保人对债务的追偿关系,与原《最高人民法院关于适用〈中华人民共和国担保法〉若干问题的解释》(以下简称《担保法解释》)相比,《担保制度解释》对反担保合同的从属性规则作了实质性修改。在《担保制度解释》出台之前,理论上一般认为,反担保合同是担保合同的从合同,基于担保的从属性,反担保合同会因担保合同的无效而无效。[3] 原《担保法解释》第 9 条第 1 款也规定,担保人因无效担保合同向债权人承担赔偿责任后,可以在承担赔偿责任的范围内,要求有过错的反担保人承担赔偿责任。根据该规定,担保人因无效担保合同向债权人承担的赔偿责任在性质上为缔约过失责任,反担保人根据自身过错向担保人承担的赔偿责任也是缔约过失责任,其背后的原理正是建立在反担保所担保的对象是担保合同这一理论基础之上。

---

[1] 参见崔建远:《论保证规则的变化》,载《中州学刊》2021 年第 1 期。
[2] 参见高圣平:《民法典担保从属性规则的适用及其限度》,载《法学》2020 年第 7 期。
[3] 参见高圣平:《担保法论》,法律出版社 2009 年版,第 64 页;曹士兵:《中国担保制度与担保方法》(第四版),中国法制出版社 2017 年版,第 107 页;叶金强:《担保法原理》,科学出版社 2002 年版,第 10 页;刘保玉:《反担保初探》,载《法律科学》1997 年第 1 期。

《担保制度解释》第 19 条显然对此持不同态度,根据《担保制度解释》第 19 条的规定,虽然担保合同无效,担保人向债权人承担的是赔偿责任,但是其仍有权依据反担保合同的约定要求反担保人承担反担保责任,而不再是原《担保法解释》第 9 条第 1 款规定的赔偿责任(缔约过失责任),并且该条第 2 款进一步明确当事人仅以担保合同无效而主张反担保合同无效的,法院不予支持。这意味着反担保的对象并不是担保合同,而是担保人对债务人的追偿权,这种追偿权既可能是担保人在担保合同有效情况下对债务人的追偿权,也可能是在担保合同无效情况下对债务人的追偿权。换言之,无论担保合同有效与否,担保人向债权人承担担保责任或赔偿责任后都享有对债务人的追偿权,担保合同的效力与担保人对债务人享有的追偿权并没有必然联系。

《担保制度解释》第 19 条的规定是值得赞同的,其正确地揭示了反担保中的从属性关系。其实在《担保制度解释》出台前,就已经有学者开始对主流观点及原《担保法解释》第 9 条的规定进行反思,并提出了与目前《担保制度解释》第 19 条相一致的观点。① 《担保制度解释》第 19 条的规定无疑是正确的,正如有学者所指出的那样,如果反担保合同所担保的对象是担保合同,那么其主合同的权利人应为债权人而并非担保人,从而债权人就有权要求反担保人承担担保责任,这显然与反担保的存在意义不符。②

关于对该条的理解,需要特别注意的是,担保人对债务人的追偿权是来自担保人和债务人之间的基础关系,一般是委托合同或无因管理。在《担保制度解释》背景下,反担保合同仍可能因两种原因而无效:①反担保合同因自身出现效力瑕疵而无效;②担保人和债务人之间订立的委托担保合同无效而导致反担保合同无效。③

3. 关于担保合同中约定担保人对主合同无效后的返还责任提供担保的效力

学者们对于该问题的处理存有不同意见,无效说认为该约定因与法律规定的从属性规则冲突而无效,而有效说则认为主合同之债与主合同无效之后的返还之债是两个不同债务,应尊重当事人真实意思表示。④《担保制度解释》第 2 条则规定,"约定担保人对主合同无效的法律后果承担担保责任,该有关担保独立性的约定无效",明显持无

---

① 参见高圣平:《融资性担保公司求偿担保若干争议问题研究》,载《暨南学报(哲学社会科学版)》2012 年第 11 期。
② 参见程啸、高圣平、谢鸿飞:《最高人民法院新担保司法解释理解与适用》,法律出版社 2021 年版,第 128—129 页(谢鸿飞撰写)。
③ 参见第三届产权保护法治论坛·名家风采高圣平教授在《担保制度解释》研讨会上的发言,北京市物权法研究会微信公众号,2021 年 2 月 16 日,https://mp.weixin.qq.com/s/XR4eWE4wRld1sianA5Y8ZQ,最后访问时间:2021 年 6 月 1 日。
④ 参见李志刚主编:《民商审判前沿:争议、法理与实务——"民商法沙龙"微信群讨论实录》(第二辑),人民法院出版社 2020 年版,第 271—275 页。

效说观点。

在《担保制度解释》第 2 条出台后,相关争议仍在继续。有观点认为,在法定之债作为被担保对象时,只有主债权而没有主合同的存在,而在法定担保权场合,也只有担保权而没有担保合同的存在。因此,担保的从属性应理解为担保权从属于主债权,而非担保合同从属于主合同。进而,通过类推适用主合同解除后担保权存续的逻辑,应认定主合同无效后担保权在返还清算关系中原则上的存续。[1] 按照这种观点,即使当事人并未在担保合同中明确约定担保人对主合同无效的法律后果承担担保责任,也应认定这是当事人之间的内心真实意思表示并认可其效力。对此,有反对观点认为,《担保制度解释》第 2 条之所以否定上述约定的效力,原因正是在于上述约定实际上与约定主合同无效,担保人依然承担担保责任的法律效果并无二致。[2]

从解释论立场来看,上述反对观点是符合现行法律规定的。不过,这种观点又有需要完善之处。《担保制度解释》第 2 条禁止的只是担保人同时对主合同及主合同无效后的法律后果提供担保,但并不禁止担保人仅对主合同或主合同无效后的法律后果提供担保,因为后者并不违反担保的从属性要求。具体而言,如果担保人在提供担保时已经明知主合同存在效力瑕疵而无效的,担保人仍应对主合同无效后的法律效果承担担保责任。在此情况下,担保人实际上并无为主合同提供担保的意愿,而只存在对主合同无效后的法律后果提供担保的真实意思表示:①若担保人明知主合同当事人之间存在通谋虚伪表示,则担保人其实只是对主合同当事人之间真实形成的法律关系提供担保;例如,最高人民法院在(2020)最高法民终 537 号民事判决书中便认为,保证人明知主合同系名为债权转让,实为借贷的合同,仍然提供保证,应当按照保证协议约定承担保证责任。②若主合同因存在其他效力瑕疵而无效,在担保人对此明知的情况下,担保人其实只是对主合同无效后的清算关系提供担保,这在实践中一般表现为债权人与担保人在主合同无效后进行事后约定。

但从立法论的立场来看,赞同主合同无效时担保存续的观点确实有一定道理。首先,合同解除与合同无效之后都会进入返还清算阶段,从《民法典》第 157 条关于法律行为无效后的返还清算与《民法典》第 566 条关于合同解除后的返还清算对比来看,二者的处理非常相似。就已为之给付发生的返还关系而言,合同无效与合同解除存在共同之处[3],而且二者都属于失败的合同,都具有纠正错误的财产转移和恢复原状的返还清算目的,尽管在某些单个问题上存在不同,但这并不影响在统一制度的框架内根

---

[1] 参见刘骏:《主合同无效后担保权存续论》,载《比较法研究》2021 年第 2 期。
[2] 参见程啸、高圣平、谢鸿飞:《最高人民法院新担保司法解释理解与适用》,法律出版社 2021 年版,第 18 页。
[3] 参见陈自强:《契约无效与解除返还效果之比较》,载《月旦法学杂志》第 307 期(2020 年 12 月)。

据合同失败的原因对具体的个别问题进行不同评价。① 从比较法上来看,法国经债法改革后,已经在债法领域内设立了统一的返还规则,当然也适用于因合同无效、解除而引发的返还问题②,而且在欧洲范围内其他地区也存在类似的改革趋势。③ 其次,在主合同无效或解除的情况下,尽管债权人可以行使返还请求权保全自身利益,但债权人仍面临债务人不能清偿的风险,既然担保人要在主合同解除的情况下继续为债务人的返还义务提供担保以避免这种风险,在主合同无效情况下也应同样处理。④ 因此,第一种观点值得重视,我们应当进行立法论上的反思。

(二)法人分支机构的担保人资格

关于法人分支机构的担保人资格问题,司法实践中一直都存在较大争议。从最高人民法院的多个裁判文书来看,对法人分支机构,尤其是银行分支机构的担保人资格存在不同认定。例如,在(2016)最高法民申2412号民事裁定书中,最高人民法院认为银行的支行提供担保需要获得法人的书面同意,没经过同意提供的担保就是无效的。而在(2016)最高法民终221号民事判决书中,最高法院认为银行的分行其实都获得了总行的概括授权,因此有权独自提供保函。在(2017)最高法民终647号民事判决书中,最高人民法院又认为原《担保法解释》第17条第1款规定的"企业法人的分支机构未经法人书面授权提供保证的,保证合同无效"是针对一般的企业法人的分支机构,有别于金融机构的分支机构,即金融机构的分支机构无须法人的授权。

原《担保法》第10条及《担保法解释》第17条曾专门就企业法人的分支机构的保证人资格做了规定,即企业法人的分支机构未经法人书面授权提供保证的,保证合同无效。但《民法典》中删去了这些规定,那就需要回到《民法典》第74条来解决。根据《民法典》第74条的规定,法人分支机构可以以自己名义从事民事活动,那是否意味着法人分支机构无须法人授权便可直接以自己名义担任保证人?对此,《担保制度解释》第11条做了补充规定。该条主要针对营利法人的分支机构,对于非营利法人的分支机构的担保人资格,应按照非营利法人的相应规定(第6条)来处理。该条第1款是针对营利法人的分支机构对外提供担保的一般规定;第2款和第3款分别是针对金融机构的分支机构和担保公司的分支机构对外提供担保的特别规定;第4款则系前3款情形下,相对人非善意时,营利法人是否要承担赔偿责任的引致性规定。

---

① 参见[德]索尼娅·梅耶:《失败合同的返还清算:欧洲的新发展》,冯德淦译,载《南京大学法律评论》(2019年秋季卷)。
② 参见李世刚:《法国新债法统一返还规范研究》,载《河南社会科学》2017年第2期。
③ 参见[德]索尼娅·梅耶:《失败合同的返还清算:欧洲的新发展》,冯德淦译,载《南京大学法律评论》(2019年秋季卷)。
④ 参见刘骏:《主合同无效后担保权存续论》,载《比较法研究》2021年第2期。

根据第 11 条第 1 款,公司的分支机构以自己的名义对外提供担保原则上需要经过公司股东(大)会或者董事会决议。最高人民法院参与起草该《担保制度解释》条文的法官给出的解释理由是,既然公司对外提供担保原则上需要公司决议,那么公司的分支机构对外提供担保也应如此。① 但其并未进一步解释,为何公司的分支机构对外提供担保,反而需要的是公司的决议呢? 这首先涉及对法人的分支机构的法律性质的讨论。有观点认为,法人的分支机构应当定性为非法人组织,主要理由在于法人的分支机构符合《民法典》第 102 条关于非法人组织的定义,与《民事诉讼法》及其解释关于其他组织的规定也相一致。② 另有观点认为,法人的分支机构只是法人的一部分,不具备民事主体资格③,最有力的理由莫过于,《民法典》第 74 条关于分支机构的规定在体系上位于法人这一章节,而并未在非法人组织这一章节。从《担保制度解释》第 11 条第 1 款的规定来看,其支持后一种观点。因为如果将法人的分支机构理解为作为独立民事主体的非法人组织,而当分支机构以自身名义对外提供担保时,便很难解释为何其作为独立的民事主体却无法自行决定能否对外提供担保,反而是需要适用《公司法》第 16 条规定的经法人决议才可以。换言之,只有将分支机构理解为法人的一部分,才可以解释分支机构对外提供担保为何需要适用《公司法》第 16 条,即经法人决议后才能对外提供担保。

既然法人的分支机构只是法人的一部分,那么当法人的分支机构对外提供担保时,其与法人之间的法律关系应如何进行理论上的解释? 有观点认为,当分支机构对外提供担保时,其与法人内部之间可能存在职务代理或表见代理或狭义的无权代理的法律关系。④ 但该观点的问题在于,其无法解释代理人本身也应该有独立的民事主体资格,而分支机构既然是作为法人的一个部分,其并不具备独立的民事主体资格。因此,所谓的法人与分支机构之间的关系这一讨论并不准确,其实际上应该是分支机构负责人与法人之间的关系⑤,只不过分支机构负责人与法人之间是存在代理抑或是代表法律关系,则有待进一步讨论。

---

① 参见林文学、杨永清、麻锦亮、吴光荣:《〈关于适用民法典有关担保制度的解释〉的理解与适用》,载《人民司法》2021 年第 4 期。

② 参见高圣平:《民法典担保制度及其配套司法解释理解与适用》(上),中国法制出版社 2021 年版,第 56 页。

③ 参见李宇:《民法总则要义:规范判例与判解集注》,法律出版社 2017 年版,第 200 页;王利明主编:《中华人民共和国民法总则详解》(上册),中国法制出版社 2017 年版,第 311 页。

④ 参见崔建远:《论保证规则的变化》,载《中州学刊》2021 年第 1 期,第 62 页;刘贵祥:《民法典关于担保的几个重大问题》,载《法律适用》2021 年第 1 期,第 15 页;张燕、仲伟珩:《法人分支机构的权限和责任》,载《人民司法》2017 年第 28 期,第 22 页。

⑤ 已有学者注意到了这点。参见夏平:《法人分支机构的法律地位与责任承担——以民法总则第 74 条为考察重点》,载《西部法学评论》2019 年第 4 期,第 118—120 页。

前文已述，分支机构为法人的一部分，从而分支机构对外提供担保时需要法人的股东（大）会或董事会决议，这实际是《公司法》第16条的规定。但值得注意的是，正是因为在通常情况下，公司对外提供担保并非公司正常的民事活动，基于对公司资本充实的保障及对股东利益的保护，才有《公司法》第16条之规定[①]；但如果是以担保为业的公司，其对外提供担保便属于自身正常的民事活动，而无须受到《公司法》第16条的调整。因此，按照这种推理，金融机构或担保公司对外提供担保时，便不再需要公司的股东（大）会或董事会决议，而金融机构的分支机构或担保公司的分支机构既然作为金融机构或者担保公司的一部分，当其对外提供担保时，也应当不再需要公司的股东（大）会或董事会决议。可本条第2款及第3款仍然对金融机构的分支机构及担保公司的分支机构的对外担保权限作出了相应限制。对此，官方给出的解释理由是，这是出于防范金融风险的考虑以及为了便于担保公司加强风险控制。[②] 但就本条第3款的规定本身而言，仍存在可进一步讨论的空间。

虽然担保公司的分支机构的营业执照上也会记载经营范围就是担保业务，但根据本条第3款的规定，其对外提供担保应当取得担保公司的授权，而并不能像金融机构的分支机构那样依照营业执照记载的经营范围即可对外提供担保。这种区别对待的做法与现行规定存在一定冲突。从《中共中央国务院关于服务实体经济防控金融风险深化金融改革的若干意见》（中发〔2017〕23号）及《国务院办公厅关于全面推进金融业综合统计工作的意见》（国办发〔2018〕18号）中的规定来看，融资担保公司也将被纳入广义上的金融机构范畴，从而被金融监管部门统一监管。[③] 此外，《最高人民法院关于新民间借贷司法解释适用范围问题的批复》中规定，由地方金融监管部门监管的融资担保公司属于经金融监管部门批准设立的金融机构，也与前述监管趋势相一致。既然如此，担保公司的分支机构的对外担保规则就应该与金融机构的分支机构的对外担保规则相一致，而不应作出目前第2款与第3款的区分。就此而言，官方给出的前述理由，即为了便于担保公司加强风险控制而与金融机构的分支机构的对外担保规则相区分，似乎难以令人信服。

（三）共同担保中的追偿权

共同担保是担保制度中争议非常大的问题，其核心争议在于对共同担保人之间追

[①] 参见最高人民法院民事审判第二庭：《全国法院民商事审判工作会议纪要理解与适用》，人民法院出版社2019年版，第178页。

[②] 参见林文学、杨永清、麻锦亮、吴光荣：《〈关于适用民法典有关担保制度的解释〉的理解与适用》，载《人民司法》2021年第4期。

[③] 参见肖峰：《重释民间借贷的定性和范围——如何理解适用新〈民间借贷司法解释〉第1条》，载《法律适用》2021年第3期。

偿权的讨论。根据《担保制度解释》第 13 条的规定,只有在提供担保的第三人之间存在约定(约定相互追偿及分担份额或约定承担连带共同担保)或拟制存在约定(各担保人在同一份合同书上签字、盖章或者按指印)的情况下,承担了担保责任的各方才可以向其他担保人进行追偿。《担保制度解释》显然是对所有共同担保类型中担保人之间的追偿问题采取了一刀切的做法,但从《民法典》中诸多条文的规定来看,共同保证人之间的追偿应当与其他共同担保中担保人之间的追偿问题有所区分。

《民法典》第 699 条前半句规定的是按份共同保证,而后半句规定的是"没有约定保证份额的,债权人可以请求任何一个保证人在其保证范围内承担保证责任"。那么《民法典》第 699 条后半句的规定应如何理解呢?

《民法典》第 699 条后半句源自《担保法》第 12 条第 2 句,即"没有约定保证份额的,保证人承担连带责任,债权人可以要求任何一个保证人承担全部保证责任,保证人都负有担保全部债权实现的义务"。但二者文字表述存在重大差异,即《民法典》第 699 条后半句并未规定"保证人承担连带责任"。从文义的改动来看,这似乎是立法者的有意删减,刻意否定此种情况下保证人之间的连带债务关系。有观点认为,《民法典》第 699 条背景下的连带共同保证应细分为真正连带共同保证和不真正连带共同保证,真正连带共同保证等同于原《担保法》第 12 条所规定的连带共同保证,保证人之间可享有追偿权,而不真正连带共同保证便为《民法典》第 699 条后半句规定的情形,保证人之间不享有追偿权。[①] 另有观点认为,《民法典》第 699 条后半句中"没有约定保证份额的,债权人可以请求任何一个保证人在其保证范围内承担保证责任"的措辞实为对连带共同保证的推定,但这种连带共同保证又不同于原《担保法》第 12 条规定的连带共同保证,这体现在保证人承担保证责任后对其他保证人并不享有追偿权。[②] 上述两种观点都有待商榷,以下分别对此进行论述:

第一种观点作真正连带共同保证和不真正连带共同保证的分类,实际上是认为二者分别属于连带债务与不真正连带债务。不真正连带债务起源于德国,从《德国民法典》第 421 条及第 426 条第 1 款第 1 句的字面含义来看[③],在一方本应终局性承担全部

[①] 参见黄薇主编:《中华人民共和国民法典合同编解读》(上册),中国法制出版社 2020 年版,第 780—781 页。

[②] 参见朱广新、谢鸿飞主编:《民法典评注合同编通则 2》,中国法制出版社 2020 年版,第 117—119 页;最高人民法院民法典贯彻实施工作领导小组主编:《中华人民共和国民法典合同编理解与适用(二)》,人民法院出版社 2020 年版,第 1379—1381 页。

[③] 《德国民法典》第 421 条规定:"二人以上以其中每一人有义务履行全部给付,但债权人只有权请求给付一次的方式,负担一项给付的(连带债务人),债权人可以随意向其中任何一个债务人请求全部给付或部分给付。到全部给付被履行时为止,全体债务人仍负有义务。"第 426 条第 1 款第 1 句进而规定:"以不另有规定为限,连带债务人在相互关系中按等份负有义务。"参见陈卫佐:《德国民法典》(第 5 版),法律出版社 2020 年版,第 167—168 页。

责任的情形下,其向债权人承担责任后也可向其他债务人进行追偿,这便会产生极大的不公平结果。德国学者们开始对《德国民法典》第421条进行定义范围上的限缩,以期能够避免这种不公平的结果,但无论是哪一种学说均无法将真正连带债务与不真正连带债务作有效的区分。① 实际上,《德国民法典》第426条第1款第1句中后半句"连带债务人在相互关系中按等份负有义务"仅为原则性规定,而前半句中的"以不另有规定为限"已经表明了有其他特别规定当从之。换言之,连带债务人之间按相同份额承担债务,仅在没有其他规定或份额无法确定时方有可能,连带债务人之间的份额可以在零至一区间划分。② 也正因如此,德国学界对不真正连带债务之概念逐渐持否定态度。不过,由于我国台湾地区有着与德国不同的制度背景,不真正连带债务的概念流入我国台湾地区后却盛行至今。我国台湾地区"民法"第272条规定:"数人负同一债务,明示对于债权人各负全部给付之责任者,为连带债务。无前项之明示时,连带债务之成立,以法律有规定者未限。"该条对连带债务的发生原因进行了严格限定,而《德国民法典》第421条并未作此限定,前者可称之为"严格限定主义"立法模式,后者可称之为"宽松主义"的立法模式。③ 德国学者用不真正连带债务理论为《德国民法典》第421条做"减法",而我国台湾地区学者则用该理论为我国台湾地区"民法"第272条做"加法"。④ 之所以如此,因台湾地区采"严格限定主义"立法模式,导致连带债务之外的多数人之债存在适法困难,为回应社会生活的挑战,台湾学者们才极力推崇不真正连带债务的存在空间。⑤

我国《民法典》第518条第2款规定:"连带债权或者连带债务,由法律规定或者当事人约定。"从文义上看,该条对连带债务的成立作严格限制,即连带债务的成立要有法律的明确规定(系全国人民代表大会或其常务委员会制定的法律)或者当事人之间的特别约定(明示约定)。⑥ 为避免连带债务的成立范围过窄而不能应对现实生活需要,理论上有两种解决方案可供选择。第一种方案是不承认不真正连带债务的概念,但《民法典》第518条第2款不宜采用与我国台湾地区相同之严格限定解释立场,而应将该款解释为可以通过对当事人意思表示进行解释或对法律进行解释和类推适用,依

---

① 参见章正璋:《不真正连带债务理论溯源及其在我国的理论与实践分析》,《财经法学》2018年第3期;张定军:《论不真正连带债务》,载《中外法学》2010年第4期。
② 参见张定军:《论不真正连带债务》,载《中外法学》2010年第4期。
③ 参见张定军:《连带债务研究——以德国法为主要研究对象》,中国社会科学出版社2010年版,第266—279页。
④ 参见税兵:《不真正连带之债的实定法塑造》,载《清华法学》2015年第5期。
⑤ 参见张定军:《连带债务研究——以德国法为主要研究对象》,中国社会科学出版社2010年版,第266—279页;税兵:《不真正连带之债的实定法塑造》,载《清华法学》2015年第5期。
⑥ 参见黄薇主编:《中华人民共和国民法典合同编解读》,中国法制出版社2020年版,第187页;李宇:《民法总则要义:规范释论与判解集注》,法律出版社2017年版,第851—861页。

据是否满足连带债务成立要件来判断是否成立连带债务。① 第二种方案是承认不真正连带债务的概念,因为不同于德国学者在消极意义上使用不真正连带债务的概念(即做"减法"),我国学者自始便是在积极意义上使用不真正连带债务这一概念(即做"加法"),在调整特定类型的法律关系方面,在我国承认不真正连带债务有其价值上的必要性。②

这两种解决方案都有一定道理,但无论采取上述哪一种解决方案,第一种观点所持将连带共同保证细分为真正连带共同保证和不真正连带共同保证的立场都不能成立。若选取第一种解决方案,便无不真正连带债务的讨论余地,上述第一种观点自当不成立。即便选取第二种解决方案,承认不真正连带债务的概念,《民法典》第699条后半句也并非属于上述第一种观点所称的不真正连带债务的范畴。具体而言,《民法典》第699条后半句虽然并未如原《担保法》第12条那样作"没有约定保证份额的,保证人承担连带责任"的规定,但其"没有约定保证份额的,债权人可以请求任何一个保证人在其保证范围内承担保证责任"的表述本身也足以认定保证人之间的连带债务关系。《民法典》第518条第1款后半句所规定的连带债务有"债务人为二人以上"和"债权人可以请求部分或者全部债务人履行全部债务"两个构成要件,而《民法典》第699条后半句的规定完全能够满足这两个构成要件。换言之,《民法典》第699条后半句的规定仍在《民法典》第518条第1款后半句关于连带债务定义的范畴内,即《民法典》第699条后半句本质上属于连带债务。或许有观点会质疑称,即使《民法典》第699条后半句符合《民法典》第518条第1款后半句的规定,但受到《民法典》第518条第2款关于"连带债务,由法律规定或者当事人约定"的限制,仍然无法认定《民法典》第699条后半句规定的保证人之间的关系属于连带债务。这种质疑并不能成立,因为法律规定的连带债务并非必然要写明"连带债务"字样,也可能从连带债务的构成要件的角度对本质上为连带债务的情形进行规定,《民法典》第699条后半句便是这种规定形式的典型体现。因此,《民法典》第699条后半句作为连带共同保证的规定,保证人在代债务人清偿债务后,可基于保证人相互之间存在的连带债务关系向其他保证人追偿。

上述第二种观点虽认为《民法典》第699条后半句是关于连带共同保证的规定,但同时又认为此种连带共同保证与原《担保法》第12条所规定的连带共同保证存在差异,这种差异便体现在《民法典》第699条后半句所规定的连带共同保证中的保证人之间并不享有追偿权。如上所述,《民法典》第699条后半句规定的连带共同保证中的保证人之间的关系并不存在讨论不真正连带债务的空间。但若认定二者之间在本质上

---

① 参见朱广新、谢鸿飞主编:《民法典评注合同编通则1》,中国法制出版社2020年版,第409页。
② 参见黄凤龙:《不真正连带债务——从概念到制度的嬗变》,载《北大法律评论》2013年第14卷第2辑。

属于连带债务,则第二种观点在逻辑上便自相矛盾,既然保证人之间基于连带债务关系成立连带共同保证,那么保证人承担保证责任后又为何不能向其他保证人追偿?现代债法制度已经从单一的保护债权人利益转变为兼顾债务人利益的保护。连带债务制度不仅为债权人提供了比只有两个当事人的债务关系更安全、更便宜的实现债权的保障,还通过债务人之间的追偿及对一个债务人所生事项的牵连规则等对债务人利益进行保护。① 之所以如此,便是为了防止债权实现过程沦为一场赌博(即连带债务人的免责纯凭运气)。学理上通常诉诸公平原则等民法基本原则,并具体借助于不当得利、无因管理等原理认可连带债务人之间的追偿权。② 就此而言,若认定保证人之间的关系为本质上基于连带债务关系而成立的连带共同保证,便必然要承认保证人之间的追偿权。因此,上述第二种观点所持立场也并不妥当。

因此,上述两种观点都不能成立,《担保制度解释》应针对不同的共同担保类型就担保人之间的追偿问题作区别对待。至少在共同保证场合,③ 即使数个保证人之间未作连带共同保证或相互之间可享有追偿权的约定,只要其符合《民法典》第699条后半句规定的情形,结合《民法典》第518条第1款后半句,也应当认定保证人之间构成连带共同保证,并承认保证人之间的追偿权。

(四)最高额担保合同之"最高额"的理解

关于对最高额担保合同中"最高额"的理解,由于之前并无明确的法律规定,一直

---

① 参见张定军:《连带债务研究——以德国法为主要考察对象》,中国社会科学出版社2010年版,第261—262页。

② 参见杨代雄:《共同担保人的相互追偿权——兼论我国民法典分则相关规范的设计》,载《四川大学学报(哲学社会科学版)》2019年第3期。

③ 在混合担保场合,关于物上保证人与保证人之间是否存在连带债务的问题。有观点认为,混合担保人之间的债务属连带债务,承担担保责任后的担保人可以向其他担保人进行追偿。具体理由主要有:(1)原《物权法》第176条(现《民法典》第392条)在混合担保的外部关系上采用连带说,即在债务人非提供物保的情况下,债权人可以任意选择第三人提供的物保或人保实现债权,并且第三人中之一承担担保责任后,可对其他担保人发生绝对的免责效力。因此,基于内外一致的原理,则内部关系上也应该采用连带说。(参见黄忠:《混合共同担保之内部追偿权的证立及其展开——〈物权法〉第176条的解释论》,载《中外法学》2015年第4期,第1011页。)(2)从物上保证人与保证人都属于债务人、物上保证人与保证人处于同一层级但并不是债务的终局承担者、物上保证人与保证人各自都必须就债权人的全部债权负担保责任、债权人只能获得一次给付等特征来看,完全符合连带债务的成立要件。(参见程啸:《民法典物权编担保物权制度的完善》,《比较法研究》2018年第2期;程啸:《混合共同担保中担保人的追偿权与代位权》,载《政治与法律》2014年第6期。)但上述观点面临的质疑在于:首先,成立连带债务的前提是各义务人对债权人承担的义务属于债法上义务,但物保人与债权人之间属于担保物权关系而非债的关系,则第三物保人与保证人并不会负同一债务。(参见崔建远:《混合共同担保人相互间无追偿权论》,《法学研究》2020年第1期。)其次,根据《民法典》第518条第2款规定,连带债务应由法律规定或者当事人约定,在立法对此没有明确的情况下,拟制混合担保人之间属连带关系,则违背连带债务确立的基本法理。(参见王利明:《民法典物权编规定混合共同担保追偿权》,载《东方法学》2019年第8期。)就此而言,在物上保证人与保证人之间未就相互之间追偿问题进行约定的情况下,的确不应承认二者之间的追偿权。此外,还需要特别强调的是,只有在担保人之间存在追偿权的基础上,才可进一步讨论代位权有无的问题,而不能反向推论,因为代位权本质上是为了保障追偿权的实现,具体论述见下文。

以来都存在"债权最高额担保"与"本金最高额担保"两种不同观点。"债权最高额担保"是指所有被担保的债权无论是本金还是利息、违约金等均纳入最高额限度的担保，而"本金最高额担保"是指能够纳入最高债权额限度的债权仅限于本金，而不包括利息、违约金等。①《担保制度解释》出台之前，各级法院也并未形成统一的裁判观点。在最高额担保合同中有约定的情况下，最高人民法院在（2016）最高法民终 595 号民事判决书中认为，应尊重当事人之间的意思自治，有约定的从约定，而在最高额担保合同中没有特别约定的情况下，最高人民法院在（2019）最高法民终 823 号民事判决书中明确，应认定为"本金最高额担保"。地方高级人民法院的裁判观点与最高人民法院的上述裁判观点又存有不同。湖北省高级人民法院在（2016）鄂民终 234 号民事判决书中认为，无论最高额担保合同中是否存有约定，均应按照"债权最高额担保"处理，而江西省高级人民法院在（2015）赣民二终字第 76 号民事判决书中则认为，若最高额担保合同中没有特别约定，应按照"本金最高额担保"处理。

从《担保制度解释》第 15 条第 1 款的规定来看，其采纳的是"债权最高额担保"的观点。需要特别注意的是，尽管《担保制度解释》第 15 条第 1 款与《民法典》第 389 条、第 691 条的条文内容较为相似，但实则存在重大差别，即最高额担保合同中约定的担保范围与最高债权额的确定并不存在必然联系。实践中，就有法院对此产生错误认识。例如，在中国长城资产管理股份有限公司山西省分公司与山西朔州平鲁区华美奥崇升煤业有限公司等借款合同纠纷案中，保证人与债权人在《最高额保证合同》中约定"担保的债权最高额限度为五亿元整，保证范围包括主合同项下的主债权、利息、罚息、复利、违约金、损害赔偿金、为实现债权的费用……"，债权人向借款人实际发放的借款本金约为 4.92 亿元，截止债权人起诉时，借款人实际欠付本金约为 4.92 亿元、欠付利息约为 1 307 万元。从《最高额保证合同》中的约定来看，保证人与债权人并未就"债权最高额担保"或"本金最高额担保"作出约定。根据双方约定的保证范围，若采取"债权最高额担保"的观点，保证人最多仅需要在 5 亿元范围内承担保证责任，而若采取"本金最高额担保"的观点，保证人要对借款人实际欠付的约 4.92 亿元本金及实际欠付的约 1 307 万元利息都要承担保证责任。无论采取哪一种观点，都不违反双方关于保证范围的约定，换言之，仅从双方关于保证范围的约定并不能得出双方约定的是"债权最高额担保"或"本金最高额担保"的结论。最高人民法院在该案中的论述理由显然存在误区，其认为上述《最高额保证合同》中的约定应解读为"各担保人担保的债权最高额限度为债权本金人民币 5 亿元整和相应的利息、罚息、违约金、损害赔偿金以及为

---

① 参见程啸：《保证合同研究》，法律出版社 2006 年版，第 590 页。

实现债权、担保权利等发生的一切费用、其他所有应付的费用之和",从而适用"本金最高额担保"进行裁判。[①] 实际上,如上所述,保证人与债权人并未在《最高额保证合同》中就"债权最高额担保"或"本金最高额担保"作出约定,法院的上述解读其实是将最高额担保合同中约定的担保范围与最高债权额的确定混为一谈。

以上都是在合同层面对"债权最高额担保"及"本金最高额担保"展开讨论,在发生最高额抵押担保的情况下,不仅涉及最高额担保合同的约定,还涉及抵押登记的问题。由于之前的不动产登记簿固定样式的限制,即使当事人在最高额担保合同中对"债权最高额担保"或"本金最高额担保"作出特别约定,也很难将该约定体现在不动产登记簿上。随着《担保制度解释》第15条的出台,自然资源部也出台了《自然资源部关于做好不动产抵押权登记工作的通知》,并对不动产登记簿的样式进行了相应修改,即在"抵押权登记信息"页及"预告登记信息"页均增加"担保范围",并将"抵押权登记信息"页的"最高债权数额"修改为"最高债权额"并独立为一个栏目。但正如上文所述,保证范围与最高债权额的确定并不存在必然联系,通过上述案例也可以表明,无论采取"债权最高额担保"还是采取"本金最高额担保"都不违反担保合同当事人关于担保范围的约定,目前的不动产登记簿中尽管增加了"担保范围"一栏,却仍然无法体现"本金最高额担保"的担保方式。因此,自然资源部的这种修改并不能解决实践中的上述争议。

(五)主合同内容变更对担保责任的影响

关于主合同内容变更对担保责任的影响,原《担保法》第24条规定,未经保证人书面同意的,保证人不再承担保证责任。但该条规定实在过于严苛,《担保法解释》第30条对此作了进一步细化,即如果变更后的主合同内容减轻债务人的债务,保证人仍应对变更后的主合同承担保证责任,如果变更后的主合同内容加重债务人的债务,保证人对于加重部分不再承担保证责任。《民法典》第695条吸收了《担保法解释》第30条的规定,并且《担保制度解释》第20条进一步明确《民法典》第695条第1款的规定也可适用于第三人提供物保的情形。

那么对主合同中借款用途的变更是否属于上述法条中的主合同内容变更,以及能否据此使担保人免除保证责任呢?主合同借款用途的变更,既涉及债权人出借给债务人的款项能否顺利收回,也涉及担保人最终是否要承担保证责任的风险系数。以常规模式下的金融借款为例,借款人以某借款用途为由向银行提交贷款申请材料,银行在经审核后认为借款人的该项借款用途较为可控,并且还有担保人为此提供的担保,决定向借款人发放其所申请的贷款。对此,可能产生三种不同情形,以下分别进行讨论:

[①] 参见最高人民法院(2019)最高法民终823号民事判决书。

如果在借款合同及担保合同签订后,借款人私自将借款用途变更为风险系数更高的交易用途,那么银行能否到期收回贷款存在极大不确定性,担保人最终承担保证责任的风险也会升高。不过考虑到这种情况下,银行对借款人私自改变借款用途也不知道,其本身在不知情的情况也在承受较大风险,担保人不能因此要求免除担保责任。司法实践中也都对此持肯定态度。例如,最高人民法院在(2015)民申字第3150号民事裁定书中认为,虽然借款合同上载明借款用途为生产经营,而实际上却用于偿还其所欠他人借款,借款人私自改变借款用途并非出借人所能掌控,担保人不能据此要求免除保证责任。

如果是在借款合同及担保合同签订后,银行与借款人在未经担保人同意的情况下便协商变更了既已确定的借款用途,这直接加大了担保人承担保证责任的风险,应当免除担保人的担保责任。根据《民法典》第695条第1款及《担保制度解释》第20条的规定,担保人应当免除担保责任,并无争议。

如果在银行向借款人发放贷款时,已经知道或应当知道借款人改变借款用途,而未告知担保人的,也应当免除担保人的保证责任,这是因为银行知道或应当知道借款人改变借款用途而未停止贷款发放,表明其对借款人改变借款用途的行为表示默许,也愿意承受借款人将借款用途变更带来的债权收回不能风险。该情形与银行和借款人协商变更借款用途对担保人造成的风险并没有实质性差别,也应同样使担保人免除保证责任。但此种情况下应当如何进行法律适用,存在争议。最高人民法院在(2010)民提字第87号民事判决书中认为,借款人的付款指示明显与借款合同中约定的借款用途不符,债权人本应对此进行尽职调查,进而知道或应当知道借款人改变了借款用途,但其并没停止发放借款,也未告知担保人并征求担保人同意,由此导致的市场风险明显超出担保人的预先设定,对担保人构成欺诈,最终判决免除了担保人的保证责任。本案判决担保人免除保证责任的裁判结果无疑是正当的,但其裁判理由却有待商榷。具体而言,在主合同及保证合同订立时,债权人对担保人并未进行欺诈,而其按照借款人指示发放借款时,即使债权人知道或应当知道借款人改变了借款用途且未征求担保人同意,债权人在合同履行过程中的这种消极不作为也不能评价为欺诈行为。因此,法院的裁判理由难言妥当。对于此种情形,《民法典》第695条虽仅针对债权人和债务人协商变更借款用途的情形,而并未涉及债权人知道或应当知道债务人私自改变借款用途的情形。但上文已述,这两种情况在本质上并无差别,应当类推适用《民法典》第695条的规定,免除担保人的担保责任。

(六)借新还旧对担保责任的影响

"借新还旧",是指债权人与债务人在旧的贷款尚未清偿的情况下,再次签订贷款合同,以新贷出的款项清偿部分或者全部旧的贷款。① 因此,"借新还旧"其实是金融机构采取的一种消灭逾期贷款、核销账目的手段。在学界对"借新还旧"的最初讨论中,关于其效力曾存在有效说与无效说的争议,在有效说的基础上,又可进一步分为展期说与新贷清偿说两种不同观点。② 从《担保法解释》第 39 条到《九民纪要》第 57 条再到《担保制度解释》第 16 条,逐渐形成了共识,即借款用途为借新还旧的合同是有效的合同,相较于旧贷,其属于新贷清偿而非展期。

由于《担保法解释》第 39 条只是针对保证人,而并未涉及在主合同系借新还旧的情况下物上保证人能否免责的问题。最高人民法院在(2014)民提字第 136 号民事判决书中认为,在第三人财产设定抵押的情形中,抵押担保法律关系在主体、内容、目的、效果等方面与保证担保特征相似,《担保法解释》第 39 条的规定同样适用于第三人抵押担保。法院的裁判理由较为合理,值得肯定。但无论如何,《担保法解释》第 39 条毕竟只是针对保证人的规定,适用范围过于狭隘。既然在主合同系借新还旧的情况下,无论是物上保证人,还是保证人面临的境遇都是一样的,理应得到同等对待,《担保制度解释》第 16 条在《担保法解释》第 39 条的基础上进行了完善,在适用范围上可针对所有担保类型。

针对实践中经常出现的主合同涉及借新还旧,而仅针对新贷提供担保的担保人对此不知道或不应当知道的情况下能否免责的问题,有如下几个方面需要特别关注:

1. 主合同的当事人应具有同一性,尤其是主合同的债权人应保持统一性

实践中经常出现的情形是,债务人将从现债权人处借来的款项用于清偿所欠付的另一债权人的借款,因主合同的当事人并不具有同一性,因此这种情形则不属于我们所讨论的借新还旧,司法实践中也都否认此种情形构成借新还旧。③ 但如果新贷与旧贷的债权人是同一法人的两个分支机构,那么债务人将新贷用于偿还旧贷的,是否属于借新还旧?主合同的当事人是否具有同一性?最高人民法院在(2010)民提字第 119 号民事判决书中认为,虽然借款人将从银行所贷款项用于清偿其欠付的另一家银行的贷款,但因两银行系同一法人的两个分支机构,担保人仅对新贷提供担保且对借新还旧不知情,所以应免除担保责任。法院的该裁判观点值得肯定,因为法人的分支机构只是法人的组成部分而已,其自身并不享有独立的民事主体资格,债务人从两分支机构借得的款项其实实质上都是向法人的借款,应承认此种情形下主合同当事人的同一性,当然也属于借新还旧。

---

① 参见李国光、奚晓明、金剑峰、曹士兵:《最高人民法院关于适用〈中华人民共和国担保法〉若干问题的解释理解与适用》,吉林人民出版社 2000 年版,第 164 页。
② 参见程啸:《保证合同研究》,法律出版社 2006 年版,第 466—473 页。
③ 参见最高人民法院(2014)民申字第 615 号民事判决书。

2. 主合同当事人存在借新还旧的共同意思表示

关于旧贷应如何被新贷消灭,就《担保制度解释》第 16 条规定的"主合同当事人协议以新贷偿还旧贷"而言,仅需要主合同当事人作出以新贷偿还旧贷的共同意思表示即可。换言之,主合同当事人仅仅需要作出建立新债以消灭旧债的共同意思表示。例如,在最高人民法院作出的(2014)民申字第 1711 号民事裁定书中,主合同当事人将双方之前因业务合作而产生的投资款经结算后转为借款,这便属于双方通过签订借款合同以建立新债而消灭旧债的方式,属于借新还旧。需要注意的是,如果主合同当事人是将双方之前因借贷关系而产生的本金及利息经结算后作为本金重新签订新的借款合同,这仍属于借新还旧,而并非属于双方对原债务的确认。尽管最高人民法院在(2016)最高法民再 257 号民事判决书中认为,这属于主合同当事人对此前借款本息的重新确认,而非借新还旧,但法院的该裁判观点有待商榷。具体而言,如果主合同当事人只是对原债务的确认,则应该按照之前旧贷的本金继续计算利息,而并非是在新的借款合同中将之前旧贷的本金及利息经结算后作为新贷的本金继续计算利息,双方的这种新的约定明显是以建立新债的方式以消灭旧债,当属于借新还旧。

实践中,为了让仅为新贷提供担保的担保人承担担保责任,主合同当事人采取借新还旧的操作手法都比较隐蔽,并不会将双方关于借新还旧的共同意思表示通过"借款用途为借新还旧"的形式明确记载于主合同上,而是采取在主合同上记载借款用于生产经营等用途,然后私下作出借新还旧的共同意思表示并将债务人所借得的资金款项重新转回给债权人。如此一来,担保人为免除担保责任而要证明主合同当事人存在借新还旧的共同意思表示便存在较大难度。在这种情况下,仅有债务人将所借款项转回的行为(即借新还旧的客观行为)仍不足以令担保人免除担保责任,因为债务人的这种资金转回有可能是债务人的单方行为,不足以证明债权人与债务人之间存在借新还旧的共同意思表示。[①] 不过,考虑到要求担保人证明此种情况下主合同当事人存在借新还旧的书面协议过于严苛,只要通过一系列的客观情况能够推定主合同当事人在主观上对借新还旧形成默契的,就应认定主合同当事人存在借新还旧的共同意思表示。司法实践中一般也都采用此种做法,值得肯定。例如,最高人民法院在(2014)民提字第 137 号民事判决书中认为,债务人与债权人签订借款用途为"购买生铁"的借款合同,并据此取得保证人为此提供的担保,但债务人与债权人实际上是通过"贷款不用,等待扣划"的默契手法将新贷用于偿还旧贷,在保证人仅为新贷提供担保且对此事不知情的情况下,应当免除保证责任。

[①] 参见最高人民法院(2018)最高法民申 3568 号民事裁定书。

此外，还需要讨论的是借新还旧的客观行为与还旧借新的客观行为之间的关系，前者指的是用新贷偿还旧贷，后者则是指先偿还旧贷再借出新贷。单纯从形式上看，还旧借新与借新还旧是两种不同的模式，但也需要结合具体情况判断还旧借新在哪些情况下可以构成实质上的借新还旧。实践中较为常见的"过桥贷"操作，便涉及还旧借新的实质认定问题。"过桥贷"的基本模式是：债务人将从第三人处借来的款项用于偿还所欠金融机构的贷款，然后金融机构再发放一笔新的贷款给债务人，债务人收到新的贷款后立即用于偿还对第三人的欠款。这种"过桥贷"模式虽然从形式上看是还旧借新，但从实质上看就是借新还旧[1]，二者在实质上没有差别，如果可以证实主合同当事人对此种情形下的还旧借新形成默契，仍应对不知道或不应当知道的新贷担保人免除担保责任。例如，最高人民法院在(2014)民申字第1124号民事裁定书中便认为主合同当事人操作的这种"过桥贷"模式下的还旧借新其实就是实质上的借新还旧，在仅为新贷提供担保的保证人对此不知道或不应当知情的情况下，应免除保证责任。

3. 关于对担保合同中"除展期和增加债权金额外，主合同当事人协议变更主合同的，无须经过担保人同意"条款的理解

司法实践中还经常出现的争议是：担保合同中载明"除展期和增加债权金额外，主合同当事人协议变更主合同的，无须经过担保人同意"，但主合同当事人却在担保人不知情的情况下将原借款用途的借款实际用于借新还旧的，仅为新贷提供担保的不知情担保人是否还应承担担保责任？司法实践中并未就该问题形成统一的裁判意见。支持担保人免责的裁判理由主要是：上述约定不能对抗不知情的新贷担保人免责的法定情形[2]；担保人放弃变更借款用途知情权应有明确表示，仅以上述约定推定担保人放弃权利，缺乏事实和法律依据。[3] 而不支持担保人应当免责的裁判理由主要是应尊重当事人的意思自治。[4]

支持担保人免责的观点较为合理。首先，借款还旧的实际用途对仅为新贷提供担保的担保人而言影响甚大，应当在担保人作出明确意思表示的情况下认定其责任。其次，即使按照"除展期和增加债权金额外"的约定，也并不能直接得出担保人已经事先同意主合同项下借款可用于借新还旧，应当对该约定进行解释以探究当事人的内心真意，既然担保人已经事先将主合同"展期"的情形排除在其事先同意范畴之外，那么对

---

[1] 参见最高人民法院民事审判第二庭：《全国法院民商事审判工作会议纪要理解与适用》，人民法院出版社2019年版，第356页。
[2] 参见最高人民法院(2010)民二终字第72号民事判决书。
[3] 参见最高人民法院(2013)民申字第331号民事裁定书。
[4] 参见最高人民法院(2011)民提字第321号民事判决书；最高人民法院(2007)民二终字第233号民事判决书。

于仅提供新贷的担保人而言,借新还旧比主合同展期风险系数更高,更应当将其排除在其事先同意的范畴之外。

(七)追偿权与代位权

《民法典》第700条是关于保证人代位权的规定。原《担保法》第31条规定:"保证人承担保证责任后,有权向债务人追偿。"关于该条是否体现了保证人的代位权,争议较大。[1] 为避免这种解读上的分歧,故《民法典》第700条对保证人代位权予以明确。但新的争议又集中在如何理解该条中的"享有债权人对债务人的权利"?换言之,保证人承担保证责任后,除享有对债务人的债权外,还是否享有与该债权有关的从权利?

有观点认为,由于保证人的代位权不仅包括债权人对债务人的权利,还包括债权人对主债务担保人的权利,因此"享有债权人对债务人的权利"的表述并不妥当。[2] 具体而言,此处"债权人对债务人的权利"被称为"法定代位权",其实质是债权的法定转移[3],既然是债权的法定转移,那么与该债权有关的从权利将一并随之转移。因此,"享有债权人对债务人的权利"并非仅局限于债权人对债务人的债权。按照这种观点,保证人代债务清偿后,因为保证人代位权的缘故,其不仅取得债权人对债务人的权利,还取得债权人对担保人的权利,继而可以推导出保证人与其他担保人之间即使在无追偿约定的情况下也可以享有追偿权。

上述观点有待商榷。具体而言,法定代位权从属于追偿权,其目的是强化追偿权,追偿权不存在,则法定代位权也不产生。[4] 因此,对于代位权有无的判断,首先应对追偿权的存在与否进行判断,却不能反其道而行之。该原理不仅适用于《民法典》第700条关于保证人代位权的规定,还同样适用于《民法典》第519条及524条中有关代位权的规定。近来热议的共同担保中的担保人之间是否享有追偿权的问题正是与此相关,只有在能够论证担保人之间享有追偿权的基础上,才能进一步讨论代位权的问题,却不能反向地认为担保人因享有代位权便可以享有对其他担保人的追偿权。

此外,法定代位权与追偿权均可构成独立的请求权基础,但对于二者之间的适用

---

[1] 参见程啸、王静:《论保证人追偿权与代位权之区分及其意义》,《法学家》2007年第2期;冉克平:《民法典编纂视野中的第三人清偿制度》,《法商研究》2015年第2期;全国人大常委会法制工作委员会民法室:《中华人民共和国担保法释义》,法律出版社1995年版,第42页;高圣平:《担保法论》,法律出版社2009年版,159页;孔祥俊:《担保法及其司法解释的理解与适用》,法律出版社2001年版,第192页;杨会:《担保法》,北京大学出版社2017年版,第51页;郭明瑞、房绍坤:《担保法》,中国政法大学出版社2015年版,第48页;曹士兵:《中国担保制度与担保方法》(第四版),中国法制出版社2017年版,第141页。

[2] 参见朱广新、谢鸿飞主编:《民法典评注合同编通则2》,中国法制出版社2020年版,第582页。

[3] 参见最高人民法院民法典贯彻实施工作领导小组主编:《中华人民共和国民法典合同编理解与适用(二)》,人民法院出版社2020年版,第1391页。

[4] 参见最高人民法院民法典贯彻实施工作领导小组主编:《中华人民共和国民法典合同编理解与适用(二)》,人民法院出版社2020年版,第1391页。

关系,理论上存在"竞合说"和"统一说"两种不同观点。"竞合说"认为,这两种请求权对实际承担债务超过自己份额的连带债务人而言,并不构成聚合债权,该债务人只能择一行使①;而"统一说"则认为,债权人可同时行使两种权利。从《民法典》第519条第2款的规定来看,其持"统一说"的立场。具体而言,《民法典》第519条第2款用"并"字将连带债务人追偿权与法定代位权相连接,表明实际承担债务超过自己份额的连带债务人同时行使这两种权利,而不是只能选择其中一种权利。②

三、保证的特殊规则

(一)保证方式的推定

原《担保法》第19条规定,当事人对保证方式没有约定或者约定不明确的,按照连带责任保证承担保证责任。对此的批评意见认为,连带责任只能由法律规定或者当事人明确约定,不能采取推定的方式予以确立③,而且将保证方式推定为连带责任保证的规定颠倒了原则和例外的关系,因为保证责任具备补充性,保证责任的连带性是其补充性的例外。④ 因此,《民法典》第686条第2款将原《担保法》第19条确立的保证方式推定规则修改为,当事人在保证合同中对保证方式没有约定或者约定不明确的,按照一般保证承担保证责任。

关于对"保证方式没有约定或者约定不明确"的把握,并不能简单地理解为只要保证合同中未明确写明"一般保证"或"连带责任保证"的字样,就直接适用保证方式的推定规则,而是应当先依《民法典》第142条第1款的规定,根据保证合同中所使用的词句,结合相关条款、行为的性质和目的、习惯以及诚信原则,对保证方式予以明确。例如,保证合同约定中虽未直接体现"一般保证"或"连带责任保证"的字样,但若体现了上述两种保证方式本质特征的,也应当认为保证合同对保证方式进行了明确约定,《担保制度解释》第25条的规定即是如此。

值得注意的是,尽管《担保制度解释》第25条在《民法典》第687条及第688条的基础上又对一般保证和连带责任保证这两种保证方式的认定作了进一步的细化,但未能完全解决有关争议,仍须对此作进一步讨论。实践中较为典型的争议问题有:对于保证合同中所作"当债务人不能按期履行债务时,由保证人承担保证责任"的约定,究

---

① 参见朱广新、谢鸿飞主编:《民法典评注合同编通则1》,中国法制出版社2020年版,第444页;汪渊智:《〈我国民法分则(草案)〉合同编总则部分的修改建议》,《上海政法学院学报》2019年第1期;张平华:《论连带责任的追偿权》,载《法学论坛》2015年第5期。
② 参见谢鸿飞:《连带债务人追偿权与法定代位权的适用关系》,载《东方法学》2020年第4期。
③ 参见王利明:《我国〈民法典〉保证合同新规则释评及适用要旨》,载《政治与法律》2020年第12期。
④ 参见李昊、邓辉:《论保证合同入典及其立法完善》,载《法治研究》2017年第6期。

竟是应当认定为一般保证还是连带责任保证？对于保证合同中仅作"当债务人不履行到期债务,保证人即应承担保证责任"的约定是否为约定明确？这两个问题都涉及对"债务人不能履行债务""债务人不履行到期债务"及"债务人不能按期履行债务"之间关系的讨论。

1. 关于"债务人不能履行债务"

根据《民法典》第 687 条第 1 款规定,当事人在保证合同中约定,债务人不能履行债务时,由保证人承担保证责任的,为一般保证。因此,"债务人不能履行债务"不仅是一般保证中的保证人承担保证责任的前提,还是一般保证定义中的构成要件,其认定具有重要意义。传统民法认为,在种类物之债中,所有的种类物毁损灭失才构成不能履行;金钱之债中,不存在不能履行的情况。按照这种理解,即使债务人在实际上确实已无财产可用于履行债务,也会因种类物之债与金钱之债不存在不能履行,使得一般保证中保证人的保证责任仅为名义上的债务。① 因此,为避免一般保证中的保证人所享有的先诉抗辩权变成无条件的、永不消灭的权利,以至于导致一般保证制度会名存实亡,此处的"债务人不能履行债务"应理解为"就债务人财产依法强制执行仍无效果"。② 换言之,该"债务人不能履行债务"强调的是债务人客观上没有履行债务的经济能力。③

2. 关于"债务人不履行到期债务"

根据《民法典》第 688 条第 2 款规定,连带责任保证的债务人不履行到期债务,债权人既可以请求债务人履行债务,也可以请求保证人在保证范围内承担保证责任。关于"债务人不履行到期债务",事实上存在着两种情况:债务人有能力履行而未履行,或者确已丧失了履行能力而不履行。从这个角度讲,"不履行到期债务"是涵盖"不能履行债务"的,"不能履行债务"只是"不履行到期债务"的一种形式。④ 而且,结合《民法典》第 681 条及第 686 条第 1 款的规定来看,更是对此形成印证,即"债务人不履行到期债务"本身确实应包含两种情形。⑤

此外,《民法典》第 688 条第 1 款对连带责任保证的定义为:"当事人在保证合同中

---

① 参见高圣平:《担保法论》,法律出版社 2009 年版,第 89 页。
② 参见黄薇主编:《中华人民共和国民法典合同编解读》,中国法制出版社 2020 年版,第 753 页。
③ 参见程啸:《保证合同研究》,法律出版社 2006 年版,第 54 页。
④ 参见孔祥俊:《担保法及其司法解释的理解与适用》,法律出版社 2001 年版,第 108 页。
⑤ 《民法典》第 681 条关于保证合同的定义为:"保证合同是为保障债权的实现,保证人和债权人约定,当债务人不履行到期债务或者发生当事人约定的情形时,保证人履行债务或者承担责任的合同。"第 686 条第 1 款也规定:"保证的方式包括一般保证和连带责任保证。"保证合同的定义必然应覆盖一般保证和连带责任保证两种形式,故第 681 条中的"债务人不履行到期债务"应包含"债务人有能力履行而未去履行"和"确已丧失了履行能力而不履行"两种情形。

约定保证人和债务人对债务承担连带责任的,为连带责任保证。"很显然,"债务人不履行到期债务"并非连带责任保证定义中的构成要件。这便意味着,如果仅以"债务人不履行到期债务"作为保证人承担保证责任的前提,应为约定不明。但在连带责任保证之保证方式已经明确的情况下,尽管"债务人不履行到期债务"本身可以有两种不同解释,但此时其更强调的是主债务人在债务履行期内不履行债务这种事实状态,而主债务人是否具备履行能力在所不问①,即在连带责任保证之保证方式已经明确的情况下,只要主债务人未能在主债务到期后清偿债务,保证人就应当承担保证责任。

还需注意的是,尽管从《民法典》其他章节的条文规定来看,"债务人不履行到期债务"在物权编担保物权分编的第 386、392、394、396、401、410、412、420、425、428、436 及 447 条中都有出现,但不能以此得出在保证合同中约定以"债务人不履行到期债务"作为保证人承担保证责任前提为约定明确的结论。从这 12 个条文的规定来看,提供担保物的担保人所应承担担保责任的前提也是"债务人不履行到期债务",而"债务人不履行到期债务"本身又可分为两种情形,但为何一直以来并没有人认为此种担保合同中作此约定属于约定不明呢?原因在于,《民法典》保证合同章节将保证方式划分为一般保证和连带责任保证两种类型,但《民法典》"物权"编"担保物权"分编中并未有类似划分,提供物保的担保人也就不存在如保证人那样关于担保方式的抗辩。因此,虽然提供担保物的担保人所应承担担保责任的前提也是"债务人不履行到期债务",但只要主债务人在主债务履行期届满时并未清偿债务,提供担保物的担保人就应承担相应担保责任。

对于保证合同中仅约定保证人承担保证责任的前提条件是"债务人不履行到期债务",能否认为当事人已经对保证方式作出明确约定的问题。有观点认为,上述约定已经属于对连带责任保证的明确约定。② 还有观点认为,保证合同中明确约定保证人在被保证人不履行债务时承担保证责任,且根据当事人订立合同的本意推定不出为一般保证责任的,视为连带责任保证。③ 实际上,上述两种观点都有待商榷。如上所述,"债务人不履行到期债务"本身存在两种含义,如果仅以此作为保证人承担保证责任的

---

① 参见高圣平:《担保法论》,法律出版社 2009 年版,第 89 页;孔祥俊:《担保法及其司法解释的理解与适用》,法律出版社 2001 年版,第 108 页。

② 参见高圣平:《担保法论》,法律出版社 2009 年版,第 92 页;程啸:《保证合同研究》,法律出版社 2006 年版,第 54—58 页。

③ 参见《最高人民法院关于涉及担保纠纷案件的司法解释的适用和保证责任方式认定问题的批复》第二条的规定。该条针对的是担保法生效之前所订立保证合同中有关保证责任方式推定的规定,而担保法生效之前依据《关于审理经济合同纠纷案件有关保证的若干问题的规定》的保证方式推定与民法典中的保证方式推定规则基本一致。有学者对该《批复》观点表示肯定。参见曹士兵:《中国担保制度与担保方法》(第四版),中国法制出版社 2017 年版,第 151 页。

前提,难言保证合同中就保证方式约定明确。既然处于约定不明状态,必然无法根据当事人订立合同的本意推定出保证方式为一般保证,那么应根据《民法典》第686条第2款关于保证方式推定规则的规定,推定保证方式为一般保证,而并非视为约定明确的连带责任保证。

因此,《担保制度解释》第25条第2款有关"当事人在保证合同中约定了保证人在债务人不履行债务或者未偿还债务时即承担保证责任……不具有债务人应当先承担责任的意思表示的,人民法院应当将其认定为连带责任保证"的规定,应理解为只有"当事人在保证合同中约定了保证人在债务人不履行债务或者未偿还债务时即承担保证责任"以及"不具有债务人应当先承担责任的意思表示"同时满足,才应认为是约定明确的连带责任保证。如果保证合同中仅有"当事人在保证合同中约定了保证人在债务人不履行债务或者未偿还债务时即承担保证责任"的约定,应认定为约定不明,继而适用《民法典》第686条第2款关于保证方式推定的规定,推定保证方式为一般保证。

3. 关于"债务人不能按期履行债务"

最高人民法院在(2018)最高法民终1189号民事判决书中认为,保证合同中所作有关"当债务人不能按期履行债务时,保证人应承担保证责任"的约定属于约定不明。但实际上,该"债务人不能按期履行债务"既不同于"债务人不能履行债务",也不同于"债务人不履行到期债务"。具体而言,"不能按期"表明只要主债务履行期届满,无论主债务人是否具备清偿能力,保证人都需径行承担保证责任,这正是《民法典》第688条第1款关于连带责任保证定义的本质体现。因此,只要保证合同中以"债务人不能按期履行债务"作为保证人承担保证责任的前提,则应认定为保证合同中对连带责任保证之保证方式的明确约定。

(二)保证期间

从新旧法条的对比来看,《民法典》延续了《担保法解释》的规定,明确保证期间不发生中止、中断、延长。而且,就保证期间没有约定的情况或者约定不明确情况下的推定规则,《民法典》没有再像《担保法解释》那样进行区分,而是统一推定为主债务履行期限届满之日起6个月。关于保证期间的理解与适用,结合理论及司法实践中的争议,有如下几个问题需要作进一步探讨。

1. 分期履行债务中保证期间的起算问题

由于并无明文规定,这便可能存在两种计算方式:第一种是从最后一期债务履行期届满后开始起算整体债务的保证期间;第二种是每一期债务履行期届满后各自单独起算保证期间。虽然我国现行立法并未涉及分期履行债务中保证期间应如何起算,但却有此种情形下诉讼时效起算的规定。《民法典》第189条规定:"当事人约定同一债务分期履行的,诉讼时效期间自最后一期履行期限届满之日起计算。"该条关于分期债务中诉讼时效起算的规定可以类推于分期债务中保证期间的起算,因为二者都属于保证人对同一整体债务提供保证,其背后的规则原理是相同的。[1] 司法实践中,有法院也持这种观点,值得肯定。例如,最高人民法院在(2017)最高法民申4454号民事裁定书及(2005)民二终字第185号民事判决书中均认为案涉债务为分期履行债务,保证期间自最后一笔债务到期日起算。

2. 对到期债务提供保证的保证期间计算问题

《担保制度解释》第35条只规定了对罹于诉讼时效的债务提供保证的情形,却没有规定对到期债务提供保证的情形。有学者在《广东省高级人民法院关于民商事审判适用〈中华人民共和国担保法〉及其司法解释若干问题的指导意见》第5条规定("保证人为履行期限届满的债务提供保证的,保证期间从担保合同生效之日起开始计算")的基础上提出,有约定从约定,没有约定的情况下自保证合同生效之日起算保证期间。[2] 这一观点值得肯定。但如果保证人在对到期债务提供保证时,又指定了保证债务偿还期限的,应如何起算保证期间?在徐江炎诉梁利华、万寿山公司民间借贷纠纷案中,保证人为一笔到期债务提供连带责任保证,并承诺在2014年12月底前全额偿还债务。该案中的"2014年12月底"应如何理解呢?最高人民法院认为,由于保证人作出承诺时主债务已到期,保证期间本应自保证人作出承诺时起算,但由于承诺中载明"保证2014年12月底前全额偿还债务",该期限应视为保证人清偿债务的期限,故本案保证期间应自2015年1月1日至2015年6月30日。[3] 但问题在于,如果按照最高人民法院的这个解释,既然保证人已经在2014年12月底之前要承担保证责任,那保证期间还有何意义?其实更合理的解释是,2014年底对主债务人的履行期限进行了延长,在此期限未履行主债务的,主债权人应当在履行期届满后的6个月的保证期间内向保证人主张保证责任。

3. 保证合同无效情况下的保证期间问题

最高人民法院在(2017)最高法民申3769号民事裁定书中认为,虽然保证合同无效,但是保证合同约定的保证期间仍然对当事人有约束力,也就是说合同约定的保证期间具有独立于保证合同的效力。但是在最高人民法院民二庭第7次法官会议纪要中,法官会议意见是,在保证合同无效的情况下,产生的是缔约过失责任,而保证期间要适用的前提是保证合同有效,在保证合同无效时,缔约过失责任是不适用保证期间

---

[1] 参见高圣平:《民法典上保证期间的效力及计算》,载《甘肃政法大学学报》2020年第5期。
[2] 参见高圣平:《民法典上保证期间的效力及计算》,载《甘肃政法大学学报》2020年第5期。
[3] 参见最高人民法院(2017)最高法民申2839号民事裁定书。

的,对此时产生的缔约过失责任,只要没有过诉讼时效,保证人就应承担赔偿责任。[1]后者的解释应该是比较合理的,但《担保制度解释》第 33 条并未采纳这种解释观点,仍认为在保证合同无效的情况下,保证期间仍然要适用。究其原因,这更多的是基于法政策的考虑而作出的规定,即债权人未在保证期间内向保证人主张权利,在保证合同有效的情况下,保证人可以免除责任,但在保证合同无效的情况下反而不可以免责,这种结果未免令人难以接受。

4. 关于共同保证中的保证期间问题

根据《担保制度解释》第 29 条第 1 款,如果有两个以上的保证人,尽管债权人对其中一个保证人已经在保证期间内行使权利,但并不能认为债权人在保证期间也向其他保证人也行使了权利。那么针对按份共同保证或所谓的不真正连带共同保证,这个规定还可以理解,但在构成连带共同保证尤其是各保证人都提供连带责任保证的情况下,为何债权人的这种权利主张不具有涉他性?而且,2020 年修正的《最高人民法院关于审理民事案件适用诉讼时效制度若干问题的规定》第 15 条第 2 款规定,"对于连带债务人中的一人发生诉讼时效中断效力的事由,应当认定对其他连带债务人也发生诉讼时效中断的效力",继续承认了债权人向其中某些连带债务人主张权利,由此产生的诉讼时效中断的效力对其他连带债务人具有涉他性,为何不能类推适用于上述情形?对此,学者们的解释理由主要有:(1)根据《民法典》第 520 条的规定,在连带债务中,仅连带债务人履行、抵销、提存、债权人受领迟延、债权人免除及债权与债务混同这六种情形属于绝对效力的事项,而除此之外的其他事项则属于相对事项。[2](2)保证期间是向保证人倾斜的制度,而诉讼时效是向债权人倾斜的制度,这也就决定了前者采取相对效力,后者采取绝对效力。[3]

上述解释理由有待商榷:①《民法典》第 520 条并非封闭式规定,而应理解为列举式规定,就立法技术而言,该条文缺少概括性规定进行兜底,从而引发了解释上的歧义。例如,《德国民法典》第 422 条至 424 条便是对于连带债务涉他效力的列举式规定,并在第 425 条进行了概括性兜底规定。②债权人若未在诉讼时效期间内向债务人主张权利,债务人便获得了时效抗辩,诉讼时效其实也是偏向债务人的制度,上述理由中认为诉讼时效是向债权人倾斜的制度的理由难言妥当。因此,从利益倾斜的角度而言,诉讼时效制度与保证期间制度都是向债务人倾斜的制度,《最高人民法院关于审理

---

[1] 参见贺小荣主编:《最高人民法院民事审判第二庭法官会议纪要——追寻裁判背后的法理》,人民法院出版社 2018 年版,第 235 页。

[2] 参见杨永清:《〈新担保司法解释〉中有关保证合同的几个问题》,载《法律适用》2021 年第 2 期;程啸:《论我国〈民法典〉及其司法解释中的保证期间》,载《财经法学》2021 年第 3 期。

[3] 参见杨永清:《〈新担保司法解释〉中有关保证合同的几个问题》,载《法律适用》2021 年第 2 期。

民事案件适用诉讼时效制度若干问题的规定》第 15 条第 2 款的规定应得以类推适用。

(三)《民法典》第 702 条之保证人抗辩权

若要准确把握《民法典》第 702 条的规范含义,还需要从其与《民法典》第 701 条的体系衔接谈起。有观点认为,《民法典》第 701 条规定的保证人抗辩乃基于保证合同的从属性而产生,其中便包括抵销权抗辩和撤销权抗辩。[①] 按照这种观点,《民法典》第 702 条规定的保证人抗辩权实际上是第 701 条规定的保证人抗辩的一种。但若真是如此,只规定《民法典》第 701 条即可,又何必多此一举规定第 702 条呢?这显然并非立法者本意,前述理解有待商榷。

原《担保法》第 20 条规定保证人享有债务人的抗辩权,《民法典》第 701 条将该条文修改为保证人可以主张债务人对债权人的抗辩。由"抗辩权"改为"抗辩",意味着保证人可享有债务人对债权人实体法上和程序法上的抗辩,其既包括抗辩权,也包括抗辩权之前的其他抗辩事由。[②] 但债务人对债权人享有的撤销权和抵销权在法律性质上属于形成权,依其特性并不能由保证人代为直接行使。因此,《民法典》第 702 条规定的保证人抗辩权并不能被第 701 条所涵盖,前者是法律直接赋予保证人自身依法享有的一时性抗辩权,不过在主债务人丧失或行使了撤销权或抵销权时,保证人的延迟性或一时性抗辩权也会归于消灭。[③]

有观点认为,《民法典》第 702 条中的撤销权应理解为《民法典》第 538 及第 539 条规定的债权人撤销权。[④] 但另有观点认为,《民法典》第 702 条中的撤销权仅指因意思表示的瑕疵(如欺诈、胁迫、错误)而享有的撤销已从事的法律行为的权利,而非作为债的保全方法之一的债权人撤销权。[⑤] 后一种观点较为合理。《民法典》第 702 条赋予保证人一时性抗辩权的目的在于防止保证人在承担保证责任后又面临债务人行使撤销权消灭主合同的情况,即目的在于防止处于不确定状态的主合同关系对保证人造成不利影响,导致保证人承担保证责任的范围大于主债务范围。在债务人享有债权人撤销权的情况下,其只能撤销债权人与第三人之间的合同,而不能消灭其与债权人之间的合同,按照这种理解便没有必要赋予保证人抗辩权。因此,《民法典》第 702 条中的撤销权显然并非指债权人撤销权。从比较法上看,《德国民法典》第 770 条第 1 款及我

---

① 参见最高人民法院民法典贯彻实施工作领导小组:《中华人民共和国民法典合同编理解与适用(二)》,人民法院出版社 2020 年版,第 1399 页。
② 参见王利明:《我国〈民法典〉新规则释义和适用要旨研究》,载《政治与法律》2020 年第 12 期。
③ 参见程啸:《论〈民法典〉第 702 条上的保证人抗辩权》,载《环球法律评论》2020 年第 6 期。
④ 参见最高人民法院民法典贯彻实施工作领导小组:《中华人民共和国民法典合同编理解与适用(二)》,人民法院出版社 2020 年版,第 1404 页。
⑤ 参见中国审判理论研究会民事审判理论专业委员会:《民法典合同编条文理解与适用》,法律出版社 2020 年版,第 385 页。

国台湾地区"民法"第 744 条也都有类似规定,均明确该撤销权应理解为因意思表示的瑕疵而享有的撤销权,而并非是债的保全中的债权人撤销权。

《民法典》第 702 条规定了保证人抗辩权,那么物上保证人是否也可主张类推适用第 702 条的规定？考虑到《民法典》第 702 条规定保证人抗辩权的目的在于避免保证人承担保证责任后因主债务人行使了抵销权或撤销权而面临必须向主债务人进行追偿的麻烦以及由此产生的追偿不能风险[①],而物上保证人面临的境遇与保证人并无不同,二者的此种利益应受到同等保护。从比较法上看,《德国民法典》第 1137 条第 1 款也对此持明确肯定态度。正因如此,《担保制度解释》第 20 条也规定了物上保证人可以类推适用《民法典》第 702 条的规定。此外,解除权与第 702 条规定的抵销权及撤销权在法律性质上同属形成权,而且在债务人对债权人享有解除权的情况下,尽管保证人在主合同被解除后仍然要承担保证责任,但其承担的保证责任范围存在很大变化,主合同的这种不确定状态仍有可能对保证人造成不利影响。就此而言,应当允许将第702 条类推适用于解除。

四、结语

关于保证与其他担保制度的共同适用,还存在担保人主体资格、越权以法人名义对外提供担保、担保合同无效的法律后果、担保与破产程序的衔接等问题;关于保证特殊制度的适用,还存在保证与债务加入的区分、保证期间与诉讼时效的衔接、最高额保证中保证期间起算日的认定等问题。不过这些都已有先进阐明,本文不再赘述。

担保规则的确定有助于风险化解和预防,对于改善营商环境具有重要意义,而保证规则作为人保的典型代表,其重要性不言而喻。相较于《担保法》及《担保法解释》,《民法典》及《担保制度解释》对保证规则做出了较大幅度地修改,正面回应了理论及实践中出现的争议问题。但不可否认的是,修改后的保证规则也引发了许多新的争议,而这些争议问题的解决仍需要立法、司法及学理的共同努力。

---

① 参见程啸:《论〈民法典〉第 702 条上的保证人抗辩权》,载《环球法律评论》2020 年第 6 期。

论文

THESIS

论混合-追踪法则在内国和跨国私法与刑法中的适用

徐国栋

摘　要：罗马法开创了混合-追踪问题,把这方面的规则适用于多个领域,英美法借鉴罗马法的智慧,在大陆法的动产混合概念基础上发展出价值混合概念以及相应的追踪制度,但德国法族国家往往把混合限定为物权法中的添附制度中的一个子制度。本文研究物权法外的混合问题,即信托法、监护法、宣告失踪法、公司法、动产担保法、夫妻财产法、继承法、破产法、刑法九个领域的混合问题,它们可分为涉及信义关系的混合与其他混合,信托法、监护法、公司法中的混合属于前者。它们还可分为有追踪处理的混合与无追踪处理的混合两类。宣告失踪法、公司法、继承法中的混合无追踪处理。在有追踪解决的混合中,不同领域有不同的追踪规则,两个领域的追踪规则毫不重复。法律对混合的关注经历了从原物(物理)混合到收益混合(价值混合)的过程,还经历了从内国法到跨国法的过程。但《民法典》和最高人民法院的相关司法解释对外源的混合-追踪规则的继受是零零碎碎的,并不成龙配套,而且被安排在一个大陆法系的物权法框架内,造成新制度与旧制度的格格不入,需要改进。从刑法的角度看,一些打击犯罪的国际公约以混合-追踪规则解决追赃问题,我国参加了这些公约并以内国法把相应的规则制度化,由此把混合-追踪问题带入了刑法。

关键词：物理混合；价值混合；追踪；民法典；跨国私法；跨国刑法

　　如果说混合是罗马人创立的一个法律概念,那么,追踪(Tracing)则是一个英美法的术语。《牛津法律大辞典》为它设有专条。其辞曰：这是一项衡平法原则。受托人非法交付信托财产时,受益人不但可以收复未与其他财产相混合的信托财产,而且可以从知道该财产上存在衡平利益仍然对它加以占有的任何人那里,或者可以从没有支付该财产价款的任何占有者那里收复该信托财产；或者收复信托财产转换而成的任何具

作者简介：徐国栋,厦门大学法学院罗马法研究所特聘教授。
感谢潘琪律师解答作者就美国《统一商法典》第九编新旧版本差异提出的问题。

体财产。受益人可以对与信托财产相混合的任何基金,或者对该信托基金购买的任何资产提起诉讼。如果追踪结果对善意无偿占有人太苛刻、不公平,则不允许进行追踪。所谓善意无偿占有人,是未被告知信托情况,且未支付财产价款而占有信托财产的人。① 这一词条告诉我们,追踪是为了保护信托受益人的利益对被混合财产的价值或转化物的寻觅程序,在运用这一程序时,应注意协调信托受益人与善意无偿占有人的利益。但在当代法律中,追踪处理的混合已不限于信托法,而进入动产担保法、监护法、夫妻财产法、继承法、公司法、破产法、刑法等领域,成为一项"跨界"的法律制度,吸引研究者的注意,在英语世界至少产生了两篇博士论文。② 而且这样的混合-追踪规则对我国法影响不小,但目前我国尚无系统研究这一问题的文献③,本文拟填补这一空白。

一、混合与追踪法的起源

尽管上述《牛津法律大辞典》把混合与追踪法定位为英国衡平法上的制度,但在该词典"追踪"条的释文中,我们看出了罗马法上转化物之诉(Actio de in rem verso)的影子。第一,按照该诉,主人从奴隶的特有产获得了利益的,要在此等获利的范围内对奴隶的交易相对人承担责任。④ 交易相对人对主人的起诉,就是一种责任财产的价值"追踪"。第二,格劳秀斯(1583—1645)提到,配偶双方的财产因为结婚而混合。⑤ 按照罗马法,妻子带入夫家的嫁资要与丈夫的财产混合,所有权归妻,经营权归夫。离婚后,丈夫应在3年内分三个期次返还妻子的种类物嫁资。⑥ 此时的种类物,例如金钱,多已改变形态或转手。妻子对此等种类物的索还,也是一种价值"追踪"。第三,遗产合算制度也涉及追踪,遗产合算是在法定继承的遗产分割中,将被继承人子女获得的特种赠与归入总遗产中,并在总遗产的应继份中予以扣除的制度。⑦ 合算的过程,就

---

① 参见[英]戴维·W. 沃克:《牛津法律大辞典》,李双元等译,法律出版社 2003 年版,第 1111 页。译文有改动。
② See Lionel D. Smith, *The law of Tracing*, Oxford, Clarendon Press; New York, Oxford University Press, 1997. Jonathan Silver, Tracing and Common Law Claims to Substitute Assets: Separating Myth From Reality, The thesis for the degree of Doctor of De Montfort University, 2018.
③ 孙鹏的《金钱"占有即所有"原理批判及权利流转规则之重塑》(载《法学研究》2019 年第 5 期)、庄家园的《动产担保物权的默示延伸》(载《法学研究》2021 年第 2 期)、李莉的《论浮动抵押财产确定制度》(载《环球法律评论》2021 年第 2 期)等论文提到了这一制度。
④ 参见李飞:《罗马法中 Actio de in rem verso 的历史真实及其现代法中的演进——兼谈其中译名的统一》,《罗马法与现代民法》第 8 卷,厦门大学出版社 2014 年版,第 45 页。
⑤ See Hugo Grotius, *The Introduction to Dutch Jurisprudence of Hugo Grotius*, Now First Rendered into English by Charles Herbert, London: John Van Voorst, Paternoster Row. , 1845, pp. 108s.
⑥ 参见周枏:《罗马法原论》(上册),商务印书馆 1994 年版,第 198 页。
⑦ 参见龙翼飞、窦冬辰:《遗产归扣制度在我国的适用》,载《法律适用》2016 年第 5 期。

是追踪从遗产中开支出的赠与物的去向的过程。第四，按照罗马法，在家外人被指定为继承人的情况下，他们享有考虑权，但如果他们已介入了遗产之管理，尔后不再享有放弃继承权。① 介入遗产管理的方式之一是把自己的财产与遗产混合。第五，罗马法中有保利安诉权（Actio Pauliana），它赋予债权人撤销权，对抗债务人的转移财产逃避破产执行的行为。如果在起诉后，支付的金钱还可在收受人的财产中追踪到，则长官会判令返还。② 第六，按照优士丁尼罗马法，自权收养人仅继承被收养人的财产，却不承担其债务，儿子的债权人讨债时，养父可选择代子还债，如果他不这样做，此等债权人可占有养子带入养父家的财产并按破产程序处理。这就是追踪已与养父财产混合的养子财产了。③ 这六个例子让我们看到，罗马法中有混合与追踪制度的萌芽，分别适用于破产法、家庭法、继承法和收养法（继承法中的混合不以追踪处理）。所以，基于罗马法制定的《奥斯曼帝国民法典》第53条这么总结：倘若原始物消失，则可转向替代物。因此，如果无法返还被侵占物，则应当以替代物返还之。④ 以替代物填补原物的损失，当然是追踪。到了近代，英国法把罗马法中的萌芽性的混合与追踪规定制度化，首先在破产法中这么做。

在18世纪之前，英国实行在破产之时破产人占有的一切财产都属于破产财团由债权人分配的原则，这样，如果破产人是他人的代理人，他占有的被代理人的财产也被归入破产财团。这样的安排自然对被代理人不公。1742年，发生了Scott v. Surman一案，Scott为被代理人，Surman为其代理人，他为原告销售焦油，买受人向代理人支付了169磅的本票，后代理人破产，破产管理人取得本票并及时兑现，原告对破产管理人提出追索收受金钱之诉，并胜诉。因为原告的特定焦油被转化为价值169磅的本票，由于代理人未将本票兑现，其价值未与代理人的其他金钱混同。破产管理人取得该本票并兑现，相当于收取了本属于原告的金钱，故应返还给原告。主审法官之一Willes认为，代理人的可分配的资产不包括出卖焦油的收益，他只是为请求人的利益信托持有此等收益。故它们不应进入破产程序。应允许原告通过追索收受金钱之诉实现其衡平法上的利益。⑤ 在本案中，在破产程序开始前，涉案焦油的转化物169英镑的本票并未与代理人的金钱发生混同。破产程序开始后，由于破产管理人将本票兑现，焦油的转化物已与破产人的其他金钱混同，但法官在观念上把这笔钱孤立起来，拟

---

① I. 2,19,5.［古罗马］优士丁尼：《法学阶梯》，徐国栋译，中国政法大学出版社2005年版，第225页。
② See Max Radin, Fraudulent Conveyances at Roman Law, *Virginia Law Review*, Vol. 18, No. 2 (1931), p. 116.
③ I. 3,10,3. 参见徐国栋：《优士丁尼法学阶梯评注》，北京大学出版社2019年版，第403页。
④ 参见王永宝译：《奥斯曼帝国民法典》，商务印书馆2018年版，第8页。
⑤ See Jonathan Silver, Tracing and Common Law Claims to Substitute Assets: Separating Myth from Reality, The thesis for the degree of Doctor of De Montfort University, 2018, p. 97.

制出一个信托,其原所有人为此等信托的受益人,代理人为其受托人,以此达成让原所有人追索这笔金钱的目的。此案包含的追踪规则得到后来判例的确认。该案也把追踪规则以拟制信托的名义与信托法勾连起来。沿着这个方向,追踪规则用来处理受托人把信托财产与他自己的财产的混合、把多个信托人的财产混合在一个账户中的问题。

1816 年发生的 Devaynes v. Noble 一案为英国法提供了确立这方面的规则的机会。在该案中,Clayton 先生存款于由 Devaynes、Dawes、Noble、Croft、Barwick 等人合伙组建的银行。诸合伙人对银行的债务承担个人责任。Devaynes 于 1809 年死亡时,Clayton 已于该银行存款 1 717 英镑。Devaynes 死后,合伙银行未更名而继续运作,银行招牌上仍有 Devaynes 的名字,Clayton 继续存款。其他合伙人支付 Clayton 1 717 英镑有余。1810 年,银行破产,无担保的银行债权人都得到了银行剩余资产的分配。由于银行招牌上仍有 Devaynes 的名字,因而银行的几类债权人试图通过对 Devaynes 的遗产主张权利得到自己债权余额的偿付。Clayton 也是如此,他在这家银行存了 453 英镑的国库券,Devaynes 在世时银行已将这些国库券售出。照道理,Devaynes 的遗产仅对他死前的存款承担责任,对死后的存款不承担责任。而 Clayton 在 Devaynes 死后又继续在银行存款和取款多次。问题是:是否要以死后的存款应对死后的取款?或者采取另外的解决办法,依据先进先出法,以死前的存款应对死后的取款?衡平法院采取了先进先出法(First in, first out)的解决,威廉·格兰特法官主张 Devaynes 的遗产不对 Clayton 的债权承担责任。[①] 富有意味的是,格兰特法官在说理时使用了罗马法的论据 D. 46,3,97(帕比尼安:《定义集》第 2 卷),其辞曰:……先清偿最早的债务,有余时,剩余部分用于全部或部分清偿第二笔债务。[②] 这里一个讨论债的抵充规则的法言,被格兰特法官借用于追踪。由此可以说,先进先出法是罗马法创立的。

Devaynes v. Noble 一案的基础是银行有权把不同存款人的存款混合,请求权人可以在混合金钱的整体中通过时间顺序追踪到自己金钱的下落,先取走的款项被推定为是从先存入的款项开支的。所以,如果特定请求权人存款在先,他可从在先的取款或其转化物中追踪到自己的金钱。[③] 按这样的处理,金钱的占有即所有理论打折,因为即使自己的金钱被他人占有甚至消费,只要此等金钱或其代位物还具有可识别性,

---

[①] See David Gray Carlson, Constructive Trusts and Fraudulent Transfers: When Worlds Collide, In Vol. 103 (2019) Marquette L. REV. ,p. 76. note 375.

[②] 参见[意]桑德罗·斯奇巴尼选编:《契约之债与准契约之债》,丁玫译,中国政法大学出版社 1998 年版,第 423 页。

[③] 参见沈达明:《准合同法与返还法》,对外经济贸易大学出版社 1999 年版,第 317—318 页。

它就不属于占有人,而仍属于其原所有人。

从信托法的角度看,先进先出法适用于受托人把多个请求人的金钱混合在一个账户中的情形,不涉及受托人把信托资金与自己的资金混合的情形。就此情形,于1915年产生了 Roscoe v. Winder 一案。在该案中,受托人把信托资金存入已有一些他自己的资金的账户中,然后他提取了一些资金,然后又存入一些自己的金钱,法院裁定,受托人在提取资金后存入的自己的金钱不承受追踪。例如,受托人把属于 B 的 10 英镑存入已有他自己的 5 英镑的账户,然后取款 12 英镑,此时账户上有 3 英镑余额,尽管受托人后来又存入了 30 英镑自有资金,但 B 仅可追踪上述 3 英镑——这是所谓"受过污染的钱"。这就是最低中间余额规则(The Lowest Intermediate Balance Rule),它推定受托人是诚实的,会先取用自己的金钱,直到他自己的金钱用尽,然后再用他人的金钱,而无论金钱是以何种顺序存入的。① 该规则区分在信托账户发生亏空前投入资金的受益人和出现亏空后投入资金的受益人,对于后者,允许他们全额取回自己的投入,因为他们投入的资金仍可识别。对于前者,按他们投入信托账户资金的比例分配剩余的资金。② 所以,最低中间余额规则构成对衡平法上追踪的限制,基本的精神是:你不能从混合资金中取得多于你投入的金额③,以及"未受过污染的钱"不受追踪的打扰。

从此可见,按比例分配法(pro rata approach)有时是适用最低中间余额规则的一个配套规则,它让诸追踪人按比例取得混合财产的整体并按比例承担追踪不能的损失,适用于受益人打算作为共有人持有被混合在一个账户中的信托资金的情形,以及难以适用最低中间余额规则的情形,其例子是确切的交易记录由于欺诈或经营风险已经灭失。④

各国对追踪规则的采用倾向不同,美国、加拿大、澳大利亚的法院不采用先进先出法,因为它对实质上处于同样地位的人厚此薄彼。它的适用,要求数人注入资金有先有后,对于数人同时注入资金的情形或者由于记录灭失导致无法查清注入顺序的情

---

① 参见[英]菲利普·H. 佩蒂特:《佩蒂特衡平法与信托法》(下册),石俊志译,法律出版社 2020 年版,第 778—779 页。

② See Christian Chamorro-Courtland, Demystifying the Lowest Intermediate Balance Rule: The Legal Principles Governing the Distribution of Funds to Beneficiaries of a Commingled Trust Account for which a Shortfall Exists, *Banking & Finance Law Review*, Vol. 30(2014), p. 465.

③ See Christian Chamorro-Courtland, Demystifying the Lowest Intermediate Balance Rule: The Legal Principles Governing the Distribution of Funds to Beneficiaries of a Commingled Trust Account for which a Shortfall Exists, *Banking & Finance Law Review*, Vol. 30(2014), p. 465.

④ See Christian Chamorro-Courtland, Demystifying the Lowest Intermediate Balance Rule: The Legal Principles Governing the Distribution of Funds to Beneficiaries of a Commingled Trust Account for which a Shortfall Exists, *Banking & Finance Law Review*, Vol. 30(2014), p. 462.

形,无法应对。①

二、混合-追踪规则适用于信托法

(一)民族国家法

不将信托财产与自己的财产混合是受托人承担的信义义务的要求。《埃塞俄比亚民法典》第525条就此规定:受托人应避免将构成信托标的的财产与其个人财产混合。他应采取所有必要的适当措施实现这一目的。② 但如果发生了混合,则按追踪规则处理。

美国1922年的《统一受托人法》(*Uniform Trustee Act*)兼采最低中间余额规则与按比例分配法实施追踪。其第15条规定:如果两个以上信托的受托人将两个以上信托的资金混合在同一个现金总额中,或在同一银行或经纪人账户或其他投资中,然后受托人为自己的利益,或为了并非受益人的第三人的利益或一个或更多的信托的债权人的利益,或出于未知目的而提款,此等提款应首先从受托人如果有的混合资金中的现金、信贷或其他财产中扣除,在受托人的现金、信贷或其他财产耗尽后,从几个信托根据它们在提款之时对现金、信贷或其他方面的几个利益的比例扣除。③ 此条是对信托受托人将多个信托人的信托资金混合并与自己的资金混合的处理。允许对受托人在混合资金中的自有部分行使追及权,不够的,依按比例分配法在复数的被动卷入混合的信托人中分享追踪所得并分摊全额追踪不能的损失。此等处理实际上是对受托人违反信义义务的宽容,因为从实际的角度看,受托人以自己名义处分信托财产,很难将其与自有财产完全割裂,因为对金钱等种类物与非个性财富的精确特定与识别几乎不可能。另外,若将自有资金与信托财产共同用于购买同一公司股票,由于股权不可分,实质上已无法做到分别管理。④ 所以,既然禁止不了发生混合,就干脆确立相应的解决方法。

借鉴美国蓝本,1922年的《日本信托法》第30条⑤规定:信托财产在发生附合、混

---

① See Christian Chamorro-Courtland, Demystifying the Lowest Intermediate Balance Rule: The Legal Principles Governing the Distribution of Funds to Beneficiaries of a Commingled Trust Account for which a Shortfall Exists, *Banking & Finance Law Review*, Vol. 30(2014), p. 461.

② 参见薛军译:《埃塞俄比亚民法典》,中国法制出版社2002年版,第76页。

③ See Frank S. Rowley and Harry V. Vanneman, The Uniform Trustee Act, *The Ohio State University Law Journal*, Vol. 5(1939), N. 2, p. 152.

④ 参见陈一新:《论信托财产的主体性》,载《交大法学》2019年第2期。

⑤ 该条在2006年版的《日本信托法》中成为其第17条:如果信托财产通过附添或混合与受托人自己的财产或属于另一信托的财产合为一体,或者如果使用信托财产作为原料进行了加工,则属于不同信托的财产和受托人自有的财产均视为各归其主,并且适用《民法》第242条至第248条的规定。http://www.Japane selawtranslation. go. jp/law/detail_main? re=&vm=&id=2476,2021年2月26日访问。改进在于两点:其一,增加了对处于同一受托人管理下的不同信托人财产的混合的考虑;其二,细化了对加工的说明:信托材料被作为原料加工成了新物。

合或加工时,各该信托财产及自定财产,应分别视为属于各该所有者所有,适用《民法》第 242 条至第 248 条的规定。① 显然可见,"蓝本"只规定混合,严格说来只规定金钱混合,但日本作为一个大陆法国家,其既有法律中有三联式的人工添附制度②,遂把混合扩张为附合、混合、加工,其合理性值得怀疑,因为作为后来者的《欧洲示范民法典草案》第 X-3:203 条并不采用三联式,仅规定混合,证明信托财产因附合、加工与受托人财产结合的可能性不值得立法者关注。③

借鉴日本蓝本,1961 年的《韩国信托法》第 24 条规定:信托财产在发生附合、混合或加工的情况下,准用《民法》第 256 条至第 261 条的规定,视各种信托财产和自有财产属于各自不同的所有者。但是,加工人用不正当的手段,通过加工增值而高于原材料的价值时,法院可将加工的产品归属于原材料所有人。④ 这一规定相较于日本蓝本,不过补充规定了加工方面的内容,与日本蓝本一样,都存在把产生于英美的混合-追踪制度不当地纳入大陆法系的人工添附制度的框架问题。

我国《民法典》第 1133 条第 4 款规定:自然人可以依法设立遗嘱信托。此款采自 2001 年的《信托法》第 13 条,而这部《信托法》又是参照前述《日本信托法》制定的。⑤ 所以,我国也有受托人把信托人的财产与自己的财产混合的问题以及一个受托人把数个信托人的财产混合的问题。一旦发生这些问题,需要依据一定的追踪规则解决。当然,在适用《民法典》第 1133 条第 4 款时,宜越过日本蓝本看其美国蓝本,只考虑问题的混合方面,不考虑虚拟的附合和加工方面。

(二)跨国法

1.《海牙关于信托的法律适用及其承认的公约》

该公约于 1992 年生效。其第 11 条第 2 款第 4 项规定:如果受托人违反信托,将信托财产与其个人财产混合或让渡信托财产,则信托财产可予回复。但财产的第三方

---

① 参见周小明:《信托制度比较法研究》,法律出版社 1996 年版,第 242 页。译文有改动。《日本民法典》第 242 条至第 248 条规定附合、混合和加工的一般问题。参见曹为、王书江译:《日本民法》,法律出版社 1986 年版,第 48—49 页。

② 关于三联式的人工添附设定的来历及其不合理性,参见徐国栋:《混合制度的罗马法起源、历史演变和中国〈民法典〉适用》,载《厦门大学学报(哲学社会科学版)》2021 年第 3 期。

③ See Christian von Bar, Eric Clive and Hans Schulte-Nölke(Edited by), *Principles, Definitions and Model Rules of European Private Law, Draft Common Frame of Reference(DCFR)*, Sellier. european law publishers GmbH, Munich, 2009, p. 511.

④ 参见周小明:《信托制度比较法研究》,法律出版社 1996 年版,第 260 页。《韩国民法典》第 256 条至第 261 条规定附合、混合和加工的一般问题。参见金玉珍译:《韩国民法典·朝鲜民法》,北京大学出版社 2009 年版,第 41 页。

⑤ 参见周小明:《江平老师与〈信托法〉的诞生》,载九十华诞祝贺文集编辑委员会:《江平先生法学思想论述:九十华诞祝贺文集》,元照出版公司 2020 年版,第 49 页。

持有人的权利和义务仍应受法院地法律选择规则所确定的法律支配。[①] 此条内容与《日本民法典》《韩国民法典》的规定差不多，但不采用海内修三联式，只讲混合不讲附合和加工，因为实际生活中主要发生的就是混合，附合和加工在一些立法例中是"搭便车"规定进来的。此条规定了受托人将信托财产与自有财产混合问题，并规定信托人可回复自己的财产，但《海牙关于信托的法律适用及其承认的公约》未规定回复的方法。按学界的解释，回复的方法就是追踪，但此等追踪权涉及的第三人权利要受到财产所在国法律的调整。[②] 在有的国家，如同本文开头引述的《牛津法律大辞典》中的"追踪"词条讲到的，要把追踪权的行使与保护善意无偿占有人协调起来，在另一些国家，则可能允许无限制地行使追踪权。

2.《欧洲示范民法典草案》（DCFR）

2009 年诞生的这一草案是一部意在统一欧盟各国财产法的跨国合作学术成果。[③] 其第 X-3:203 条（条名"信托资金与其他财产的混合"）规定：①信托财产与交给受托人的其他财产混合，导致该财产不再具有可识别性的，信托存在于该混合财产之上，对之类推适用第 VIII-5:202 条，如同每份财产有不同的所有人，以便确定将根据原信托管理和处分的混合整体的份额。②如果"其他财产"是受托人的个人财产，则混合整体中被减去的份额被分配为受托人的个人份额。[④] 此条首先规定托付于同一受托人的数个信托人的财产在受托人掌控下的混合，对之按《欧洲示范民法典草案》物权卷第 VIII-5:202 条的规定处理。该条辞曰：①如果不同人拥有的物被混合，将混合结果的整体分离为原来的构成分不可能或不经济，但可能把混合结果的整体分离成成比例的量并在经济上合理，此等人成为混合结果的共有人，各人按照其贡献物在混合之时的价值的比例享有份额。②各共有人可从混合物整体中分离出与其此前未分割的份额相当的量。[⑤] 此条以共有来设定混合的结果，既允许参与人维持这种共有，也允许他们通过分割共有物来解除共有关系。规定受托人自有财产与信托财产的混合，也采取共有的解决。

[①] 参见《海牙关于信托的法律适用及其承认的公约》，http://policy.mofcom.gov.cn/pact/pactContent.Shtml?id=1592，最后访问日期：2021 年 2 月 26 日。

[②] See Chapter 112, Trust, p. III 1016. On https://nishithdesai.com/fileadmin/user_upload/pdfs/Research%20Articles/Trusts.pdf，最后访问日期：2021 年 3 月 25 日。

[③] 参见王金根：《欧洲民法典草案及其对我国民法典制定的借鉴意义》，载《西部法律评论》2010 年第 6 期。

[④] 参见欧洲民法典研究组、欧盟现行私法研究组编著，克里斯蒂安·冯·巴尔、埃里克·克莱夫主编：《欧洲私法的原则、定义与示范规则：欧洲示范民法典草案. 第九卷. 动产担保物权. 第十卷. 信托（附录）》，徐强胜、赵莉译，法律出版社 2014 年版，第 286 页。

[⑤] 参见欧洲民法典研究组、欧盟现行私法研究组编著，克里斯蒂安·冯·巴尔、埃里克·克莱夫主编：《欧洲私法的原则、定义与示范规则：欧洲示范民法典草案. 第八卷. 物的所有权的取得与丧失》，朱文龙等译，法律出版社 2014 年版，第 632 页。译文有改动。

从表面来看,第Ⅹ-3:203条和第Ⅷ-5:202条配合,只规定了混合,并提供了共有的处理,并未规定追踪。但要注意的是,第Ⅹ-3:203条只适用于被混合财产在混合后不可识别的情形,被混合资金在混合后可以识别,是追踪制度的适用条件。[1] 所以,第Ⅹ-3:203条暗含着信托资金与其他资金混合后仍可以识别的情形,只是未规定。《欧洲示范民法典草案》对信托资金混合的处理是残缺的,可能因为抗拒英美法来源的追踪规则才如此。另外,对于不可识别的混合,采用共有的处理,起草者们似乎忘记了罗马法的"共有是纷争之源"的遗训。如此安排,可能出于不敢突破大陆法的限于物理混合的混合概念而接受英美法的价值混合的混合概念。

三、混合-追踪规则适用于监护法

监护人与被监护人的关系属于信义关系。《埃塞俄比亚民法典》第283条规定:①监护人应确保被监护人的财产不与自己的财产混合。②他尤其不得在其本人的银行账户里存入或授意他人存入被监护人的金钱。[2] 该条第1款规定监护人不得把自己财产与被监护人财产混合的信义义务;第2款具体规定不得混合自己金钱与被监护人金钱的义务。如果发生混合,则需要适用追踪规则。

上述规定有其英美法的对应物。按照英美法,不仅监护人,而且代理人、经纪人、律师、信托受托人将自己的金钱与客户、委托人、被监护人、受益人的金钱混合的行为,都构成诈欺。[3]

我国《民法典》第34条第1款规定:监护人的职责是代理被监护人实施民事法律行为,保护被监护人的人身权利、财产权利以及其他合法权益等。第35条第1款规定:监护人应当按照最有利于被监护人的原则履行监护职责。监护人除为维护被监护人利益外,不得处分被监护人的财产。监护人与被监护人在财产管理上的关系类似于信托,监护人在管理被监护人的财产时,最好是分别开户、分开管理,但我国监护与亲权不分,父母管理未成年子女财产时很容易合账收支。待子女脱离监护时,发生从父母财产中剥离子女财产的问题,此时用得着追踪规则。

四、混合规则适用于宣告失踪法

与此类似的还有失踪人的财产代管人对失踪人财产的管理。《民法典》第42条规

---

[1] 参见[英]菲利普·H.佩蒂特:《佩蒂特衡平法与信托法》(下册),石俊志译,法律出版社2020年版,第784页。
[2] 参见薛军译:《埃塞俄比亚民法典》,中国法制出版社2002年版,第43页。
[3] 参见薛波主编:《元照英美法词典》,法律出版社2003年版,第254页。See also Henry Campbell Black, *Black's Law Dictionary*, West Publishing Co., 1979, p.245.

定：①失踪人的财产由其配偶、成年子女、父母或者其他愿意担任财产代管人的人代管。②代管有争议，没有前款规定的人，或者前款规定的人无代管能力的，由人民法院指定的人代管。第 43 条规定：①财产代管人应当妥善管理失踪人的财产，维护其财产权益。……③财产代管人因故意或者重大过失造成失踪人财产损失的，应当承担赔偿责任。此条第 1 款中的"妥善管理"用语包含避免混合的意思。第 3 款中的"因故意或者重大过失造成失踪人财产损失"的用语，包含由于混合造成此等损失的意思。第 44 条规定：①财产代管人不履行代管职责、侵害失踪人财产权益或者丧失代管能力的，失踪人的利害关系人可以向人民法院申请变更财产代管人。②财产代管人有正当理由的，可以向人民法院申请变更财产代管人。③人民法院变更财产代管人的，变更后的财产代管人有权请求原财产代管人及时移交有关财产并报告财产代管情况。此条第 1 款中的"侵害失踪人财产权益"用语，包含由于混合而侵害失踪人财产权益事由。第 3 款规定的"原财产代管人及时移交有关财产"用语包含去混合的移交前提。

五、混合规则适用于公司法

董事与公司的关系属于信义关系，董事对于公司负有信义义务。故《魁北克民法典》第 323 条规定：董事不得将法人财产与自己的财产混合……但经法人成员许可他这样做的，不在此限。① 未经许可实施上述混合的，涉事董事构成信义义务之违反。我国《公司法》第 148 条做出了类似规定：董事、高级管理人员不得有下列行为：……②将公司资金以其个人名义或者以其他个人名义开立账户存储。此项禁止董事、高管把公司资金与自己的资金混合。违反者可能承担《刑法》第 272 条第 1 款规定的刑事责任：公司、企业或者其他单位的工作人员，利用职务上的便利，挪用本单位资金归个人使用或者借贷给他人，数额较大、超过 3 个月未还的，或者虽未超过 3 个月，但数额较大、进行营利活动的，或者进行非法活动的，处 3 年以下有期徒刑或者拘役；挪用本单位资金数额巨大的，或者数额较大不退还的，处 3 年以上 10 年以下有期徒刑。如果我的理解未错，公司法上的违规资金混合，是刑法上的挪用的一种方式。

我国实务界更关注股东把自己的个人财产与公司财产混合问题。《九民纪要》列举了如下混合方式：①股东无偿使用公司资金或者财产，不作财务记载的；②股东用公司的资金偿还股东的债务，或者将公司的资金供关联公司无偿使用，不作财务记载的；③公司账簿与股东账簿不分，致使公司财产与股东财产无法区分的；④股东自身收益与公司盈利不加区分，致使双方利益不清的；⑤公司的财产记载于股东名下，由股东占

---

① 参见孙建江等译：《魁北克民法典》，中国人民大学出版社 2005 年版，第 40 页。

有、使用的。在这些情形,按照财产混同等于人格混同的原则,实行刺破公司面纱处置,让股东个人财产对公司债务承担连带责任。① 这时无适用追踪规则的空间。

六、混合-追踪规则适用于动产担保法

(一)作为制度贡献者的《美国统一商法典》的相关规定

1952 年的《统一商法典》(UCC)的 1998 年文本②第 9 - 315 条(担保物权人处分担保物的权利及在收益上的权利)规定:担保物虽经出卖、出租、许可使用、互易,或者以其他方式被处分,其中的担保物权仍然存续,但担保物权人授权担保物的处分即为担保物权的消灭的,不在此限。担保物权在担保物的任何可识别的收益之上有效成立。与其他财产相混合的收益在以下情形属于可识别的收益:如果收益为货物,在第 9 - 336 条规定的范围内。如果收益为非货物,在担保权人用追踪的方法,包括使用衡平法原则,可以识别该收益的范围内。③ 本条确定了动产可作为担保物,突破了不动产担保中心主义,采用功能主义的担保观,构成担保法历史上的一个转折,对跨国法和对包括我国在内的一些国家的私法实行动产担保制度起了很大的示范和推动作用。

本条规定担保物被债务人处分后,担保权首先自动附着于原始担保物的可识别的收益以保护担保权人的利益。④ 所谓可识别的收益,就是一个财产的直接替代物。例如,蛋糕是面粉的直接替代物。其次附着于与其他财产混合的可识别的收益,又把此等收益分为货物和非货物两种情形。对于前一种情形,按第 9 - 336 条处理。该条规定担保权附着于因混合发生转化的担保物以及针对此等转化物的担保权的顺位优劣。其辞曰:①本条中,"混合物"指以物理方式与其他货物结合的货物,且在结合后的产品或整体中,原有货物失去其本身特征。②担保权益并不存在于经混合的货物本身。但是,如果担保物成为混合物,担保权益即附着于由于混合产生的产品或整体。……⑤ 本条第 1 款给混合下了定义,要求混合参与混合物达到失去自己特性的程度。第 2 款规定了担保权附着的标的物的范围:不以被混合的货物为限,而是以混合物的整体为

---

① 参见王新新:《论公司人格混同的治理——兼论〈公司法〉第 20 条第 3 款的修改》,载《福建江夏学院学报》2020 年第 5 期。
② 1972 年的版本的中译文,参见潘琪译:《美国统一商法典》,中国对外经济贸易出版社 1990 年版。两个版本间差别颇大。
③ 参见美国法学会、美国统一州法委员会:《美国〈统一商法典〉及其正式评述》,高圣平译,中国人民大学出版社 2006 年版,第 192 页。
④ 参见宰丝雨:《美国动产担保交易制度与判例——基于美国〈统一商法典〉第九编动产担保法》,法律出版社 2015 年版,第 50—51 页。
⑤ 参见潘琪译:《美国统一商法典》(中英双语),法律出版社 2018 年版,第 600—601 页。也参见美国法学会、美国统一州法委员会:《美国〈统一商法典〉及其正式评述》,高圣平译,中国人民大学出版社 2006 年版,第 35 页。

标的,这样就扩大了担保物的范围。例如,原来的担保物是面粉,经与鸡蛋、白糖混合,被制成蛋糕,担保权的附着对象不以蛋糕中的面粉成分为限,而是包括整个蛋糕。

第二种情形中的新担保物为"非货物",主要是金钱,例如,担保权的客体面粉被与他人的鸡蛋、白糖混合后变成了蛋糕,此等蛋糕又被售出转化为金钱,而此等金钱又被与他人的金钱混合,如果此等金钱仍可识别,则可按照衡平法的原则追踪。所以,此条明确把保护担保权人的去混合措施称作"追踪",由此把混合-追踪规则的适用推进到动产担保法领域。此条中提到的追踪应遵循的衡平法原则为最低中间余额规则[1],即推定从一般账户中所取的款项,先从非收益额度中扣除,非收益额度不足时,再从收益额度中扣除,扣划完毕后如有余额,仍然是收益的规则。[2] 该规则基于这样的假定:在收益与其他款项相混合的情形,只要账户余额等于或大于收益的数额,则处置抵押品的收益依然存在于账户中,此等收益即属于可识别的,债权人对相应数额的款项即享有担保利益。其合理性在于:尽管账户金钱丧失物理上的特定性,但有价值上的可识别性。当然,之后又有非收益的资金存入该账户内时,已减少收益的数额并不因此增加,因为新存入的资金不属于其权利范围,或许是账户权利人自己的财产,也可能是其他担保财产。[3] 所以,最低中间余额规则的基本精神是有限追踪,基本的精神是未受过沾染的钱(即新存入的资金)不受追踪。例如,假如债务人将出售担保物的价款 100 万元存放于某银行账户中,在担保权实行之时,该银行账户之结余为 250 万元,担保权效力则及于这 100 万元。如一开始仅将 100 万元收益存入账户(尔后均未有任何收益形式之金额存入),该账户结余为 150 万元,之后减少至 50 万元,而在实行担保权之时又增为 75 万元,则担保权效力及于期间之最低余额 50 万元。[4] 75 万元属于新存入的资金,免受追踪。

至此可见,《统一商法典》第 9-315 条规定了两种混合:第一种是物理混合,即货物的混合;第二种是价值混合,即非货物的混合。后者把混合的概念推进到了一个新阶段。从英美法的角度看,大陆法考虑到了物理混合的追踪,对于混合的结果,要么在两个混合关系人间形成共有,要么在混合物有主有从的情形,主物吸收从物,前者的所有

---

[1] 参见美国法学会、美国统一州法委员会:《美国〈统一商法典〉及其正式评述》,高圣平译,中国人民大学出版社 2006 年版,第 194 页。
[2] 参见李莉:《论浮动抵押财产确定制度》,载《环球法律评论》2021 年第 2 期。
[3] 参见贾清林:《论代位物的确定规则——美国统一商法典的启示》,载《天津商业大学学报》2011 年第 3 期。
[4] 参见谢在全:《浮动资产担保权之建立——以台湾地区"企业资产担保法草案"为中心》,载《交大法学》2017 年第 4 期。

人承担补偿后者的所有人的义务。①此处所言"补偿",相当于取得英美法上追踪的成果。但大陆法未考虑价值混合,英美法考虑到了这种混合。按照衡平法,只要请求权人对有关财产享有衡平法上的利益,哪怕它已转化为他物并与他人的财产混合,仍可追踪之。这第二种混合以及相应的追踪为《欧洲示范民法典》草案的起草者陌生,所以未予规定。

《统一商法典》以上关于担保物混合的规定构成其功能性动产担保制度的一部分,在世界范围内产生了巨大影响,体现在下文要介绍的跨国立法文件规定的担保性混合制度中。

(二)跨国法

1.《联合国贸易法委员会担保交易示范法》(UNCITRAL Model Law on Secured Transactions)

该法是联合国贸易法委员会为了改善营商环境,降低信贷提供者的经营风险和成本,协调60多个成员国(包括我国)的动产担保法,于2016年制定的。②该法有三个条文规定担保法中的混合,受到英美法的追踪规则的影响。本文介绍其中的两条。

首先是第10条[条名"对收益和混合资金的权利"]:(1)设保资产上的担保权延及至其可识别收益。(2)收益采取现金或银行账户存款的形式并与同类其他资产相混合的:①担保权延及至混合后的现金或银行账户存款,即便此等收益已不再可以识别;②混合后的现金或银行账户存款上的担保权限定于在混合前即刻存在的现金或银行账户存款的数额;及③如果在混合后的任何时间内,混合后现金或银行账户存款的数额小于混合前即刻存在的现金或银行账户存款的数额,混合后现金或银行账户存款上的担保权限定于从现金或银行账户存款混合至主张担保权这一时间段内的最低数额。

此条显然借鉴《统一商法典》第9-315条和第9-336条制定。条名中的"收益""混合"和条文中的"可识别"都使用《统一商法典》的术语。此条第1款规定负担担保权的动产经物理混合后担保权延伸至此等动产的可识别收益。第2款规定负担担保权的财产转化为金钱并与其他金钱混合后担保权延伸至混合资金的整体,此时不要求担保财产的转化物具有可识别性。另外规定了担保人追踪自己担保物价值时采用最低中间余额规则,即延伸的担保权首先只及于混合前即已存在的金额,此等金额被视为债务人的自有财产,不够的,延伸至混合发生至主张担保权两个时间段内账户资金的最

---

① 参见《德国民法典》第947条、第948条。参见陈卫佐译:《德国民法典》(第4版),法律出版社2015年版,第350—351页。
② 援引的3个条文,都来自《联合国贸易法委员会担保交易示范法》,联合国,2019年,维也纳,第10页、第11页、第42页。译文有改动。

低数额,以避免让无关资金负担担保权。

第 11 条[条名"有体资产被混合在混集物中或转化为产品"]规定:①对有体资产上的担保权,当此等资产被混合在混集物中时,该担保权延及至该混集物。有体资产转化为产品时,此等资产上的担保权延及至该产品。②延及混集物的担保权,其在混集物中所占比例,限于混合后设保资产的数量即刻与全部混集物数量的相同比例。③延及至产品的担保权,限定于设保资产在成为产品一部分之前即刻具有的价值。

此条第 1 款规定有形资产被混合、转化为产品后担保权的延伸效力。"被混合",例如,我的面粉与你的面粉混合以便生产成蛋糕。"转化为产品",例如,你我两个来源的面粉与我的白糖和鸡蛋经工厂程序变成蛋糕。这个过程,大陆法系理解为加工,但如前所述,《统一商法典》理解为混合。所以,本条还是规定的发生两种物理混合后担保权的附着问题。第 2 款规定,如果混合物整体的价值大于担保物的价值,则担保权人仅以此等价值为限对混合物整体享有权利。第 3 款规定,担保物变成产品后,如果产品的价值大于担保物的价值,则担保权人仅以此等价值为限对产品享有权利。

2.《欧洲示范民法典草案》

尽管该草案的产生时间早于《联合国贸易法委员会担保交易示范法》,但它与英美法来源的混合-追踪制度的关联不如《示范法》明显,故把它置后讨论。它有三个条文规定了担保法中的混合与追踪规则。本文介绍其中的两条。

第Ⅸ-2:309 条(条名"担保财产的混合")规定:①担保财产混合后,将混合物分离为其原有成分不可能或在经济上不合理,但有可能在经济上合理地按比例地区分混合物的数量,原来担保财产之上的担保权继续存在于物的前所有人对混合物所享有的权利之上。该担保权限于各自货物在混合之时所占价值的比例。②依据前款规定而混合的物受保留所有权交易限制的,保留所有权交易的持有人的权利延续至混合时各种货物的价值在混合物的相应份额上。③任何担保权人都有权行使其担保提供人的权利,分割其在不可分离的混合物中的份额。④担保权人持有的金融资产在基金中混合的,担保权人对这项基金中的相应份额享有相应的权利,就此,可变通适用本条第 1 款。⑤在本条第 1、2、4 款规定的情形,混合物或基金不足以清偿全体共有人的,适用第Ⅷ-2:305 条第 4 款和第 5 款的规定。①

本条首先规定了在担保财产被混合的情形,如果不能经济合理地消除混合,则担保权附着于混合物整体,复数担保权人按自己贡献物的价值的比例享有担保权,形成

---

① 参见欧洲民法典研究组、欧盟现行私法研究组编著,克里斯蒂安·冯·巴尔、埃里克·克莱夫主编:《欧洲私法的原则、定义与示范规则:欧洲示范民法典草案.第九卷.动产担保物权.第十卷.信托(附录)》,徐强胜、赵莉译,法律出版社 2014 年版,第 73 页。译文有改动。

担保权的按份"共有"。此等共有物对于诸担保权人有两种前景。其一,能不打折地实现他们的担保权,此时,他们可根据第 3 款分割此等"共有"物中属于自己的份额;其二,不能不打折地实现其担保权,此时,他们可根据第 5 款引致的第Ⅷ-2:305 条第 4 款和第 5 款的规定分摊损失。首先由"让与人"承担,不够的,由"受让人"按他们对不可分割的混合物的拥有比例承担。① 此语中的"让与人",当为担保关系中的债务人,正是由于他对担保物的处分导致了混合。此语中的"受让人",从《欧洲示范民法典草案》第八卷的上下文来看,应为债务人与债权人(兼担保权人)之外的第三人。但从《欧洲示范民法典草案》第九卷的上下文来看,应为复数担保权人,因为只有他们对不可分割的混合物享有比例性的份额。所以,《欧洲示范民法典草案》跨卷进行规范引致,导致两个关联条文中的当事人(让与人和受让人对担保权人)不一致又无特别的疏通性说明,起草者实在算不上高明!

本条其次规定了承受所有权担保的资产被混合时担保权对于混合物的自动按比例附着。所有权担保的形式之一是保留所有权买卖,即买方不付清价金标的物的所有权即不转移的买卖。标的物发生混合后,数个所有权保留人成为混合物上一个担保权的共有人。

本条最后规定了作为担保物的数个金融资产在一个基金中的混合,例如分属不同担保权人的银行存款、应收账款被混合在一个账户中,此时,各担保权人对此等账户中的资金形成共有,如同对担保用实物资产混合的处理。此语中的"一个账户"并不属于担保权人,按照大陆法系金钱的占有即所有的原则,被混合的资金应属于"账户"的持有人,担保权人对他享有债权而非共有权,本条之所以以共有解决这种混合构成的基金的归属,前提是此等混合是经诸担保人协商一致达成的。②

第Ⅸ-3:106 条(条名"对混合后资产的担保权")规定:①如果负担有效担保权的有体资产被混合,担保权按第Ⅸ-2:309 条针对混合整体的相应份额继续有效。②前款准用于金融资产被混合于基金中的情形。③

本条完全是对Ⅸ-2:309 条的重复。这样的重复证明《欧洲示范民法典草案》的起

---

① 参见欧洲民法典研究组、欧盟现行私法研究组编著,克里斯蒂安·冯·巴尔、埃里克·克莱夫主编:《欧洲私法的原则、定义与示范规则:欧洲示范民法典草案.第八卷.物的所有权的取得与丧失》,朱文龙等译,法律出版社 2014 年版,第 460 页。
② 参见欧洲民法典研究组、欧盟现行私法研究组编著,克里斯蒂安·冯·巴尔、埃里克·克莱夫主编:《欧洲私法的原则、定义与示范规则:欧洲示范民法典草案.第九卷.动产担保物权.第十卷.信托(附录)》,徐强胜、赵莉译,法律出版社 2014 年版,第 75 页。
③ 参见欧洲民法典研究组、欧盟现行私法研究组编著,克里斯蒂安·冯·巴尔、埃里克·克莱夫主编:《欧洲私法的原则、定义与示范规则:欧洲示范民法典草案.第九卷.动产担保物权.第十卷.信托(附录)》,徐强胜、赵莉译,法律出版社 2014 年版,第 84 页。译文有改动。

草水平不值得恭维。

显然,相较于《统一商法典》第 9-315 条,《欧洲示范民法典草案》的两个关于动产担保物混合的条文只考虑到了担保物的物理混合,以共有处理之,未考虑价值混合,由此丧失了规定追踪制度的条件,也就没有规定,显得技低一着,影响也小。

(三)继受国(地区)法

1. 中国

我国《民法典》第 395 条规定:债务人或者第三人有权处分的下列财产可以抵押:……④生产设备、原材料、半成品、产品……第 396 条规定:企业、个体工商户、农业生产经营者可以将现有的以及将有的生产设备、原材料、半成品、产品抵押,债务人不履行到期债务或者发生当事人约定的实现抵押权的情形,债权人有权就抵押财产确定时的动产优先受偿。此两条把原材料、半成品、产品作为动产抵押的客体,为 1995 年颁布的《担保法》所无,为 2007 年的《物权法》所有,《民法典》沿袭之。增加的理由在于:①为了解决农业生产者贷款难问题,方便他们融资;②借鉴联合国贸易法委员会和世界银行的担保交易示范法对动产抵押的开放态度。① 由此可见,《统一商法典》第九编系统化的动产担保制度,通过跨国法文件的中介,已传到了我国《民法典》中。不过,继受的理由有点阴差阳错,因为《统一商法典》第 9-315 条与解决农业生产者贷款难关联不大。事实上,该条来自 1933 年制定的《统一信托收据法》(Uniform Trust Receipts Act)第 10 条。此条规定了信托收据的委托人对收益的权利。所谓信托收据,是信托担保的一种,由美国原创,首先适用于对外贸易。进口商请求一家银行或其他实体向出口商担保自己付款,从而取得需要的货物。此时,银行或其他实体成为信托人兼受益人,进口商成为受托人,在受托人付清货款前,信托人享有对货物的衡平法所有权,进口商享有法定所有权。一旦进口商破产,信托人可凭借自己的衡平法所有权得到利益的保障。按照该条,受托人对货物的处置受到限制。如果进行了处分,信托人的担保利益追及有关的可识别收益,尤其在受托人破产的情形。② 从这个起源来看,《统一商法典》第 9-315 条的确立更多地是为解决外贸安全问题。实际上,谋求改善营商环境的继受理由更加有力。③ 在世界银行 2019 年营商环境调查的"合法权利保护力度指数"中,指标 4 是"担保权益可以延伸到将来或以后获得的资产,并可自动延伸到原始资产产生的产品、收益或替代品"。世界银行专家认为,中国物权法的法律

---

① 参见黄薇主编:《中华人民共和国民法典物权编解读》,中国法制出版社 2020 年版,第 633 页,第 638 页。
② See William H. Henning, Article Nine's Treatment of Commingled Cash Proceeds in Non-Insolvency Cases, Ark. L. Rev., Vol. 191 (1981), p. 207. note 51.
③ 参见纪海龙:《世行营商环境调查背景下的中国动产担保交易法》,载《法学杂志》2020 年第 2 期。

框架下并没有对担保利益作出自动延伸的规定,本指标不能得分。[①] 迫于这种压力,我国做出了上述规定。

另外,《民法典》第 406 条第 1 款规定:抵押期间,抵押人可以转让抵押财产。当事人另有约定的,按照其约定。抵押财产转让的,抵押权不受影响。此款要求追踪制度配套。在制定本款时,立法者确实考虑到了追踪问题[②],但未考虑可采用的追踪规则。

转让动产抵押物的追踪规则被最高人民法院《关于适用〈中华人民共和国民法典〉有关担保制度的解释》第 56 条考虑到了,该条采用"正常经营买受人规则",原则上不承认对在正常经营活动中通过支付合理对价取得已被设立担保物权的动产的买受人的追踪权,但标的物是生产设备的情形以及买受人应当查询抵押登记而未查询的情形除外。所以,担保权人行使追踪权的空间有限。该解释第 41 条在人工添附的大框架内考虑到担保物被混合时的处理。其辞曰:①抵押权依法设立后,抵押财产被添附,添附物归第三人所有,抵押权人主张抵押权效力及于补偿金的,人民法院应予支持。②抵押权依法设立后,抵押财产被添附,抵押人对添附物享有所有权,抵押权人主张抵押权的效力及于添附物的,人民法院应予支持,但是添附导致抵押财产价值增加的,抵押权的效力不及于增加的价值部分。③抵押权依法设立后,抵押人与第三人因添附成为添附物的共有人,抵押权人主张抵押权的效力及于抵押人对共有物享有的份额的,人民法院应予支持。④本条所称添附,包括附合、混合与加工。把该条中的"添附"缩减为"混合",可认为该条设想了混合的三种结果及其处理。其一,处于"从"的地位的抵押财产与处于"主"的地位的第三人财产混合,混合物总体归第三人,抵押人获得补偿,抵押权人可追踪此等补偿款获得满足。其二,把"其一"的主从关系倒过来,所以是抵押人获得了混合物总体,由此,抵押物增值了,但增值的部分不属于抵押权的效力范围。其三,两个混合参与物的分量不相伯仲,导致抵押人与第三人共有混合物整体,此时,抵押权人的追踪权可及于抵押人在此等共有中的份额。不难看出,《关于适用〈中华人民共和国民法典〉有关担保制度的解释》只考虑到了物理混合,未考虑价值混合,与《统一商法典》第 9-315 条和《联合国贸易法委员会担保交易示范法》相关规定差别甚大,在允许担保权追及于共有物份额上,倒是与《欧洲示范民法典草案》的有关规定相似。

2. 中国台湾地区

1963 年,该地区制定了"动产担保交易法"。1976 年增订了第 4-1 条,规定:动产担保交易之目标物,有加工、附合或混合之情形者,其担保债权之效力,及于加工物、附

---

① 参见庄加园:《动产担保物权的默示延伸》,载《法学研究》2021 年第 2 期。
② 参见黄薇主编:《中华人民共和国民法典物权编解读》,中国法制出版社 2020 年版,第 641 页。

合物或混合物。但以原有价值为限。第 4-1 条的确立,意味着混合制度适用的扩张以及台湾地区对追踪规则的采用。

中国台湾地区还于 2015 年底组织起草"企业资产担保法",2016 年 5 月完成凡 36 条的文本。起草中,参考了《欧洲示范民法典草案》《联合国贸易法委员会担保交易示范法》《新西兰动产担保法》的相关规定。其第 21 条第 1 项第 1 款规定:担保目标为有形资产,其附合物、混合物、加工物。① 此款承认了担保物的变形以及担保权的追踪性。但这一草案至今尚未成为法律。

3. 加拿大

《加拿大动产担保法》于 1990 年制定。其第 37 条规定了担保物被混合或被加工对担保权的影响。其辞曰:货物上被公示的担保利益,在此等货物因为制造、加工、附合或混合成为产品或混集物的一部分后继续存在于此等产品或混集物,只要此等货物在制造、加工、附合或混合为产品或混集物的过程中已丧失其个性。如果有不止一个的担保利益附着于此等产品或混集物,则诸担保利益的顺位相同,根据每个担保利益原初附着的货物的成本按比例承担产品整体或混集物整体的成本。② 该规定不考虑诸担保利益公示的先后把它们定在同一顺位,让它们按比例地从混集物整体的价值中得到实现。

4. 新西兰

《新西兰动产担保法》于 1999 年制定。其第 82~86 条规定担保物被混合或被加工对担保权的影响。第 82 条规定担保权在此等情形的延续;第 83 条规定担保物原有的公示方法在此等情形的延续;第 84 条规定相对于其他担保利益有优先权的担保利益限于针对担保物被混合或加工之日的价值;第 85 条规定有不止一个担保利益针对被加工或混合的货物时的处理,例如,经公示过的优先于未经公示的;第 86 条规定购买负载担保利益的货物的价款的优先权继续存在于被加工或混合的货物上,非价款性质的针对负载担保利益的货物的优先权处在劣后的地位。③

5. 澳大利亚

《澳大利亚动产担保法》于 2009 年制定。其第 99~103 条规定担保物被混合或被加工对担保权的影响。第 99 条规定担保权在此等情形的延续;第 100 条规定担保利益的公示在此等情形的延续;第 101 条规定有优先权的担保利益限于针对担保物被混合或加工之日的价值;第 102 条规定有不止一个担保利益针对被加工或混合的货物时

---

① 参见谢在全:《浮动资产担保权之建立——以台湾地区"企业资产担保法草案"为中心》,载《交大法学》2017 年第 4 期。
② See Personal Property Securities Act,R. S. O. 1990,c. p. 10,s. 37.
③ See Personal Property Securities Act 1999,Reprint as at 1 December 2020,pp. 57s.

的处理;第 103 条规定购买负载担保利益的货物的价款的优先权继续存在于被加工或混合的货物上,非价款性质的针对负载担保利益的货物的优先权处在劣后的地位。[1]

6. 菲律宾

《菲律宾动产担保法》于 2017 年制定。其第 8 条规定:(1)担保利益扩及可识别的或可追踪的收益。(2)如果此等收益采取存储于储蓄账户中的基金的形式或已与其他基金或金钱混合的金钱的形式,则①担保利益扩及经混合的基金或金钱,尽管它们在可追踪的范围内已不可识别,②针对混合基金或金钱的担保利益,以收益在它们被混合前的存额为限,③在混合后的任何时间,存储在储蓄账户上的余额或经混合金钱的数额已少于在发生混合前收益的数额的,针对混合基金或金钱的担保利益,将限于在混合发生到针对收益主张担保利益之时的期间的最低额。[2] 这一规定借鉴《联合国贸易法委员会担保交易示范法》,使用"可追踪"的概念与"可识别"的概念并列,承认担保物可追踪但不可识别的情形,并采取最低中间余额法的追踪方式。

不难看出,从加拿大到菲律宾的动产担保法,都受到《统一商法典》和《联合国贸易法委员会担保交易示范法》有关规定的影响,中国台湾、菲律宾是有民法典的地区或国家,它们不在民法典内纳入动产担保制度而制定单行法继受这一制度的做法,值得我国借鉴。

七、混合-追踪规则适用于夫妻财产法

如前所述,格劳秀斯很早就研究了配偶双方的财产因为结婚而混合的问题,这一问题在 1983 年颁布的《美国统一婚姻财产法》中得到了重拾。其第 14 条第 1 款规定:如果分别财产与夫妻发生混合,混合的整体被视为夫妻财产,非夫妻财产能被追踪的除外。[3] 该法并未规定追踪的方法,这一工作被交给了法院和学界。

学界总结出法院采用如下方法进行追踪:其一,直接追踪法,即按照时间确定特定财产的类别的方法。这些时间节点有结婚日和财产取得日。例如,有发票证明某项财产在结婚日之前取得,它就是分别财产。威斯康星州只许采用这种方法。[4] 其二,家庭开支法。它假定混合账户中的金钱会先用于家庭开支。例如,配偶一方婚前在自己的账户上就存有 1 000 美元,婚后又存入 1 000 美元,家庭开支 1 500 美元,剩下的 500

---

[1] See Personal Property Securities Act 2009, No. 130, 2009 as amended, Prepared by the Office of Parliamentary Counsel, Canberra, pp. 115s.

[2] See Personal Property Security Act, REPUBLIC ACT No. 11057, p. 5.

[3] See Nanette K. Laughrey, Uniform Marital Property Act: A Renewed Commitment to the American Family, In Vol. 65(1986), Nebraska Law Review, p. 133.

[4] See Joan F. Kessler, Allan R. Koritzinsky, Marta T. Meyers, Tracing to Avoid Transmutation, *Journal of the American Academy of Matrimonial Lawyers*, Vol. 17(2001), p. 372.

美元属于分别财产。此法不要求发票,只算总账,在证据方面节省麻烦。加利福尼亚州采用此法。[1] 其三,婚姻财产先出法。它假定混合账户中的金钱先被开支的是婚姻财产,只有当此等财产用完后才用分别财产。所以,剩下来的就是分别财产。[2] 其四,算总账法(The Total Recapitulation Method)。在算出婚姻财产的总额后算出婚姻开支的总额,如果得出的是赤字,就可证明某项财产是用分别财产购买的,因为无其他资金来源。[3] 其五,按比例法。它确定分别财产在婚姻存续期间占家庭财产的百分比,在离婚时依据这一比例清理出参与混合的分别财产。[4]

在我国,也存在分别财产与共有财产混合问题。例如一方配偶婚前首付、婚后还贷的按揭房产,它实质上是婚前个人财产和婚后共同财产的混合体。[5] 对此问题,《最高人民法院关于适用〈中华人民共和国婚姻法〉若干问题的解释(三)》第10条规定:①夫妻一方婚前签订不动产买卖合同,以个人财产支付首付款并在银行贷款,婚后用夫妻共同财产还贷,不动产登记于首付款支付方名下的,离婚时该不动产由双方协议处理。②依前款规定不能达成协议的,人民法院可以判决该不动产归产权登记一方,尚未归还的贷款为产权登记一方的个人债务。双方婚后共同还贷支付的款项及其相对应财产增值部分,离婚时应根据《婚姻法》第39条第1款规定的原则,由产权登记一方对另一方进行补偿。这一规定考虑了婚前个人财产与婚后共有财产的混合问题并允许追踪,追踪方法一是通过协议获得分别财产的返还。方法二是通过法院判决获得同样的返还。[6] 法院怎么判?目前已得出了得房一方给对方的找补款计算公式,值得一看。[7]

要指出的是,我国不仅有夫妻分别财产与共有财产混合问题,而且有家庭成员的个人财产混合于家庭共有财产的问题。例如,农村居民建房时,通常以房主名义申请建设用地,但建造之屋则可能是全家投资、共同劳动的成果。所以,一旦分家或有其他事由,也有追踪混合财产的问题。

---

[1] See Joan F. Kessler, Allan R. Koritzinsky, Marta T. Meyers, Tracing to Avoid Transmutation, *Journal of the American Academy of Matrimonial Lawyers*, Vol. 17(2001), p. 375.

[2] See Joan F. Kessler, Allan R. Koritzinsky, Marta T. Meyers, Tracing to Avoid Transmutation, *Journal of the American Academy of Matrimonial Lawyers*, Vol. 17(2001), p. 376.

[3] See Joan F. Kessler, Allan R. Koritzinsky, Marta T. Meyers, Tracing to Avoid Transmutation, *Journal of the American Academy of Matrimonial Lawyers*, Vol. 17(2001), p. 377.

[4] See Joan F. Kessler, Allan R. Koritzinsky, Marta T. Meyers, Tracing to Avoid Transmutation, *Journal of the American Academy of Matrimonial Lawyers*, Vol. 17(2001), p. 378.

[5] 参见何丽新:《论婚姻财产权的共有性与私人财产神圣化》,载《中州学刊》2013年第7期。

[6] 参见贺剑:《夫妻个人财产的婚后增值归属——兼论我国婚后所得共同制的精神》,载《法学家》2015年第4期。

[7] 参见《离婚,房子怎么分?法官给出了一个公式计算!》,https://xw.qq.com/partner/sxs/20210424A05ABO/20210424A05ABO00? ADTAG=sxs&pgv_ref=sxs,最后访问日期:2021年6月1日。

八、混合规则适用于继承法

混合制度在继承法中也大有用场。首先,加拿大《魁北克民法典》把继承人实施的混合当作接受继承的行为。其第 639 条规定:相续人免除遗产清算人编制财产清册义务的行为或将遗产中的财产与其个人财产混合的行为,视为接受继承……[1]我们知道,接受继承可以采用默示的方式,通常提到的是管理遗产行为。如前所述,潜在继承人把自己的财产与遗产混合,属于管理行为。

其次,《智利民法典》把去混合当作分割遗产的前提。其第 1341 条规定:如由于其配偶的自有财产或盈利、合伙合同、未分割的前继承,或基于其他任何原因,死者的财产与他人的财产发生混合,应依前数条的规定首先分离彼此的财产。[2] 我国把这样的过程称为析产,以此作为继承的前提。

再次,一些国家的民法典在遗产清单利益与财产混合之间建立起排斥关系。这些国家允许继承人选择有限继承或无限继承。按照前者,继承人只在遗产的价值范围内承担责任,死者的遗产不足以清偿遗产的债权人的,按继承破产处理。按照后者,继承人完全承担遗产的债务,哪怕此等债务超过遗产的价值。如果选择前者,继承人会要求遗产管理人制作遗产清单,以此作为自己承担责任的范围。作为选择有限继承的配套措施,继承人不得把自己的财产与遗产混合,否则,作为承担有限责任手段的遗产就失去了界限。所以,《日本民法典》第 950 条第 1 款规定:继承人可表示限定承认期间,或继承财产与继承人的固有财产未混合期间,继承人的债权人,可以向家庭法院请求分离财产。[3]《法国民法典》第 802 条规定:遗产清册利益(限定继承)的效果是给予继承人以如下利益:①……②不以其个人财产与遗产相混合,并且保留对遗产请求清偿其本人之债权的请求。[4]《智利民法典》第 1259 条也规定:享受清单利益的继承人的债务和债权不得与继承中的债务和债权混合。[5]

此外,在继承人自身财务状况不好、遗产财务状况良好的情况下,如果允许继承人把自己的财产与遗产混合,将不利于遗产的债权人。为了保护此等债权人,裁判官允许他们申请财产分别(separatio bonorum),避免两个来源的财产混合而各自独立。但在此等债权人提出申请前,继承人就已经把被继承人遗留的不动产变卖为金钱,或把

---

[1] 参见《魁北克民法典》,孙建江等译,中国人民大学出版社 2005 年版,第 85 页。
[2] 参见《智利共和国民法典》,徐涤宇译,北京大学出版社 2014 年版,第 208 页。
[3] 参见《日本民法》,曹为、王书江译,法律出版社 1986 年版,第 188 页。
[4] 参见《法国民法典》(上册),罗结珍译,法律出版社 2005 年版,第 608 页。
[5] 参见《智利共和国民法典》,徐涤宇译,北京大学出版社 2014 年版,第 194 页。

动产中的种类物与自己的种类物混合,并不可识别,财产分别之申请就不能提出了。[1] 所以,《智利民法典》第 1378 条规定:遗产债权人和遗嘱债权人可请求不混合死者的财产和继承人的财产;基于此项区分利益,他们有权请求以死者的财产优先于清偿继承人自己的债权向其清偿遗产债务或遗嘱债务。第 1380 条还规定:各债权人主张区分利益的权利,在其债权未因时效消灭时继续存在,但在以下两种情形下,不产生此等权利:①……②继承的财产已脱离继承人的控制,或者该财产已通过不可能识别二者的方式与继承人的财产混合。[2] 对此,《日本民法典》第 941 条第 1 款也规定:继承债权人或受遗赠人,自继承开始时起 3 个月内,可以向家庭法院请求由继承人的财产中分离继承财产。虽于该期间届满后,继承财产与继承人的固有财产未混合时,亦同。[3]

那么,违规实施了混合的怎么办?加拿大《魁北克民法典》把继承人把遗产与自己的财产混合的行为当作其丧失有限继承机会的依据。其第 801 条规定:①在编制财产清册前将遗产与其个人财产混合的继承人,同样应对超过他取得的遗产价值的遗产债务承担责任,除非在被继承人死亡前在诸如同居的情形就混合了财产。②如财产混合发生在编制完财产清册后、清算结束前,继承人应以被混合的财产价值为限对遗产债务负个人责任。此条第 1 款认定把在编制遗产清册前混合自己财产与遗产的继承人有害于继承秩序,所以让他对遗产债务负无限责任。第 2 款认定把在编制遗产清册后混合自己财产与遗产的继承人行为不检,让他把自己混合进遗产的财产用来承担遗产的债务,算是有限额外责任。

上述制度在我国《民法典》中是否有对应条款呢?答案是肯定的。首先是设立遗产清单与混合的排斥关系的规定,见诸第 1147 条。其辞曰:遗产管理人应当履行下列职责:①清理遗产并制作遗产清单②……③采取必要措施防止遗产毁损、灭失……该条确立了遗产清单制度,这是有限继承的前提性制度,并课加遗产管理人防止遗产毁损、灭失的义务。此等义务应解释为包括避免在清单内的遗产与继承人或其他人的财产混合的内容。

第 1161 条第 1 款证明第 1147 条规定的遗产清单制度与有限继承有关。其辞曰:继承人以所得遗产实际价值为限清偿被继承人依法应当缴纳的税款和债务。超过遗产实际价值部分,继承人自愿偿还的,不在此限。此款中的"所得遗产实际价值"就是遗产清单内的财产的价值,继承人原则上在这个清单的价值范围内实行有限继承,但也可自愿实行无限继承,也就是拿出自己的财产为被继承人还债。

---

[1] 参见周柟:《罗马法原论》(下册),商务印书馆 1994 年版,第 528 页。
[2] 参见《智利共和国民法典》,徐涤宇译,北京大学出版社 2014 年版,第 214 页。
[3] 参见《日本民法》,曹为、王书江译,法律出版社 1986 年版,第 186 页。

第1153条是去混合规定。其辞曰：①夫妻共同所有的财产，除有约定的外，遗产分割时，应当先将共同所有的财产的一半分出为配偶所有，其余的为被继承人的遗产。②遗产在家庭共有财产之中的，遗产分割时，应当先分出他人的财产。此条告诉我们，在完成遗产清理前，被继承人的遗产往往与配偶他方的财产以及其他家庭成员的财产混合，要消除这种混合，才能制作出遗产清单。去混合的过程中，用得着一定的追踪方法。

第1148条和第1151条是反混合规定。前者辞曰：遗产管理人应当依法履行职责，因故意或者重大过失造成继承人、受遗赠人、债权人损害的，应当承担民事责任。此条中的"造成遗产潜在受益人"损害的行为，应包括混合遗产行为。后者辞曰：存有遗产的人，应当妥善保管遗产，任何组织或者个人不得侵吞或者争抢。本条中的"不当保管遗产"行为，也应包括混合遗产行为。一旦发生这样的混合，就有追踪规则之运用。

九、混合-追踪规则适用于破产法

《民法典》第538条规定：债务人以放弃其债权、放弃债权担保、无偿转让财产等方式无偿处分财产权益，或者恶意延长其到期债权的履行期限，影响债权人的债权实现的，债权人可以请求人民法院撤销债务人的行为。第539条规定：债务人以明显不合理的低价转让财产、以明显不合理的高价受让他人财产或者为他人的债务提供担保，影响债权人的债权实现，债务人的相对人知道或者应当知道该情形的，债权人可以请求人民法院撤销债务人的行为。这两条规定了债务人诈欺性地转让自己的财产时债权人的撤销权。诈欺转让行为实施后，其标的财产与受让人的财产混合，债权人要运用追踪手段才能追回有关财产，保障自己债权的安全。

十、混合-追踪规则适用于刑法

(一)民族国家法

1. 英国

该国很早就把追踪制度引入刑法。在窃贼把偷来的财物出售的情形中，赃物的所有人可追索出卖此等赃物的收益。到了1910年，还是英国一部分的澳大利亚的高等法院在Black v. S Freedman & Co Ltd一案中确认，针对被盗金钱成立一个拟制信托，窃贼是此等信托的受托人。由此，赃款的所有人取得了对收益的衡平法所有权。[①]按照这个理路，《2002年犯罪收益追缴法》第306条列举了可追缴财产与其他财产混合的方式：其可混合于某银行账户中，可与其他财产混合购买一项财产，修复或提高土

[①] See John Tarrant, *Theft Principle in Private Law*, Vol. 80(2006), ALJ, p. 531.

地的效能或收购某一财产的租赁使用权等。在混合财产中,由可追缴财产构成的那部分价值就代表了违法所得,是可追缴财产,剩余的部分是"关联财产"。"关联财产"是个人合法持有的、在某些方面与可追缴财产相关联的财产。例如,将15 000英镑可追缴资金与5 000英镑合法财产混合,购买一辆价值20 000英镑的汽车,则这辆汽车价值份额的3/4将构成可追缴财产,剩余的资产是"关联财产"。[①] 这样的规定与下文要介绍的国际刑法公约中的混合规则形成呼应。

2. 中国

我国《刑法》第185条第1款规定了银行职员挪用单位或客户资金罪,第272条第1款规定了企业工作人员挪用本单位资金罪,第384条第1款规定了公务员挪用公款罪。"挪用"包括"挪"和"用"两个环节,头一个环节包括挪用人把不属于自己的资金脱离资金的权利人的占有与自己的资金混合以图将来"用"的行为。《刑法》第64条规定:犯罪分子违法所得的一切财物,应当予以追缴或者责令退赔;对被害人的合法财产,应当及时返还……此语中的"追缴"包含"追踪"的意思。追踪的结果,要及时返还给被害人。当然,如果追踪的结果能达成全额返还,那是最优的。但犯罪分子通常把犯罪所得快速挥霍,这样的结果可遇不可求。面对不能全额返还的局面,我国公安机关通常采取按比例分配法分配追踪所得。据2021年4月14—15日的《今日说法》节目报道:开封有一个包含37人的诈骗集团实施"杀猪盘"电信诈骗,受害人众多。南京市江北新区公安局侦办此案,赃款追回80%,如何还?按比例分配法还。这样,所有的受害人都可能按比例从追踪成果中有所得。如果采用先进先出法,80%的追踪款分给先受骗的人后,后受骗的人就分不到了,有失公平。从本案还可看出,尽管我国关于"追踪"的理论滞后,但实践是日常的,换言之,我国公安机关天天都在追踪电信诈骗和网上赌博的赃款。在这样的案件中,骗子或赌场组织者一旦得手,就会通过叫作"水房"的操作把赃款分散到收集来的众多银行卡上,然后组织人员提现。如何从一级卡、二级卡甚至更多层级的卡上找到赃款的下落,我国公安机关已摸索出一套行之有效的方法。

(二)跨国法

1. 1988年《联合国禁止非法贩运麻醉药品和精神药物公约》

第5条(没收)规定:各缔约国应制定可能必要的措施以便能够没收……犯罪中得来的收益或价值相当于此种收益的财产。该条第5款(b)项规定:如果收益已与得自合法来源的财产相混合,则在不损害任何扣押权或冻结权的情况下,应没收此混合财

[①] 参见乔玲:《英国的民事追缴制度及其对我国的启示》,载《公安学刊——浙江警察学院学报》2010年第1期。

产,但以不超过所混合的该项收益的估计价值为限。① 按照此条,犯罪收益与合法财产混合的,无论前者可识别与否,都应没收混合财产的整体,但要把清算出来的合法收益退给有关人等。我国于1989年10月25日加入了该公约,所以,它是在我国有效的法律。

2. 2000年《联合国打击跨国有组织犯罪公约》

第12条(没收和扣押)第4款规定:如果犯罪所得已与从合法来源获得的财产相混合,则应在不影响冻结权或扣押权的情况下没收这类财产,没收价值可达混合于其中的犯罪所得的估计价值。对于来自犯罪所得、来自由犯罪所得转变或转化而成的财产或已与犯罪所得相混合的财产所产生的收入或其他利益,也应适用本条所述措施,其方式和程度与处置犯罪所得相同。② 此条规定的精神与《联合国禁止非法贩运麻醉药品和精神药物公约》第5条一致。我国于2000年12月12日签署了该公约。

3. 2003年《联合国反腐败公约》

第31条(冻结、扣押和没收)第5款规定:如果这类犯罪所得已经与从合法来源获得的财产相混合,则应当在不影响冻结权或者扣押权的情况下没收这类财产,没收价值最高可以达到混合于其中的犯罪所得的估计价值。③ 此条规定的精神与前述两个公约的有关规定一致。2003年12月10日,我国签署了该公约。

另外,2017年《最高人民法院、最高人民检察院关于适用犯罪嫌疑人、被告人逃匿、死亡案件违法所得没收程序若干问题的规定》第6条第3款一般地规定了追赃性的混合处理。其辞曰:来自违法所得转变、转化后的财产收益,或者来自已经与违法所得相混合财产中违法所得相应部分的收益,应当视为第1款规定的"违法所得"。按照该款,犯罪嫌疑人、被告人的合法财产与违法所得混合的,违法所得的性质不变,仍然是没收的对象。

十一、结论

至此可见,罗马法开创了混合-追踪问题,把有关的规则适用于多个领域,然而,德国法族的国家往往把混合限定为物权法中的添附制度中的一个子制度,而且把混合的原因限定为侵权行为或无因管理,由此丢掉了罗马法的好传统。拉丁法族国家的民法

---

① 参见《联合国禁止非法贩运麻醉药品和精神药物公约》,载 https://www.un.org/zh/documents/treaty/files/UNODC-1988.shtml,最后访问日期:2021年2月26日。
② 参见《联合国打击跨国有组织犯罪公约》,载 http://www.npc.gov.cn/wxzl/wxzl/2003-11/07/content_323719.htm,最后访问日期:2021年2月26日。
③ 参见《联合国反腐败公约》,载 https://www.un.org/zh/issues/anti-corruption/uncac_text.shtml,最后访问日期:2021年2月26日。

典,偶有在添附之外适用混合制度的,令深受德国法影响的我国译者不解,把这样的混合翻译为"混淆"或"混同",以示区别。相反,英美法借鉴罗马法的智慧,在大陆法的动产混合概念基础上发展出价值混合概念以及相应的追踪制度,作为混合法域立法成果的加拿大《魁北克民法典》,有八个条文规定混合制度,其涵盖范围远远超出添附制度和物权法,该民法典给了笔者很大启示,促使笔者研究物权法以外的混合制度,形成本文。

本文研究了信托法、监护法、宣告失踪法、公司法、动产担保法、夫妻财产法、继承法、破产法、刑法九个领域的混合问题,它们可分为涉及信义关系的混合与其他混合,信托法、监护法、宣告失踪法、公司法中的混合属于前者,所以可集中论述。它们还可分为有追踪处理的混合与无追踪处理的混合两类。宣告失踪法、公司法、继承法中的混合无追踪处理,前者把混合作为侵权行为处理,中者采用刺破法人面纱的办法解决,后者视为无限继承来解决。在有追踪处理的混合中,我们可注意到不同领域有不同的追踪规则,动产担保法中采用的追踪规则有先进先出法、按比例分配法和最低中间余额法,以后者最为通用。在夫妻财产法中,采用直接追踪法、家庭开支法、婚姻财产先出法、算总账法、按比例法五项追踪规则。两个领域的追踪规则毫不重复,体现了具体问题具体解决的必要或法律的经验性。这些追踪规则都产生较早,让身处电子支付时代的我们看来遥远。在我们的时代,但凡涉及支付,往往都有银行流水可查,手机短信可查,追踪相对容易。

法律对混合的关注经历了从原物(物理)混合到收益混合(价值混合)的过程。对后一种混合的追踪处理,是衡平法的贡献,但一旦承认了这样的混合-追踪规则,金钱的占有即所有的传统规则将动摇,引起震荡。例如,按照大陆法系国家的通说,客户把钱存入银行后,银行取得其所有权,客户保留债权。但如果允许追踪账户上被混合的金钱,其理论依据是追踪者对金钱享有衡平法上的所有权,则银行对于账户上金钱的所有权会遭到否认。所以,大陆法系国家包括我国,对承认价值混合态度谨慎,踟蹰不前,导致一些继受自英美法的制度不能贯彻到底,令人扼腕。

法律对混合的关注还经历了从内国法到跨国法的过程。从私法的角度看,由于一些国际组织的积极活动以及区域法律一体化运动的推动,产生了一些跨国性的私法示范法,它们往往规定了这样那样的混合-追踪制度,由此极大地扩展了混合制度的适用面。这些跨国私法上的混合-追踪制度又由于世界银行的改善营商环境评估标准的压力渗透我国立法,或者是《民法典》这样的基本法,或者是最高人民法院的司法解释。无论采用何种形式,我国对混合-追踪规则的继受是零零碎碎的,并不成龙配套,而且被安排在一个大陆法系的物权法框架内,造成新制度与旧制度格格不入。相反,有些国家和地区干脆另起炉灶,在民法典之外以单行法的有关单元继受英美法来源的混合-追踪制度,这样得到的结果更有体系且不失真。从刑法的角度看,一些打击犯罪的国际公约以混合-追踪规则解决追赃问题,我国参加了这些公约并以内国法把相应的规则制度化,由此把混合-追踪问题不仅带出了物权法,而且带出了民法,带入了刑法。

由于上述种种实践,把混合理解为物权法中的添附制度中的一个子制度的成见,已沦为错误,事实上,混合已独立于人工添附、物权法甚至民法而走入跨国私法、刑法,成为一个运用非常广泛的制度,需要我们重新认识之。当然,经常与混合规则配套发挥作用的追踪规则也非常重要,需要我们加强研究。遗憾的是,我国对追踪规则研究薄弱,更谈不上考虑区分领域适用不同的追踪规则。

这样的混合概念在我国《民法典》中有广泛的适用空间。具体的适用类型前文已述,此处不再重复。这里只讲我们可用这样的混合概念对如下民事责任法的旧规作出新解。

《民法典》第179条规定:承担民事责任的方式主要有:……⑤恢复原状。第566条第1款规定:合同解除后,尚未履行的,终止履行;已经履行的,根据履行情况和合同性质,当事人可以请求恢复原状或者采取其他补救措施,并有权请求赔偿损失。第157条规定:民事法律行为无效、被撤销或者确定不发生效力后,行为人因该行为取得的财产,应当予以返还;不能返还或者没有必要返还的,应当折价补偿。……这些规定中的"恢复原状""返还"都暗含着违法行为的标的财产被责任人占有并与其自己的财产混合,当责任成立后,要以追踪的方法给这样的财产去混合的假定。

论股东除名的事由、程序与后果

刘凯湘

摘　要：确定股东除名事由应当坚持法定事由与约定事由并存的原则，并充分借鉴合同法、合伙企业法中关于合同解除、合伙人除名退伙等制度内涵。法定事由应当包括违反出资义务、抽逃出资、严重损害公司利益的不正当行为等。约定除名事由的具体方式应当包括公司章程、股东协议与股东会决议三种方式。除名程序规则中应当规定对拟被除名股东的催告程序并给予其合理的异议期间。拟被除名的股东就除名议案不享有表决权。除名权属于公司的一项一般形成权，但公司既可以股东会决议的方式行使也可以向法院提起诉讼的方式行使。被除名股东有权提起除名决议撤销或无效之诉。公司除名决议的通知到达被除名股东时发生效力。进入诉讼程序的股东除名之诉在法院支持公司除名决议的情况下，被除名股东的资格仍旧自公司的除名通知到达股东时生效，但若公司直接起诉请求法院判决对股东除名者，则自起诉书副本到达问题股东时生效。我国《公司法》此次修改应当对公司股东除名制度予以规定。

关键词：股东除名；除名事由；除名程序；除名效力

一、引言

所谓股东除名，通常是指"有限责任公司依据法律和章程的规定，否定严重损害公司利益的股东的股东资格，从股东名册上删除其信息记录的法律行为"[①]。尽管我国现行《公司法》未能对有限责任公司股东除名制度作出规定，但公司法学理上有关股东除名、股东资格丧失、股东失权等相关的研究一直没有间断，而自从 2010 年《最高人民法院关于适用〈中华人民共和国公司法〉若干问题的规定（三）》[以下简称《公司法司法解释（三）》]第 17 条规定了与股东除名相关的规则之后，有关股东除名的学理研究成

作者简介：刘凯湘，北京大学法学院教授。
① 沈贵明：《股东资格研究》，北京大学出版社 2011 年版，第 264 页。

果也越来越多。但是,相较于公司法的其他领域,股东除名制度的研究仍然相对比较薄弱,据笔者通过北大法宝检索,输入关键词"股东除名",搜索到的论文不到20篇。是故,对此一课题的进一步研究与探讨仍然十分必要。

学界目前对于公司法立法中规定股东除名制度的法理价值、理论依据等的探讨已基本达成共识,即认为我国应当建立有限责任公司的股东除名制度,甚至将来股东除名制度可以适用到股份有限公司,该制度具有维护公司资本的真实性、惩罚严重损害公司利益的股东、维护公司的经济价值、实现公司治理的自治等多重制度价值。[1] 但是,就如何建立一套相对合理、公平又具有较强的可操作性进而便于司法适用的股东除名具体规则,则存在较大的争议,主张各异。本文拟着重就股东除名的规则建构,特别是除名事由、除名程序和除名后果三个方面提出自己的设想,以求教于方家。

二、确定股东除名事由的基本原则与思路

将一个本属于组织体内、具有社团成员资格的公司股东权进行除名,将其驱逐出公司,并且是由公司单方作出这样的决定,很显然,兹事体大,不仅关乎被除名股东的切身利益,也关乎公司以及公司其他股东甚或更多相关者的利益,是故,何种情形或者事由出现时才能启动股东除名程序,并且最终实质性地将股东除名,首要的问题便是:法律在设定股东除名事由时应当遵循什么样的原则?

笔者以为,确定股东除名事由时应当遵循以下几条基本原则与思路,方能充分实现股东除名的制度价值,同时使得除名制度具有较强的可操作性:

(一)坚持法定事由与约定事由并举的原则

对于哪些事由构成符合股东除名的情形,从立法选择角度而言可以采取三种模式:一种是法律不作明确性规定,全部交给公司股东通过股东会或者公司章程进行约定;第二种则相反,只能由法律直接就股东除名事由作出规定,不能由当事人自由协商确定;最后一种是既由法律作出明确的法定的除名事由,同时也允许当事人自治,由股东通过股东会、股东协议、公司章程等方式就除名事由事先作出约定。

笔者认为,股东除名毕竟是一种公司管理与存续当中的重大事由,涉及其他股东的利益和公司的利益,涉及被除名股东的利益,公司法如果对如此重大的问题不作出任何规定,任由当事人自己约定,便会产生较大的立法漏洞,导致司法实务中法官缺乏基本的裁判依据,所以,公司法应当对股东除名的事由作出明确的规定。

由公司法对股东除名事由作出明确的规定至少有三个方面的积极意义:其一,为

---

[1] 李建伟:《有限责任公司的股东除名制度研究》,载《法学评论》2015年第2期。

股东资格变动纠纷特别是涉及股东除名纠纷案件提供明确的立法依据,最大可能地统一股东除名纠纷案件的裁判标准,减少同案不同判带来的法律适用风险;其二,为公司和股东在订立股东协议、公司章程或者作出股东会决议时就如何确定股东除名的事由提供行为指引,充分发挥公司法的行为指引功能,并且建构事实上大体相同的股东除名事由市场规则,使得公司法的规则能够最大限度地契合市场需求;其三,完善公司法自身的规则体系,尽量减少立法漏洞。

所以,我国现行《公司法》未能就股东除名制度包括股东除名的法定事由作出规定实为一种立法上的缺憾,目前司法实践中仅能依据《公司法司法解释(三)》第17条规定对股东除名纠纷作出裁判,而该条规定实际上仅规定了一种模式(表述为两种,即"未履行出资义务"和"抽逃全部出资",但实质上都是出资义务方面的义务违反),无法应对实践中多样化的股东除名纠纷的局势。

然而,与此同时,不能排除公司和当事人通过意思自治自由约定或者通过决议确定股东除名的事由与情形之权利。首先,公司毕竟是私法上的主体,私法自治的理念与原则应当贯穿于所有的公司制度设计,股东除名制度亦不能存在例外。其次,公司或者股东通过公司章程、股东协议或者股东会决议的方式约定股东除名事由,其实质是股东之间或者股东与公司之间达成的合意,属于合同自由的范畴,国家不应当给予过多的干预。再次,就有限公司而言,每个公司都有其独特性与差异性,组成公司的每个股东亦有其作为股东的不同的背景、需求与动机以及其他主客观情况的差异,股东相互之间是相对最为信任和了解的,特别是当公司的设立目的、目的事业、经营理念、管理策略、发展目标等在公司设立之初就为每个股东所认可,基于此种认可而进一步通过股东协议、公司章程等明确约定当出现某位股东的行为有悖于上述目的、理念、目标等情形,出现所谓的"问题股东"或者股东僵局时,公司其他股东有权通过公司决议将其除名,逐出公司,是每一位股东都愿意接受的后果,不存在对少数股东的压迫,而是平等地普适于所有股东,并且通过此种途径化解公司与股东、个别股东与全体股东之间的矛盾,挽救公司于濒临解散。最后,如同合同法中,尽管都是买卖合同,但是具体的买受人与出卖人、买卖的标的物、交付的方式与时间、付款的条件与程序、物权变动的安排等,都会有其个性与特殊性、差异性,所以当初的《合同法》和现在的《民法典》"合同"编都在对买卖合同的一般性解除条件作出规定,同时允许当事人就特殊事件的解除事由作出约定。

允许公司和股东通过公司章程、股东协议、股东会决议等方式约定或决定股东除名事由,需要在规则建构上注意以下细节并争取作出相应的规定,提供尽可能周全的规则供给:

首先，约定事由的合法性来源问题。上文论述的基于私法自治应当允许公司与股东就股东除名事由作出约定，这是约定除名事由正当性的实质性依据，但是，约定事由的合法性还需要同时获得程序性的合法依据，亦即公司法需要授权公司和股东有权就股东除名事由作出约定。具体而言，《公司法》可以参照《民法典》"合同"编关于合同解除方式（或解除类型）的规定，先规定当事人可以在合同中约定解除合同的事由，当出现约定的解除事由时当事人即可行使解除权解除合同，也就是《民法典》第562条第2款表述的："当事人可以约定一方解除合同的事由。解除合同的事由发生时，解除权人可以解除合同。"然后接着规定法定的解除事由。《公司法》可以作出如下的条文规定："公司或者公司股东可以通过公司章程、股东协议、股东会决议等方式约定或者决定股东除名的事由或者情形。约定的股东除名的事由或者情形发生时，公司可以按照公司章程或者法律规定的程序作出股东除名的决议。"有了《公司法》的这一授权，公司依据公司章程或者股东协议对其股东进行除名才获得了合法性的依据，被除名的股东原则上就不能以约定的事由并非法定事由为由请求确认除名决议无效或者撤销除名决议。

股东除名的约定事由需要获得公司法的特别授权，才能产生适用的法律效力，这在域外的立法例上也是得到认可的。例如，《德国商事公司法》第34条第1款规定："只有公司章程规定允许的情况下，才可以收回营业份额。"然后紧接着在该条第2款规定："只有营业份额收回的条件在权利人取得营业份额之前已经在公司章程中予以规定时，才可以不经权利人同意而强制收回营业份额。"①

其次，约定除名事由的具体方式应当包括三种，即公司章程、股东协议与股东会决议。公司章程是最主要、最常见的约定股东除名事由的方式与载体，自无疑义。这是由公司章程的法律地位所决定的，即"公司章程是公司自治性质的根本规则"②。但是，公司章程是否为唯一的能够约定股东除名事由的法定方式？笔者认为，尽管公司章程是最主要和最常见的约定股东除名事由的方式，但立法上应当承认其他两种方式具有与公司章程约定同样的法律效力：①股东协议。所谓股东协议，是指公司股东之间就股东权利义务及公司治理等达成的合意。狭义的股东协议"仅指部分或全部股东之间就股东投票权之行使、公司内部治理事项安排、股份转让限制等事项达成的公司章程之外的协议"，广义上的股东协议还包括"股东与公司、董事、经理等特定范围内的主体之间就股东投票权之行使、公司内部治理事项安排和股份转让限制等事项达成的公司章程之外的协议"。③ 股东协议与公司章程的区别在于：公司章程是公司设立与

---

① 参见《德国商事公司法》，胡晓静、杨代雄译，法律出版社2014年版，第39页。此处的"营业份额"即有限责任公司的股份或者股权。
② 赵旭东主编：《商法学》，高等教育出版社2015年版，第98页。
③ 罗芳：《股东协议制度研究》，中国政法大学出版社2014年版，第18—19页。

存在的法律基础,是公司治理的重要依据①,其内容包括强制记载事项与任意记载事项,涉及公司治理的各个方面,其效力则及于公司、公司股东、董事、监事、高级管理人员等,股东协议则仅是股东相互之间的合意,其不属于公司设立的必备要件,其内容通常不涉及公司治理,而主要是关于股东之间的权利义务的约定,其效力则仅能约束股东,而不能约束公司董事、监事与高级管理人员。公司章程是公司必备的法律文件,任何一家公司必然有置备于公司与公司登记机关的公司章程,但不一定签订有股东协议。就股东除名事由而言,尽管事关公司治理,但其核心价值与关切却是股东之间的权利义务的约定,而股东除名事宜显然是仅仅或者主要涉及股东之间的利害关系,不关乎公司治理及其他公司层面意义上的事宜,所以,如果某个公司并未在公司章程中对股东除名事由作出规定,但在股东协议中作出了此类约定,且公司最终依据该股东协议中的约定作出了对某个股东的除名决议,则应当认定为有效,是其行使约定解除权的结果。②股东会决议。如果公司章程没有关于股东除名事由的约定,亦无股东协议,但公司的某次股东会议上就股东除名事由的议案经过了其他股东的一致通过,作出了有效决议,后公司依据此次股东会决议中关于股东除名事由的决议事项而作出对某个股东的除名决议,笔者认为,此种情况下股东会的除名决议也应当被认定为有效,也是公司行使约定除名权的结果。

再次,公司章程或者股东协议、股东会决议中约定的除名事由是否需要经过司法审查的问题。换言之,如果公司依据公司章程、股东协议或者股东会决议的除名事由而作出了对某个股东的除名决定,该股东不服而提起诉讼,请求法院确认除名决定无效或者撤销该决议,其所持理由是:上述文件中约定的或者规定的除名事由条款是无效的,因为该等条款违反了法律行政法规的强制性规定,或者严重侵害了股东的固有权利,或者违反诚实信用原则与公平原则等,此时法院是否需要对上述条款的效力进行实质性审查;抑或,法院是否应当依职权主动审查上述条款的有效性。对此,笔者认为,原则上法院不宜主动进行审查,以显示对公司章程自治的尊重,但是,如果被除名股东提出了无效的确认请求,则法院应当就上述条款的有效性问题进行实质性审查与判断,不能认为只要公司章程或者股东协议或者股东会决议有了规定或者约定就一定全部有效。

审查与判断上述条款有效性的标准可以从以下三个方面考量:

第一,是否有违公平原则与诚实信用原则?约定或者规定的除名事由是不是关乎公司经营管理以及全体股东共同利益的重大事情?如果将股东的某些偶发的、轻微

---

① 施天涛:《公司法论》(第三版),法律出版社2014年版,第124页。

的、非恶意的行为也作为除名事由,则显属过于苛刻,即使是作出了明确的表述,也应当认定其不能发生效力。例如,如果公司章程规定"股东无论以任何理由连续两次不出席股东会议,则其他股东有权将其除名",则此一约定的除名事由便属于过于苛刻,原则上应当认定为无效。

第二,是否符合除名制度的目的与初衷?是不是以解决个别股东与其他股东之间的紧张关系而设立的事由?如果股东的行为尽管具有可非难性,但与除名制度的目的并无必然的联系,则可以认定其无效。例如,公司章程规定,"如果某个股东因其自身行为受到了行政机关作出的行政处罚,则可以将其除名",此一除名事由实则与除名制度的目的毫无必然的联系,也不能起到解决股东僵局的作用,故应当认定为无效。

第三,初始的公司章程与修改的公司章程关于股东除名事由的效力是否存在差异?依据《公司法》的规定,修改公司章程只需达到表决权的三分之二以上即可,但初始订立的公司章程(包括股东协议)需要经过全体股东(发起人)的一致同意,包括除名事由的事项,也是需要全体一致同意方能通过,所以,逻辑上而言,如果公司章程的修改涉及股东除名事由,例如将原来公司章程规定的"超过约定的缴资期限一年而不缴纳出资"的除名事由修改为"超过约定的缴资期限六个月而不缴纳出资",则此一修改不能仅仅获得三分之二多数决就通过,而应当经过全体股东的一致同意才能有效通过。笔者赞同如下的见解:"初始章程基于合同机制的存在,对个别股权予以限制或者剥夺的'另有规定'应'从其规定',而在资本多数决原则下的章程修正案,对个别股权予以限制或者剥夺的'另有规定'是否应'从其规定',不无疑问。源于初始章程的'另有规定'和源于章程修正案的'另有规定'缺乏共同的法理基础,应对章程修正案'另有规定'的自由予以必要的限制。"[①]也有学者建议,由于公司章程涉及股东除名事项时属于"重度特别决议",可以规定更为严格的修改通过条件,例如90%以上表决权通过方可修改公司章程中股东除名的事由[②],但此种设计显然过于繁琐且难以操作,不如直接规定由全体股东一致通过更为妥帖。

(二)充分借鉴合同法中的法定解除制度中的解除事由的规定

股东协议本身就是一种合同,而公司章程、公司股东会决议其实也可以看作是全体股东之间达成的合意,全体股东订立公司章程的行为、作出股东会决议的行为,与订立股东协议的行为,其实质都是含有意思表示的法律行为,且十分接近,只是合同行为属于当事人意思表示相向而作出,决议行为属于当事人意思表示同向而作出,而其他股东将某一个股东除名,解除其股东资格,其实也就是解除之前与其订立的股东协议

[①] 参见钱玉林:《公司章程"另有规定"检讨》,载《法学研究》2009年第2期。
[②] 参见戴中璧:《试论有限责任公司股东除名制度的理论基础》,载《扬州大学学报》2013年第5期。

与公司章程,此与合同法中的合同解除制度已然十分接近,唯一不同的是,就解除的效果而言,合同一旦解除,则对双方当事人均不再具有约束力,合同终极地失去效力,而某个股东被解除资格后,只是对该股东而言,上述股东协议、公司章程不再对其具有约束力,而对其他股东而言,上述法律文件继续有效。"公司法只不过是大量公司合同的浓缩标准版,而公司章程则是具体的公司合同,所以,将其视为公司法的渊源,并无不当。"①是故,就解除事由而言,可以借鉴《合同法》上的解除制度,再结合公司法的性质与特征,设计出公司法上股东除名事由的基本规则。

首先,合同法对合同解除制度持十分审慎的态度,公司法对股东除名也应当秉持此一理念。"法律规定的合同解除条件或原因必须严格,不能动辄使合同面临被解除的风险,进而危及交易安全与市场信心。"②同样道理,公司法上对股东除名的条件与事由如果规定得过于宽松,势必对公司的稳定性产生不利影响,进而危及公司的经营管理与目的事业。

其次,合同法中的合同解除分为约定解除与法定解除两大类,公司法也可以区分为两大类,即约定除名权与法定除名权。前者的除名事由由公司章程、股东协议、股东会决议等作出约定,后者的除名事由直接由《公司法》作出规定。如果公司通过股东会对某个股东作出除名决议,其依据的是约定除名权,则就约定的除名事由进行举证与解释;如果依据的是法定除名权,则须就其依据的《公司法》的除名规定进行举证与解释。我国《公司法》目前没有关于股东除名制度的任何规则,实属立法缺憾,此次借《公司法》修订的机会,应当填补这一立法漏洞,作出股东除名制度的规定。即使不能一步到位对股东除名制度作出全面的规定,也应当至少提供最基本的规则供给,哪怕只有一两个条文也是进步与创举。

再次,就公司法中的法定除名权设计而言,重点是列举哪些事由应当作为由《公司法》直接规定的除名事由。此一环节更可以大胆借鉴合同法中的法定解除事由的规则。《民法典》"合同"编第 563 条规定:"有下列情形之一的,当事人可以解除合同:(一)因不可抗力致使不能实现合同目的;(二)在履行期限届满前,当事人一方明确表示或者以自己的行为表明不履行主要债务;(三)当事人一方迟延履行主要债务,经催告后在合理期限内仍未履行;(四)当事人一方迟延履行债务或者有其他违约行为致使不能实现合同目的;(五)法律规定的其他情形。"从上述规定可以看出,合同法的法定解除事由主要是基于一方的严重违约行为即根本违约,致使合同目的不能实现,进而赋予另一方解除合同的权利,"根本违约""合同目的不能实现"这些关键构成要素可以

---

① 罗培新:《公司法的合同解释》,北京大学出版社 2004 年版,第 137 页。
② 刘凯湘:《民法典合同解除制度评析与完善建议》,载《清华法学》2020 年第 3 期。

为公司法设计股东法定除名权事由提供基础。"若股东只是未全面履行出资或者抽逃部分出资,只构成一般违约,则不能适用除名制度。"[①]当然,公司的团体性与组织性特征不同于合同的单纯行为性特征,但是合同解除与股东除名的制度目的与功能其实是异曲同工的。公司法设计列举具体的法定除名事由,与上述《民法典》"合同"编第563条规定的产生法定解除权的具体列举情形是基于同样的逻辑安排。

(三)充分借鉴合伙企业法中有关合伙人资格丧失的法定事由之规定

合伙企业是商法中除公司之外的另一种重要的商事主体,我国于1997年即颁布了《合伙企业法》,该法设有专门的一节规定退伙,即导致合伙人资格的丧失问题。由于合伙企业是最典型的人合组织,合伙人之间具有极强的人身信赖关系,故合伙企业法对合伙人丧失合伙人资格作出了较为详细的规定,此与公司法形成了明显的反差。《合伙企业法》中的退伙包括协议退伙、单方退伙、当然退伙和除名退伙四种类型,其中除名退伙规则对公司法中设计股东法定除名权具有借鉴意义。《合伙企业法》第49条规定:"合伙人有下列情形之一的,经其他合伙人一致同意,可以决议将其除名:(1)未履行出资义务;(2)因故意或者重大过失给合伙企业造成损失;(3)执行合伙事务时有不正当行为;(4)发生合伙协议约定的事由。对合伙人的除名决议应当书面通知被除名人。被除名人接到除名通知之日,除名生效,被除名人退伙。"依据此规定,合伙企业法设计合伙人可以被除名的法定事由考虑到的主要价值是合伙人之间的相互信赖、合伙人对合伙企业的忠诚与信义义务,这些思路均值得公司法设计股东除名事由时充分借鉴。

三、股东法定除名事由的具体类型及其内涵确定

基于上一节的论述,基于公司本身的团体人格属性和营利性目的事业的需要,借鉴合同法、合伙企业法等相关法律制度,以及已有的公司法相关司法解释的规定,笔者建议我国《公司法》中的股东法定除名事由应当以列举加兜底的方式进行立法表达,其中最主要的是要考虑具体列举哪些事由作为股东法定除名的事由。

同时,应当以股东义务作为股东除名法定事由的逻辑基础与依据,确立股东的法定义务类型。这是基于前述借鉴《合同法》中的法定解除权制度的自然结论,即合同一方当事人严重或者根本违反合同义务时,对方作为守约方享有解除合同的权利,终止合同关系。股东权利是公司法的出发点与归宿,但是为了有效地享有和行使股东权利,必须同时为股东设置法定义务,当股东违反这些法定股东义务且达到一定严重程

---

① 刘晓惠:《从根本违约角度探析有限公司除名制度》,载《湖北工程学院学报》2017年第1期。

度时,其他股东与公司即可启动股东除名程序,结束与此等"问题股东"的合作关系。股东义务是"股东行使权利的代价,它是指股东基于股东身份而必须依法作出的一定行为或不得作出一定行为的约束"[①]。

进一步,股东除名的法定事由原则上应当是以股东存在主观上的故意或者重大过失为条件,如果导致个别股东与其他股东或者公司之间的僵局并非个别股东的主观过错所致,则不应将其除名。尽管有文章指出,"如无故意或重大过失的主观过错而其行为或状态依然给公司或者其他股东造成重大损失,也当属除名事由,这里的法学原理在于除名制度的本意并非在于对除名股东的惩罚,而是为了解决利益冲突,达成利益平衡",[②]但是,基于轻微过失甚至没有过失而将一个人合性极强的有限公司的股东除名,无论是逻辑上还是道义上都难以令人信服。当然,如果是由于不可抗力而导致的股东僵局情形,则可以不考虑股东的主观过错因素,此与合同法中的法定解除事由之一即"因不可抗力致使合同目的不能实现"是异曲同工的。在德国法上,一般也认为必须是可归责于股东的"重大事由"才能将股东除名,例如股东财务状况严重恶化或濒临破产,或者股东的行为严重违反忠实义务,滥用股东权利对公司或者其他股东利益造成严重损害,或者私底下投资其他与公司有竞争关系的公司且妨害公司利益等。[③]

基于上述考虑,依笔者之见,可以考虑将下列情形规定为股东法定除名的具体列举事由:

(一)未履行出资义务

按照公司章程规定向公司出资是股东的首要义务,"是否履行了法定的资本实缴义务是追究股东责任的重要依据"[④]。所以,无论是立法上还是学理上均将未履行出资义务作为股东法定除名的最主要事由之一。《公司法司法解释(三)》第17条规定"未履行出资义务"和"抽逃全部出资"作为股东除名的两种法定事由,其中"未履行出资义务"毫无疑问应当作为首要的股东法定除名事由予以规定,此与《合伙企业法》中的法定除名退伙事由的第一项即"未履行出资义务"如出一辙。但是,如何理解出资义务?特别是如何判断"未履行出资义务"?尤其是在注册资本认缴制的前提下,如何确定股东未履行出资义务而将其除名,需要进一步予以甄别与确定其内涵。

1. 如何判断股东是否已经履行出资义务的标准与具体依据

向公司缴纳出资是股东最基本的义务,但是在认缴制下,股东缴纳出资的义务在时间上或者期限上有了相对的不确定性,至少股东不需要在公司成立时即将其出资全

[①] 顾功耘主编:《商法教程》(第二版),上海人民出版社、北京大学出版社2006年版,第150页。
[②] 赵德勇:《论公司除名制度中的事由界定》,载《求是学刊》2015年第3期。
[③] 参见杨君仁:《有限公司股东退出与除名》,台湾神州图书出版有限公司2000年版,第125—126页。
[④] 赵旭东主编:《商法学》(第三版),高等教育出版社2015年版,第115页。

部实缴到位,通常发起人都会在公司章程中约定各股东的认缴出资的实际缴付期限,也可能是公司成立后的某个时间一次性缴纳,也可能是在一定的期限内分期缴纳,而这个期限可长可短,实务中约定10年、20年甚至30年、40年的都有,所以股东履行出资义务需要符合公司章程或者发起人协议中约定的条件:出资数额,出资方式及其交付,出资期限。如果在这三个方面存在不符合约定的条件,才有可能证明股东未履行出资义务。

2. 出资数额方面,是否应当理解为未履行任何出资义务

如果在约定的出资期限届满后,股东履行了部分出资义务,但并非根本未履行出资义务,是否可以将其除名?无论是从逻辑上还是从实证上分析,根本未履行与部分未履行是不同的,而部分未履行中,大部分未履行与小部分未履行也是差异颇大的。比如,一个已经履行了90%出资义务的股东与一个仅履行了10%出资义务的股东,尽管都存在违约未完全出资的情形,但其对公司及其他股东的违约与损害显然是不可同日而语的,其法律上的后果也应当不同。

笔者认为,对因出资引发的股东除名事由持审慎的态度是完全必要的,但是一刀切地将出资义务的履行二分为要么根本未履行要么已经履行,判断的标准是零与一,前者作为法定的除名事由,后者不能作为除名的事由,则显然过于绝对。如果一个股东在缴资期届满时尽管也进行了缴纳,但仅占其全部应当缴纳数额的很小比例,比如5%、10%,甚至20%,也会严重影响公司经营,违反公司资本维持原则,形成对其他守约股东的心理负担,对其他已经履行全部出资义务的股东而言也是不公平的。所以,不能将"完全未履行出资义务"也即分文未出才构成股东的法定除名事由,而应当规定应缴而未缴的比例达到或者超过三分之二(或者70%)时,亦即只完成不足30%的,即可作为未履行出资义务而列为法定除名事由。

当然,公司或者其他守约股东对于这些只履行了一小部分比例出资义务的股东采取一种相对温和的处理办法,即降低其持股比例,根据其实际出资到位的比例确定的股权比例,这种处理办法其实也是一种股东除名的方法,只是并非全部除名,而是"部分除名"。就除名效果而言,允许全部除名和部分除名并存,可能是此次《公司法》修订时可以创新的举措之一。

实践中也确实已经有此种部分除名的现象出现,说明部分除名是有其合理性的,例如在"黑龙江农垦完达山贸易有限公司与完达山(北京)食品有限公司决议效力确认纠纷案"中,被除名股东仅缴纳了最初所认缴的450万元注册资本中的90万元,剩余部分未履行,公司通过股东会决议,将该名股东的认缴注册资本调整为其实际缴纳的90万元。一审法院认为,股东权利的前提是承担股东义务,向公司缴纳出资是股东最

重要、最基本的义务，是股东间的约定义务，也是股东的法定义务，不因公司亏损或其他股东的违约而免除，被除名股东一直未向公司缴纳剩余的认缴出资金额，其股东权利应当受到相应的限制，公司通过股东会决议对股东的出资比例进行了变更，而变更后的出资比例对原告实际出资部分所对应的股东权利并未进行变更或限制，只是对原告未实际出资部分的认缴出资比例进行了限制，应视为对其股东权利的合理限制。此外，一审法院认为，虽然《公司法司法解释（三）》第17条仅对有限责任公司的股东未履行出资义务或者抽逃全部出资情形下作了除名规则的规定，但对该条作目的性和体系性解释可知，该条款实际是诚信原则和合同法原理运用于公司内部治理的体现，被除名股东虽然缴纳了第一期出资，但是数额更大的第二期出资却完全没有缴纳，因此公司可以参照最高人民法院司法解释的规定，公司股东会可以决议解除原告未缴纳部分的股份认缴资格。二审法院对一审法院的判决结果予以确认和支持。

3. 出资方式与交付方面，如何判断股东未履行出资义务

对此，如果除名纠纷已经进入诉讼程序，可以参照《公司法司法解释（三）》第7条至第11条的规定，结合实务中公司出资的情况，按照下列不同情形予以认定股东是否履行了出资义务：①股东以现金出资的，应当将现金汇至公司账户，但是，如果公司指令股东将作为出资的现金汇至指定的其他账户（例如为清偿公司债务而汇至公司债权人的账户），则应认定该股东就该次汇出的现金范围内履行了出资义务。②股东以不享有处分权的财产出资，公司主张股东未出资的，法院可以参照《民法典》第311条的规定予以认定，即如果公司构成善意取得，则该股东履行了出资义务，如果对于出资的财产公司不能依据善意取得制度而取得其所有权或者用益物权等，而是被原权利人请求返还，则该股东构成未履行出资义务。③股东以划拨土地使用权出资，或者以设定权利负担的土地使用权出资，公司主张认定其未履行出资义务的，法院应当责令当事人在指定的合理期间内办理土地变更手续或者解除权利负担，逾期未办理或者未解除的，应当认定该股东未全面履行出资义务。④股东以非货币财产出资，未依法评估作价，公司主张其未履行出资义务的，公司可以请求法院委托具有合法资格的评估机构对该财产评估作价，评估确定的价额显著低于公司章程所定价额的，可以主张其未全面履行出资义务。⑤股东以房屋、土地使用权或者需要办理权属登记的知识产权等财产出资，已经交付公司使用但未办理权属变更手续，公司主张其未履行出资义务的，公司可以请求法院责令股东在指定的合理期间内办理权属变更手续；在前述期间内办理了权属变更手续的，可以认定其已经履行了出资义务；相反，若股东以前款规定的财产出资，已经办理权属变更手续但未交付给公司使用，则应当认定其未履行出资义务。

4. 出资期限方面，如何判断股东未履行出资义务

在注册资本认缴制下,如果发起人协议或者公司章程明确规定了股东的出资缴付期限,则在约定的缴付期限尚未届至时,不能认定股东未履行出资义务,更不能以此作为对股东除名的理由。当然,如果通过一致决议改变了之前的缴付期限,股东应当根据修改后的出资缴付期限进行缴付,否则构成不履行出资义务。

(二)抽逃出资

抽逃出资是指股东缴付出资后又以非法的手段将本应属于公司的资产抽回。严格而言,在注册资本认缴制下,抽逃出资的行为较之于之前的实缴制应当大为减少,既无抽逃的可能也无抽逃的必要,但是这并不等于认缴制下就不会发生抽逃出资的行为,因为即使是在公司成立后再分期缴付出资,股东对于已经缴付的出资仍然可能将其从公司挪走或者转出,所以《公司法》仍然需要将抽逃出资作为股东除名事由的法定事由加以规定。

对于何为抽逃出资,抽逃出资包括哪些具体情形,《公司法司法解释(三)》对实践中常见的抽逃出资行为作出了列举规定,即:①将出资款项转入公司账户验资后又转出;②通过虚构债权债务关系将其出资转出;③制作虚假财务会计报表虚增利润进行分配;④利用关联交易将出资转出;⑤其他未经法定程序将出资抽回的行为。从第⑤项兜底性条款的表述分析,抽回出资本身并不当然构成抽逃出资,而是"未经法定程序",如果转出的是出资,但是经过了公司股东会或者董事会的有效决议,则属于公司意思自治的范畴,是公示行为的结果,股东不承担不利后果,故不能认定为抽逃出资,并以此作为将股东除名的事由。当然,如果有证据证明控股股东或者大股东利用自己的地位迫使公司作出将其出资转出的决议,则仍然应当认定为抽逃出资的行为。

与未履行出资义务存在的相同问题之处在于:《公司法司法解释(三)》要求的是抽逃全部出资,亦即出资被100%抽逃才能构成抽逃出资进而作为被除名的事由,意味着即使某个股东抽逃了99%,也不属于抽逃全部出资,其他股东不能通过股东会将其除名,然而99%的抽逃与100%的抽逃显然并无实质性的差别。所以,笔者认为应当确定一个相对合理的比例幅度,例如抽逃达到70%以上时,公司即可对其已经抽逃的部分进行股东资格除名。当然,这同样需要此次公司法修改时创立不同类型的股东除名模式,其中包括全部除名与部分除名。

需要指出的是,除了未出资、出资不到位、抽逃出资,我国理论界和实务界还存在虚假出资的概念,广义上其实都属于股东出资义务的违反情形,其相互之间存在细微的差别:未出资是指未履行任何出资义务,出资不到位是指没有按照约定全面履行出资义务,仅履行了部分出资,抽逃出资是指先履行完毕了出资义务但后通过非法手段将已经属于公司资产的注册资本转移出公司,虚假出资则是形式上完全履行了出资义务,但实际上是通过伪造文件等方式进行欺诈性的出资表示,公司并未实际取得应有的资产。《公司法司法解释(三)》将各种主要的虚假出资行使进行了规制,例如虚增实物出资的评估价值、以无处分权的财产出资等。虚假出资可以由股东进行补正,如果予以了补正则排除了股东出资义务的违反,如果未补正则构成未履行出资义务,可以作为除名的事由。

(三)实施不正当行为给公司或者其他股东利益造成重大损害

除了出资义务,股东还应当依据《公司法》承担其他法定义务,如果严重地违反了此等其他法定义务,也可以成为股东除名的法定事由。《公司法》第 20 条规定:"公司股东应当遵守法律、行政法规和公司章程,依法行使股东权利,不得滥用股东权利损害公司或者其他股东的利益;不得滥用公司法人独立地位和股东有限责任损害公司债权人的利益。公司股东滥用股东权利给公司或者其他股东造成损失的,应当依法承担赔偿责任。公司股东滥用公司法人独立地位和股东有限责任,逃避债务,严重损害公司债权人利益的,应当对公司债务承担连带责任。"第 21 条规定:"公司的控股股东、实际控制人、董事、监事、高级管理人员不得利用其关联关系损害公司利益。违反前款规定,给公司造成损失的,应当承担赔偿责任。"此处,《公司法》创设了公司股东的 4 项法定义务:其一,遵守法律、行政法规和公司章程,依法行使股东权利;其二,不得滥用股东权利以损害公司或者公司其他股东的利益;其三,不得滥用公司法人独立地位和股东有限责任;其四,不得利用关联关系损害公司利益。对于公司股东违反上述 4 项义务的法律后果,《公司法》仅规定了其损害赔偿责任。但是,学理上而言,承担损害赔偿责任仅能解决公司或者其他股东所受损失的填补与救济,并不能解决这些"问题股东"与公司以及其他股东之间的紧张关系,打破股东僵局。所以,此次《公司法》修订中在设计股东除名规则时应当将股东滥用权利、实施不正当行为进而给公司或者公司其他股东的利益造成重大损害作为股东法定除名事由加以规定,才能更充分地发挥《公司法》第 20 条、第 21 条的立法功能,预防股东特别是大股东、控股股东滥用股东权利的行为,化解公司僵局与股东僵局。

对于哪些行为属于股东"实施不正当行为给公司或者其他股东利益造成重大损害"的行为,立法上恐难以进行更细化的列举,但理论上,可以包括下列行为:①不正当的、以利益输送为目的的关联交易行为;②从事公司章程或者股东协议约定的竞业禁止行为;③恶意控制公司投资决策与投资计划的行为;④无正当理由而无偿调拨公司资产的行为;⑤长期且大量挪用公司资金的行为;⑥为不正当目的操纵公司人事任免的行为;⑦以公司名义从事不正当或者违法交易的行为等。

由《公司法》对出资义务违反之外的其他事由作为法定除名事由作出规定,有利于实践中公司投资者依据和借鉴《公司法》的规定,在公司章程中对约定除名事由进行细化,结合每个公司的具体情况与特殊要求等,自行约定符合自己要求与特征的除名事由。例如,在周利、泰开集团有限公司股东资格确认纠纷案中,公司章程中已经约定了竞业禁止或者限制同业竞争条款。若股东触犯该等条款,"情节严重的,除应承担相应的经济损失,股东会有权无偿没收其对本公司的全部出资",而某个股东无视章程规定,实行公司章程所禁止的行为,其他股东遂依据公司章程召开股东会作出将该股东除名、没收其全部出资的决议。该股东不服提起诉讼,请求法院确认公司决议无效。理由是公司章程的规定违反了法律的强制性规定,公司决议侵犯了其作为股东的合法权利。法院经审理后认为,股东除名的目的是为了保护诚信股东的合法权益,保护公司的长远健康发展,当股东出现侵犯公司利益或者侵犯其他股东利益的行为时,其他股东可以通过合法的方式保护自身利益,且被除名股东已经签署了公司章程,该章程中对股东竞业禁止的规定不违反国家的强制性法律、法规,符合诚实信用原则及公序良俗,应为有效条款。因此,该股东除名决议有效,原告的诉讼请求不能得到支持。[①]

公司法在列举上述三种典型的除名事由后,是否采取"穷尽式"的列举方式,不再继续规定"其他应当除名的事由",还是最后用一条兜底性的"其他应当除名的事由",值得斟酌。笔者认为,基于对公司自治的最低限度介入,保持立法的谦抑性,同时考虑到允许法定除名权与约定除名权并存的立法模式,且上述三种的第三项(即"实施不正当行为给公司或者其他股东利益造成重大损害")本身也具有了某种"兜底性"的功能,故最佳的选择是采取穷尽式的列举方法,不留尾巴,不设兜底性条款,如果公司股东欲将某种特别事由作为他们公司的股东除名事由,则其可以通过约定除名在公司章程中或者股东协议中加以约定。实践中,确实存在公司章程约定除三种典型情形外的约定除名事由,例如,某公司章程规定股东"连续三次不参与股东会也未委托他人代表参与股东会的,影响股东会对决议事项无法如期实施有效决议的",公司可以启动除名程序,后公司依据此规定对某个连续四次未参加股东会的股东作出了除名决议,被除名股东提起诉讼,认为公司章程的上述约定应当是无效的,法院经审理后认为"公司章程是公司股东之间的约定,股东会是公司的权力机构;股东会依据公司法和公司章程的规定作出决议,有效性无须质疑"。[②]

再如,如果某些公司的股东身份取得是与企业改制有关,与公司的劳动合同关系有关,股东身份与员工身份是相互依存的,一旦股东丧失员工身份,解除劳动合同关

[①] 参见山东省泰安市高新技术产业开发区人民法院(2016)鲁0991民初316号民事判决书,(2016)鲁0991民初317号民事判决书。案例来源:北大法宝。

[②] 参见山东省青岛市黄岛区人民法院(2017)鲁0211民初9654号民事判决书。案例来源:北大法宝。

系,或者离职或者退休等,便不能再作为公司的股东,基于此种特殊情形,公司章程规定了对股东除名的特殊事项,即:员工因离职,触发章程"离职需退股除名"条款而被除名。其后公司依据公司章程的此规定对离职员工作出了除名决议,员工不服提起诉讼,法院驳回了诉讼请求。①

甚至,在一起特殊的股东除名诉讼中,笔者发现该公司章程约定的除名事由之一是:股权因抵扣股东所欠公司债务后权益小于或者等于零,则可以将该股东除名。②

从以上事例可以看出,公司法中对于股东除名事由的兜底性规定有其现实意义,可以作为公司通过公司章程、股东协议等作出更为宽松的股东除名事由的立法依据。当然,如前所述,公司章程或者股东协议约定的名目繁多的各种股东除名事由是否符合诚实信用原则与公平原则,是否剥夺了被除名股东的固有权利等,法院应当进行实质性审查,不一定全面予以认可其效力。例如,如果公司章程约定股东拒绝参加股东会两次或者两次以上公司即可将其除名,这一约定的效力是需要根据个案情形进行判断的,原则上,股东拒绝参加股东会的行为虽然确实会对公司治理产生一定影响,但只要股东会召集程序和会议内容不存在瑕疵,公司依然可以做出有效的股东会决议,股东拒绝出席会议只是放弃了自己的权利而已,此种行为股东的主观过错并不属于恶劣之列,对公司利益也没有实质性的损害。但是,如果股东长期无故缺席股东会议,则说明其对公司、公司其他股东的漠视,公司的人合性受到挑战,则可以认可上述除名约定的效力。

四、股东除名的程序规则建构

由于股东除名事关重大,公司法除了需要对除名的实质性要件进行规制,同时还需要对除名的程序规则予以明晰,给予被除名股东合理的抗辩与救济机会,防止其他股东借除名制度而对少数股东形成股东压迫。

讨论此问题的前提预设是股东除名仅由公司股东会作出决议即可,而无需通过法院的诉讼程序,此为学界通说。当然,也有学者持相反的观点,认为股东除名需要通过公司决议加上法院裁判的严格程序方可产生法律效力③;或者如有的学者主张的,基于法定事由的股东除名无须法院判决而基于约定事由的股东除名则须法院判决④,此等观点有其一定的合理性,但一则如前所述将徒然增加当事人的诉累;二则不符合公

---

① 参见上海市闵行区人民法院(2014)闵民二商初字第1948号民事判决书。案例来源:北大法宝。
② 参见湖南省洞口县人民法院(2018)湘0525民初2427号民事判决书。案例来源:北大法宝。
③ 段威:《有限责任公司股东除名正名及其制度实现》,载《中国政法大学学报》2019年第1期。
④ 郝磊:《公司股东除名制度适用中的法律问题研究》,载《法律适用》2012年第8期;冯佰权:《构建我国股东除名制度的几点思考》,载《市场周刊·理论研究》2012年第9期。

司除名制度的目的;三则更主要的是有悖于公司除名权的权利属性,故不足取。就股东会决议行为的性质而言,股东会决议作为一种法律行为已为学界通说[①],我国《民法典》也已经将决议行为作为一种法律行为加以规定,则既然《民法典》以及《公司法》中均无关于决议有效要件的特殊规定,且决议为公司团体意志之体现,则公司意志应注重其稳定性,因此公司决议形成即成立且生效,无须经过法院的司法审判程序。

笔者以为,除名程序的设计应当符合以下几项要求:

(一)需符合一般性的股东会议程序要求

《公司法》对于股东会的召集、召开等程序有普适性的规则要求,公司无论是专门针对股东除名事项召开临时股东会议,还是在规定的股东会议中含有股东除名的议案,该次股东会的召集、召开等程序应当符合《公司法》关于股东会议程序的一般要件。《公司法》第 22 条第 2 款还规定了股东会召集程序、表决方式等程序存在瑕疵时,股东可以请求撤销该决议。同时,《公司法司法解释(四)》第 4 条规定,若股东会程序方面仅有轻微瑕疵,对决议不产生实际影响的,撤销决议的请求将不会得到支持。

从司法实践来看,实务中股东会除名决议因一般程序存在瑕疵而被法院撤销的案例不在少数,瑕疵类型诸如会议召开未提前 15 日通知股东、未通知被除名股东、未妥善履行通知义务等情形。

(二)需符合股东除名决议的特殊程序要件

《公司法司法解释(三)》第 17 条对股东会除名决议规定了其他方面的程序限定条件,这意味着欲使除名决议效力不存在瑕疵,必须同时符合股东会决议的一般程序要求和除名决议的特殊程序要求。而通过对案例的分析,笔者发现,除名程序在司法实践中也是影响除名行为效力的重要因素。鉴于股东会除名决议所可能导致的股东被除名的后果,立法者对此施加更为严格的程序要求也是对被除名股东利益的保护。当然,《公司法司法解释(三)》第 17 条仅规定了催告程序,股东除名决议的其他特殊程序设计在此次《公司法》修订中仍需更为广泛与深入的讨论。

1. 催告程序的规则建构

基于有限责任公司的人合性特征,以及可能被除名股东违约行为或者其他不正当行为的可补正性,在进行股东除名之前,应当给予其改正和补救的机会,而催告制度就是为实现该目的而设立的前置程序。需要完善的细节有二:一是催告的方式;二是催告的内容。

就催告的方式而言,实务中存在因公司未采取合理催告方式而被认定决议效力存

---

① 参见叶林:《股东会会议决议形成制度》,《法学杂志》2011 年第 10 期;姜山:《公司机关决议瑕疵诉讼若干法律问题探析》,载《法律适用》2011 年第 8 期。

在瑕疵的案例,如未直接向被除名股东进行催告,或者在明知股东住址的情况下,依然采用公告方式进行催告。笔者认为,催告本质上是通知的一种形式,因此就催告方式而言,可以适用《公司法》第41条所规定的"通知"相关规范,即通知的方式可以是书面函件,也可以是电话通知、邮件通知、短信通知、微信通知等方式,或者采取报纸公告、公证等通知方式,但是应当先采用能够直接通知到当事股东的方式,如无法直接联系到股东,再考虑报纸公告、公证送达等方式。

就催告的内容而言,应当载明股东的违约事项或者其他损害公司利益的行为、进行补正的方式、补正的期限、超过期限不予补正的后果等,以免股东无法理解催告通知的真实意思。如果催告通知中的内容表述不清晰,则易生歧义,进而易起纠纷。例如,在盈之美(北京)食品饮料有限公司与泛金管理有限公司、北京汇源佳必爽商贸有限责任公司决议效力确认案中,盈之美公司向董事发出通知召开股东会,通知中载明会议讨论内容:泛金公司配合盈之美公司换领营业执照等。通知人未向泛金公司委派的董事张碧茹发送通知。盈之美公司召开董事会,会议形成决议:鉴于泛金公司不配合办理营业执照变更手续等不作为损害公司利益及未按照合资合同履行出资义务,决议解除泛金公司的股东资格。盈之美公司起诉请求确认案涉《盈之美公司董事会决议》有效,解除泛金公司作为盈之美公司股东的资格。法院认为,公司在催告邮件中未给予被除名股东泛金公司缴纳出资款的方式,亦未约定合理的期限,同时,并没有告知若不在合理期限内缴纳出资或向公司明确说明、提出申辩,公司将启动除名程序。法院在判决理由中进一步指出:除名决议内容与被除名股东有直接利害关系,可以考虑限制被除名股东的表决权,但是,即使公司行使股东除名权而做决议时,可以限制被除名股东的表决权,也不应排除被除名股东接受会议通知和参加会议的权利。公司欲召开会议审议股东除名事项时,应当通知未出资股东参加。本案中,张碧茹为公司董事,通知人未向其发送通知,即会议并未通知到全体应当与会人员。另外,解除泛金公司股东资格的会议审议事项从未通知泛金公司及其委派董事,继而对未通知事项作出了董事会决议。故,案涉董事会决议存在严重程序问题。最终法院驳回了原告的诉讼请求。[1] 又如,在中山市泰业兴玻璃有限公司等诉王海燕公司解散纠纷案中,法院认为催告通知中载明的事项与公司章程规定不符,故认为公司未妥善履行催告义务,进而认定除名决议无效。[2]

2. 合理期间对决议效力的影响

催告后给予股东采取补救措施的合理期限是程序规则设计中需要解决的现实问

---

[1] 参见北京市高级人民法院(2018)京03民终468号民事判决书。案例来源:北大法宝。
[2] 参见广东省高级人民法院(2016)粤20民终4785号民事判决书。案例来源:北大法宝。

题,而多长时间才是合理期间则争议较大。合理期限的确定无论是对股东权益保护的实现,还是对除名制度正当性的体现,都尤为重要。催告合理期限过短,则股东可能难以改正其行为,催告制度亦变得形同虚设,无法实现"催告-矫正"这一程序的设计目的;而若催告期限过长,则难以及时解决妨碍公司正常运作的股东僵局,进一步损害公司和其他股东的利益。笔者建议,催告后给予股东补正其违约行为或者其他不正当行为的合理期间以 30 日为宜。

3. 除名决议的表决方式对决议效力的影响

就表决程序而言,通过股东会对股东进行除名,首先必须面对的就是被除名股东是否可以行使表决权的问题。《公司法司法解释(三)》第 17 条并未对这一问题进行回应。理论上,此一问题亦存在不少争议之处,需待澄清。《公司法》第 42 条规定,股东会会议由股东按照出资比例行使表决权;但是,公司章程另有规定的除外。在实务中,公司在进行除名决议时,基本都未事先在章程中约定表决权限制或者排除情况,此时,被除名股东是否有权行使表决权,则将直接影响股东会决议的作出。一般认为,"表决权排除制度(也称表决权回避制度),指当某一股东与股东会讨论的决议事项有特别的利害关系时,该股东不得就其持有的股份行使表决权的制度"[1]。学理上,股东除名是否应当实行表决权回避制度,多有争议,各持己见,但肯定适用表决权回避者当在多数[2];实务中,亦存在大体相同的情形,即多数法院在被除名股东表决权排除这一问题上持肯定态度,但也有不少法院直接援引《公司法》第 42 条之规定,认为被除名股东也应当享有表决权,或者基于股东平等原则等方面考虑,认为在法律及章程均未特别规定的情形下,不宜排除被除名股东的表决权 。[3]

笔者以为,上述两种迥然不同的观点的确各有其理,但是排除被除名股东的表决权显然具有更大的合理性。因为其一,表决权是为形成公司的意思所必需,目的在于通过实现公司的利益,从而最终实现股东自己的利益,但如果股东肆意行使表决权以谋求个人利益,则有可能损害公司决议的共益性本质。表决权排除,实际上是对利害关系股东和控股股东所享有的表决权进行限制或剥夺。其二,如果在股东会进行除名决议时不进行表决权排除,当被除名股东为控股股东时,只要其投反对票,那么该除名决议就肯定无法通过,这将导致除名制度形同虚设。其三,利害关系股东表决权排除在公司法上是有其他制度为先例的,例如《公司法》第 16 条所规定的公司为股东提供担保时,被担保股东不得行使表决权,是表决权排除规则在公司法中的典型体现。当

---

[1] 刘俊海:《股份有限公司股东权的保护》,法律出版社 1997 年版,第 164 页以下。
[2] 参见陈克:《再论股东除名制度中的表决权限制》,载《法律适用》2015 年第 12 期;刘桂清:《表决权排除制度与公司利益保护》,载《社会科学研究》2003 年第 4 期。
[3] 参见上海市高级人民法院(2014)沪高民二商申字第 40 号民事判决书。案例来源:北大法宝。

然，排除被除名股东的表决权，并不意味着被除名股东完全失去参加股东会的权利，相反，笔者认为公司召开股东会时，应当通知被除名股东参加，该股东有权出席股东会并为自己进行申辩和陈述。如果被除名股东这些基本权利未得到有效保障，则可能会影响所作出决议的效力。

其次，具有相同事由股东的表决权行使问题。由被除名股东是否拥有表决权延伸出的另一个问题是，与被除名股东具有相同情节（即具有被除名的约定或者法定事由）但未被公司列入除名名单的股东，在本次除名决议表决中，是否可以行使表决权。尽管理论界似乎对此问题不够关注，实务中此类案例也不多，但却是一个真实存在的问题。依笔者之见，与被除名股东有相同情节的股东就除名决议不应当行使表决权，因为：①从立法目的而言，除名权本就是为了合格股东和公司用以敦促问题股东改正其行为的一项制度，当出现多名具有相同情节的问题股东时，他们对于公司和其他股东的利益所造成的损害是相当的，虽然公司决定对谁除名是公司自治层面的问题，但当出现多名情节相同股东时，仅对其中一人进行除名，客观上会造成一种不平等的局面，而此时若还允许相同情节股东行使表决权，无疑将加剧这种不平等，造成被除名股东的强烈不公平感。②在公司契约理论之下，作为公司内部成员的股东之间的关系亦受其约束。在公司存续期间，股东若违反公司契约，则其已经背离了契约订立的目的，故守约股东应享有解除契约以使违约股东退出公司的权利。而此种合同"解除权"仅限守约股东享有，而违约股东并不具有该种权利。因此，当公司行使解除权，解除违约股东的股东资格时，虽然其他具有相同情节股东在该次除名决议中未被列为被除名对象，但其表决权利依然应当受到限制。③以出资义务的违反为例，行使除名表决权的股东必须以实际履行了出资义务为前提，在行使除名表决权的股东均未履行出资义务的情形下，做出股东会决议以其他股东未履行出资义务为由予以除名，其行使除名表决权的行为本身就违反了诚实信用原则。④司法实践中存在公司只有两位股东且存在相同除名事由的案例，此时如果承认具有相同除名情节的股东在除名决议中的表决权有效的话，那么任何一位股东均可以100%比例通过对另一股东的除名，这种情况下，除名制度则完全丧失了其应有的功效，沦为股东相互排挤的工具。是故，具有相同除名情节的股东，在就被除名股东的股东会决议中，应当对其表决权进行排除。

再次，表决通过标准的确定。《公司法》第42条、第43条以及第71条第2款确立了有限责任公司股东会决议的表决以资本多数决为原则，以人数多数决为例外，股东会的表决程序以及需要获得绝对多数决（三分之二以上表决权）的特别事项，一般事项如章程无特殊规定，则取得一般多数决即可（二分之一以上表决权）。就股东除名事项的表决机制而言，其是否属于《公司法》明确规定的适用绝对多数决事项，不无争议。

从案例来看,大多数法院认为公司作出股东除名行为,不属于公司法规定的特别事项,因此经过二分之一以上表决权的股东通过即可。[①] 当然也有少数法院认为除名决议应当经过代表三分之二以上表决权的股东通过。[②] 笔者认为,股东除名毕竟属于关乎股东与公司的重大事项,宜适用特别多数决即三分之二以上的表决通过标准。

由此来看,在这一问题上,因为表决方式规则上的不明确,导致法院在具体案例的适用上也可能存在不同判罚,这显然不利于司法秩序的稳定和法律逻辑的自洽。因此,在除名制度构建中,应当考虑是否需要将股东除名列为特别事项,以适用不同表决通过比例。

五、股东除名决议的法律效力

当公司召开股东会并且就股东除名议案进行了表决,通过了有效的决议,则该除名决议到底形成哪些法律上的效力,何时产生这些效力,需要给出明确的规则。

(一)股东会除名决议的生效时点问题

股东除名决议的生效将直接导致股东身份的丧失,因此,除名决议何时生效便至为重要,但是,何时生效的法理依据应当取决于对公司除名权的权利性质认定。严格而言,公司通过股东会决议对某一股东作出除名的决定,进而导致该股东的股东身份与资格的丧失,属于公司行使形成权的结果,除名权实际上是公司享有的一项权利,包括约定除名权与法定除名权,均属于公司权利的一种,即除名权。而该除名权的行使能够直接导致权利义务关系的变动,具体而言导致特定的股东与公司权利义务关系的消灭,股东资格与身份丧失,其系以公司单方作出意思表示即可产生上述法律效果,而无须被除名股东的同意。由此,将公司享有的除名权定性为形成权应无争议。但其到底是属于一般形成权抑或形成诉权,则不无疑义。笔者认为,若将除名权定性为形成诉权,则公司只能通过诉讼的方式请求法院确认其行使除名权的有效性,如此一来显然会徒增当事人的诉累,且陷公司于长久的股东关系僵局状态,十分不利于公司治理与公司经营,故应当将其定性为一般形成权,公司作出除名决议并送达至被除名股东之时,即产生除名的法律效果,股东自此丧失股东资格,不能再享有和行使任何股东权利。

但与此同时,借鉴合同法中的合同解除权规则,如果被除名股东对于除名决议持有异议,则应当给予异议股东以妥帖的救济措施,被除名股东有权以诉讼的方式提出异议,请求法院确认除名决议无效或者请求撤销除名决议。公司法应当对被除名股东

---

① 参见北京市第一中级人民法院(2017)京 0108 民初 20269 号民事判决书。案例来源:北大法宝。
② 参见江苏省泰州市中级人民法院(2020)苏 12 民终 25 号民事判决书。案例来源:北大法宝。

此种异议权的行使期间作出规定,比如自接到公司除名决议之日起30天内向法院起诉,一旦法定的权利行使期间届满,则被除名股东不再享有异议权。

(二)公司变更登记手续对被除名股东的股东资格丧失的影响

实务中,有的公司在作出除名决议后向法院请求确认除名决议有效,是因为公司在进行股东资格变更登记时,被除名股东不予配合,或者登记机关不承认该除名决议的效力,公司只能选择先向法院起诉以确认除名决议的有效性,获得胜诉判决后再向登记机关申请办理变更登记手续。如前所述,除名权属于一般形成权,自除名通知到达被除名股东时即产生法律效力,被除名股东丧失股东资格;若公司在遇到办理公司变更登记手续的障碍时提起诉讼,法院最终判决公司胜诉,则被除名股东丧失股东资格的时间仍然应当是除名决议的通知到达被除名股东时发生效力。

在没有取得法院对公司除名决议的生效判决前公司登记机关之所以会作出拒绝办理变更登记手续的决定,是因为其担心被除名股东将来可能提起行政诉讼,将公司登记机关告上法庭,所以其宁愿增加程序成本,也要求公司举证证明其除名决议的有效性。其实,登记机关并无必要担心,如果登记机关依据公司的申请办理了相关变更登记手续,日后被除名股东以公司除名决议无效或者被撤销(能够提供法院关于公司决议无效或者被撤销的证据)再要求登记机关变更登记,登记机关再次办理变更登记手续即可;如果被除名股东对登记机关提起行政诉讼,登记机关完全可以进行抗辩。

当然,公司法的制度设计上是否可以考虑借鉴《民法典》关于合同解除权的行使规则,即:公司既可以自行作出除名决议,通知被除名股东,也可以直接向法院起诉,请求法院判决将股东除名。这样就免除了登记机关的后顾之忧。

(三)全部除名与部分除名的效力问题

如前所述,当问题股东出现未完全履行出资义务或者抽逃部分出资的情形,且不予补正,则公司不能将其彻底除名,但可以根据其未出资部分或者抽逃出资部分的比例,部分剥夺其股东资格,其实质就是降低被部分除名股东所持的股权比例。这种情况下,部分被除名股东减持的这一部分股权应当注销,公司作出相应的减资决议,或者通过协商或者公司决议由其他股东受让。

(四)除名与股东权利的部分限制与剥夺的区别

《公司法司法解释(三)》第16条规定,股东未履行或者未全面履行出资义务或者抽逃出资,公司根据公司章程或者股东会决议对其利润分配请求权、新股优先认购权、剩余财产分配请求权等股东权利作出相应的合理限制,该股东请求认定该限制无效的,人民法院不予支持。依此规定,股东出现未全面履行出资义务或者抽逃部分出资的,公司可以通过决议对其利润分配请求权、新股优先认购权、剩余财产分配请求权等自益权进行限制,此种限制不同于对股东资格的部分除名,后者涉及股东资格的部分丧失,被部分除名的股东的持股比例下降,而前者仅是临时性剥夺股东的财产性的自益权,股东的其他共益性权利如表决权、知情权、查询权等并不受影响,股东的持股比例也不发生变化。

(五)被除名股东的股份出卖请求权

公司对问题股东作出除名决议,其追求的效果是化解问题股东与其他股东以及公司之间的难以调和的矛盾,将问题股东逐出公司,使其丧失股东资格,被除名股东的股份必须转让出来,但是,被除名股东丧失股份并不需要以丧失股份的对价为代价。换言之,无论是公司回购其股份进而注销该股份,还是其他股东受让该股份,甚或第三人合法受让该股份,都应当向被除名股东支付合理的对价,被除名股东有权获得合理的股份转让款。当然,如果被除名股东是因为实施了严重的侵害公司利益的行为而被除名,且给公司造成了实际损失,则当公司回购其股份时,公司有权抵销其相应的股份回购款。

抵押资产证券化产品风险规制机制的比较研究

黄家镇

摘　要：抵押资产证券化在现代金融创新中处于核心地位,历史地形成了表外证券化与表内证券化两种模式,两种模式对证券化产品的风险规制机制存在很大差异。表外模式要求发起人将证券化资产真实出售给特定目的机构由其发行证券,通过隔离发起人破产风险、信用增级等手段保障证券安全,但其法律构造存在过度刺激发起人的套利动机、证券化流程复杂、监管难度高等问题,容易引发系统性风险。在表内证券化模式下,证券化资产始终保留在发起人的资产负债表上,不会过度刺激发起人的逐利动机,破产风险则通过资产池特别监管以及证券持有人的优先权等措施来隔离,具有风险集中、监管难度小、安全性高、不易诱发系统风险的特点。由于公共监管始终面临着信息不对称、监管资源和监管成本等因素的制约,将资产证券化产品的系统风险防范完全寄托于公共监管是极为冒险的选择。在抵押资产证券化产品的源头审慎构造其私法模式,将宏观审慎风险转化为微观审慎风险去缓释,有助于构建公共监管与私法规制并举、多主体参与的混合监管体系,更为积极主动地防范资产证券化可能引发的系统风险。

关键词：抵押资产证券化;表外模式;表内模式;风险规制

在现代金融体系中,资产证券化在金融创新中处于核心地位,是影子银行的最典型表现形式[①],其在为全球金融市场带来巨大活力的同时,也造成了巨大的风险和破坏。2008 年,由美国次级抵押资产证券产品引发的金融危机犹如一场核爆,波及并重

作者简介：黄家镇,西南政法大学民商法学院教授。
本文为国家社会科学基金项目"民法典编纂中抵押权制度的体系完善与现代化研究"(项目编号：16BFX105)的阶段性成果。

① 参见朱慈蕴：《中国影子银行：兴起、本质、治理与监管创新》,载《清华法学》2017 年第 6 期。更有学者认为,资产证券化与影子银行是一对相伴生的概念。没有资产证券化实践,也就无所谓影子银行体系。参见阎庆民、李建华：《中国影子银行监管研究》,中国人民大学出版社 2014 年版,第 11 页。

创全球金融市场,造成的恶果和影响至今未完全消尽,并引发全球对资产证券化产品监管体制的大反思。

我国资产证券化市场起步较晚①,且因次贷危机的影响被迫暂停数年。但2012年中国人民银行、银监会、财政部联合发布《关于进一步扩大信贷资产证券化试点有关事项的通知》重启信贷资产证券化试点进程以来,尤其是2014年银监会和证监会将资产证券化从审批制改为备案制以来,资产证券化市场呈现爆发式发展,年均增速都在20%以上;截至2020年年末,我国发行的资产证券化产品的市场存量已达51 862.60亿元,同比增长24%。② 我国资产证券化最为直接的规范依据是央行和银监会2005年出台的《信贷资产证券化试点管理办法》和2014年证监会发布的关于企业资产证券化的《证券公司及基金管理子公司资产证券化业务管理规定》。③ 从《信贷资产证券化试点管理办法》的规定来看,我国信贷资产证券化方案基本上是以美国表外证券化模式为蓝本的,例如关于证券化发起人(第6、7、11条)、特定目的机构(第15条)、信托财产的真实转让(第6、7、11条)、贷款服务机构(第21、22条)、信用增级(第34条)等规定都袭自美国模式。如前所述,恰恰就是美国资产证券化的典型产品——次级贷款支持的证券发生违约诱发了危机,各界事后对次贷危机成因的探究也很难说取得了有说服力的共识。④ 在此背景下,我国重启资产证券化仍然全盘师法美国模式,这种路径选择值得商榷。

而且我们注意到,在2008年到2009年上半年金融危机影响集中显现之时,全球金融市场唯有德国资产证券化市场独善其身,其最主要的市场产品抵押担保债券表现

---

① 20世纪90年代末资产证券化产品开始进入我国,而国家层面的试点则是在2005年正式启动。当年国务院批准进行两批信贷资产证券化试点。第一批试点机构为国家开发银行和中国建设银行,试点额度为150亿元。第二批试点于2007年启动,2008年底完成,试点机构6～8家,额度为600亿元。截至2008年底,试点工作完成,共发行资产证券化产品16只,总规模620亿元。

② 中央国债登记结算有限责任公司研发中心:《2020年资产证券化发展报告》,第4页,http://www.chinabond.com.cn/jsp/include/CB_CN/solrSearch/searchpage.jsp,最后访问日期:2021年5月15日。

③ 中国人民银行、银监会、财政部、国家税务总局等相关部门颁布的《资产支持证券信息披露规则》《资产支持证券交易操作规则》《金融机构信贷资产证券化试点监督管理办法》《信贷资产证券化试点会计处理规定》《信贷资产证券化业务试点的有关税收政策》《关于信贷资产证券化备案登记工作流程的通知》等行政性文件都与信贷资产证券化直接相关。而2014年证监会发布的《证券公司及基金管理子公司资产证券化业务管理规定》则是企业资产证券化的规范依据。同时,资产证券化还间接牵涉《信托法》《合同法》《物权法》《证券法》《破产法》《信托公司管理办法》等法律法规。

④ 美国国会授权的金融危机调查委员会公布的《美国金融危机调查报告》将危机归因于银行业降低放贷标准、金融资本的贪婪、监管的放松、监管机构的不作为与无能力等普遍但却没有真正解释力的原因。参见美国金融危机调查委员会:《美国金融危机调查报告》,俞利军、丁志杰、刘宝成译,中信出版社2012年版,第XX—XXX页,第577页。这些所谓原因放在任何一场金融危机上恐怕都是适用的,原因太普遍反而可能失去解释的能力。况且这些原因本身其实也需要解释,比如为什么会出现过度借贷、滥发贷款、道德风险以及评估机构的信用评级为什么会失效。

十分抢眼:相比于2007年全年2 680亿欧元的发行量,其2008年的发行量逆市狂涨到5 730亿欧元,同比增长114%;2009年上半年的发行量又比上年同期增长11%,比2007年同期增长270%[①],成为全球资本的避风港。这一现象表明,在金融危机造成的恐慌中,德国抵押担保债券的安全性得到了国际金融市场的一致认可。除了监管方面的因素,德国抵押担保债券在法律构造上的特点也有助于风险的规制。从法律结构上看,德国抵押担保债券采取的表内模式迥异于美国抵押资产证券化产品采用的表外模式,其未将资产证券化产品的风险规制完全托付于公共监管,而是从证券化产品的源头对风险进行私法规制,构筑了公共监管与私法规则并重的治理体系。从本质上讲,资产证券化产品是由一系列契约组合构造而成的法律制度,即私法是该金融产品的内生性因素,对金融市场的运行和稳定有着重要影响,也在很大程度上影响监管的成本和有效性。鉴于抵押资产证券化产品在资产证券化中的核心地位,对其风险规制机制进行系统性的比较研究,不仅仅是理论研究的必需,对尚处于试点进程中的我国资产证券化市场也有着浃髓沦肤的实践意义。

一、抵押资产证券化的现实基础与法律基础

(一)抵押资产证券化的现实基础

近代以来,欧洲大陆各国为促进经济发展,以罗马法的绝对所有权观念型塑财产权制度,使其摆脱在中世纪繁琐的各种束缚,得以在市场上自由流通。在这一潮流中,以土地为代表的不动产因具有价值巨大、不易移动等优点,遂成为最重要的资本和融资担保物。但无论以金钱买进不动产,或以设定不动产抵押为条件出借金钱之后,不动产所有人或贷方的资金将被"凝固"在不动产物权之中:在前者,所有权人不再次转卖不动产便无法将其变现;在后者,其债权虽有抵押权保障而使风险大为降低,但也因履行期限的限制而无法在短期内收回全部资金。这都将导致物权人的资产流动性下降,进而影响各种经营活动之开展。故不动产物权人都抱持这样一种热望:将蕴涵于不动产物权之中的货币价值再度流动化,得为反复之利用,由此产生不动产物权流通之现实需要。其中,不动产担保物权的流通既能使贷方通过转让不动产担保资产加快资金回笼、继而再用于新投资产生更大收益,又能使担保资产的购买人分享该担保资产产生的收益,同时还能满足不动产所有人继续利用不动产的需求。这样的流通结构不啻为"三全其美",故而成为最为流行的不动产物权流通形式。由此,不动产抵押权从单纯的保全手段向流通和投资工具转变,逐渐成为具有独立流通能力的价值权。在

---

① Der Pfandbrief 2009/2010,资料来源于德国抵押债券银行协会官方网站:http://www.pfandbrief.de/cms/_internet.nsf/tindex/en.htm.

现代国家的资本市场勃兴之后,不动产担保权又与证券相结合,采用证券化形式进行流通,演变成一种独立的融资与投资产品。

理论界一般认为,资产证券化源于 20 世纪 70 年代美国的金融创新活动。但如果算上德国抵押担保债券的表内证券化,那么资产证券化的历史起源恐怕要早得多。18 世纪中期,普鲁士饱受七年战争(1756—1763 年)之苦,百业凋敝,金融市场上信贷短缺、利率飞涨 10% 以上,这导致农业经济几乎破产。为纾解困局,国王弗雷德里克二世(Frederick Ⅱ)以柏林商人比林的建议为基础,于 1769 年颁布命令创立西里西亚土地信用协会(Die Schlesische Landschaften)。协会运作的基本思路是以合作社的理念将地主联合起来,发行以土地为担保、具有完全追索权的债券来募集资金再贷给会员。所有会员对债券的本息清偿承担连带责任。债券票面的利息是 5%,借款人向协会支付 5.25% 的利息,0.25% 的利差由协会提留作为协会费用。具体流程是:地主亲自向土地登记机关申请登记原始的所有人抵押权(原始的所有人土地债务),信用协会以抵押权为基础个别制作证券并交付给地主,然后由地主投入市场;债券由设定在确定土地之上抵押权直接担保。这一模式有效地缓解了信贷供给不足,并迅速在普鲁士全境推广开来,成为后来德国抵押担保债券的滥觞。① 从资产证券化的最初模式来看,由于土地信用协会以及后来取代它的抵押银行的资金募集并不是源自吸收的存款,而是以土地为担保发行的债券募集而来,故金融机构的资金规模在一定时间内是极为有限的,而且会受到期限错配的影响面临较大的违约风险,因此,金融机构通过加快资金流动速度缓解流动性压力的愿望是非常迫切的。类似地,在后来美国开创的资产证券化(表内证券化)模式下,由于银行用以放贷的资金绝大部分是来源于所吸收的储户存款,其自有资金实际上是很少的,受到存贷款资产期限错配、美国居民储蓄率太低②等因素的制约,金融机构的流动性压力也是很大的。因此,普遍而言,金融机构对通过某种交易构造或法律技术将现有的担保资产再次流通起来,加快资金的回收的愿望是普遍而迫切的,而资产证券化刚好是满足这种愿望的最佳手段之一。但不同的地方在于,由于德国投资人风险偏好比较低,历来就比较偏爱风险较小的债券投资;加上德国居民的储蓄率在西方国家中一直居于较高水平,人均年收入的储蓄率在 10% 以上,远

---

① 更为详细的历史介绍参见黄家镇:《德国流通式不动产担保物权制度研究》,法律出版社 2010 年版,第 186—194 页。

② 据统计,20 世纪 70 年代以后,美国储蓄率一直不足且持续走低,从 1984 年的 10.08% 到 1995 年的 4.6%,2004 年为 1.8%,2005 年为 −0.4%,2006 年为 −1%,2007 年为 −1.7%,真金白银越来越少,债务越来越大,形成一个巨大的债务泡沫。参见徐以升、陈晓晨:《金融危机的本质:美国过度消费和中国生产过度危机》,载《第一财经日报》2008 年 9 月 22 日,第五版。

远高于美国和英国的约 5%。① 这使得德国金融市场上的资金相对较为充足、流动性不足的问题不像美国那么突出,所以其证券化模式对安全性的强调高于对流动性的需求。而美国居民储蓄率历来很低,且从 20 世纪 70 年代以后还一直处于下降通道,"从 1984 年的 10.08% 到 1995 年的 4.6%,2004 年为 1.8%,2005 年为 −0.4%,2006 年为 −1%,2007 年为 −1.7%",②整个金融系统对资金流动性需求很高。加上美国股票市场高度发达,金融理论创新层出不穷,借助发达的证券市场和金融理论解决流动性问题必然强调流通的自由和速度,反对过多的限制,因此美国模式对效益的强调往往压过了安全性考虑。

(二)抵押资产证券化的法律基础

金融法学界一般将资产证券化界定为结构融资技术的一种,最为经典的定义是美国学者辛克尔(Shenker)和科内塔(Colletta)提出的,他们认为资产证券化"是指股权或债权凭证的出售,该股权和债权凭证代表了一种独立的产生收入流的财产或财产集合中的所有权权益或被它们所担保,构造这种交易是为了减少或重新分配在拥有或贷出这些基本财产时的风险,以及确保这些财产更加市场化,从而比仅仅拥有这些基本财产的所有权权益或债权有更多的流动性"。③ 这一界定的优点就在于直接揭示出资产证券化的根本动机在于资产原始权益人追求风险规避和流动性改善。

从私法角度看,资产证券化源于不动产担保物权的证券化。作为主观法权关系的不动产担保物权之存在和变动往往需要借助一定形式公示出来,方可为外界所察知和承认。不动产担保物权曾先后借助象征形式、登记簿等方式来表现,而借助证券方式表现更有利于提升权利的流通速度和节约成本,因此证券化流通在近代成为不动产担保物权流通的主要形式。④ 按证券化方式的不同,不动产担保物权证券化可分为直接证券化与关联证券化。

所谓直接证券化就是指由不动产登记机关将不动产担保物权誊录在证券之上并将证券交付权利人由其投入流通。由此作成的证券属于物权有价证券,依照证券交易规则进行流通。在德国法中,根据证券之上是否同时出现其所担保的债权,不动产担

---

① 数据来源于德国联邦银行月报 1999 年第 6 期。转引自何文广:《德国金融制度研究》,中国劳动保障出版社 2000 年版,第 192 页。

② 徐以升、陈晓晨:《金融危机的本质:美国过度消费和中国生产过度危机》,《第一财经日报》2008 年 9 月 22 日,第五版。

③ See Joseph C. Shenker and Anthony J. Collett, Asset Securitizationg: Evolution, Current Issues and New Frontiers, 69 Tex. L. Rev., 1369, 1373(1991). 国内对资产证券化的界定与上述定义大同小异,参见于凤坤:《资产证券化:理论与实务》,北京大学出版社 2002 年版,第 3 页;洪艳蓉:《资产证券化法律问题研究》,北京大学出版社 2004 年版,第 6 页。

④ 参见黄家镇:《德国流通式不动产担保物权制度研究》,法律出版社 2010 年版,第 102 页以下。

保物权证券又分为抵押权证券和土地债务证券。于前者,根据从属性原则,抵押权不得脱离债权而独立存在及流通,因而证券制作之时,债权须被记录于证券之上。而在后者,由于土地债务本身就是无从属性的独立物权,即便用于担保特定债权之时亦无不同,故土地债务证券上不会出现其所担保的债权,成为一种纯粹的物权有价证券,在流通的安全性和快捷性上要胜过抵押权证券一筹。① 不过,直接证券化仅见于德国、瑞士等少数几个德语法圈的国家的民法典。②

而所谓关联证券化,是指金融机构将信贷资产汇集为担保品资产池,由金融机构或特定目的机构以这些资产池作为基础发行债券。这种债券是纯粹的指示或无记名债券,其上不会记载担保物权,但其清偿又是资产池作为担保,因此债券与资产池发生结构关联。现代金融理论将这种债券称为抵押关联债券(mortgage-related bond)或者资产关联债券(asset-related bond)。现在国际上主流的两种抵押资产证券化产品——德国抵押担保债券和美国抵押支持证券(mortgage backed securities,以下简称MBS)采用的都是关联证券化模式。又根据1988年《巴塞尔资本协议》,关联证券化以证券化资产是否通过"真实出售(true sale)"从发起人的资产负债表中剔除,实行"破产隔离(bankruptcy remoteness)"使发起人摆脱与该资产在法律上的任何关系为标准,可以分为表外证券化(off-balance sheet securitisation)和表内证券化(on-balance sheet securitisation)两种。③

从世界范围来看,由于美国的地位与影响力,以美国MBS模式为代表的表外证券化产品占据主流地位。但是,表内证券化模式同样受到世界很多国家所青睐。在欧洲,有二十多个国家先后制定或修改法律、以德国抵押担保债券为原型建立了自己的资产证券化制度。④ 在欧洲之外,澳大利亚、墨西哥和土耳其也引入了抵押担保债券制度。其中土耳其在2007年同时引入德国抵押担保债券和美国住房抵押支持债券两种模式。⑤ 2006年,美国华盛顿互惠银行(Washington Mutual)和美国银行相继在美

---

① 关于土地债务证券的详细介绍,参见黄家镇:《德国流通式不动产担保物权制度研究》,法律出版社2010年版,第208页以下。
② 原因恐怕是其他国家缺乏德语法圈国家高度成熟发达的土地登记制度。例如,日本由于没有建立起全国统一的不动产登记制度,不承认登记簿公信力,因此无法依托登记簿来进行不动产担保物权直接证券化,故只能在1932年代曾经仿造德国立法颁布《抵押债券法》,采用关联证券化模式。参见[日]我妻荣:《新订担保物权法》,申政武、封涛、郑芙蓉译,中国法制出版社2008年版,第207页以下。
③ 巴曙松、牛播坤:《巴塞尔资本协议中资产证券化监管框架的演变》,《证券市场导报》2004年第9期。
④ 例如,奥地利在1938年,荷兰在1979年,瑞士在1930年,丹麦在1973年,卢森堡在1997年,法国和西班牙在1999年,爱尔兰在2001年,挪威在2004年。[美]弗兰克·J.法博兹、莫德·休亨瑞编:《欧洲结构金融产品手册》,王松奇、高广春、史文胜译,王松奇校,中国金融出版社2006年版,第470—478页。另参见《欧洲资本市场的潘德布雷夫债券》,available at: http://www.pfandbrief.de/cms/_internet.nsf/tindex/en.htm.
⑤ 参见巴曙松、孙隆新、周沅帆等:《全覆盖债券的国际经验及中国的现实选择》,经济科学出版社2010年版,第4—7页。

国发行抵押担保债券。在获得市场热烈回应后，美国财政部和联邦存款保险公司相继出台相应的规定鼓励私营性质的银行等金融机构发行抵押担保债券，以改变长期以来储蓄银行资产证券化在融资中比例持续下降、市场过于依赖抵押支持证券的状况，为投资者提供更多的投资组合选择。

当然，我们不能仅仅以采用某种模式的国家多寡来衡量该模式的优劣。最好的资产证券化模式应是基础法律构造合理，能从源头较好控制抵押资产证券化产品可能引发的系统风险，并与资产证券化目标国的法律体系、金融体系等系统约束条件融贯一致的模式。

二、表外证券化产品的法律构造：以美国住房抵押支持证券为代表

表外证券化模式是一个复杂的结构性融资制度，参与的法律主体众多，流程复杂。以 MBS 的发行为例（见图 1），其第一个步骤是发起人（originator/seller/transfer）将其拥有的抵押信贷资产组合成一个所谓的资产池（asset pool），作为证券化的基础资产。发起人一般情况下是银行等金融机构。在美国，此类机构通常是由政府发起设立或有政府政策性扶持，因此此类机构往往也被称为政府性证券化机构主体。[①] 由于资产池资产的信用状况直接决定了现金流的安全性，是抵押支持证券吸引投资者的关键，因此发起人一般会选择具备以下条件的资产组成资产池：有良好信用记录（意味着现金流稳定）；抵押物具有较高的变现价值或对于债务人的效用较高（意味着债务人违约代价很高，例如债务人的自用不动产）；以及信贷合同采用的是标准化、高质量的格式合同条款——意味着债务人进行抗辩和合同变动的风险较小。

第二个步骤是 MBS 的一个关键性步骤，即实现破产风险隔离，从而使得证券不受原始权益人的破产风险的影响。此时，发起人将资产包以买卖形式（债权让与）"真实出售"给一个被称为特定目的机构（Special Purpose Vehicle，SPV）的实体，使得买方对信贷资产拥有全部权利。SPV 是专门为资产证券化而设立的机构，担当证券的发行人，可以采取公司、信托、有限合伙等组织形式。[③] 在真实出售后，信贷资产从发起人的资产负债表中被剔除，即使发起人破产，这些资产在法律上也不属于破产财产之列，借此屏蔽了发起人的破产风险对证券的影响。反过来，由于发起人将信贷资产

[①] 如美国联邦国民抵押协会（Federal National Mortgage Association，FNMA）即俗称的房利美（Fannie Mae）、政府国民抵押协会（Government National Mortgage Association，GNMA）即俗称的吉利美（Ginnie Mae）、联邦住房抵押贷款公司（Federal Home Loan Mortgage Corporation，FHLMC）即俗称的房地美或福利美（Freddie Mac）。

[②] 王小莉：《信贷资产证券化法律制度研究》，法律出版社 2007 年版，第 27 页。略有修改。

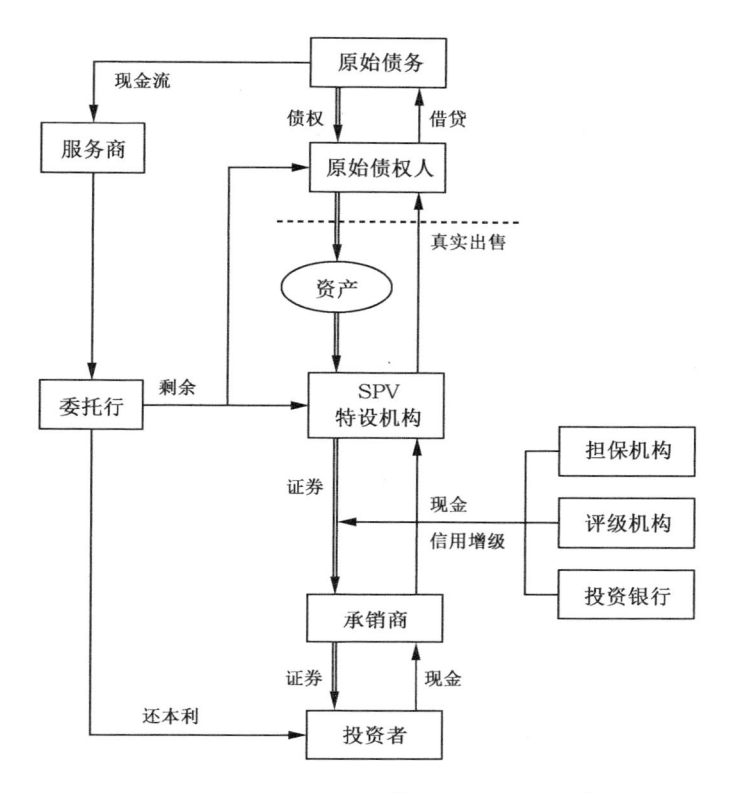

图 1　美国不动产抵押权贷款证券化流程图[①]

转让出去,自身也与信贷资产以及证券的违约风险隔离了。在完成资产的法律交割后,SPV 即可通过投资银行发行抵押支持证券,获取收入并向发起人支付购买信贷资产的价款。这种证券是无记名债券,其去除了借贷法律关系的所有个性化特征,成为一种客观化的、抽象的债权有价证券。证券发行人承担证券本息清偿,而清偿资金是来自资产池所担保的原始债权所产生的现金流,证券的清偿也只是与原始债权发生事实上的间接联系,而不发生法律上的直接请求权。但正是这种事实上的联系,资产债务人违约或者债务偿付期与 SPV 安排的抵押支持证券偿付期不一致就成了证券化所包含的信用和流动风险。因此,在证券发行前需要对 MBS 进行信用增强和信用评级。前者是为防范债务人的违约风险和提供流动性支持,保证证券的按时偿付。常用

---

① 谢永江:《资产证券化特定目的机构研究》,中国法制出版社 2007 年版,第 16 页。

的信用增强手段主要有基础资产打折、第三方信用支持和组合保险等多种方式。[1] 而信用评级由独立的信用评估机构进行,以反映被评估证券的风险和收益等信息,为投资者提供投资决策依据。特别是公开发行的证券,法律强制要求对证券进行信用评级。信用评级一般要进行两次:初评和发行评级。初评的目的是确定为了达到所需要的信用级别进行的信用增强水平。在初评之后,SPV按照评级机构的要求进行信用增强后,评级机构将进行正式的发行评级,并向投资者公布最终评级结果。一般认为,信用等级越高,表明证券的风险越低,从而使发行证券筹集资金的成本越低。[2]

MBS发行完毕以后,从理论上讲,SPV作为证券发行人应当对证券的相关法律事务进行管理。但在实践中,为了节约成本,SPV通常被构建为一个空壳公司,只是证券化的通道和工具,其一般不从事具体业务。因此SPV通常会聘请专门的服务商来进行证券的管理,收取、记录原始债务人每月偿付的贷款本息,并将其存入指定的账户。同时服务商还要对债务人履行还款义务的情况进行监督,一旦发现违约,要及时采取补救措施或者采取法律诉讼手段予以解决。由于发起人熟悉原来债务人的情况,本身又是金融机构,资金融通及管理是其本业,因此常常作为抵押支持证券的管理者又回到证券化进程中。由于债务人数量庞大,一对一收取本息并转移支付成本极高,因此,发起人与SPV常常设立一个共同的封闭账户,专门接受债务人的本息偿付。[3] 服务机构收集资产的现金流后,按照证券化计划分配给证券持有人。在偿付完全部证券、处理完剩余资产后,整个证券化过程即告结束。

三、表内证券化产品的法律构造:以德国抵押担保债券为代表

与表外证券化产品的"发起-转移"模式不同,表内证券化产品采用"发起-持有"的法律结构,即用于支持证券的资产池保留在原始权益人/发行人的资产负债表上,发行人自始至终对证券的清偿承担直接法律责任。表内证券化模式起源于德国抵押担保债券,德国1899年7月13日的《抵押银行法》(Hypotheken Bank Gesetz,以下简称

---

[1] 基础资产打折,又称为超额抵押(over collateralization),主要是指发起人在出售抵押贷款时以低于资产实际价值的价格将信贷出售给SPV,使得SPV销售证券所产生的现金流量大于其应支付给发行人的现金量,从而使得即便债务人出现一定程度的违约,其损失也可以被SPV消化。第三方信用支持是指由一些信誉好、实力强大的公司(如花旗银行)提供相当于部分资产支持证券的担保债权、信用证、不可撤销的信用透支或者类似的信用安排,作为风险防范手段。而组合保险是SPV为了增强抵押证券的信用等级,对不同信用等级的证券可能的亏损向保险公司购买组合保险,为诸如债务人无力偿还贷款,抵押物因自然风险或意外事故造成的毁损、灭失、贬值等风险提供保障。谢永江:《资产证券化特定目的机构研究》,中国法制出版社2007年版,第93页。
[2] 何小峰等:《资产证券化:中国的模式》,北京大学出版社2004年版,第123页。
[3] 王小莉:《信贷资产证券化法律制度研究》,法律出版社2007年版,第32页。

HBG)是关于表内证券化最早的立法。其后《抵押银行法》历经多次修改①,但基本制度框架并未改变。2005 年 5 月 22 日,德国议会通过了《担保债券法》(Pfand Brief Gesetz,以下简称 PfandBG),将此前分别由《抵押银行法》《公共担保债券法》(ÖPG)以及《船舶担保债券法》(SchGB)调整的抵押担保债券统一纳入其麾下。《担保债券法》绝大部分条文是以原《抵押银行法》为基础而制定,只是为满足《巴塞尔资本协议Ⅱ》的监管要求作了一些修正。从 HBG 正式生效到被《担保债券法》所取代,在这一百多年中德国抵押银行没有发生一起破产清算的案例,这足以佐证其立法理念和制度设计的成功。②

由于担保债券的发行、运营、管理以及偿付都是由抵押银行方面来完成的,基础资产无须从发起人的资产负债表中移除,抵押银行成为整个流程的最大义务人,监管也集中于此,因此,表内证券化的参与主体要远少于表外证券化,流程也简单很多。这种证券化的开端也是发起人选择目标资产并组成资产池,但与表外证券化不同的是,其选择受到法律的严格约束,表现在:①目标资产的限制。用于支持债券发行的目标资产只能是低风险类型的贷款,如公共部门贷款、不动产担保信贷资产和船舶抵押信贷资产(PfandBG 第 1 条)。前者是由政府信用做担保的。联邦政府、州政府、地方政府、公共部门的融资机构是主要借款人。联邦政府的国家信用自不必说,而各级州和地方政府的信用是通过财政平衡体系予以支持,即地方政府出现还贷困难时,州将承担地方的支付责任,国家则承担州的责任。而"不动产抵押贷款资产就其本身来说是低风险的。这也反映在当前实施的欧洲法规和巴塞尔新资本协议(Basel Ⅱ)的规定中。巴塞尔新资本协议规定,商用房地产贷款限额在抵押额 60% 以下时只需要 4% 的资本准备金,房屋贷款只需要 3.2% 的资本准备金"。③ 而且,PfandBG 第 4 条"担保匹配原则"规定,"任何已发行的担保债券之本息净值必须要有担保;已登记的担保品之净值必须超过所担保的债务的 2% 以上"。也就是所担保资产必须实现对债券本息的超额担保。②抵押品的限制。抵押银行通常只向以多功能的不动产作为抵押品的借款人提供融资,而限制对各种居民房产以及一些特定类型的商业房产,比如办公室、政府大楼、旅馆和商业房屋进行融资。此举主要是为了确保在实现抵押权时市场上能够有足够数量的潜在购买者。④ 此外,PfandBG 第 16 条第 3 款还对以建筑工地和尚未完成的楼房作为抵押品进行了更严格的规定,前两项抵押品的总价值不应超过所有抵押品

---

① 笔者不完全统计到的部分修改大约就有十多次,分别是 1923 年、1926 年、1927 年、1963 年、1965 年、1968 年、1974 年、1998 年、2002 年(该年一共修改了 3 次)和 2004 年。
② 《欧洲资本市场的潘德布雷夫债券》,http://www.pfandbrief.de/cms/_internet.nsf/tindex/en.htm.
③ 《欧洲资本市场的潘德布雷夫债券》,http://www.pfandbrief.de/cms/_internet.nsf/tindex/en.htm.
④ 《欧洲资本市场的潘德布雷夫债券》,http://www.pfandbrief.de/cms/_internet.nsf/tindex/en.htm.

价值的10%和银行股东权益资本的2倍；建筑用地的抵押贷款不能超过抵押担保债券的担保资产池总额的1%。不能带来持续受益的不动产抵押贷款，尤其是煤矿和采石场，不能用于做抵押担保，同样的规定适用于矿山抵押贷款。对新楼房抵押贷款的支付原则上依据整个工程的进度分批进行，以保证抵押品价值与贷款额同量增长。③严格的抵押品价值计算方法与贷款限额。从最初的HBG（第11条第2款）到PfandBG（第14条）都规定，抵押银行发放享有第一顺位抵押权的贷款不得超过用以设定担保的不动产市场价值的60%。这一规定百多年来一直未曾变动。而对不动产市场价值的评估是由中立的专业评估机构根据慎重原则决定的，"其目的是预测出一个长期的、有足够把握的抵押价值，而非财产在特定时间内的市场价值。在评估不动产的抵押贷款价值时，只有财产的永久性特征和可持续获得的回报才被列入考虑的范围（HBG第12条第1款和PfandBG第16条第2款）。一个重要的规则是，不动产的抵押值一般来说总要比当前的市场价值低15%。……由抵押担保债券筹资的贷款不能超过评估的抵押贷款价值（mortgage lending value，MLV）的60%。因此，一个有高级别担保优先权的抵押贷款，实际上只是财产市场价值的50%～55%。迄今为止，德国不动产的市场的价额还没有跌到过如此低的程度。因此抵押担保债券的债权人总是拥有一个很大的安全空间，用来抵御财产价值下滑所带来的风险。而这一风险就算是通过最谨慎的价值评估也不能完全避免"。① ④严格的抵押债券现值评估。为落实《巴塞尔资本协议Ⅱ》的要求，2002年7月，德国议会对HBG第6条第7款关于抵押品净现值评估的规定进行细化，制定了《抵押担保债券净现值评估条例》（HypBarwetV）。该条例要求抵押品的价值必须以通过情景压力测试（reflecting specific stress scenarios）的净现值为计算基础。所谓情景压力测试是指将金融机构或资产组合置于某一特定的极端情境下，如经济增长骤减、失业率快速上升到极端水平、房地产价格暴跌等异常的市场变化，然后测试该金融机构或资产组合在这些关键市场变量突变的压力下的表现状况，看是否能经受得起这种市场的突变。压力测试通常包括敏感性测试和情景测试等具体方法。敏感性测试旨在测量单个重要风险因素或少数几项关系密切的因素由于假设变动对银行或资产组合风险暴露和银行或资产组合承受风险能力的影响。情景测试是假设分析多个风险因素同时发生变化以及某些极端不利事件发生对银行或资产组合风险暴露和银行或资产组合承受风险能力的影响。② 经过情景压力测试，可以识别抵押品在风险概率事件发生时的价值状况。以经过压力测试的抵押品净现值作为抵押品市场价值的计价基础，实际上又收紧了抵押贷款发放的

---

① 《欧洲资本市场的潘德布雷夫债券》，http://www.pfandbrief.de/cms/_internet.nsf/tindex/en.htm.
② 参见陈忠阳：《VaR体系与现代金融机构的风险管理》，载《金融论坛》2001年第5期。

缰绳,提高了抵押贷款的安全性。这些规定使得抵押银行几乎无法通过降低审核标准来滥发信贷,从而从源头上遏制了风险和过度套利的投机。在如此苛刻的法律要求之下,美国的次级贷款以及基于此而发行的债券在德国根本没有法律上的可能。

第二个步骤就是担保资产登记。根据 PfandBG 第 16 条的规定,对于上述资产池,银行必须按照法律规定制备专门的登记册加以完整登记,并将其副本呈送金融监管机构。这实际上省却了将资产池中的担保资产逐件进行物权变更登记的繁琐和高额费用,但又与土地登记簿上原始的不动产担保物权信息建立直接联系,不会破坏土地登记簿上记载内容的公示功能。已登记的抵押品资产池具有特殊的法律地位,一旦银行破产——虽然这种情况百年来从未发生,抵押担保债券的持有者对抵押资产池享有绝对优先受偿权,公共担保债券的持有者对相应的公共部门贷款也享有同样权利,银行的其他债权人清偿顺序都在抵押担保债券之后。在不同的抵押品资产池里的资产只能用来满足与之相对应的抵押担保债券债权人的债权,以及满足在抵押品资产池里的其他衍生产品债权人的清偿要求。在破产清算程序开始后,优先受偿权针对抵押品资产池中资产并包括其对应的利息和偿付所得款。其他普通债权人只有在抵押担保债券债权人的索赔要求完全满足的情况下,才能要求索赔。这对于那些属于过量抵押(over-collateralization)的资产也同样适用。过量抵押即抵押品的价值超出了当前所要求的抵押额的价值。多出来的价值,是用来抵御未来的风险或是保证流动性。由此,基于前述严格的法律规定建立起来的具有良好财政状况的抵押品资产池将保证抵押担保债券的债权人的全部权利将根据债券条款被完全满足。这实际上意味着抵押品资产池与银行其他资产之间实现了破产风险的隔离。在完成登记后,抵押银行就可以发售债券,并承担债券本息的清偿工作和资产池的日常管理。

四、抵押资产证券化产品两种模式风险防范机制之比较

无论是哪种模式,抵押资产证券化产品的初衷都包含利用某种融资机制改善流动性的考量,成败的关键都在于支持证券的资产池安全的保障。而两种模式法律构造路径的核心差异使得对资产池安全的保障以及系统性风险的防范产生了很大区别,这一核心差异就是用以支持证券化的资产是否要"真实出售",其他差异都可以看作这一核心差异衍生而来(参见表1)。

表 1　　　　　　　　　　表内证券化产品与表外证券化产品的差异

	德国抵押担保债券	美国抵押支持证券
结构	资产保留在发起人资产负债表上,但实行资产分割隔离	资产转让给特定目的机构

续表

	德国抵押担保债券	美国抵押支持证券
证券发行人	发起人/原始权益人	特定目的机构
资产池	动态	静态
对资产池资产的法定限制	有	无
对发起人的追索权	有	无
效果	再融资	再融资、降低风险、监管套利

(一)表内证券化产品的风险规制机制

1. 资产池的分割与破产隔离

在表内证券化,由于资产无须出售并移除发起人资产负债表,发起人须自始至终对证券本息的清偿承担法律责任。为避免发起人破产对证券清偿造成的风险,发起人需对担保债券进行破产隔离。这一点是通过赋予证券持有人在破产时对资产池中担保品的优先权来实现。为此,资产池须在专门制备的登记簿上进行登记,以便于发起人的其他资产分割开。所有抵押资产还必须按抵押担保债券的类型分为不同的抵押品资产池,根据 PfandBG 的规定抵押担保债券的类型,对应的担保资产池分别应为不动产抵押资产池、公共贷款资产池、船舶抵押品资产池和航空器抵押品资产池。资产池的登记与民法上的不动产担保制度登记是相衔接的,对资产池担保品的优先权实质上是建基于担保物权的优先权,由于土地登记簿上的不动产担保物权人在证券化过程中始终未曾变化,因此资产池的登记并未使得土地登记簿上登记的物权信息失真,同时也满足了优先权公示的要求,不会破坏破产法上的法律安排。得益于德国健全的土地登记制度,不动产之上的物权负担能够非常清楚地反映出来,监管机构能够很容易地查证抵押品的真实状况以及贷款限额的强制性规定是否得到遵守。因此,虽然民法典中的流通抵押权和土地债务与抵押担保债券分属不同的法律,但在证券化中却实现无缝对接,成为相得益彰的绝佳组合。

2. 动态的、可置换的资产池

按照法律规定,抵押品资产池是动态可变的,当某一资产不再满足法定条件或发行时的约定条件,它就会被其他合格的资产替换,以保证整个资产池的质量。上述变化都必须立即在抵押品登记册中做相应的增记或删除。这样可以确保资产池中抵押品的价值总是足以担保证券的本息清偿,同时产生风险平衡,防止抵押贷款和抵押债券清偿期错配产生的巨大压力,同时也对利率波动带来的风险具有足够的抵御能力。实践中,德国抵押银行发放的贷款绝大部分都是以土地债务作为担保,只有很少部分是以抵押权作为担保。1968 年的 Segré 报告表明,德国抵押银行、公众银行以及建筑储蓄银行只有在例外情况下才运用抵押权担保;换言之,土地债务已经排挤了抵押权的适用,成为主要的土地担保方式。① 20 世纪 80 年代以来,德国以法律行为设定的不动产担保物权中,大约 81% 是土地债务,只有不到 19% 是抵押权。② 而土地债务最主要的优点就是对被担保债权没有法定从属性,被担保债权的变化并不必然影响到土地债务,因此,土地债务的高稳定性和抽象性为发起人置换资产池中资产提供了极大的便利,给抵押担保债券应对市场风险的变化带来了极大的弹性和张力。

3. 证券持有人的追索权

由于表内证券化模式之下,证券化的发起人同时也是抵押资产证券化产品的发行人,因此证券持有人同时拥有对资产池中抵押资产的优先受偿权和对发起人其他资产的追索权,享有双重信用保障;只不过基于证券本息未能被抵押资产覆盖部分的追索权在法律性质上是普通债权,不能优先于其他普通债权人。

4. 集中的风险监管

由于抵押银行是证券化的全程担纲者,实际上集中了证券化的大部分风险,这使得监管部门的监管集中在其之上。按照法律规定,联邦金融服务业监督会依照《德国银行法》和 PfandBG 对抵押银行及其业务进行监管。除每两年一次的随机业务合规检查外,监管部门还通过资产池监管人对资产池实施日常监管。根据 PfandBG 第 7 条的规定,每个抵押银行都必须任命一名资产池监管人和至少一名替补监管人(Stellvertreter),他们必须具有履行职责所需的专业知识和经验,通常由注册审计师或会计师担任,而且在任命前三年曾是该抵押银行的员工或代理人的不能担任这一职务。监管人的职责是确保抵押债券的担保资产始终符合法定要求,保管相关的法律文件,他有权检查抵押银行的记录和随时索要必要的信息。在证券发行前,监管人将为抵押证券出具合格证明书,证明其担保资产存在并已经记录在相关的担保登记簿上;证券发行后,只有获得监管人的书面同意,被登记在担保登记簿上的资产才可以删除(PfandBG 第 8 条)。监管人在每半年的第一个月内必须将此前半年担保登记簿中的记录上交给联邦金融监管当局[PfandBG 第 5 条(2)]。监管人可以从监管当局处取得合理的报酬,而这些费用是由抵押银行承担,并按照监管当局的要求预先支付,这确保了监管人在经济上不受制于抵押银行。这些法律规定构建起一种具有穿透性的监管机制,使得监管机构能够及时监管抵押银行的证券化业务。

(二)表外证券化产品的风险规制机制

1. 真实出售与破产隔离

---

① Stöcker,*Die Eurohypothek*,Berlin 1992,S. 25 ff.
② Michael Adams,Ökonomische Analyse der Sicherungsrechte,Atehnäum 1980,S. 11.

在表外证券化模式下,由于其采取"发起-转移"的交易结构,资产需"真实出售",即发起人向特定目的机构转让资产之后,发起人与被让与资产不再具有经济和法律上的利害关系,作为发行人的 SPV 才是证券法律上的主体。在发起人破产时,所转让资产被排除在其破产财产之外,从而使破产程序不会影响到对资产支持证券投资者的偿付。真实出售使得资产支持证券的投资者仅仅受到资产池风险的影响,而不受发起人自身风险的影响,资产池也成为不能置换的财产。同时,证券持有人也丧失了对发起人的追索权。

但是,早就有学者指出,表外证券化在美国出现并得到迅速发展,是为了弥补美国破产和重整程序对行使担保债权的种种限制,破产隔离主要隔离了破产和重整程序的风险,从而避免了破产和重整的无效率。这实际上带有法律规避的动机。因此资产转让行为的法律定性恰恰是抵押资产证券化产品所面临的最大法律风险。因为美国《破产法》第 105(a)条中明确授权法院"发布任何必要的或者合适的命令,以执行本法的规定",美国法院据此认为:"作为衡平法院,破产法院具有修正债权人和债务人之间关系的广泛权力"。[①] 如果法院认为担保财产对于债务人的重整必不可少,法院不会许可担保权人从破产冻结的财产中取走这些担保物,这将使得担保权人的优先受偿权暂时无法行使。而如果借助证券化而真实出售被法律许可,这实质上创造了一种优先于担保权人和普通债权人的超级优先权,导致破产重整程序的规定被规避。实践中,美国法院在一些案件中或者将某些资产转让认定为欺诈,从而否定资产证券化的法律效力,适用破产和重整程序;或者将某些资产出售定性为担保融资,使其必须满足公示要求获得对抗第三人的效力,即便能满足,担保债权人的对担保物的权利的行使也将受制于债务人破产程序规范。[②] 无论哪种情形出现,证券化的努力都将受挫。为推动证券化市场发展,包括阿拉巴马、特拉华、路易斯安那、俄亥俄在内的美国部分州颁布《资产支持证券促进法》(Asset-backed Securitization Facilitation Act)[③]直接规定:不管其目的为出售还是设定担保权,凡是为证券化目的进行的资产转让行为构成真实出售,从而直接消除了交易定性的风险和债务人的破产风险,使破产隔离合法化。特别立法直接排除了公示规则的适用,资产支持证券的投资者获得了优先于担保债权人的法律地位;但同时却也使得证券化与私法体系割裂开来,规避了法院依据破产法对资产证券化进行的司法监管。

2. 信用增强与信用评级

[①] 彭冰:《资产证券化的法律解释》,北京大学出版社 2001 年版,第 72 页。
[②] 彭冰:《资产证券化的法律解释》,北京大学出版社 2001 年版,第 116 页。
[③] See Del. Code Ann. tit. 6, 2703A(a)(1)(2003).

由于证券持有人无权对发起人进行追索,SPV 的职能主要就是发行债券,并对债券进行管理,其没有发放抵押贷款的权利,也没有其他金融产品,即是说其不可能取得新的抵押品来置换原有资产池中的抵押品,哪怕其中的抵押资产已经严重缩水或已经因发生违约而无法再产生现金流。资产池成为证券持有人本息清偿的唯一保障。为增强证券的安全性和吸引力,表外证券化高度依赖信用增强和信用评级,尤其是后者。但实践中,两者都没有很好地发挥预想的作用。常用的信用增强手段如基础资产打折、第三方信用支持和组合保险等都无法从实质上预防和消除信贷发放环节已经存在的风险,第三方信用支持和组合保险实质上也是一种债权信用,不确定因素很多,一旦资产池出现大量违约,信用支持方和保险方会因承担大量的担保责任和合同责任而破产,它们对证券信用增强的功能也就无从发挥。次贷危机中美国国际集团(AIG)的破产及其连锁效应就是最好的例证。而信用评级也被实践证明并不像想象得那么可靠。例如,2006 年,穆迪每天将三十多项房屋抵押贷款支持的证券评为 AAA 级,而事实是其中 83% 的证券在后来的危机中被降级处理,造成了灾难性的后果。[①] 然而,将责任全部归于评级机构也并不客观。评级机构借以评级的依据是基于金融市场过去的数据研发的预测模型。20 世纪 70 年代初,美国金融机构开始雇用数量金融师(quants)来开发很多高度依赖数学算法来预测市场和证券走势的模型。金融机构的经理认为利用这些模型,他们能够更好地管理这些产品的风险。摩根大通(JP Morgan)开发了第一个"风险价值"(VaR)模型,很快在投行业中类似的模型被广泛采用;据说这些模型能够以 95% 的准确度预测出:如果市场价格变动,公司会损失多少。[②] 由此,许多金融机构和信用评级机构普遍以数学模型代替判断,并将其看作是可信赖的风险报警器。风险管理往往就被转化为风险合理化。[③] 但是,金融危机的实践表明这些模型依

[①] 美国国会授权的金融危机调查委员会公布的《美国金融危机调查报告》将危机归因于银行业降低放贷标准、金融资本的贪婪、监管的放松、监管机构的不作为与无能力等普遍但却没有真正解释力的原因。参见美国金融危机调查委员会:《美国金融危机调查报告》,俞利军、丁志杰、刘宝成译,中信出版社 2012 年版,第 XX — XXX 页,第 577 页。这些所谓的原因放在任何一场金融危机上恐怕都是适用的,原因太普遍反而可能失去解释的能力。况且这些原因本身其实也需要解释,比如为什么会出现过度借贷、滥发贷款、道德风险以及评估机构的信用评级为什么会失效。《美国金融危机调查委员会报告》,第 XXV 页。

[②] Gillian Tett, Fool's Gold: How the Bold Dream of a Small Tribe at J. P. Morgan Was Corrupted by Wall Street Greed and Unleashed a Catastrophe (New York: Free Press, 2009), pp. 32—33, 49, 70, 115,《美国金融危机调查委员会报告》,第 51 页。

[③] 美国国会授权的金融危机调查委员会公布的《美国金融危机调查报告》将危机归因于银行业降低放贷标准、金融资本的贪婪、监管的放松、监管机构的不作为与无能力等普遍但却没有真正解释力的原因。参见美国金融危机调查委员会:《美国金融危机调查报告》,俞利军、丁志杰、刘宝成译,中信出版社 2012 年版,第 XX — XXX 页,第 577 页。这些所谓的原因放在任何一场金融危机上恐怕都是适用的,原因太普遍反而可能失去解释的能力。况且这些原因本身其实也需要解释,比如为什么会出现过度借贷、滥发贷款、道德风险以及评估机构的信用评级为什么会失效。《美国金融危机调查委员会报告》,第 XXI 页。

赖于有限的历史数据；对于抵押贷款证券，这些模型其实非常不适用。[1] 也就是说，评级机构是依据金融产品的历史预测金融产品的未来，而资产证券化产品迥异于传统金融产品，加之真实出售后原始信贷的信息很难持续获得，数据和模型对此缺乏预测能力。因此，信用评级无法完全准确地反应证券的真实信用状况和风险也就不奇怪了。

3. 公共监管

如前所述，相对于表内证券化，表外证券化的流程更长，参与主体更多。一般而言一笔抵押贷款实现证券化要经历四个阶段，涉及十多家机构，包括发起人（住房抵押贷款金融机构）、住房抵押贷款经纪人、借款人、消费者信用核查机构、贷款转移人、特定目的机构、评级机构、信用增级机构、包销人、分销人、保险公司、特别服务提供者、电子登记系统和投资者等。这种态势使得其无法像表内证券化那样通过在证券发行人机构中设立监管人的方式实现穿透式集中监管。故表外证券化只能通过外部的公共监管来监管。而实际情况则如曾在1979—1987年担任美联储主席的保罗·沃尔克在接受询问时告诉金融危机调查委员会的，"监管部门早在20世纪80年代后期就开始担心银行出售（而并非持有）贷款的行为，因为这样银行可能不关心贷款的质量。但是随着这些工具变得越来越复杂，监管机构也越来越依赖于银行的自我风险监控"。美联储前货币事务部主任文森特·莱因哈特也对调查委员会说，他和其他监管人员对于新金融工具的复杂性，及其对风险评估造成的困难没有引起重视。[2] 爆炸式增长的证券化市场、复杂的证券化流程、众多的参与主体等所造成的监管成本和难度使得监管者实际上是无力对整个证券化流程实施严格监管的。这也许是20世纪末笃信自由市场万能的美国金融监管当局放弃监管的重要原因。

（三）小结

通过比较，我们发现，表外证券化在隔离发起人破产风险对证券影响的同时实际上也免除了作为发起人的商业银行的风险。国内也有学者认为，资产证券化与商业银

---

[1] 美国国会授权的金融危机调查委员会公布的《美国金融危机调查报告》将危机归因于银行业降低放贷标准、金融资本的贪婪、监管的放松、监管机构的不作为与无能力等等普遍但却没有真正解释力的原因。参见美国金融危机调查委员会：《美国金融危机调查报告》，俞利军、丁志杰、刘宝成译，中信出版社2012年版，第XX—XXX页，第577页。这些所谓的原因放在任何一场金融危机上恐怕都是适用的，原因太普遍反而可能失去解释的能力。况且这些原因本身其实也需要解释，比如为什么会出现过度借贷、滥发贷款、道德风险以及评估机构的信用评级为什么会失效。《美国金融危机调查委员会报告》，第51页。

[2] 美国国会授权的金融危机调查委员会公布的《美国金融危机调查报告》将危机归因于银行业降低放贷标准、金融资本的贪婪、监管的放松、监管机构的不作为与无能力等等普遍但却没有真正解释力的原因。参见美国金融危机调查委员会：《美国金融危机调查报告》，俞利军、丁志杰、刘宝成译，中信出版社2012年版，第XX—XXX页，第577页。这些所谓的原因放在任何一场金融危机上恐怕都是适用的，原因太普遍反而可能失去解释的能力。况且这些原因本身其实也需要解释，比如为什么会出现过度借贷、滥发贷款、道德风险以及评估机构的信用评级为什么会失效。《美国金融危机调查委员会报告》，第51页。

行风险承担之间存在显著的负相关关系,证券化业务的开展有利于银行风险承担水平的下降。① 但正如美联储前委员林赛在接受国会金融危机调查委员会咨询时所说:"证券化正在使风险多样化,但它并没有降低风险……作为个人,你可以通过多样化来降低风险。然而金融系统作为一个整体,却不能因此降低风险。"② 对于商业银行来说,这样运作的利润是巨大的。通过从它们的账上抹去贷款,银行减少了它们所需的冲抵损失的资本数额,因此提高了收益。证券化也减轻了银行对储蓄融资的依赖,因为出售证券产生的现金能够用来放贷。银行也能在他们的账上保留一部分证券,作为借款的抵押。同时证券化的佣金已经成为银行收入中很重要的一部分。③ 这种法律构造使得商业银行免于承担风险,"随着原有的、对高风险贷款的监管与限制逐步被侵蚀,银行开始愿意发放'次级'抵押贷款——也就是针对很可能发生债务违约的高风险人士的抵押贷款的委婉语。其中有一些贷款被称为 NINJNA 贷款——不查收入,不查工作,不查资产(no income,no job,no assets),意味着借款者在获得贷款之前无须经过信用查验"④。然后商业银行将这些垃圾贷款打包转让给 SPV 进行证券化,堂而皇之地收回信贷资金,再以服务商身份替 SPV 管理现金并收取高昂的服务佣金,实现双重获利。在这种模式之下,商业银行的逐利动机被极度刺激,滥发次级贷款,根据美国《房贷金融内参》的数据,2006 年,次级抵押贷款占到了抵押贷款发放总额的 23.5%,达到 6 000 亿美元,而且其中大部分都被证券化了。⑤ 更严重的是,在这一模式下

---

① 郭甦、梁斯:《资产证券化是否改变了商业银行的风险承担?——一个来自中国的证据》,载《国际金融研究》2017 年第 9 期。
② 美国国会授权的金融危机调查委员会公布的《美国金融危机调查报告》将危机归因于银行业降低放贷标准、金融资本的贪婪、监管的放松、监管机构的不作为与无能力等等普遍但却没有真正解释力的原因。参见美国金融危机调查委员会:《美国金融危机调查报告》,俞利军、丁志杰、刘宝成译,中信出版社 2012 年版,第 XX—XXX 页,第 577 页。这些所谓的原因放在任何一场金融危机上恐怕都是适用的,原因太普遍反而可能失去解释的能力。况且这些原因本身其实也需要解释,比如为什么会出现过度借贷、滥发贷款、道德风险以及评估机构的信用评级为什么会失效。《美国金融危机调查委员会报告》,第 51 页。
③ 美国国会授权的金融危机调查委员会公布的《美国金融危机调查报告》将危机归因于银行业降低放贷标准、金融资本的贪婪、监管的放松、监管机构的不作为与无能力等等普遍但却没有真正解释力的原因。参见美国金融危机调查委员会:《美国金融危机调查报告》,俞利军、丁志杰、刘宝成译,中信出版社 2012 年版,第 XX—XXX 页,第 577 页。这些所谓的原因放在任何一场金融危机上恐怕都是适用的,原因太普遍反而可能失去解释的能力。况且这些原因本身其实也需要解释,比如为什么会出现过度借贷、滥发贷款、道德风险以及评估机构的信用评级为什么会失效。《美国金融危机调查委员会报告》,第 48 页。
④ [美]理查德·波斯纳:《资本主义的失败:08 危机与经济萧条的降临》,沈明译,北京大学出版社 2009 年版,第 25 页。
⑤ 美国国会授权的金融危机调查委员会公布的《美国金融危机调查报告》将危机归因于银行业降低放贷标准、金融资本的贪婪、监管的放松、监管机构的不作为与无能力等等普遍但却没有真正解释力的原因。参见美国金融危机调查委员会:《美国金融危机调查报告》,俞利军、丁志杰、刘宝成译,中信出版社 2012 年版,第 XX—XXX 页,第 577 页。这些所谓的原因放在任何一场金融危机上恐怕都是适用的,原因太普遍反而可能失去解释的能力。况且这些原因本身其实也需要解释,比如为什么会出现过度借贷、滥发贷款、道德风险以及评估机构的信用评级为什么会失效。《美国金融危机调查委员会报告》,第 77 页。

特定目的机构成为实际的贷款发放人却免于银行法规的监管,金融融资活动呈现脱媒化和去中心化,形成所谓的"影子银行"体系[1],使得整个金融系统处于巨大风险之中。这种法律构造提供的制度激励使得个体角度看非常理性的行为造成整个系统的非理性。

相反,在表内证券化,抵押银行无法出售证券化资产,风险主要集中在其之上,迫使其对信贷的质量担起责任。为了保证其资产质量,银行会积极进行严格风险评估,审慎发放贷款并进行严密贷后管理。这种法律结构有很强的正向激励作用,从根本上遏制了银行降低审核标准滥发贷款的冲动,个体的理性选择与系统的整体利益也是同向的。同时,德国法律对抵押债券银行的贷款发行条件、抵押品类型、经营地域、抵押品资产池等诸多方都设置了强制性规定,从源头上防范系统性金融风险的累积。再者,法律规定的发行主体的封闭性使得市场保持了很高的透明度,监管的对象集中使得监管机关的监管成本也得到合理控制,能建立穿透式的监管机制。这些都使得证券化的系统风险得到有效预防,而证券化的效率却并未因此降低。例如,德国目前抵押担保债券发行机构只有38家,其中21家私立抵押债券银行,15家公共发行机构,以及2家私立的船舶抵押银行,但其发行的抵押担保债券存量甚至高于美国抵押支持贷款债券的存量,以2008年为例,二者分别为80 560亿欧元和66 000亿美元。[2]

五、抵押资产证券化产品风险规则机制的发展趋势

(一)寻求更好的监管:抵押资产证券化产品公共监管理念的变化

在当今金融创新的大潮中,资产证券化产品始终处于核心地位,对各国的金融和经济有着巨大影响,因此,对资产证券化产品的监管一直是各国债券市场和金融市场监管的重中之重。一般而言,这种监管主要体现为公权力机关运用行政经济法手段实施的垂直公共监管,其理念上将主要体现为法律执行的监管视为资产证券化的外部变量,因此,在金融危机前,不管是监管机构还是立法机关,都对立法和监管给金融业带来的"成本"小心翼翼,普遍秉持如下信条:金融监管不应当阻碍金融机构和金融业务的发展。美国提出的"最少的监管就是最好的监管"、英国的"轻触式监管(light touch regulation)"、荷兰的"谨慎干预(cautious intervention)"等监管理念即是最佳例证。

2008年全球金融危机后,之前的金融监管理念遭到广泛质疑,在分析危机成因的过程中监管理念发生了近乎颠覆式的转变。2008年,二十国集团(G20)下设的金融稳

---

[1] 参见朱慈蕴:《中国影子银行:兴起、本质、治理与监管创新》,载《清华法学》2017年第6期。
[2] 数据分别来源于《欧洲资本市场的潘德布雷夫债券》,available at:http://www.pfandbrief.de/cms/_internet.nsf/tindex/en.htm,以及The Securities Industry and Financial Markets Association,http://www.sifma.org。

定理事会(Financial Stability Board, FSB)出具了一份重要报告——《影子银行：划定问题的范围》(Shadow Banking: Scoping the Issues)，试图在各国间推广某种共识，为跨国的监管协调奠定基础共识，寻求更好的资产证券化监管方案。该报告指出，资产证券化系统性风险"来源于期限和流动性的转换，虚假的信贷风险转移，以及以较高的杠杆投资于证券化产品"，"这些操作都可能形成监管套利"。① 所谓的"期限和流动性转换的风险"主要是指资产证券化通过借短贷长实现期限转换的功能，并通过将资产打包分解为小面额的证券发行而增加了资产的流动性，实现了流动性转换的功能。② 因此，资产证券化实质上是以金融市场中不同机构和工具替代传统金融机构完成信用中介功能，用直接融资工具和交易完成信用中介活动，导致金融活动去中心化和脱媒化，形成了监管体系之外的"影子银行"。③ 而虚假的信贷转移则是指商业银行在将自己的房屋抵押贷款风险通过证券化出售的方式转移至其他市场主体的同时，也持有了大量自己和其他银行发行的证券化资产，或者对自己发行的证券化资产进行了合同性的担保或保证(在贷款违约时进行回购)，或者将证券化资产置于由自身信用担保的特定目的实体中并未实际出售。总之，风险资产表面上从资产负债表中移除，但风险却并未转移。④ 而"高杠杆投资"则是金融机构先以证券为抵押进行再融资，然后又将资金投入证券投资的实践。金融机构间多层级、长链条、交叉性的持有证券化资产，使得风险弥漫在整体金融体系中，难以通过市场的方式定价和管理，形成了牵一发而动全身的系统性风险。⑤ 非常明显，这里所说的系统性风险的三种来源实际上都是以美国资产证券化模式为对象的。实践已经证明，对于诱发系统性金融风险的这些因素，之前的监管几乎无能为力，最少的监管几乎沦为放弃监管，监管模式的变革已经不可避免。

2010年国际货币基金组织提出的"良好监管五要素"，这五要素分别是：好的监管具备侵入性；要敢于质疑，还要积极主动；要具有全面性；要有适应性；要形成决定性结论。⑥ 这表明，各国政府和监管部门已经意识到，当金融机构的问题已经反映到财务数据上时，通常已经无力回天。因此，侵入式监管有利于取得更及时的信息，使监管具

---

① Financial Stability Board, "Shadow Banking: Scoping the Issues", April, 2011, http://www.fsb.org/2011/04/shadow-banking-scoping-the-issues/.
② 朱慈蕴：《中国影子银行：兴起、本质、治理与监管创新》，载《清华法学》2017年第6期。
③ See Steven L. Schwarcz, "Regulating Shadow Banking", *Review of Banking & Financial Law* 31, 2011, p.619.
④ Supra note 1, pp.3—4.
⑤ 刘庄：《影子银行的第三类风险》，载《中外法学》2018年第1期。
⑥ [荷]乔安妮·凯勒曼、雅各布·德汗费姆克、德弗里斯编著：《21世纪金融监管》，张晓朴译，中信出版集团2016年版，前言，第7—9页。

有前瞻性。在前述五个良好监管要素中，侵入性是最重要也是最关键的改变。之前的监管司监管和监管规则最少，干扰金融机构的业务也少，最好不具有侵入性。而侵入性监管则意味着，被监管对象将受到监管机构更有力的调整措施：监管者应实施现场检查，并对重大问题进行询问，让市场持续感觉到金融监管的存在。监管机构还可以询问尖锐问题，设定明确限制，而且如有必要，可升级监管，并采取干预措施，甚至在必要时可采取强硬的干预手段以达到期望的目标。在侵入式监管的过程中，新的监管理念还鼓励监管人员对监管对象的商业模式、战略风险和风险心理等态势做出判断和评估，进行早期干预，但同时也要增强透明度，将监管干预和监管决定背后的理由公之于众，获得信任和公信力。这些新的监管理念的提出促进了金融监管的变革，但其实际效果如何，恐怕还得等待下一次经济周期变化的检验。但是，仅从理论逻辑的角度，这种新的监管理念也可能存在局限性。

（二）公共监管的局限性

1. 公共监管的约束条件

传统上，由公共行政部门担纲的金融监管主要是一种外部监管，"金融监管在实现其目标的过程中，面临不少约束条件，包括：信息约束、成本约束、时机约束、被监管对象反应的不可预期性，以及一行稳健性指标的质量等。一是信息约束。在监管者和银行管理者之间存在信息不对称问题。一般而言，银行对其自身的风险和收益拥有更多信息。但有时监管者可以从不同的银行拿到可比的/跨部门的数据，从而识别单价银行不一定能发现的风险苗头。二是成本约束。直接成本包括监管人员的薪酬和行政成本；间接成本是监管行为所带来的扭曲。监管者往往不具备逐一巡视每一位金融管理人员、销售员和交易员的能力。在一些特定领域，监管者的干预权力取决于其他监管部门、外国监管机构和法院的配合或者授权，概言之，有限的监管能力制约了监管的效果。三是时机约束。即使监管者能够很好地观察到银行的决策，银行的决定和监管行为之间仍然可能存在时间差。最后，被监管对象的反应有不可预测性，这对监管行为形成约束。银行会有意无意地策略性应对监管，其结果是形成了一个有多个主体参与、交互关系复杂的系统，监管效果非常难以预测"[①]。

2. 公共监管的风险

监管工作存在两类基础性风险，其影响的严重性并不相同：一是低风险误判，即将一家需要采取强监管措施的银行认定为低风险；二是高风险误判，即将一家经营良好

[①] [荷]乔安妮·凯勒曼、雅各布·德汗费姆克、德弗里斯编著：《21世纪金融监管》，张晓朴译，中信出版集团2016年版，第42页。

的银行认定为高风险,并采取强纠正措施。[1] 从历史经验看,监管总是滞后于金融领域的发展。金融业是一个不断创新的行业,监管者只能保证尽量别太落伍。[2] 这往往造成在已经出现风险的征兆时,监管机构犹豫不决的情况。例如,在危机爆发前,各个国家央行的金融稳定报告都提到了很多之后现实化的风险,包括风险容忍度的上升、追求高收益、杠杆率、复杂性以及关联度,还有风险模型的特定缺陷。但是注意到这些风险并没有促成缓释风险的监管措施。这表明,很多时候,风险评估的不确定性以及缺乏采取行动的决定性证据是造成这种局面的重要原因。

(三)抵押资产证券化产品的私法规制:混合式规制治理的可能性探讨

在笔者看来,表外证券化模式系统性风险的根源还在于证券化的私法构造过度刺激发起人的套利动机,在源头上降低审核标准,滥发次级贷款,累积起无法消除和防范的隐患。一言以蔽之,该制度设计未能在青萍之末遏制人性中的贪婪,以致个体理性的套利行为最终汇集成系统性金融风险的飓风。荷兰学者努依(Nuijts)和德汗(de Haan)的研究也发现有些系统风险源自行为激励机制,为了实现短期绩效目标,机构不惜采取非理性或违法的行为。[3] 在表外证券化中,发起人通过真实出售,摆脱了原始债权包的风险,同时又因为其所掌握的原始客户信息、业务娴熟等优势,最有条件接受作为证券发行人和法律上责任人的特定目的机构的委托,在后续的证券销售款的管理、证券本息的收取和偿付等服务环节收取高额佣金。因此,整个表外证券化模式的最大获益者实际上是作为贷款原始发放人的金融机构,这种法律构造给予了金融机构多发贷款、多做资产证券化的强烈刺激。这种制度规则的激励机制与整个金融系统风险控制之间形成的是负反馈机制,证券化过程的参与者的行为动机与监管机构的监管目标之间是相互冲突的。在有限的监管资源的制约下,监管机构很难对众多的市场主体的源头金融活动加以监管。在金融危机爆发后,包括美国国会成立的金融危机调查委员会在内的诸多专业机构的研究调查都表明,美国证券监管机构事实上放弃了对资产证券化市场的监管,完全将风险的防范寄托于金融机构的自律和市场的调节机制。最后,资产证券化市场爆发系统性的危机也就在所难免了。

可以预见,如果坚持以这种证券化产品的私法构造作为基础,即便改革监管模式,采用侵入式监管,前述监管的约束条件和风险仍然难以克服,监管的效果仍难有保障。

---

[1] [荷]乔安妮·凯勒曼、雅各布·德汗费姆克·德弗里斯编著:《21世纪金融监管》,张晓朴译,中信出版集团2016年版,前言,第42—43页。
[2] [荷]乔安妮·凯勒曼、雅各布·德汗费姆克·德弗里斯编著:《21世纪金融监管》,张晓朴译,中信出版集团2016年版,第15页。
[3] [荷]乔安妮·凯勒曼、雅各布·德汗费姆克·德弗里斯编著:《21世纪金融监管》,张晓朴译,中信出版集团2016年版,第165页。

反观表内证券化模式，银行等金融机构同样通过发行担保债券实现期限和流动性转换，但因为资产并不出表，不存在去中心化和脱媒化的问题，风险仍然集中在银行身上，也使风险监管摆脱了对复杂数学模型的依赖，整个金融系统的风险并未显著增加。由于金融机构需要对资产证券化产品的风险全程担负起责任，这使得金融机构有动力去主动在源头防范风险，其激励机制与公共监管的监管目标是同方向的，因此能形成正向的激励机制。故而，这种法律构造实际上达到了一种自我规制的效果。同时，由于法律规定银行必须在内部自行设立资产证券产品担保资产池的监管人，并在制度上保持监管人的独立性；监管人负有定期向监管机关汇报资产池情况的法定义务。这就将证券化主体的内部自我监管和外部的公共监管有机地衔接起来，使得公共监管能够深入金融机构的内部，同时也极大地节约了外部监管的成本。而对发行主体及其资质、抵押品种类与估值、发债比例、基础资产池的法律地位与监管等严格的法律规定，有效地防范了表外证券化模式下无法克服的道德风险，从根本上阻绝了表外证券化系统性风险的来源。以证券化产品为主要资金来源和经营业务的德国抵押银行系统创立一百多年以来没有发生一起破产清算的案例，足以证明其对系统性风险防范的成功。从私法的源头上确保支持证券化的基础资产的质量，以正向的制度激励机制合理引导发起人及其他参与机构的逐利动机，遏制道德风险，从根本上防范资产证券化可能诱发的系统性风险，为改善融资效率与金融市场稳定做出贡献。

（四）对我国抵押资产证券化产品风险规制机制模式的借鉴意义

经过十余年的试点工作，我国的抵押资产证券化产品市场已经有了长足的发展，但其所依托的法律基础依旧是层级较低且属于临时性规范的部门规范性文件，因此，制定正式的法律文件来规范资产证券化市场的发展已经是非常急迫的任务。但正如韦伯所说，"一个法律秩序里特有的法律技术特性，亦即法律秩序所据以运作的思维模式，对于某种特定的法律制度会在此一法律秩序里头被发明出来的可能性而言，要比我们寻常所认为的具有更大的意义。经济状态并非径直自动地产生出新的法律形式来，经济状态毋宁只是蕴含着法律技术被发明且（一旦被发明出来的话）被普及的机会"。[①] 社会需求不会直接、自动地转化为法律上的规范制度。它只是提供变革的动力，而变革的速度、方式以及最终结果则取决于多种结构因素的力量强弱、相互作用的方式等条件。面对同样的需求，各个国家法律传统、政治力量的对比在经常起着比单纯的经济刺激力量更为重要的作用，由此也导致各个国家达到目的的路径各不相同。

1. 我国现行抵押资产证券化法律构造存在的问题

---

① ［德］马克斯·韦伯：《法律社会学》，康乐、简慧美译，广西师范大学出版社2005年版，第69页。

如前所述,我国资产证券化法律框架建基于中国人民银行、银监会、证监会和保监会发布的一系列规章和业务指引,这些规范性文件的共性在于交易结构上的类同,即基础资产的"真实出售"与"破产隔离",并以此为基础对发行人范围、基础资产类型及其法律地位、适格投资者、资产支持证券的转让、信息披露、监管权限等进行了规定。这种法律结构无疑参考了美国表外资产证券化模式。但是这种法律移植方式与我国既有的民商法律体系却存在许多不相融合的地方,导致其法律构造存在脆弱性,同时也将表外证券化模式易引发系统性风险的痼疾带入了我国的金融系统。

首先,从《信贷资产证券化试点管理办法》的规定(第6、7、11条)来看,信贷资产证券化必须遵守"真实出售"原则,而且整个办法的设计也是围绕这个基点来进行的。但是在SPV的构造上,文件选择的却是信托这种组织形式。虽然文件一再强调信贷资产需转让,但特定目的信托机构能否取得信贷资产的所有权问题却始终是不清楚的。问题出在《信托法》,该法第2条规定:"本法所称信托是指委托人基于对受托人的信任,将其财产委托给受托人,由受托人按委托人的意愿以自己的名义,为受益人的利益或者特定目的,进行管理或者处分的行为。"这里的"委托"很难解释为转移财产所有权。更为合理的解释是受托人只是接受委托人的"委托"以自己名义管理、处置信托财产,更像隐名委托代理关系。如此一来,试点管理办法中的"转让"在《信托法》的框架下很难解释为"真实出售"。那么,试点管理办法的规定作为"真实出售"的法律依据就非常薄弱,能否保证发起人的破产风险被有效隔离就很成问题。与此类似,企业资产证券化由于无法采用信托公司的形式来支持,只能借助民法的委托代理法律制度[①],其破产风险隔离的效果更为微弱。

其次,就证券化基础资产的"真实出售"而言,这实际上是基础资产及其上的担保物权在买卖方之间的财产权变动,按照《物权法》和《合同法》的相关规定需要进行权利变动公示,尤其是不动产抵押权变动需要在不动产登记簿上进行变更登记。大量担保资产的逐件变动登记会造成程序的繁琐并产生大量的交易成本,这对证券化而言是极不经济的。在美国,为解决这一问题,由美国银行业创设的不动产抵押登记系统(Mortgage Electronic Recording System, MERS)将其作为"拟制抵押权人",即MERS代表其会员被登记为抵押权人,不管该贷款在二级市场上被出售几次,只要受让人是MERS的成员,其作为名义抵押权人的地位都不会改变,抵押权在名义上不再被辗转让与,从而节省大量的登记费用。到次贷危机爆发前,MERS参与了美国大约

---

① 参见沈朝晖:《企业资产证券化法律结构的脆弱性》,载《清华法学》2017年第6期,第64页以下。

60%的住房抵押贷款发放，被登记为抵押权人[1]，证券化真实出售的权利变动问题借此得到克服。但是这样一来，MERS所记载的不动产担保物权信息也丧失了真实性，频繁的交易无法在登记簿上被显示出来，监管者和交易方都无法了解真实权利人的身份以及权利状态，整个证券化市场的信息变得极不透明。目前，我国尚未在立法层面解决这一问题，但2001年最高人民法院在《关于审理涉及金融资产管理公司收购、管理、处置国有银行不良贷款形成的资产的案件适用法律若干问题的规定》第9条却开创了一个例外，该条规定"金融资产管理公司受让有抵押担保的债权后，可以依法取得对债权的抵押权，原抵押权登记继续有效"。照此规定是否可以推论，如果资产管理公司将受让的不良贷款证券化时，也是不需要进行抵押权变动登记的。如推论成立，倒是的确可以节约大量交易成本，但是不动产登记簿所记载的权利信息由此失真，不动产登记簿的公示功能将遭到严重削弱。其后，原国家建设部2005年颁布了《关于个人住房抵押贷款证券化涉及的抵押权变更登记有关问题的试行通知（建住房〔2005〕77号）》，规定了个人住房抵押贷款作为基础资产设立信托或金融机构按合同约定进行债权回购时，作为担保的抵押权附随于主债权进行批量变更登记，算是解决了住房抵押贷款证券化中不动产抵押权变更登记的问题。

2. 我国抵押资产证券化产品风险防范机制改进的构想

在未来，我国资产证券化正式立法阶段时，应当立足于防范系统性金融风险，同时从宏观监管体制和资产证券化的私法构造两个方面发力。在前者，应当正视资产证券化实质上的金融融通功能，改变现在的分业监管模式，构筑统一的资产证券化监管体制，纳入金融业的统一监管，堵住过度监管套利的空间。这一方面已经由2018年成立的国务院金融稳定发展委员会、银行业保险业监督管理委员会、证券监督管理委员会加现有的中国人民银行构成的"一委一行两会"的监管体制予以落实。同时，不能将防范资产证券化系统风险的希望完全寄托在监管部门的宏观监管上，而是应该从资产证券化的私法基础入手，从源头开始防范风险的发生和积累。

从资产证券化市场发展的整体角度考虑，证券化产品不能仅仅考虑银行追求流动性的需求，还要充分顾及市场主体的不同风险偏好。因此在资产证券化产品的类型构造上，完全可以考虑在现有的表外证券化产品之外，引入表内证券化产品，丰富证券化产品的类型，为不同风险偏好主体提供更多的不同选择。如前所述，世界上已经有二十多个国家同时引入了以表内证券化为基础的德国抵押担保债券和以表外证券化为基础的美国抵押资产支持债券，即在证券化立法上同时兼容了两种证券化产品模式。

---

[1] See Kate Berry, Foreclosures Turn Up Heat on MERS, *American Banker*, July 10(2007). 转引自王乐兵：《金融创新中的隐性担保——兼论金融危机的私法根源》，载《法学评论》2016年第5期。

由于表内资产证券化产品无须出售作为证券发行和清偿基础的担保资产,前述表外资产证券化产品与我国现行民商法体系发生的冲突不会在表内证券化产品身上发生,后者几乎可以无障碍地与我国现有法律制度对接,而且还能更好地利用我国已有的不动产登记制度,充分发挥现有法律的制度体系辐射功能。

而对于现有的表外证券化模式,立法者也应该对相应的法律框架进行修改,实现法律体系的协调。具体而言:一是修改《信托法》,明确信托人对信托财产的所有权,从而支撑特定目的信托机构实现破产隔离。二是对资产证券化从业者设立统一的准入条件。目前我国对证券化发起机构的准入限制缺乏具体明确的门槛,多为模糊宽泛的原则性规定,如"具有良好的公司治理、风险管理体系和内部控制""对开办信贷资产证券化业务具有合理的目标定位和明确的战略规划,并且符合其总体经营目标和发展战略""最近三年内没有重大违法、违规行为,没有从事信贷资产证券化业务的不良记录"等,缺乏对行业准入的具体可操作性规定。未来应当对从业机构的核心资本数额、持续营业要求、风险管理能力等方面做出具备可操作性的规定。三是修改《物权法》上关于不动产抵押权的附随性的僵化规定,吸收德国法的经验,允许在合同约定情况下隔离主债权无效导致不动产抵押权无效的风险,降低债权风险对不动产抵押权的影响;同时修改不动产登记规则,为抵押信贷资产批量转移的登记事宜提供便利,降低信贷资产证券化的成本。四是赋予证券持有人有条件的追索权。我国资产证券化的立法应当吸取美国不对证券化资产进行限制导致次级贷款泛滥成灾的教训,对基础资产的类型和估值做出严格的法律规定,并在私法层面赋予证券化产品的持有人对证券化发起人的追索权,在持有人有证据证明证券化发起人在基础信贷资产的发放时有故意或重大过失导致信贷资产存在严重瑕疵,最后导致证券产品无法清偿的,应当对证券持有人承担证券本息的清偿责任。如此,证券发起人滥发贷款后又利用"真实出售"规定将不良资产出表发行证券化产品,将风险转嫁给市场和证券持有人的巨大漏洞就可以得到弥补,合理平衡各方利益。

如上所述,抵押资产证券化产品市场的金融监管面临的重大挑战是更好地缓释系统风险。这仍将取决于宏观审慎工具获得多大程度的信赖。由于宏观的公共监管始终面临着信息不对称、监管资源和监管成本等因素的制约,将资产证券化市场的系统风险防范完全寄托于公共监管是极为冒险的选择。借助在资产证券化的源头审慎构造资产证券化产品的私法模式,对资产证券化的发起者提供正向的行为激励,从而将宏观审慎风险转化为微观审慎风险去缓释,对于降低系统性风险非常重要。从规范的角度来讲,这种系统性风险防范的思路遵循了预防性原则,尽管仍然存在不确定性,但还是可以通过实施成本效益比较高的政策来削弱系统性风险。因此,在金融危机之后的金融监管改革中,从私法角度对资产证券化产品进行规制是一种行之有效的思路,有助于构建公共监管与私法规制并举,多主体参与的混合监管体系,更为积极主动地防范资产证券化可能引发的系统风险。

信托型基金和公司型基金之对比：
误区与真相

李 宇

摘　要：当前理论上对于公司型基金存在诸多认识误区。所谓公司型基金属于基金业的主流形态、公司型基金优于信托型基金之类观点，均不成立，系因对国外立法与实践的误解所致。纵观各主要国家法律与实务，公司型基金并未处于优越地位。公司型基金是一种异化的公司形态，显著区别于普通公司，而更接近于信托。信托型基金仍然是基金的基本形态，且具有诸多适应于证券投资基金的特性。我国《证券投资基金法》未为公司型基金创设特别规则，避免将法律体系复杂化，应属合理。

关键词：证券投资基金；信托；信托型基金；公司型基金

一、认识上的误区

证券投资基金已成为当代最重要的金融工具之一。依组织形式之不同，证券投资基金分为信托型基金、公司型基金、合伙型基金等。前两者居多，合伙型基金较为少见。信托型基金，以往多称为契约型基金。目前我国理论界与实务界对于公司型基金之认识，多有误区。误区之一，认为公司型基金是基金业的主流，甚至认为其原因是契约型基金治理结构本身的缺陷[①]；误区之二，认为美国的投资基金主要是公司型基金、美国为公司型基金的代表性国家[②]；误区之三，认为公司型基金优于信托型基金。[③] 基于以上认识，不少论者主张我国应规定或全面规定公司型基金。[④]

作者简介：李宇，上海财经大学法学院副教授。
[①] 楼晓：《我国公司型基金治理结构的构建之路——以美国共同基金治理结构为视角》，载《法学评论》2013年第6期。
[②] 江翔宇：《我国引入公司型基金法律制度的探讨》，载《政治与法律》2009年第7期；田静：《我国集合投资类理财产品的治理及完善》，载《证券市场导报》2017年1月号。
[③] 高岚：《日本投资信托法》，云南大学出版社2007年版，第199—203页。
[④] 我国2003年《证券投资基金法》仅规定信托型基金。2012年修订时增设一条规定公司型基金和合伙型基金，未设详细规则，仅将其置于"附则"之地位。

以上种种观点，皆属皮相之论，多因不明了两者区别或误解美国基金法所致（将美国Investment Company Act所称"investment company"误认为"投资公司"，进而误以为美国投资基金以公司制为主流，实则该术语指各类组织形式的投资企业，而实务中信托制基金远多于公司制基金）。美国的公司型基金是以马里兰公司形式组建，马里兰州公司法为投资公司设有诸多特别规定，与普通公司法大异其趣。一国如采公司制基金，必须大修其公司法，使之适合于投资基金，始可收效，否则无异于画饼。但为投资基金而特修公司法，又可能导致公司制不适于基金以外行业采用，得不偿失。

事实上，美国的投资基金以信托型基金为主流；信托型基金为当今最优的基金组织形式；所谓"公司型基金"名为公司，实为信托；公司法并未为投资基金提供胜过信托的优势。

二、美国公司型基金的真相：马萨诸塞商业信托、特拉华商业信托、马里兰公司之比较

（一）名实之辨

美国1940年 *Investment Company Act* 为管制投资基金的联邦基本法，是现代投资基金法的里程碑。我国不少文献将该法所称"investment company"误译为"投资公司"[①]，进而误以为美国投资基金以公司型为主流。实则该术语并不拘于组织形式，不以公司型为限。该法所称"company"，是指公司（corporation）、合伙、社团（association，或译为团体、联合体）、合股企业（joint-stock company）、信托、基金（fund）或任何人的有组织的集合（organized group of persons），以及上述主体的接管人、破产受托人、清算代理人。[②] 该术语不包括自然人，此由本法所定义的"人（person）是指自然人或company"[③]可见。Company与自然人合称"人"，则company大致相当于"团体"[④]，

[①] 例如中国证券监督管理委员会组织编译：《美国〈1940年投资公司法〉及相关证券与交易委员会规则与规章》，法律出版社2015年版。有新近文献虽仍将Investment Company术语译为"投资公司"，但已注意到该术语其实包括公司、合伙、信托等多种组织形式。参见黄辉：《资产管理的法理基础与运行模式——美国经验及对中国的启示》，载《环球法律评论》2019年第5期。

[②] 15 U.S.C. § 80a-2(a)(8). 作为姊妹法，《1940年投资顾问法》关于"company"的定义，与《投资团体法》相同。参见15 U.S.C. § 80b-2(a)(5)。

[③] 15 U.S.C. § 80a-2(a)(28). 但该法所称"company"，并不以具有主体资格者为限。仅在该法目的的范围内，某种"company"成为该法所称之"人"，但在其他法律上，则未必如此，例如，保险企业所建立的独立账户，在保险法上可能只是会计工具，在《投资团体法》上却可成为"人"及投资证券的"发行人"，从而可主张该法所规定的权利、负担该法所规定的义务。1 Tamar Frankel & Ann Taylor Schwing, *The Regulation of Money Managers: Mutual Funds and Advisers*, 5-19 to 5-20 (2d ed. 2001 & Supp. 2008).

[④] 《投资团体法》同时也使用"organization"一词，但主要是指称"慈善组织（charitable organization）"，而该法对慈善组织未作特别定义，而是引致《美国法典》第26卷《国内税收法典》关于慈善组织的定义。15 U.S.C. § 80a-3(c)(10)(D)(iii).

investment company 可译为"投资团体",该法可译为"投资团体法"。

原则上,各种投资团体均可采用信托、公司等不同组织形式。但《投资团体法》上的"单位投资信托",则与信托形式有直接联系。本法第 4 条将投资团体分为"面额凭证团体""单位投资信托"与"管理型团体"三类。"面额凭证团体(face-amount certificate company)",指从事或拟从事分期支付型面额凭证发行业务的投资团体,以及已从事此类业务并已发行此类凭证的投资团体。此类团体可采各种组织形式。"单位投资信托(unit investment trust)",指有下列特征的投资团体:"(A)依信托契约、托管合同、代理合同或类似文件设立;(B)不设董事会;(C)仅发行可赎回证券,每一证券表征在特定证券的单位中的不可分权益,但是,单位投资信托不包括表决权信托。""管理型团体(management company)",指面额凭证团体与单位投资信托之外的投资团体,此类团体亦可采各种组织形式。

总体上,《投资团体法》对于投资基金所作分类,系根据功能上(而非法律上)的区别,唯单位投资信托这一类别兼以法律形式为标准。① 在立法定义中,单位投资信托虽不必然是信托形式,但依托管合同或代理合同成立的单位投资信托仅存于 20 世纪 30 年代,现今美国的单位投资信托仅有信托型。②

同时,《投资团体法》要求投资团体须设独立董事,此为美国投资基金法的一大特色。但同样基于功能主义立法路径,该法所称"董事(director)",不限于公司法所称董事,其范围极广,指公司的董事或任何组织(无论公司或非公司组织)中履行类似职能的任何人,包括以普通法信托形式设立的管理型团体(management company)的受托人会(board of trustees)中的任何自然人成员。③《投资团体法》的规定一体适用于各种组织形式的投资团体,例如关于"董事"义务的规定不仅适用于公司型基金中的董事,也同等适用于信托型基金中的受托人、有限合伙型基金中的普通合伙人。④ 因此,在信托型基金的场合,为免混淆,宜称独立受托人而非独立董事,更不可望文生义,而凭"董事"一词即误认为该法所称投资团体全系公司。作为例外,单位投资信托无须设受托人会(board of trustees),其受托人一般只负担事务管理性义务。⑤

---

① 1 Tamar Frankel & Ann Taylor Schwing, *The Regulation of Money Managers: Mutual Funds and Advisers* 5-193 (2d ed. 2001 & Supp. 2008).

② 4 Tamar Frankel & Ann Taylor Schwing, *The Regulation of Money Managers: Mutual Funds and Advisers* 29-8 (2d ed. 2001 & Supp. 2008).

③ 15 U. S. C. § 80a-2(a)(12). 姊妹法《1940 年投资顾问法》关于"director"的定义,与《投资团体法》基本相同。15 U. S. C. § 80b-2(a)(8).

④ 详见 Larry D. Barnett, The Regulation of Mutual Fund Boards of Directors: Financial Protection or Social Productivity, 16 *J. L. & Pol'y* 489 (2008).

⑤ 1 Tamar Frankel & Ann Taylor Schwing, *The Regulation of Money Managers: Mutual Funds and Advisers*, 5-32, 5-193 to 5-194 (2d ed. 2001 & Supp. 2008).

《投资团体法》的上述立场可概括为"组织形式中立"原则。此项原则是对历史和现实的尊重。在立法之前,证券与交易委员会(SEC)在调查研究中即已发现实务中存在信托型、合伙型、公司型等多种投资基金组织形式,某些基金通过合同聘用投资顾问进行管理,某些径由董事与高级管理人员进行管理。[1] 尽管在独立董事制度上带有公司制的色彩,但《投资团体法》的立法记录显示,立法者无意偏好任何一种特定的组织形式,该法不试图构建投资团体的一种理想形式并强迫所有组织遵从此种理想。[2] 相比于银行业法、保险业法,《投资团体法》承认当事人有选择组织形式的较大自由。[3]

(二) 宏观观察

在英美两国,商业信托皆为一种优先于公司或其他商业组织形式而被运用的投资基金组织形式。[4] 现代投资基金的优先形式是商业信托与公司。[5] 美国的绝大多数投资基金为马萨诸塞商业信托、特拉华商业信托或马里兰公司。[6] 除商业信托与公司之外,共同基金亦可采有限合伙形式,[7]但现已式微。[8] 美国《1940年投资企业法》与《投资顾问法》为现代投资基金法的里程碑,两法明确承认并允许基金以商业信托的形式组建。[9] 美国信托型基金一般是马萨诸塞州商业信托或特拉华商业信托。[10] 早年的投资基金为商业信托独霸之领域,马萨诸塞州商业信托独占鳌头。1962年的一项众议院报告显示,《1940年投资企业法》通过后,商业信托占新成立的投资基金的比重有所

---

[1] 3 Tamar Frankel & Ann Taylor Schwing, *The Regulation of Money Managers*: *Mutual Funds and Advisers* 21-5 (2d ed. 2001 & Supp. 2008).

[2] Id.

[3] Id. 美国联邦和许多州的银行法严格限定银行的组织形式,某些州的保险法限制非公司组织成为保险企业。Id.

[4] Wallace Wen Yeu Wang, Corporate Versus Contractual Mutual Funds: An Evaluation of Structure and Governance, 69 *Wash. L. Rev.* 927 (1994).

[5] Philip H. Newman, Legal Considerations in Forming a Mutual Fund, SL097 *ALI-ABA* 27,29 (ALI-ABA Course of Study 2007).

[6] Philip H. Newman, Legal Considerations in Forming a Mutual Fund, SL097 *ALI-ABA* 27,29 (ALI-ABA Course of Study 2007). 在美国,公司型基金绝大多数是以马里兰公司形式组建,信托型基金绝大多数是以马萨诸塞商业信托或特拉华商业信托形式组建。Laurin Blumenthal Kleiman & Carla G. Teodoro, Forming, Organizing and Operating a Mutual Fund: Legal and Practical Considerations, 1818 *PLI/Corp.* 49,61 (2010).

[7] Executive Discount Realty Co., SEC No-Action Letter, 1993 SEC No-Act. LEXIS 731, at *4 (April 1, 1993).

[8] 在1988年之前,对于不能满足《国内收入法典》为注册投资基金所设条件的基金,组建为有限合伙形式则可以获得税收优势,不承担公司式的所得税。1987年,美国国会修订《国内收入法典》(修正案于1988年生效),规定公开型合伙(包括开放式投资基金)在税收方面与公司同等对待,须承担公司层面的所得税。Internal Revenue Code § 7704. 因此,有限合伙作为共同基金的组织形式已丧失优势。Philip H. Newman, Legal Considerations in Forming a Mutual Fund, SL097 *ALI-ABA* 27,29 (ALI-ABA Course of Study 2007).

[9] Saminsky v. Abbott, 41 Del. Ch. 320, 194 A. 2d 549, affirmed 200 A. 2d 572, 41 Del. Ch. 572, cert. Denied. 85 S. Ct. 186, 379 U. S. 900, 13 L. Ed. 2d 174(1963).

[10] Jeffrey J. Haas & Steven R. Howard, The Heartland Funds' Receivership and its Implications for Independent Mutual Fund Directors, 51 *Emory L. J.* 153, 200 n. 232 (2002).

下降,原因之一为投资基金向马萨诸塞州之外的其他州扩散(某些基金甚至依据加拿大法设立),原因之二为《1940年投资企业法》第16条要求基金受益人必须每年召开选任受托人的年会,依据商业信托法上的"控制测试法",选任受托人将导致商业信托被法院认定为合伙,受益人将因为对受托人实施控制而须对信托债务承担个人责任。[1] 不过,上述因素后来并未成为应用商业信托的阻力,一是因当代商业信托制定法普遍废弃控制测试法,二是因《1940年投资企业法》第16条的实际适用并不如其文义上显示一般严格。[2] 1987年,马里兰州修改公司法,为投资公司特设规定,[3]使得马里兰公司在作为投资基金组织形式方面,成为马萨诸塞州商业信托强有力的竞争对手,不少投资基金以马里兰公司形式组建。[4] 20世纪80年代,在依《1940年投资企业法》注册的投资基金中,约50%以马萨诸塞商业信托形式组建,28%左右以马里兰公司形式组建。[5] 1988年特拉华州制定商业信托法,该法在克服判例法不确定性的同时,以极具灵活性之规定,为商业信托全面复兴奠定基础,成为当代商业信托法的范本。自此,特拉华商业信托异军突起,成为与马萨诸塞商业信托、马里兰公司鼎足三分的投资基金组织形式。

所谓公司型基金,大多数为依据《马里兰公司法》设立的投资公司,即马里兰公司。之所以不是其他公司(包括以自由灵活著称的特拉华公司),系因《马里兰公司法》专门为投资公司设有一系列特殊规定[6],而有别于本州与其他州的普通公司。《马里兰公司法》特意放松对投资公司的管制,针对投资公司,在诸多方面作出不同于一般公司法的规定,例如允许章程规定取消股东年会[7];允许董事会而非股东决定公司股份总额

---

[1] A Study of Mutual Funds-Prepared for the Securities and Exchange Commission by the Wharton School of Finance and Commerce. H. R. Rep. No. 2274, 87th Cong. , 2d Sess. 45 (1962);转引自 Sheldon A. Jones, Laura M. Moret, & James M. Storey, The Massachusetts Business Trust and Registered Investment Companies, 13 *Del. J. Corp. L.* 421 (1988).

[2] 1974年,Fidelity Daily Income Trust 在其基金发行报告中未规定对受托人的年度选举,SEC 未以此为由否定其效力,自此以后,信托型投资基金普遍略去了年会要求。Sheldon A. Jones, Laura M. Moret, & James M. Storey, The Massachusetts Business Trust and Registered Investment Companies, 13 *Del. J. Corp. L.* 421, 452—453 (1988).

[3] 1987 Md. Laws ch. 242.

[4] Sheldon A. Jones, Laura M. Moret, & James M. Storey, The Massachusetts Business Trust and Registered Investment Companies, 13 *Del. J. Corp. L.* 421, 422 n. 5 (1988).

[5] Sheldon A. Jones, Laura M. Moret, & James M. Storey, The Massachusetts Business Trust and Registered Investment Companies, 13 *Del. J. Corp. L.* 421, 422 n. 4 & 5 (1988)(引用 Information obtained from Simon's Mutual Fund Monthly, issue 6, July 1985 through issue 35, December 1987).

[6] Marcel Kahan & Ehud Kamar, The Myth of State Competition in Corporate Law, 55 *Stan. L. Rev.* 679, 721 (2002).《马里兰公司法》的吸引力主要来自投资公司特殊规定。马里兰州吸引的外地公司大多数为投资公司(而非普通公司)。Id.(引用数据).

[7] Md. Ann. Code § 2-501.

的增减。① 此类规定使得马里兰公司更适合于投资基金特殊需求,亦使马里兰公司更接近于商业信托,而与普通公司大相径庭。

更重要的是,尽管《马里兰公司法》吸收了马萨诸塞商业信托诸多优点,马萨诸塞商业信托依然有公司所不及的灵活性,包括:无须发行基金份额凭证;受托人可决定解散信托或某一信托系列而无须受益人批准;受托人可自主决定对已发行的受益权份额进行反向拆分/缩股(reverse split);对某些受益人无须发送会议通知;对商业信托合并、资产出售、修改信托文件的表决权数量要求可低于公司法的法定要求,甚至可以完全排除表决权;受托人可变更商业信托或某一个系列的名称,而无须受益人批准。② 而特拉华制定法商业信托的灵活性,更胜于马里兰公司。二者更详细的比较,详见下文。

因此,所谓公司型基金,实为借鉴商业信托的优点,通过使自身更为"商业信托化"而满足投资基金组织与运营之需,换言之,是商业信托相比于普通公司更能适应投资基金的需求、在充当投资基金形式上更具优势,而非相反。有学者亦指出,共同基金无论是以公司或信托形式运作,其实质均为依州法而成立的普通法信托。③ 如其所言:采用公司形式的美国共同基金徒具公司形式而已,在实质上,此类基金是兼具少量不甚重要的法定公司特征的普通法信托,例如,除了不持有基金资产以外,公司型基金的董事在每一方面均是受托人,称之为董事受托人(director-trustee)更合乎现实;"如果它走起来像鸭子、叫起来像鸭子,那么它就是一只鸭子",披着公司外衣的信托仍然是信托;公司型基金与一般的公司相似之处甚少,它几乎没有机器和设备、绝大多数日常管理事务交由外部的代理人、几乎没有受雇人。④ 实际上,典型的公司型基金不过是一个壳。⑤ 投资公司唯一的真正功能,是为了投资者之利益持有基金资产,换言之,公司实体仅仅是一个托管受托人,或是一个名义持有人,公司的董事受托人直接对投资者负有义务。⑥

---

① Md. Ann. Code § 2-105.
② Sheldon A. Jones, Laura M. Moret, & James M. Storey, The Massachusetts Business Trust and Registered Investment Companies, 13 *Del. J. Corp. L.* 421, 458 (1988).
③ Charles E. Rounds, Jr. & Andreas Dehio, Publicly-Traded Open End Mutual Funds in Common Law and Civil Law Jurisdictions: A Comparison of Legal Structures, 3 *N.Y.U. J. L. & Bus.* 473, 475 (2007). 不过,该文认为美国信托型基金中基金资产所有权仅由受托人持有(第483、490页),未注意到美国当代商业信托法规定商业信托为可以自己名义持有财产的实体,且商业信托的财产由商业信托自己持有的事实。
④ Charles E. Rounds, Jr. & Andreas Dehio, Publicly-Traded Open End Mutual Funds in Common Law and Civil Law Jurisdictions: A Comparison of Legal Structures, 3 *N.Y.U. J. L. & Bus.* 473, 492—493 (2007).
⑤ Tannenbaum v. Zeller, 552 F. 2d 402, 405 (2d Cir. 1977).
⑥ Charles E. Rounds, Jr. & Andreas Dehio, Publicly-Traded Open End Mutual Funds in Common Law and Civil Law Jurisdictions: A Comparison of Legal Structures, 3 *N.Y.U. J. L. & Bus.* 473, 493 (2007).

美国联邦法律的规定,也使投资公司偏离了一般公司的特征。《1940年投资企业法》对投资企业设定一系列特殊的限制与规则,使采用公司形式的共同基金具有许多不同于普通公司的特征与限制,其中包括资本制度、持续销售股份的要求、股份的赎回、常规性的红利分配、将公司运营职能和职责转托于其他企业(即投资顾问)、强制设置独立董事、禁止关联交易、公司资产须托管于银行①、对借贷的限制、关于表决权征集和独立会计师选任等方面的特殊要求、对投资顾问报酬和承销商佣金的特殊管制等。因此,有论者将共同基金称为公司的"异化形态"。② 而上列特殊限制与规则,对世界各国的投资基金立法产生广泛影响,可谓已成为当代投资基金法律制度的共同特征。

(三)具体比较

设立共同基金的总体目标是实现程序灵活性的最大化、个人责任的最小化、保持合理的成本结构、适应潜在的不同的市场需求与动机、获得基金的导管税收待遇。③ 在选择共同基金的形式与管辖法域、是否设立系列投资基金、是否创设多级别的基金份额、是设立传统的独立(stand-alone)结构基金还是设立主基金-支基金(master-feeder)结构的基金,以及处理设立基金的诸多其他事项时,均须通盘考虑上述目标。

信托型基金与公司型基金各有长短。总体而言,商业信托型基金具有更强的灵活性,公司型基金在有限责任方面则较具确定性。④ 马萨诸塞商业信托作为一种新型投资基金形式被广为运用,主要原因在于其组织与运行上的简便性与灵活性。⑤ 不过,《特拉华商业信托法》关于有限责任的规定已经在有限责任方面赋予商业信托与公司完全相同的待遇,而该法在灵活性方面更甚于《马里兰公司法》(以及任何法域的公司法),因此,特拉华商业信托正在成为最受欢迎的投资基金组织形式。在1988年《特拉华商业信托法》通过之后,有不少原采用马里兰公司形式的共同基金将其组织形式变

---

① 《1940年投资企业法》规定,每一注册投资企业须将其证券或类似投资存放于托管人处。托管人(custidian),须为符合下列条件之一者:(1)具有单位投资信托受托人资格的银行;(2)1934年《证券交易法》定义的全国性证券交易所的会员公司;(3)遵守 SEC 保护投资者方面的条例或命令的投资企业。15 U. S. C. § 80a-17(f)(1)。

② Leland E. Modesitt, The Mutual Fund-A Corporate Anomaly, 14 *UCLA L. Rev.* 1252 (1967). 对上述特殊限制与规定的归纳,参见该文第1256—1257页。

③ Philip H. Newman, Legal Considerations in Forming a Mutual Fund, SL097 *ALI-ABA* 27, 29 (ALI-ABA Course of Study 2007).

④ Philip H. Newman, Legal Considerations in Forming a Mutual Fund, SL097 *ALI-ABA* 27, 29 (ALI-ABA Course of Study 2007).

⑤ Sheldon A. Jones, Laura M. Moret, & James M. Storey, The Massachusetts Business Trust and Registered Investment Companies, 13 *Del. J. Corp. L.* 421, 424 (1988).

更为特拉华商业信托[1],也有原采用马萨诸塞商业信托形式的共同基金变更为特拉华商业信托形式。[2]

以下即以投资基金设立、运营中的主要考虑事项为线索,列出马萨诸塞商业信托、马里兰公司、特拉华商业信托之间的异同。

1. 法律适用

公司适用公司法的规定。公司法主要由制定法构成,此类制定法中强行规范较多,公司不能自由选用。商业信托主要适用商业信托文件的规定,商业信托制定法整体上为一部任意法,旨在为商业信托提供一个示范文本、补充商业信托文件之不备,仅有极少量强行规范,总体而言,商业信托文件即为商业信托之法律。基于上述原因,商业信托文件可以设置为公司法所不容的条款,实践中,商业信托文件通常也设有此类条款。[3] 由于共同基金产品日益复杂多样,商业信托的此种灵活性已经越来越重要。[4]

本质上,商业信托避开了公司法所设管制,基于信托灵活性与合同自由的本性,商业信托天生适合作为投资基金组织形式。公司适合于投资基金的条件则是立法者后天所赋。马里兰州是通过修订公司法,为投资公司特设规定,才去除了公司成为投资基金组织形式的若干障碍。

2. 投资者与管理者的个人责任

公司股东对公司债务负有限责任,公司董事不因董事身份而对公司债务担责,为各法域公认。在责任问题上,在其他法域开业的公司,一般不会遭遇法律风险。

马萨诸塞州关于商业信托的制定法未明文规定商业信托受益人负有限责任,亦未

---

[1] 例如,1996年9月11日,Van Kampen American Capital基金在其发行说明中称:"将本基金从马里兰基金重组为特拉华商业信托,主要原因有二:第一是获取特拉华法关于商业信托的某些优势;第二是排除马里兰基金的年度特许税。(1)特拉华法律规定,特拉华商业信托的受托人可授权发行无限数量的份额。马里兰公司法规定,公司章程应当载明可授权发行的股份数量。而且,特拉华关于商业信托的法律,是为了适应投资企业的独特的治理需要而专门起草的,并且规定该法的政策是对特拉华商业信托的信托文件给予最大化的合同自由。而马里兰公司法尽管包含了许多专门适用于投资企业的条文,但对于投资企业而言,其定制化程度不敷使用。(2)每一个马里兰基金均须缴纳特许税,特拉法商业信托无须缴纳特许税。相应地,重组为特拉华商业信托,将可省去26 400美元的特许税。"Van Kampen American Capital Funds, Notice of Joint Annual Meeting of Shareholders 14 (Sept. 11,1996),转引自 John H. Langbein, The Secret Life of the Trust: The Trust as an Instrument of Commerce, 107 Yale L. J. 165,187 n. 133 (1997).

[2] 1994年,富达(Fidelity)基金将其旗下的一组货币市场基金从马萨诸塞商业信托形式变更为特拉华商业信托形式,部分原因是《特拉华商业信托法》关于受益人会议与表决的法定要求更少。Karen Blumenthal, Fidelity Sets Vote on Scope of Investments, Wall St. J., Dec. 8,1994, at C1. 转引自 John H. Langbein, The Secret Life of the Trust: The Trust as an Instrument of Commerce,107 Yale L. J. 165,187 n. 133 (1997).

[3] Philip H. Newman, Legal Considerations in Forming a Mutual Fund, SL097 ALI-ABA 27,30 (ALI-ABA Course of Study 2007).

[4] Philip H. Newman, Legal Considerations in Forming a Mutual Fund, SL097 ALI-ABA 27,30 (ALI-ABA Course of Study 2007).

规定受托人对商业信托债务不负个人责任。判例法的规则不够确定。因此,马萨诸塞商业信托受益人或受托人或有承担个人责任之风险。但就实务而言,此种风险几乎可忽略不计,原因有四:[①]其一,证券投资基金几乎全由资产构成,几无负债,极少出现不能偿债的情形;其二,商业信托可在商业信托文件以及同第三人所订合同中规定适当的豁免受益人与受托人个人责任之条款[②];其三,商业信托可在商业信托文件中规定补偿条款,规定受托人与受益人为商业信托支出的费用或偿付的债务,由商业信托补偿;其四,商业信托可为受托人投保责任保险。

《特拉华商业信托法》规定商业信托受益人承担与公司股东相同的有限责任;受托人不对商业信托债务负个人责任。[③] 据此,受益人、受托人和公司股东、董事享有同等的责任限制。但与公司法不同的是,各州商业信托法至今差异较大,在受益人责任问题上更是如此。某些州是否承认受益人有限责任,尚不明确。[④] 因此,组建为特拉华商业信托的投资基金在其他法域营业时,可能面临一定法律风险。不过,如上所述,证券投资基金投资者的无限责任风险,不足为患。

3. 系列基金

系列基金指同一个基金下设数个系列,各系列有独立的投资目标与投资策略。系列基金为基金家族的两大组织形式之一,另一形式是设立数个独立的基金。与单独设立多个相互独立的基金相比,系列基金在运营成本、税费成本节省等方面皆有显著优势。[⑤] 马里兰公司及马萨诸塞商业信托皆可设立系列基金,但两州法律对此皆无明确规则,要件不明。《特拉华商业信托法》明文承认商业信托可设立系列基金,在符合制定法所定的明确规则时,基金各系列具有责任限定效力,每个系列的债权人仅可执行本系列的资产,近似于一个商业信托旗下又设立多个子信托。此种规定将系列基金的优势发挥至极致,因此为诸多投资基金采用。

4. 运营与治理

在此方面,公司型基金均不如信托型基金灵活。以下列六种事项为例。

第一,授权发行基金份额。在实行法定资本制或折衷资本制的公司法上,公司股

---

① Philip H. Newman, Legal Considerations in Forming a Mutual Fund, SL097 *ALI-ABA* 27, 32 (ALI-ABA Course of Study 2007).

② 在第三人与商业信托交易较为频繁的情形,此种做法交易成本较高,但证券投资基金通常债权融资交易较少,因此成本可维持于适当水平。

③ Del. Code Ann. tit. 12, § 3803(a),(b).

④ 美国冲突法上有"内部事务(nternal affairs)"法则,内部事务即公司等企业及其投资者、管理者之间的内部关系,内部事务适用本州法律。Restatement (Second) of Conflict of Laws § 302, cmt. a (1971). 诸如投资者对债权人的责任等,不适用内部事务法则,有可能适用其他法域之法律。Id. § 307.

⑤ 关于系列基金与系列信托,参见李宇:《法人内部的"法人":系列商业信托之研究》,见《为民法而斗争:梁慧星先生七秩华诞祝寿文集》,法律出版社 2014 年版。

份的发行要求较严格。公司增发股份，通常须变更公司章程、经股东会决议，并变更公司登记。实行授权资本制的公司法相应要件较宽松，但也要求公司须在章程中规定授权股份（authorized share）或授权资本（authorized capital）①，授权股份通常基于公司经授权发行的股份数量。一旦公司的授权资本耗尽（即已发行股份达到授权股份的数量），公司即须增加其授权资本。增加授权资本须经股东会批准，公开公司股东会会议尤须经过较为冗长的程序与成本不菲的委托表决书征集。《马里兰公司法》对注册为投资基金的公司网开一面，特别允许此类公司董事会不经股东同意而增加授权股份。但是，马里兰公司仍不得授权发行数量无限制的股份。② 同时，公司须持续地监控已授权股份与未发行股份的数量，以确保已售的全部股份均为有效发行。③ 股东有权撤销超过授权数量的已发行股份，除非公司此前已登记一份增加授权股份的补充章程。④

　　商业信托不必修改信托文件即可增发受益权凭证，并可发行数量不受限制的受益权凭证。商业信托的这一优势，对于货币市场基金（money market fund）特别具有吸引力，因为货币市场基金可以在短时期内发行数量巨大的基金份额。⑤ 信托制投资基金在20世纪六七十年代继续增长，商业信托进而成为货币市场基金的首选形式。⑥ 1972年之后开始发展的货币市场基金，是一种投资于短期债券与票据的开放式投资基金，通常保持每股1美元的净资产价值，以便满足诸如银行存款与支票结算之类的大批量的同类需求，相应地，货币市场基金便于吸引短期投资，且一般会在短时间之内经受大规模的出售与赎回。⑦ 公司难以满足此种需要，因为公司增发资本须修改章程

---

　　① Model Business Corporation Act § 6.01. 以自由灵活著称的《特拉华州普通公司法》亦规定，公司发行两个类别以上股份的，公司的登记章程应载明公司被授权发行的所有类别的股份总数、每一类别的股份数量，并载明何种股份无面值、何种股份有面值及其面值，登记章程并应载明任何类别或系列股份具有的权力、权利、资格、限制等。Del. Code Ann. tit. 8, § 102(a)(4).

　　② Philip H. Newman, Legal Considerations in Forming a Mutual Fund, SL097 *ALI-ABA* 27, 30 (ALI-ABA Course of Study 2007).

　　③ Philip H. Newman, Legal Considerations in Forming a Mutual Fund, SL097 *ALI-ABA* 27, 30 (ALI-ABA Course of Study 2007).

　　④ Philip H. Newman, Legal Considerations in Forming a Mutual Fund, SL097 *ALI-ABA* 27, 30 (ALI-ABA Course of Study 2007).

　　⑤ Philip H. Newman, Legal Considerations in Forming a Mutual Fund, SL097 *ALI-ABA* 27, 30 (ALI-ABA Course of Study 2007).

　　⑥ Money Market Mutual Funds: Hearings Before the Subcommittee on Financial Institutions of the Committee on Interstate and Foreign Commerce, 96th Cong. 2d Sess. 1 (1980).

　　⑦ Adams, Money Market Mutual Funds: Has Class Steagall Been Cracked? 99 *Banking L. J.* 4 (1982); House Wednesday Group, *Background on Money Market Funds* (1982); 转引自 Sheldon A. Jones, Laura M. Moret, & James M. Storey, The Massachusetts Business Trust and Registered Investment Companies, 13 *Del. J. Corp. L.* 421, 454 (1988).

并经多数股东表决通过,甚至须办理变更登记。① 货币市场基金若采用公司形式,将不得不频繁召开股东会议,势必造成成本耗费与时间延误。且公司法关于增资的规定多为强行性规定,无法通过公司章程排除法律规定以满足特定的交易需求。此外,公司变更注册资本还会增加登记费用。② 商业信托则无此类限制。

第二,凭证要求。大多数州公司法规定,每一个股东均有权向公司请求签发代表股权的凭证(stock certificate)。③ 马里兰投资公司可以发行无凭证形式的股份。当代商业信托法普遍取消凭证要件,是否发行受益权凭证,完全由商业信托文件自定。

第三,年会。美国大多数州公司法均规定公开公司股东必须召开年会。④ 召开年会通常会耗费较多的成本与时间。⑤ 现代商业信托法不要求召开受益人年会。

第四,补偿。大多数州公司法对公司向董事及高级管理人员进行补偿的权力设有实体性与程序性限制。⑥ 商业信托法对商业信托向受托人、高级管理人员、受雇人等进行补偿未设法定限制。

第五,重组。美国投资基金法上所称的重组(reorganization),包括合并、出售75%以上企业资产、自愿解散或清算、证券交换、企业资本重述等。⑦ 许多州公司法规定公司重组须经股东同意。⑧《马里兰公司法》允许投资公司不经股东同意而与其他实体合并。商业信托法不要求解散、出售资产等须经受益人同意,仅规定合并、改组须经受益人同意,但该规定为任意法规则,商业信托文件可予变通。

第六,清算。几乎所有的公司法均要求公司清算须经股东同意。⑨《马里兰公司

---

① 例如,《特拉华州普通公司法》第 242 条,我国《公司法》第 43、103 条,我国《公司登记管理条例》第 26 条。

② 美国许多州公司法将公司登记费用与公司资本数额直接挂钩。Sheldon A. Jones, Laura M. Moret, & James M. Storey, The Massachusetts Business Trust and Registered Investment Companies, 13 *Del. J. Corp. L.* 421, 455 (1988).

③ Philip H. Newman, Legal Considerations in Forming a Mutual Fund, SL097 *ALI-ABA* 27, 31 (ALI-ABA Course of Study 2007).

④ Philip H. Newman, Legal Considerations in Forming a Mutual Fund, SL097 *ALI-ABA* 27, 30 (ALI-ABA Course of Study 2007). 其他主要国家或法域的公司法也大多如此。[德]托马斯·莱塞尔、吕迪格·法伊尔:《德国资合公司法》,高旭军、单晓光、刘晓海、方晓敏等译,法律出版社 2005 年版,第 229 页;Companies Act 2006, § 336 (英国法). 我国《公司法》第 100 条。

⑤ Philip H. Newman, Legal Considerations in Forming a Mutual Fund, SL097 *ALI-ABA* 27, 30 (ALI-ABA Course of Study 2007). 关于中国公司股东年会的实证研究也支持这一看法。蒋大兴:《公司法的展开与评判》,法律出版社 2001 年版,第八章。

⑥ Philip H. Newman, Legal Considerations in Forming a Mutual Fund, SL097 *ALI-ABA* 27, 31 (ALI-ABA Course of Study 2007).

⑦ 15 U.S.C. § 80a-2(a)(33).

⑧ Philip H. Newman, Legal Considerations in Forming a Mutual Fund, SL097 *ALI-ABA* 27, 31 (ALI-ABA Course of Study 2007).

⑨ Philip H. Newman, Legal Considerations in Forming a Mutual Fund, SL097 *ALI-ABA* 27, 31 (ALI-ABA Course of Study 2007).

法》规定注册为开放式投资基金的投资公司在转让全部资产或实质性地转让全部资产时,无须股东同意。[①] 商业信托法比《马里兰公司法》更为宽松,除商业信托文件另有规定外,商业信托的清算、转让资产等行为,无须受益人同意;并且对封闭式基金与开放式基金不加区别对待。

关于基金管理人的信义义务,信托型基金受托人的信义义务和公司型基金董事的信义义务有趋同的迹象。《特拉华商业信托法》2016 年修正时,新增一款规定:"除商业信托的管理文件另有规定外,依照 1940 年法注册为投资企业的商业信托,其受托人负有与依照本州普通公司法设立的私人营利公司董事所负信义义务相同的信义义务。"[②]

5. 税收与登记费

投资基金的联邦税收待遇不因基金组织形式而异。无论信托型基金还是公司型基金,符合联邦税法规定者[③],皆可获得导管税收待遇,无须缴纳实体层面的所得税。

登记费与州税各有不同。马里兰投资公司须缴纳 100 美元初始登记费(公司设立登记费),并缴纳"马里兰资本费"与年度报告登记费。马里兰资本费标准为:首次发行的股份,每 5 000 000 美元总股本缴纳 390 美元;后续发行的股份,每 1 000 000 美元股份缴纳 20 美元。[④] 年度报告登记费为 300 美元。[⑤] 马里兰投资公司将全部净投资收入与资本所得分配于股东的,在马里兰州税法上被认定为无"应税所得",免征公司所得税。[⑥]

马萨诸塞商业信托须缴纳 200 美元初始登记费与 75 美元年度报告登记费,无须缴纳所得税、特许税或受益权发行税。[⑦]

特拉华商业信托须缴纳 300 美元初始登记费,[⑧]法律不要求商业信托登记年度报告,自无年度报告登记费。特拉华商业信托无须缴纳所得税、特许税或受益权发行税。[⑨]

---

① Philip H. Newman, Legal Considerations in Forming a Mutual Fund, SL097 *ALI-ABA* 27,31 (ALI-ABA Course of Study 2007).
② Del. Code Ann. tit. 12, § 3806(l).
③ 见美国联邦《国内收入法典》第 M 分章。
④ Md. Code Ann. ,Corps. & Ass'ns § 1-204(c)(1).
⑤ Md. Code Ann. ,Corps. & Ass'ns § 1-203(b).
⑥ Philip H. Newman, Legal Considerations in Forming a Mutual Fund, SL097 *ALI-ABA* 27,33 (ALI-ABA Course of Study 2007).
⑦ Philip H. Newman, Legal Considerations in Forming a Mutual Fund, SL097 *ALI-ABA* 27,32 (ALI-ABA Course of Study 2007).
⑧ Del. Code Ann. tit. 12, § 3813 (2006).
⑨ Philip H. Newman, Legal Considerations in Forming a Mutual Fund, SL097 *ALI-ABA* 27,32 (ALI-ABA Course of Study 2007).

三、英国:单位信托 vs. 开放式投资公司

1997 年之前,英国的投资基金业是单位信托一统天下的局面。单位信托依信托法创设,单位信托不具有独立实体之地位,无须设置受托人委员会,不发行有表决权证券。单位信托资产管理由管理人(manager)负责,管理人一般是单位信托的发起人。投资者与管理人订立契约,契约要求管理人根据信托契据(trust deed)指定一位受托人。管理人与受托人之间的信托契据约定,信托契据对投资者有约束力,并可由投资者强制实施,如同投资者为信托契据当事人一般。投资者与管理人之间的关系因此同时适用信托法与合同法。受托人存管与控制信托资产,并为投资者利益而持有资产;受托人负责保护投资者利益并确保管理人遵守相关法律。受托人与管理人必须相互独立。受托人与管理人均负有信托法上的信义义务。[1] 投资者取得信托单位,因此一般被称为单位持有人(unit holder)。信托单位一般可由受托人赎回或回购,或者可在股票交易市场买卖。

单位信托因不必受制于英国公司法的限制而成为适合于投资基金的组织形式。英国公司法对公司回购其股份多有限制,尤其不适合于开放式基金。信托作为投资基金的组织形式,在英国可以追溯至 19 世纪。单位信托及其前身——投资信托在英国的兴起,正是为了避开公司法的多重限制。[2]

1997 年 1 月 6 日,英国《开放式投资公司条例》生效,[3]开放式投资公司遂成为与单位信托并列的共同基金组织形式。在英国的共同基金业市场上,信托型基金与开放式投资公司各占半数,平分秋色。[4] 此种公司与其他公司一样属于法人、有董事会、发行有表决权股份,区别之处在于可回购本公司股份。开放式投资公司仍由外部管理人管理资产,但管理人可参加董事会,称为经授权的公司董事(Authorized Corporate Director)。[5] 开放式投资公司须召开股东年会。开放式投资公司董事无须为独立董事。因此,在实务中,近乎所有的开放式投资公司的董事会完全由基金管理人组成,换言之,开放式投资公司的董事会并不是由独立董事组成的积极的监控者(此不同于美国基金业),董事会仅仅存在于纸面之上,故"开放式投资公司有董事会而单位信托无董

---

[1] Financial Services Authority, Collective Investment Scheme Sourcebook § 7.7.1(1) (2001).
[2] 这一历史过程,详见 Kam Fan Sin, *The Legal Nature of the Unit Trust* 22—34 (1997).
[3] The Open-Ended Investment Companies (Investment Companies with Variable Capital) Regulations 1996.
[4] Charles E. Rounds, Jr. & Andreas Dehio, Publicly-Traded Open End Mutual Funds in Common Law and Civil Law Jurisdictions: A Comparison of Legal Structures, 3 *N.Y.U. J.L. & Bus.* 473, 479—480 (2007).
[5] The Open-Ended Investment Company Regulations, 2001, S. I. 2001/1228, art. 15 (U. K.); HM Treasury, OEICs Made Easy 2—3 (1999).

事会"这一点区别并无实质性意义。[1] 保护股东利益主要由独立的存管人（depository）负责。[2] 存管人职责为保管公司资产、监督基金活动、保护投资者利益，类似于单位信托受托人。为履行此项监督与保护职能，存管人可出席股东会、取得董事会资料、出席相关董事会会议。[3] 存管人应独立于管理人与开放式投资公司。[4] 典型的开放式投资公司，仅有一名董事，兼为基金发起人，该董事在大多数情况下是一个公司，管理基金资产之投资，另由独立的存管银行（depository bank）持有基金资产的权属，并负有监督董事之职责，投资公司本身并不持有基金资产。[5]

英国共同基金业现由《2000年金融服务与市场法》[6]管制。该法将对单位信托的监管权授予金融服务局（第247条第1款），将对开放式投资公司的监管权授予财政部（第262条第1款）。

之所以在单位信托之外另创开放式投资公司，有三个原因：简化、国际化、灵活性。[7] 其一，开放式投资公司的定价结构简于单位信托，仅有通用于股份出售与买入的单一定价，不同于单位信托的分别定价。其二，开放式投资公司在欧盟市场中更具营销优势，因信托本为英美法特产，在不熟悉信托的法域中障碍颇多，而且开放式投资公司本为适应欧盟关于可转让证券之集合投资指令之产物。[8] 而且，欧盟该指令要求投资基金采用公司形式，而单位信托在组织形式上无法符合该指令的要求。[9] 其三，与单位信托仅可发行一种类别的基金份额不同，开放式投资公司可发行一种以上类别

---

[1] A. Joseph Warburton, Trusts versus Corporations: An Empirical Analysis of Competing Organizational Forms, 36 *J. Corp. L.* 183, 189 (2010).

[2] Investment Management Association, Review of the Governance Arrangements of United Kingdom Authorized Collective Investment Schemes 21—22 (2005).

[3] Investment Management Association, Review of the Governance Arrangements of United Kingdom Authorized Collective Investment Schemes 21—22 (2005); Financial Times, Unit Trust & OEICs Yearbook 1997, at A14 (1999).

[4] The Open-Ended Investment Company Regulations, 2001, S. I. 2001/1228, art. 15, 8(f)(U. K.).

[5] Charles E. Rounds, Jr. & Andreas Dehio, Publicly-Traded Open End Mutual Funds in Common Law and Civil Law Jurisdictions: A Comparison of Legal Structures, 3 *N. Y. U. J. L. & Bus.* 473, 483—489 (2007).

[6] Financial Services and Markets Act 2000 (FMSA), 2000, c. 8 (Eng.).

[7] The Securities and Investments Board, Open Ended Investment Companies Consultative Paper 93, at 7—8 (1995).

[8] Council Directive 85/611/EEC of 20 December 1985 on the coordination of laws, regulations and administrative provisions relating to undertakings for collective investment in transferable securities (UCITS). 该指令设定一系列最低标准，达到此类标准的一国共同基金，可在欧盟其他成员国内发售，相当于共同基金在欧盟成员国间的护照。

[9] A. Joseph Warburton, Trusts versus Corporations: An Empirical Analysis of Competing Organizational Forms, 36 *J. Corp. L.* 183, 190 (2010).

的、定价结构各异的股份,例如为零售投资者与机构投资者分别定做的股份。[1]

以上三点,皆为英国法与欧盟指令之特殊情况,并无普遍意义。所谓单一定价结构,本不是公司型基金的专利,信托型基金采用此类结构不应有法律障碍。国际化固然为欧盟环境下的特殊事实,而信托型基金可能遭遇的观念障碍,亦有夸大其词之嫌疑,即使在欧盟成员国之内,法国、卢森堡、比利时、西班牙等国皆允许非公司型基金存在,仅提供公司型基金作为组织形式者,反而仅有个别国家。[2] 而所谓公司型基金可发行多类别股份、信托型基金则否,亦为单位信托所受特殊管制。普通信托可设计各类受益权,作为继承者的商业信托发行多类别受益权原本不受限制,远比公司灵活,在美国法中尤其如此。总而言之,英国法采用开放式投资公司,并非缘于商业信托本身优势不及公司,而是因为英国单位信托遭受不当管制,立法者片面撇开单位信托、不思改进信托法制而突破一般公司法另创新制所致,乃立法者强行改变商业信托及公司通常属性之结果,恰可反证:依其本来属性而论,商业信托比公司更适合于投资基金。

亦有论者认为,单位信托与开放式投资公司之间的差别并不重要,例如,尽管英国法上开放式投资公司为实体而信托不是实体,但(对于共同基金而言)其实际法律效果并无区别。[3] 更有论者认为,英美两国的共同基金在形式与功能上均相近似,尽管英国的公司型基金(OEIC)的法律结构初看之下与美国的公司型基金颇有差异,实则本质仍属信托。[4] 沃伯顿教授指出,英国金融服务局和财政部这两个监管机构采用了同一组关于基金运行和管理的规则与指南,即金融服务局的《集合投资计划资料手册》(*Financial Services Authority*, *Collective Investment Scheme Sourcebook*),因此,单位信托和开放式投资公司的监管制度在本质上是相同的。另外,在税收待遇上,只要满足收入分配的法定要求,共同基金即可获得导管税收待遇,而无论其组织形式如何,因此单位信托与开放式投资公司在税收效果上亦无差异。二者唯一的显著差别在于,在内部治理上,单位信托适用信托法,开放式投资公司适用公司法。换言之,英国共同基金市场由两种平行的组织组成,这两种组织,除了适用于基金管理者的信义义务法

---

[1] A. Joseph Warburton, Should Mutual Funds Be Corporations? A Legal & Econometric Analysis, 33 *J. Corp. L.* 745, 766 (2008).

[2] Council Directive 85/611/EEC of 20 December 1985 on the Coordination of Laws, Regulations and Administrative Provisions Relating to Undertakings for Collective Investment in Transferable Securities (UCITS), Arts. 1, 4.

[3] Peter J. Wallison & Robert E. Litan, Competitive Equity: A Better Way to Organize Mutual Funds 104 (2007); Aneel Keswani & David Stolin, Which Money Is Smart? Mutual Fund Buys and Sells of Individual and Institutional Investors, 63 *J. Fin.* 85, 88 n. 2 (2008).

[4] Charles E. Rounds, Jr. & Andreas Dehio, Publicly-Traded Open End Mutual Funds in Common Law and Civil Law Jurisdictions: A Comparison of Legal Structures, 3 *N.Y.U. J.L. & Bus.* 473, 478−479 (2007).

之外，在几乎所有方面都是相同的。信义义务标准的差异，是信托和公司之间的根本区别。①

职是之故，英国共同基金组织形式差异对基金绩效的影响，主要表现为管理者信义义务差异所造成的影响。普通信托法上确立的受托人义务较为严格，公司法所规定的董事义务则较为宽松灵活，二者相比，受托人的商业决策更可能在法院诉讼中受到挑战，而被判定受托人负个人责任。在英国，尚未发展出系统的商业信托法原理，单位信托的受托人义务仍主要适用普通信托法（包括《2000 年受托人法》）。在英国公司法上，法院虽未发展出如同美国一样的商业判断规则，但有功能上相似的规范方法，即对董事义务和责任采主观标准，这一标准甚至比美国法上的商业判断规则更为有效。②沃伯顿教授关于基金组织形式对管理行为与基金绩效影响的实证研究显示，信托法有利于减少共同基金管理人的机会主义行为，并显著降低基金管理费用，基金面临的风险也较低，但是另一方面，较严格的信义义务约束了商业决策的灵活性，降低了投资回报；信托型基金的绩效不如公司型基金，公司型基金较具商业灵活性，代理人利益冲突和实施高风险行为的可能性较大，同时带来较好的基金绩效。将实证研究中得来的数据换算成简单的示例：设若投资人在一个信托型基金中投资 10 万美元，与等额投资于开放式投资公司相比，他每年在代理成本方面可以节省 100 美元，但在基金收益方面却可能少赚 1 300 美元。这一研究结果显示，较严格的信义义务能够通过减少代理人利益冲突、减少代理人的高风险管理行为以增强投资者保护，但其可能的代价是较低的风险管理灵活性和较差的基金绩效。换言之，信托法缓解了代理人利益冲突，但却是以对信托管理形成"过度威慑"为代价换来的。③

上述实证研究实际上揭示了普通信托法上受托人义务和公司法上董事义务之间差别对基金绩效的影响。不过这一结论并不适合于美国法和加拿大法。原因之一在于，美国证券投资基金主要由投资顾问管理，《1940 年投资企业法》统一规定投资顾问负有信义义务，无论基金组织形式为何。④ 原因之二在于，对于商业信托形式的证券投资基金，在美国法上，受托人负有何种信义义务，取决于各州法的规定以及商业信托文件规定。而某些州法明文规定商业信托受托人负有与公司董事相同的信义义务。

---

① A. Joseph Warburton, Trusts versus Corporations: An Empirical Analysis of Competing Organizational Forms, 36 *J. Corp. L.* 183, 188, 191—192 (2010).

② Paul L. Davies, Directors' Fiduciary Duties and Individual Shareholders, in *Commercial Aspects of Trusts and Fiduciary Obligations* 85 n. 6 (Ewan McKendrick ed. 1992).

③ A. Joseph Warburton, Trusts versus Corporations: An Empirical Analysis of Competing Organizational Forms, 36 *J. Corp. L.* 183, 183—184, 187, 220 (2010). 在该文之前，尚无从组织形式差异角度对基金绩效进行经验研究的文献，该文填补了这一方面的空白。

④ 15 U.S.C. § 80a—35(b).

例如《怀俄明商业信托法》《弗吉尼亚州商业信托法》，不分商业信托的类型，受托人注意义务或信义义务标准与公司董事原则上相同。而《特拉华商业信托法》专门针对投资企业规定："除商业信托文件另有规定外，依照1940年法注册为投资企业的商业信托，其受托人负有与依照本州普通公司法设立的私人营利公司董事所负信义义务相同的信义义务。"[①]在加拿大，商业收入信托的信托文件大多复制公司董事的义务，统一法委员会起草的2008年《统一收入信托法》则明文采用公司法上的董事义务标准。因此，上述实证研究的说明价值在于揭示了普通信托法上受托人义务对共同基金的影响，而不及于商业信托；不过从另一方面而言，该项研究恰可佐证，美国、加拿大采用类似于公司董事之信义义务的商业信托型基金，在其他要素相当的情况下，受托人义务对基金绩效的影响应与公司型基金类似。

四、加拿大的共同基金

在加拿大，尽管共同基金的组织形式可以是信托、公司或者有限合伙，但大多数共同基金采用信托形式。[②] 此类商业信托通常被称为商业收入信托或收入信托。共同基金信托，或者是依信托宣言设立，或者是依据受托人与发起人之间的信托协议设立。共同基金信托的受益人称为单位持有人。信托形式占据主导地位的原因，一是税收，二是灵活性。在受益人参与程序的条款设计方面，信托法提供了几乎无限制的灵活性，例如，不同于公司法的是，信托法并未强制要求召开受益人会议。[③] 尽管加拿大各省多未制定综合性的商业信托基本法，但普通信托法提供的灵活性，仍为公司法所不及。

五、大陆法系的立法例

大陆法系某些国家，也实行信托型基金和公司型基金（或者法人型基金）的双轨制。信托型基金是投资基金的基本形态，而公司型基金或法人型基金则显著区别于普通公司或一般法人。并不存在公司型基金胜过信托型基金的现象；"普通公司制度比信托制度更有利于投资基金"之说，则更不成立。兹以德国、日本投资基金法为例说明之。

---

① Del. Code Ann. tit. 12, § 3806(l).
② Robert Flannigan, Business Applications of the Express Trust, 36 *Alta. L. Rev.* 630, 633 (1998); David A. Steele, Business Trusts: Some Key Issues for the Trust and Estate Lawyer, 6 (Law Society of Upper Canada CLE Program, Second Annual Estates and Trusts Forum, Nov. 24th and 25th, 1999).
③ David A. Steele, Business Trusts: Some Key Issues for the Trust and Estate Lawyer, 6-7 (Law Society of Upper Canada CLE Program, Second Annual Estates and Trusts Forum, Nov. 24th and 25th, 1999).

(一)德国法

德国 2003 年 12 月 15 日制定的《投资法》(Investment Gesetz，InvG)，规定投资基金(investment fonds)的两类组织形式：一为"特别财产"(sondervermögen)，另一为"投资股份公司"(investment aktien gesellschaften)。特别财产，实即以德国式信托(treuhand)为基础的基金组织形式。本法第 31 条明文规定特别财产实行信托制度。特别财产中的某一具体财产，其权属名义上可归于资本投资公司或者归投资人共有(第 30 条第 1 款)，但不属于资本投资公司的固有财产。不同的基金组织形式，形成了本法的主干部分。本法共六章：第一章"总则"，第二章"特别财产"，第三章"投资股份公司"，第四章至第六章则是关于对冲基金、基金销售、罚则的规定。

依照本法总则之规定，无论特别财产型投资基金还是公司型投资基金，均应由资本投资公司管理(该法第 2 条第 1 款)，基金财产应由托管银行托管(第 20 条第 1 款)。资本投资公司和托管银行所负的义务类似于英美法系信托受托人信义义务，资本投资公司和托管银行处于相互监督制约的法律地位(第 26 条至第 29 条)，相关制度类似于我国《证券投资基金法》关于基金管理人和基金托管人的规定。

本法第三章设有多条关于投资股份公司的特别规定，包括关于资本要求、股份回赎、董事、监事、记账等活动事项的规定。依照本法第 99 条第 3 款规定，对于投资股份公司，本章无特别规定者，则准用关于特别财产的规定(包括本法第 41 条至第 65 条、第 83 条至第 86 条、第 90g 条至第 90k 条、第 125 条至第 129 条等)，此时应将相关条文中的用语作相应的替换："份额"替换为"股份"、"份额购买人"替换为"股东"、"合同条款"替换为"章程"、"特别财产"替换为"公司财产"、"基金份额"替换为"公司财产份额"等。此种大规模准用规范，表明公司型基金近似于信托型基金，反而和普通的股份公司较为疏远。

德国《投资法》已于 2013 年 7 月 22 日失效，被《资本投资法典》取而代之。德国 2013 年 7 月 4 日制定的《资本投资法典》(kapital anlage gesetz buch，KAGB)，不称投资基金，而代之以"投资财产"(investment vermögen)概念。[①] 本法典所规定的投资财产组织形式有两大类、三小类：第一大类是"特别财产"(sonder vermögen)，第二大类是"投资公司"(investment gesellschaften)，包括"投资股份公司"和"投资两合公司(中文亦可译为有限合伙)"两个小类。此所谓特别财产，是指采用合同形式、由管理公司依据本法和确定管理公司与投资人之间法律关系的投资条款管理并从事投资活动的开放式投资财产(本法典第 1 条第 10 款)。开放式投资财产，则是指"有价证券集合

---

① 但在另类投资基金等特定类型的基金中，仍使用基金概念。

投资组织"(organismen für gemeinsame anlagen in wertpapieren,OGAW)与"另类投资基金"(alternative investment fonds,AIF)。[①] 据此,公募基金和私募基金均可采用特别财产的形式。此所谓投资两合公司(investmentkommandit gesellschaft),即有限合伙型基金,2003年《投资法》未设规定,是本法典新增的投资基金组织形式。

本法典尽管在立法体例上有所改变,但大体上仍然维持《投资法》按照基金组织形式分设章节的思路。本法典第一章"投资财产与管理公司总则"中的第四节、第五节,是关于投资基金的基本实体规范。本章第四节"开放式国内投资财产"(即开放式基金),下设四目,第一目为"开放式国内投资财产通则",其余三目即按照三种投资基金组织形式展开:第二目"特别财产通则",第三目"资本可变的投资股份公司通则",第四目"开放式投资两合公司通则"。此所谓资本可变的投资股份公司(investment aktien gesellschaften mit veränderlichem kapital),是为适应开放式基金的特殊需要而设,本法典对此类公司的股本、章程、董事、监事、清算等事项设有多条特殊规定(第108条至第123条),显著区别于《德国股份法》所规定的普通的股份公司。本章第五节"封闭式国内投资财产"(即封闭式基金),下设三目:第一目"封闭式国内投资财产通则";第二目"资本固定的投资股份公司通则";第三目"封闭式投资两合公司通则"。资本固定的投资股份公司(investment aktien gesellschaften mit fixem kapital),与普通股份公司的偏离程度,虽不如资本可变的投资股份公司,但本法典仍就此类公司的股份、章程、投资运作、管理、董事、监事、记账等事项设有特别规定(第140条至第148条),而有别于普通的股份公司。

2003年《投资法》对投资股份公司采用准用信托型基金规范的模式,虽然简化了投资股份公司相关章节的条文,但适用上多有不便。2013年《资本投资法典》不再延续此种模式,而是针对投资股份公司和投资两合公司设全面、详细的规则,兼因增设新的基金类型,致法典的篇幅大幅扩张,超过旧法一倍有余。亦足见投资公司与普通公司之显著区别。

(二)日本法

日本于1951年制定《证券投资信托法》,仅规定信托型基金。1998年制定《证券投资信托与证券投资法人法》,新增证券投资法人类型(实为一种公司型基金)。2000年该法名称修改为《投资信托与投资法人法》[②],不再限于证券投资。该法采用投资信托和投资法人双轨制,共五编:第一编"总则";第二编"投资信托制度",下设三章,第一

[①] 国际上所谓另类投资基金,与我国的私募投资基金概念大体相似。基金份额可赎回的另类投资基金,为开放式另类投资基金。

[②] 该法2009年文本的中译本,参见庄玉友译:《日本〈投资信托与投资法人法〉》,载《商事法论集》2009年第2卷(总第17卷),法律出版社2010年版,第183页以下。

章"委托人指定型投资信托",第二章"委托人非指定型投资信托",第三章"外国投资信托";第三编"投资法人制度",下设三章,第一章"投资法人",第二章"投资法人的业务",第三章"外国投资法人";第四编"杂则";第五编"罚则"。该法所称投资法人,是指经营以主要对特定资产投资的资产为目的而依本法设立的社团(第2条第13款),类似于日本《公司法》所规定的股份有限公司,但具有投资基金的一系列共同特点:投资法人的营业范围限于一定范围内资产的运营,不得实施资产运营以外之行为(第63条第1款);投资法人的一般事务、资产运营、资产保管应当分别委托给他人(称为一般事务受托人)、资产运营公司、资产保管公司(第117条、第198条、第208条);投资法人的规约可以规定,投资人有权请求退还投资份额(第86条、第124条),以适应开放式基金的需要。为因应投资基金的特性,该法对投资法人设有诸多不同于公司的规定,其中包括全套的组织法规范、行为法规范,从投资法人的设立、投资份额与投资证券、组织机构、会计处理、规约变更、解散、合并、登记到投资法人的业务范围、业务委托、监督等事项,均有大量不同于《公司法》之规定。"投资法人"一编的条文总数为163条,将近全法条文总数的三分之二(全法共252条,另有附则若干条)。其中第一章"投资法人"主要是关于组织法的规则,共132条,条文细密而庞杂,又因为投资法人毕竟在不少事项上类同于股份有限公司,该法同时设有大量准用《公司法》之规范,即规定投资法人的某些事项准用《公司法》规定。此类准用规范包括第71条第10款、第73条第4款、第75条第1款与第7款、第77条第4款、第77条之二第6款、第77条之三第3款、第79条第3款与第4款、第81条之二第3款、第81条之三第2款、第84条第1款、第85条第3款、第90条第3款、第94条等。此种特别规范和准用规范并存的局面,不仅导致法律文本冗长繁杂、难以卒读,而且必然增加适用的难度。

由此可见,日本立法新增的投资法人型基金,并非普通的公司。此种组织形式之所以能适合于投资基金,纯粹是因为立法的特别规定,而不是公司制本身使然。又因为投资法人无法与公司法彻底断开链接,徒增立法成本,人为地加剧了法律的复杂性,实不可取。

六、公司型基金与信托型基金区别之反思

坊间常论的公司型基金与契约型基金的区别,未必是两者的真实区别。例如,有论者认为公司型基金与契约型基金有下列区别:其一,公司型基金以基金本身为中心,基金为独立实体,契约型基金将投资顾问/基金管理人置于中心地位,基金非独立实体;其二,公司型基金中,董事会被授予相当的自由裁量权并对其商业判断负责,契约型基金更依赖于规则而非裁量,典型的基金契约由标准化条款或规则组成,仅在例外情形中允许变通或裁量,由受托人或托管人担任的消极监控者负责监督此类既定条款的执行,其监督职能较少裁量性,例如在英国,单位信托的受托人仅在六种情形下方可撤换基金管理人;其三,当契约中未能预先作出决策时即需要表决,因此公司型基金的投资者享有多于契约型基金的表决权,例如美国《1940年投资企业法》授予基金份额持有人的表决权甚至多于州公司法中的股东表决权,包括对选举董事、改变根本投资策略、批准初始投资顾问合同、批准投资顾问合同转让等,英国单位信托的投资者仅就四类事项享有表决权,即修改信托契约、批准管理人偏离招募说明书中载明的投资策略、撤换管理人、基金与其他基金或实体合并,德国、日本的基金投资者则根本不享有表决权。[①]

以上论断,显然与商业信托的特性无关。其一,商业信托自有实体地位或与实体地位相当之效果,以基金或基金管理人为中心,依各基金实际采用的结构而异,本无一定之规。其二,所谓裁量多寡,亦非公司型与契约型基金之本质差异,因基于契约自由原则,契约型基金/信托型基金自可赋予受托人较多裁量权,此在美国商业信托法下完全不成问题,而英国单位信托受托人裁量权有限,系因法律不当管制所致,非信托之本质。基金管理人的自由裁量权大小,不取决于基金是采用信托制或公司制。在包括我国、美国在内的大多数国家的投资基金法上,法律对信托型基金的管理人的裁量权并未施加特殊的限制。实务中对基金管理人的裁量权是否施加限制,属于基金合同自决的问题,也无定规,因此无所谓公司型基金下裁量权大于信托型基金一说。其三,表决权多寡,亦非公司型基金与信托型基金之本质区别。美国《1940年投资企业法》授予基金份额持有人的表决权,与普通公司相差不远,显然并非基于公司的固有属性,而是加强投资基金投资者监控的特殊考虑,而美国商业信托更可自由授予受益人对任何事项的表决权。英国单位信托投资者表决权有限,其原因仅为管制法强制之结果,并非商业信托的普遍法则,更何况英国单位信托投资者所享有的上列表决权,与美国法似无实质差异,且所谓德国、日本基金投资者无表决权,不符合两国实际,上文所引用的是过时资料。[②]

一言以蔽之,所谓契约型基金的弱势,实因法律过度管制所致,并非商业信托固有属性;而公司型基金的优势,不过得益于法律的特殊扶植,并非普通公司的固有优势。

---

① A. Joseph Warburton, Should Mutual Funds Be Corporations? A Legal & Econometric Analysis, 33 *J. Corp. L.* 745, 758—760 (2008)(注释从略)。

② 该文所引用的资料为 Managing Money: A Legal Guide to the World's Investment Fund Markets, Int'l. Fin. L. Rev. (Mar. 1990), at 101—102; The Inv. Trust Ass'n of Japan, Investment Trusts in Japan 6 (1990), cited in Wallace Wen Yeu Wang, Corporate Versus Contractual Mutual Funds: An Evaluation of Structure and Governance, 69 *Wash. L. Rev.* 927, 962 (1994).

另有学者认为,契约型基金与公司型基金的两分法,从大陆法视角观之或许有意义,但从英美法视角来看并无助益,原因之一是在英美法上,基金份额持有人与受托人之间并不仅限于合同关系,持有人的权利并不仅限于合同权利,受益人的权利具有对物权性质;原因之二是可能混淆基金份额持有人的权利——在英美法法域,股东与公司之间一般是合同关系,在大陆法法域,公司股份所表征之权利则不仅限于合同权利。更为关键的是,两分法掩盖了基金的真实性质,公司型基金名为公司,实质上是披着公司外衣的信托,因此两分法将混淆、而不是澄清当事人的权利义务关系。①

七、我国现行法的规定应属合理

我国2003年《证券投资基金法》仅规定契约型基金(即信托型基金)。修法过程中,专家学者及市场人士呼吁比照公司等治理机制,丰富基金组织形式,强化对基金管理人的监督约束。为此,修订草案"借鉴国内实践和国外经验,在基金组织形式上进行创新,增加了理事会型与无限责任型两种新的基金组织形式,给基金投资者提供更多选择。这两类基金在契约型基金的基础上,通过增加理事会这种常设机构、增加基金管理人或与其有控制关系的机构承担无限连带责任的方式,强化对基金管理人的监督,完善了基金的激励和约束机制。在法律关系上,二者是与契约型基金性质相同的信托型资金集合体,投资人均为委托人和受益人,基金管理人与托管人均为受托人或共同受托人,只是在内部运作方式上略有不同"②。此所谓理事会型基金和无限责任型基金,并不等同于公司型基金和有限合伙型基金。

在后续修改过程中,针对修订草案第48条将证券投资基金的组织形式规定为契约型、理事会型和无限责任型,有的部门、单位提出,理事会型和无限责任型基金属于新创设的组织形式,增加这两种组织形式是否有必要,建议再作研究。法律委员会经同财政经济委员会、国务院法制办公室、证监会共同研究认为,理事会型和无限责任型基金仍属于契约型基金,只是在基金份额持有人大会内部机构的设置和管理人承担的责任形式上有所不同,可以不单独作为法定的基金组织形式。据此,建议删除修订草案关于理事会型和无限责任型基金的规定。至于为加大对投资者利益的保护力度,在基金内部增设监督性机构等,可由基金合同作出约定。③

---

① Charles E. Rounds, Jr. & Andreas Dehio, Publicly-Traded Open End Mutual Funds in Common Law and Civil Law Jurisdictions: A Comparison of Legal Structures, 3 *N.Y.U.J.L. & Bus.* 473, 476, 478 (2007).

② 《关于〈中华人民共和国证券投资基金法(修订草案)〉的说明》(2012年6月26日在第十一届全国人民代表大会常务委员会第二十七次会议上),《全国人民代表大会常务委员会公报》2013年第一号,第25页。

③ 《全国人民代表大会法律委员会关于〈中华人民共和国证券投资基金法(修订草案)〉修改情况的汇报》(2012年10月23日在第十一届全国人民代表大会常务委员会第二十九次会议上),《全国人民代表大会常务委员会公报》2013年第一号,第26、27页。

最终通过的2012年《证券投资基金法》仅规定,基金合同可以约定基金份额,持有人大会可以设立日常机构,行使召集基金份额持有人大会、监督基金管理人的投资运作和基金托管人的托管活动等职权(第49条,2015年该法修正后序号变为第48条)。至于所谓无限责任型基金,该法仅在非公开募集基金一章规定:"按照基金合同约定,非公开募集基金可以由部分基金份额持有人作为基金管理人负责基金的投资管理活动,并在基金财产不足以清偿其债务时对基金财产的债务承担无限连带责任。"(第94条第1款,2015年该法修正后序号变为第93条)

而所谓公司型基金和合伙型基金,本法虽在附则中设有一个条文规定:"公开或者非公开募集资金,以进行证券投资活动为目的设立的公司或者合伙企业,资产由基金管理人或者普通合伙人管理的,其证券投资活动适用本法。"(第154条,2015年该法修正后序号变为第153条)但该条规定,并非适用于一切基金,尤其是开放式基金;该条的主要适用对象仍是非公开募集基金。立法说明谓:"由于现行基金法未规定非公开募集基金,现行的非公开募集基金主要以公司或有限合伙企业形式存在,在形式上并不属于草案规定的非公开募集基金。对此,有意见认为,不应将上述以公司或有限合伙企业形式从事证券投资活动的机构纳入本法调整范围,对这部分机构及其投资活动依据公司法、合伙企业法进行工商注册及运作即可。经研究,考虑到这些以公司、有限合伙企业名义出现的证券投资机构,虽不叫证券投资基金,但其资金募集和对外投资行为实质上仍是募集资金交由专业机构管理和投资,实践中也往往不严格按照公司法、合伙企业法运作。如果仅因其不称'基金'就不纳入调整范围,这将难以通过修改法律规范其募集和运作,在实践中也容易发生监管套利行为,不利于非公开募集基金行业规范发展。为此,草案第171条规定,'公开或者非公开募集资金,设立公司或者合伙企业,其资产由第三人管理,进行证券投资活动,其资金募集、注册管理、登记备案、信息披露、监督管理等,参照适用本法'。"①

由上可见,现行基金法并未为公司型基金创设特别规则。此种立场,诚属正确。如果现行法律为公司型基金创设特别规则,势必大幅修改《公司法》或《证券投资基金法》,采用类似于《马里兰公司法》的立法模式,为证券投资公司创设一系列特殊规定。

---

① 《关于〈中华人民共和国证券投资基金法(修订草案)〉的说明》(2012年6月26日在第十一届全国人民代表大会常务委员会第27次会议上),《全国人民代表大会常务委员会公报》2013年第一号。该条规定后被修改,理由为:"有的常委委员、部门提出,采取公司或者合伙企业形式的证券投资基金进行证券投资活动,应当适用本法而不是参照适用。法律委员会经研究,建议将这一条修改为:公开或者非公开募集资金,以进行证券投资活动为目的设立的公司或者合伙企业,资产由基金管理人或者普通合伙人管理的,其证券投资活动适用本法。"《全国人民代表大会法律委员会关于〈中华人民共和国证券投资基金法(修订草案)〉修改情况的汇报》(2012年10月23日在第十一届全国人民代表大会常务委员会第二十九次会议上),《全国人民代表大会常务委员会公报》2013年第一号,第27页。

此种立法模式，立法成本过高，立法效益为负，如前所述，得不偿失。而上述所谓"加强对基金管理人之约束"的专家意见，在公司型基金架构下也不可能实现。公司型基金中，由董事会管理公司一般事务，基金管理人只能作为外部当事人存在（按照现行《证券投资基金法》第 12 条第 1 款规定，基金管理人只能由公司或合伙企业担任，不可能成为公司型基金的董事、经理）。基金管理人是按照管理合同约定向公司型基金承担义务。而信托型基金架构之下，基金管理人是作为信托受托人对基金负有义务，受托人义务之强度、密度、成熟度，并不弱于合同义务，且因有信托法立法和法理上的现成规范可用，较之个别约定，更有规模效益。

在其他方面，公司型基金的治理机制也并不优于信托型基金。其一，在控制权配置方面，基金份额持有人的表决权在信托型基金和公司型基金中并无本质差别。对于修改基金合同、更换基金管理人等居于核心地位的表决权，各国基金法通常无分信托与公司，一律规定基金份额持有人享有此类表决权。至于法定表决权之外是否有必要赋予基金持有人更多的表决权，则由基金合同或基金章程自决即可，在此方面，公司型基金并无特殊的优势。有论者所谓公司型基金中存在"股东民主"理念而契约型基金投资主体"虚化"问题[①]，并不准确。其二，在控制权行使方面，基金份额持有人人数众多、份额相对分散的情形，在信托型基金和公司型基金中均有存在，"理性的冷漠"和搭便车问题并不会因为采用公司组织形式而减弱。论者所谓"有必要采取公司型基金的组织结构以便于投资者行使监督权"之类的见解，实属空谈。[②] 其三，是否设独立董事或独立受托人作为监督机构，并无一定之规，也不取决于基金组织形式。美国《1940 年投资企业法》规定管理型投资企业无论采用公司、信托或其他组织形式，须设独立董事或独立受托人（在董事会或受托人委员会中所占比例须达 40％以上），以强化对投资顾问的监督，此乃投资基金法的特殊考虑，并非信托制或公司制本质使然。有论者将此制度误认为公司型基金对投资者保护的主要制度[③]，是将《投资企业法》误译为《投资公司法》，从而望文生义的结果。

而某些论者以及立法机关以上立法说明所认为的"现有的非公开募集基金主要以公司或有限合伙企业形式存在"一说，其实并不符合事实。统计数据显示，在证券投资基金领域，契约型基金无论在数量还是资产规模上均占据绝对优势（九成以上），而公司型基金和合伙型基金合计不足一成。从组织形式看，截至 2015 年末，契约型私募证

[①] 楼晓：《我国公司型基金治理结构的构建之路——以美国共同基金治理结构为视角》，载《法学评论》2013 年第 6 期。

[②] 赵颖、折喜芳：《证券投资基金制度若干法律问题思考——兼评〈证券投资基金法（草案）〉》，载《河北法学》2004 年第 6 期。

[③] 江翔宇：《我国引入公司型基金法律制度的探讨》，载《政治与法律》2009 年第 7 期。

券基金的数量和资产规模分别为9 277只和8 668.05亿元,占比分别为92.6%和91.0%。公司型私募证券投资基金的数量和资产规模为46只和149.82亿元,占比分别为0.5%和1.6%。合伙型私募证券投资基金的数量和资产规模为697只和709.14亿元,占比分别为7.0%和7.4%。合作制私募证券投资基金的数量和资产规模为3只和2.7亿元,占比均不足0.1%。①

---

① 中国证券投资基金业协会:《中国证券投资基金业年报(2015)》,中国财政经济出版社2016年版,第63页。需说明的是,截至2017年11月5日,该年报2016年版尚未出版。2014年的数据为:从组织形式看,截至2014年末,契约型私募证券基金的数量和资产规模分别为3 505只和4 492亿元,占比分别为93.7%和94%;合伙型私募证券基金的数量和资产规模为212只和246.1亿元,占比分别为5.7%和5.2%;公司型私募证券基金的数量和资产规模为24只和40.3亿元,占比分别为0.6%和0.8%。中国证券投资基金业协会:《中国证券投资基金业年报(2014)》,中国财政经济出版社2015年版,第53页。

评论

REVIEW

新中国商法的社会经济史

朱慈蕴　刘文科

摘　要：商法是调整商事活动的法律规范。而商事活动离不开它赖以存在的社会经济生活。本文以新中国成立 70 余年的社会经济史为背景，从宏观与微观的层面分三个时间段描述这一段时期的商法史。在第一个时间段，本文将对工商业的社会主义改造进行回顾，因而指出商事活动在 20 世纪 50 年代如何走向消亡，并阐述以经济单位的模式取代企业的模式后，如何造就了与商事主体完全不同的另一种组织形式。在第二个时间段，本文将回顾 20 世纪 70 年代末期到 20 世纪 80 年代，计划经济与市场经济并存的特定时期，两种经济体制如何相互交错，以及新的商事主体如何在这个进程中脱颖而出。在第三个时间段，本文将回顾市场经济体制下，商事活动如何逐步纳入法治化的过程，即以《公司法》《证券法》《保险法》《信托法》等为代表的商事单行法逐步制定，民商合一的《民法典》也编纂完成。

关键词：商法史；经济单位；商事主体；商事活动

一、引论

1958 年，布罗代尔发表宏文《史学和社会科学》，明确将历史时间区分为长时段、中时段、短时段，并提出与此三种时段相适应的"结构""局势""事件"三个概念。在布罗代尔看来，结构是长期不变或变化极慢的，但对历史起经常、深刻作用的因素，如地理、气候、生态环境、社会组织、思想传统等；局势是指较短时间内起伏兴衰，形成周期和节奏的现象，如人口增长、物价升降、生产增减、工业变化等；事件则是指一些突发的事变，如革命、条约、灾害等。[①] 从新中国成立的 1949 年到 2021 年，70 余年的历史在中国的大历史中可谓弹指一挥间，然而这 70 余年对于中国人来讲却发生了翻天覆地的

作者简介：朱慈蕴，深圳大学法学院特聘教授，清华大学法学院教授；刘文科，北京大学出版社副编审。
① 行龙：《经济史与社会史》，载《山西大学学报（哲学社会科学版）》2003 年第 4 期。

变化。中国在这段短暂的历史中实现了工业化和现代化,中国社会也正在朝向全面法治化迈进。这段历史中,商事活动的发展与繁荣有不可忽视的巨大作用。70余年来,从历史的结构上来看,尽管仍然和古代没有发生太多变化,但是传统的思想和社会组织在商事活动的沉浮中经历了一次革新;从局势上观察,大跃进、"文化大革命"、四化建设、改革开放等自上而下的运动与变革,阻碍或者加速了工业化与现代化的进程;70余年来,一系列特定的事件也能够帮助我们理解现代化与工业化进程中的微观变化。本文将选取新中国成立70余年来商事领域中的特定事件(商事活动、商事立法)进行阐发,对70余年来的不同局势(政治运动、政策导向)进行客观分析,并探求此间历史的结构因素。一个结构也许是一种集合,一个建筑体,但更是一种现实。时间对这种现实的磨损很小并且是非常缓慢地推动它。一些长期存在的结构成为许多世代的稳定的因素:它们阻滞着历史,阻碍着因而也支配着历史的流动速度。其他一些结构则很快失掉了。但所有的结构既是支撑物又是障碍物。障碍物表现为一系列的限制。试想一下打破特定的地理环境、突破特定的生理现实、打破特定的生产力限制,甚至突破这些或那些精神心理的局限的困难吧。心态环境同样也是长时段的桎梏。[①]

  商事活动是社会经济活动的一部分。尤其是在市场经济条件下,商事活动是市场经济中的主要组成部分。换句话说,市场经济是由社会中的商事主体所进行的商事活动所组成的。与市场经济相对的是计划经济。计划经济中,资源的分配不由市场决定,而是由国家计划决定,这就是两者的根本区别。新中国的前30年和后40年采取的是完全不同的两种经济体制。但是,无论是哪种经济体制,都存在工业、商业、农业等基本产业,只是在不同的经济体制中决定资源配置的方式不同。从微观上看,在任何一种经济体制下,比如工业生产者,都以一定的组织形态进行。组织中有领导者、生产者等科层结构。有所不同的是,生产组织的最终使命是完成一定的经济计划还是完成营利的目的。从两者都最终在完成社会经济单元的结构上来看,似乎是没有差别的,即便是私人企业追求营利的目的,也是会按照亚当·斯密那只看不见的手,在促进社会的整体福利。然而,不同结构所带来的效率和效果是明显不同的。

  本文回溯新中国70余年商法史的描述显示,最初官僚资本主义在旧中国经济格局中处于明显的优势和垄断地位,在历经新民主主义革命之后,走向国家资本主义。在20世纪50年代末期完成社会主义改造之后,正统意义上的商事活动就消失了,计划经济体制完全建立起来。改革开放后,商事活动又逐步开始出现,并且随之而来的是各种市场的不断建立。

[①] 姚蒙:《法国当代史学主流——从年鉴派别到史学》,(香港)三联书店有限公司1988年版,第111—112页。

本文将分为几个部分描述这一段历史。在第一部分中,本文将对工商业的社会主义改造进行回顾,指出商事活动在 20 世纪 50 年代如何走向消亡,并阐述以经济单位模式取代企业模式后,如何造就了与商事主体完全不同的另一种组织形式。在第二部分,本文将回顾 20 世纪 70 年代末期到 80 年代计划经济与市场经济并存的特定时期,两种经济体制如何相互交错,以及新的商事主体如何在这个进程中脱颖而出。在第三部分,本文将回顾在社会主义市场经济体制下,商事活动如何逐步纳入法治化。当然,我们不能否定新中国成立前 30 年的建设成果,即便当时商事活动已经走向消亡,但是在计划经济体制下,国营经济仍然为中国奠定了坚实的工业基础。同样,即便是今天我们走向了市场经济,也不是说我们的经济模式就回到了新中国成立之前,因为目前的市场经济和过去的是完全不同的。我们相信,在艰难的法治化进程中,中国人可以发挥自己的智慧,克服市场经济中的种种弊端,并且走向共同富裕的道路。

以下是关于两个术语的说明。一是"商事活动",在本文中是指商事主体从事的以营利为目的的活动。以营利为目的,意味着要对商事主体的投资人进行投资回报。即使某一商事主体所从事的活动可能产生盈利,但是并不以获取对投资人的回报为目的,那该主体所从事的活动也不是商事活动。商事活动是社会经济活动的一部分,对于供销、保险等活动,只有在进行这些活动时以营利为目的,才能被认为是商事活动。在本文中,不再区分狭义的民事活动与商事活动。二是"商法",在本文中是指调整商事活动的广义的规范性文件,包括制定法、党和国家的政策等。

二、对工商业的社会主义改造时期

(一)1949 年以前的中国工商业与商法

著名经济学家科斯曾经惊叹道,中国人早在 1 000 多年前就能够钻 1 000 多米深的井了,为什么没有用来开采石油和天然气呢?[①]

1949 年之前的中国,已经经历了一次深刻的经济社会变革。在清末之前,中国是世界上最大的农业国。由于清朝以来人口急剧增长,因而传统的农业已经无法负载过重的人口负担。近代以来,中国逐步走向工业化,从洋务运动时起开始创办近代工商业,到辛亥革命后工商业发展,中国开始向现代工业国迈进。清末立宪改革之际,已经颁布了调整商事活动的《大清公司律》和《商人通例》。民国时期,商事法律进一步得到完善。但是,由于传统中国的商事活动与西方有着本质的不同,从国外移植过来的商业模式和法律制度因此水土不服。在这种法律与经济活动发生错位的社会背景下,

---

① 盛洪:《盛洪集》,黑龙江教育出版社 1996 年版,第 158—159 页。

"不土不洋"的中国工商业发展了近半个世纪。

1949 年以前的中国,在工业实力上与西方先进国家的差距是十分明显的。以美国为例,抗战爆发前美国的钢、生铁、原煤、电力的人均产量分别是中国的 418 倍、144 倍、42 倍和 145 倍。1949 年中国的国民收入总额中,只有 12.6% 来自工业,而 68.4% 来自农业。此外,工商业的发展也体现出地域上的不平衡。根据 1947 年调查的资料,在全国 14 078 家工厂中,设在上海的有 7 738 家,上海、天津、青岛、广州四个城市的工厂总数占到全国的 70%,而工人数占到全国工人总数的 69%。在商事法律方面,采取民商合一立法体例的民国民法典中,包含了部分商法总则的内容。而商事单行法则包括公司法、票据法、海商法、保险法等,至于商业注册、商号、商业账簿、商业使用人及学徒等商事规范,则援用清朝的《商人通例》。[①]

(二)社会主义改造前的中国工商业及商法

在解放战争后期,中国共产党就开始没收和接管国民党政府的官僚资本和官营企业,并且按照不同形势制定不同的政策。1949 年 1 月,中共中央发出《关于接受官僚资本企业的指示》,提出"必须严格地注意到不要打乱企业组织的原来的机构",对于被接受企业的厂长、矿长、局长、工程师和其他职员"只要不是破坏分子,应令其担负原来职务,继续工作","对于企业中的各种组织及制度,亦应照旧保持,不应任意改革及宣布废除"。1949 年 4 月 25 日《中国人民解放军布告》提出,"凡属国民党反动政府和大官僚分子所经营的工厂、商店、银行、仓库、船舶、码头、铁路、邮政、电报、电灯、电话、自来水和农场、牧场等,均由人民政府接管。其中,如有民族工商农牧业家私人股份经调查属实者,当承认其所有权"。

国营经济领导下的多种经济成分并存是新中国成立初期经济的重要特点。[②]《中国人民政治协商会议共同纲领》规定:"以公私兼顾、劳资两利、城乡互助、内外交流的政策,达到发展生产、繁荣经济的目的。"当时的社会经济成分包括国营经济、合作社经济、农民和手工业者的个体经济、私人资本主义经济和国家资本主义经济。

国营经济的早期建立,塑造了新中国的基本经济格局。1949 年国营工业企业的产值占全国工业总产值的比重为 34.2%,1952 年这一比重上升到 52.8%,纯私营企业产值所占的比重从 1949 年的 63.3% 下降到 1952 年的 39%。[③] 因此,在新中国成立初期,国营经济和私营经济的比重在短时间内就形成了扭转的局面。以 1953 年为分界点,在经济领域,国营经济已经开始占据主导地位,这为国营经济在过渡时期发挥更

---

① 刘朗泉:《中国商事法》,商务印书馆 2011 年版,第 45 页。
② 参见郑有贵主编:《中华人民共和国经济史(1949—2012)》,当代中国出版社 2016 年版,第 11 页。
③ 参见《1949—1952 中华人民共和国经济档案资料选编·工商体制卷》,中国社会科学出版社 1993 年版,第 976 页。

大的作用奠定了基础。

(三)社会主义改造

新中国成立初期,存在着一种特殊的经济成分,即国家资本主义经济。周恩来曾经这样描述国家资本主义:"在工业方面,高级的形式是公私合营,即企业中有公股参加,公私共同管理,公方处于领导地位,私人所有制是被承认的,但已经受到限制。中级的形式是加工订货,即原料由国家供给,产品由国家收购,由私人进行生产,私人所有制也受到限制,不能到自由市场去购买原料和销售产品了。低级的形式,一般是原料主要由私人购买,由私人进行生产,国家收购其产品的大部分,私人还能保留一小部分自销。"① 社会主义改造就是按照这样从初级到高级的形式进行的。国家资本主义经济,是一种过渡性质的经济成分,其目的是逐步将私人经济过渡到公有制经济。1953年5月,李维汉在《关于资本主义工业中的公私关系问题的调查报告》中说,新中国成立三年来,我国的私人资本主义经济历经了深刻的改组和改造,国家资本主义已有了相当的发展,呈现出从统购、包销、加工、订购至公私合营等一系列从低级到高级的形式。它在国民经济中的地位已经凌驾于纯粹的资本主义经济之上。②

1. 加工订货(生产端)、统购统销(流通端):对商事活动进行社会主义改造

在1949年以后的国民经济恢复期,虽然历经战乱后来之不易的和平,但是私营经济也存在严重的困难,为了支持和促进私营工商业的发展,政府采取了加工、订货、包销等措施调整工商业,这些举措在帮助私营工商业渡过困境的同时客观上也发挥了引导私营工业向国家资本主义发展的作用。③ 1950年颁布的《私营企业暂行条例》按照当时中国社会中现实,规定了几种不同的商事组织形式。④ 但是,条例第6条要求,"为克服盲目生产,调整产销关系,逐渐走向计划经济,政府得于必要时制定某些重要商品的产销计划,公私企业均应遵照执行"。无论从立法上还是从政策上,社会主义工商业的改造都已经开始了。1950年调整工商业的重要措施之一,就是国营企业向私营工厂加工、订货或包销、收购私营企业的产品。据统计,加工、订货、统购、包销的产

---

① 《建国以来重要文献选编》(第4册),中央文献出版社1993年版,第357—358页。
② 薄一波:《若干重大决策与事件的回顾》(上卷),中共中央党校出版社1991年版,第222页。
③ 参见郑有贵主编:《中华人民共和国经济史(1949—2012)》,当代中国出版社2016年版,第23页。
④ 《私营企业暂行条例》(1950年)第3条规定,企业的组织方式如下:"(甲)独资及合伙:(一)独资——一人出资,单独负无限清偿债务责任。(二)合伙——二人以上出资,负连带无限清偿债务责任。(乙)公司:(一)无限公司——二人以上的股东所组织,对公司债务负连带无限清偿责任。(二)有限公司——二人以上的股东所组织,就其出资额对公司负其责任。(三)两合公司——一人以上的无限责任股东与一人以上的有限责任股东所组织,其无限责任股东对公司债务负连带无限清偿责任,有限责任股东就其出资额对公司负其责任。(四)股份有限公司——五人以上的股东所组织,分资本为一定数额的股份,股东就其所认股份对公司负其责任。(五)股份两合公司——一人以上的无限责任股东与五人以上的有限责任股东所组织,其无限责任股东对公司债务负连带无限清偿责任,有限责任股东就其所认股份对公司负其责任。"

品产值占到当年私营企业产值的27%,棉纺业中甚至达到70%以上。到1952年年底,加工、订货、统购、包销的产品产值占到当年私营企业产值的56%。① 1956年7月28日《国务院关于对私营工商业、手工业、私营运输业的社会主义改造中若干问题的指示》中提到,对于没有参加定股定息的公私合营商店和合作商店的小商贩,应当在自愿的原则下,根据当地情况,逐步地、分期地、分行分业地把他们组成分散经营、各负盈亏的合作小组。这种合作小组不但适用于商业的各个行业,同时也适用于饮食业和服务性行业。在步骤上,应当先从困难行业和困难户着手,逐步扩大。国营商业和供销合作社,应当在国营商店、供销合作社商店、合营商店中指定一个店作为每个合作小组的批发店,在业务上领导合作小组。这个批发店对合作小组的任务是:负责供应货源;代向银行借款,解决资金困难;汇集小组成员的应缴税款,代向税局缴纳。合作小组的税款今后应当严格实行一年不变的、定期定额的收税办法。批发店的开支,全部由国营商业和供销合作社负担,不由合作小组负担。小业主企业资财的处理办法:小业主的企业参加公私合营企业的,或者改变为国营企业的(如粮食店、肉店等),他们的资财都按定息办法处理。小业主的企业参加合作商店的,依照全国供销合作社对合作商店所规定的办法,按股金分红。

国家资本主义的存在与发展,在当时有利于工人和国家。其结果就是,中国当时的"资本主义经济其绝大部分是在人民政府管理之下的,用各种形式和国营社会主义经济联系着的"。②

2. 私营企业逐步走向公私合营企业:对商事组织的社会主义改造

1954年7月13日,中共中央发出《关于加强市场管理和改造私营商业的指示》,指出,国家要对部分商品实行计划收购、计划供应,把现存的私营小批发商和私营零售商逐步改造为各种形式的国家资本主义商业。指示规定:以零售为主而兼营批发的,一般的转为零售商。专营的批发商或以批发为主而兼营零售的,其中凡能继续经营者,让其继续经营;凡为国营商业所需要者,可以为国营商业代表批发业务;凡能转业者,辅导其转业;经过上述办法仍无法安置者,其职工连同资方代表人可经过训练,由国营商业录用。对城乡私营零售商,除一部分必须和可能转业的以外,一般的应逐步地把他们改造成为合作商店或国家资本主义的零售商。到年底,私营商业在全国企业零售额中的比重,由1952年的57.25%下降为25.6%。在全国商业企业批发贸易中,国营商业已基本上代替了私营批发商业。自统购统销的制度实行时起,作为流通环节

---

① 薄一波:《若干重大决策与事件的回顾》(上卷),中共中央党校出版社1991年版,第410—411页。
② 毛泽东语。参见薄一波:《若干重大决策与事件的回顾》(上卷),中共中央党校出版社1991年版,第412页。

的私营商业改造走在私营工业前面,反过来又推动公私合营加快改造的步伐。当时中国的私营工业有 2/3 是轻纺工业,受统购统销制度的影响很大。国家从供销两头卡住了它们,他们不能不接受改造。①

1954 年颁布的《公私合营工业企业暂行条例》第 2 条规定:"由国家或者公私合营企业投资并由国家派干部,同资本家实行合营的工业企业,是公私合营工业企业。"公私合营企业是私营企业逐步被改造为国营企业的一个过渡性的产物,因而也有其特殊的管理规定。该条例第 3 条规定:"合营企业中,社会主义成分居于领导地位,私人股份的合法权益受到保护。"第 9 条规定:"合营企业受公方领导,由人民政府主管业务机关所派代表同私方代表负责经营管理。"

1956 年 1 月 15 日,北京天安门广场举行集会,在郊区农民代表报告实现农业合作化的喜讯之后,工商界的代表乐松生在天安门城楼向毛泽东主席报告首都已实现全行业公私合营的喜讯。继北京之后,全国大城市和 50 多个中等城市于 1 月底全部实现了全行业公私合营。②

公私合营企业只是在社会主义改造阶段短暂存在的一种企业形式。在当时的各种类型的法人之中,国营企业处于领导的和优先的地位,国家基于国营企业以法人资格,使各个企业独立负责地按照计划去完成国家经济建设任务。私营企业是作为利用、限制和改造的对象而暂时存在的。当时,"私营企业已经实现全面的公私合营,而公司合营企业实行定息,则又为进一步改组为国营企业准备了决定性条件"③。

三、计划经济时期:商事组织的不复存在与商法消亡

1958 年 5 月出版的《中华人民共和国民法基本问题》的"编者说明"里面这样写道:"随着社会主义建设大跃进的高潮,在民事范畴内的许多现实问题又有了一些飞跃的发展,农业生产合作社正日益巩固和发展,国内的资本家也正在主动要求交出股金和定息,有关民法科学的若干基本问题,如我国的民事政策究竟能解决什么问题?调整那(哪)些法律关系?尚有待于进一步加以研究。"④

在计划经济体制下,企业之间的商事买卖转变为供应合同。所谓供应合同,是指根据国家的物资分配计划,社会主义组织间相互约定一方供应一定的物资,另一方接受供应物资、给付价款的合同。⑤ 李富春在《关于发展国民经济的第一个五年计划的

---

① 薄一波:《若干重大决策与事件的回顾》(上卷),中共中央党校出版社 1991 年版,第 413—414 页。
② 薄一波:《若干重大决策与事件的回顾》(上卷),中共中央党校出版社 1991 年版,第 406 页。
③ 中央政法干部学校民法教研室:《中华人民共和国民法基本问题》,法律出版社 1958 年版,第 70 页。
④ 中央政法干部学校民法教研室:《中华人民共和国民法基本问题》,法律出版社 1958 年版,"编者说明"。
⑤ 中央政法干部学校民法教研室:《中华人民共和国民法基本问题》,法律出版社 1958 年版,第 226 页。

报告》中提出:"有关企业之间、部门和部门之间重大的协同合作的项目,应该列入国家和部门的生产计划;同时,应该普遍推行企业和企业之间的合同以及企业内部车间的联系合同,使各个工业部门和各个企业单位在生产中能够很好的互相配合和互相衔接,提高工业的组织程度。"当时的物资分配计划是按照"以料定产、以产定销"的原则制定的。不按照物资分配计划签订合同,不仅破坏了分配计划,而且影响到整个国民经济计划的执行。因此,不按照分配计划签订合同的行为,就是违反计划纪律、违反法律的行为,依法应予制裁。① 从整体上来讲,尽管在计划经济体制下还存在合同,但是在本质上已经转变为计划经济的经济合同,合同形式是由作为计划价值关系的经济关系的性质和作为经济领导手段的合同的职能决定的。合同要么直接根据对一方或对双方当事人有约束力的计划任务签订,要么为签订合同的组织编制计划服务。②

从理论上讲,任何一个工商业者都以企业的形式存在,但是在社会主义改造之后,无论是国营企业还是公私合营企业,都逐步走向以"单位"的形式存在。这样的体制与苏联的经济观点是分不开的。在苏联学者看来,任何一个经济系统都是由各经济机构组成的统一的生产经营综合体。系统各环节之间建立稳定的经济联系,以便使系统成为一个巩固的统一的生产经营综合体。根据《苏联各部共同条例》,每个苏联部、加盟共和国的各部及其所属企业、组织和机构构成一个统一的系统。而领导各工业部门和国民经济其他部门的部属于经济系统。③ "单位"不只适用于工商企业,包括国家机关、事业单位等都被称为"单位"。因此,在单位的概念下,工商企业作为国家社会经济的细胞,执行社会经济的职能,这一模式一直持续到 20 世纪 90 年代。

在单位的模式下,工商企业的性质发生了根本的变化。第一,单位不再以营利为目的,而是为了完成相应的社会职能。因而,单位是计划经济的基本社会经济组织,它接受经济计划指标,按照指标购买与销售。第二,单位制突出了企业本身的主体地位,产权问题被模糊。伯利和米恩斯提出所有权与经营权分离,在中国的单位体制下,则是完全分离,单位的管理者完全不是所有者。单位的一切财产都属于国家,无论是单位的管理者还是劳动者,在这里都不涉及产权问题。企业的购买与销售,也相当于国家对物资的调拨。第三,单位制模糊了不同经济主体之间的界限,因为每个单位都是国家的一分子,在本质上应无矛盾。

当企业转变为单位后,所谓的商法也就消失了。在计划经济体制下,虽然存在社会生产,存在工业,也存在商业,但是这些生产经营活动已经不属于商事活动。第一,

---

① 中央政法干部学校民法教研室:《中华人民共和国民法基本问题》,法律出版社 1958 年版,第 227 页。
② 参见[苏联]B. B. 拉普捷夫:《经济与法》,董晓阳、张达楠译,法律出版社 1988 年版,第 173—174 页。
③ 参见[苏联]B. B. 拉普捷夫:《经济与法》,董晓阳、张达楠译,法律出版社 1988 年版,第 50—51 页。

这些生产经营活动不属于营利性的活动,因而丧失了商事活动最本质的特征。第二,工商业企业不是按照商事制度建立起来的商事主体,而是按照经济生产单位建立起来的。在单位中,不存在股东与公司的法律关系,不存在按照股东会、董事会等原则建立的决策机制。单位制的工商企业是与公司完全不同的经济主体。第三,在商法的历史上,关于商的学说是固有的商、辅助的商和第三种商。所谓固有的商,就是经济意义上的商业,是物品的生产者与流通者之间的流通过程的财货转换者的营利行为。而固有的商之后则是辅助的商,是指代理、运输、仓库、保险、银行等。此后又出现了第三种商,譬如旅客运输等商品运输以外的运输、商品买卖的代理以外的代理、人身保险等。在逻辑上,如果第一种商也就是固有的商消失了,辅助的商和第三种商当然也就不会存在了。

四、经济体制改革以来:商事活动复苏与商法复兴

马克斯·韦伯在《一般经济史》中提出了作为经济组织特殊形式的商事企业出现的六个条件,包括:第一,物质资源能由各种作为独立法人的组织(换言之,企业的产权受到了尊重和保护)占有;第二,企业能在市场中自由经营(自由进入、竞争和自由退出是有保障的);第三,各类组织采用恰当的会计方法以支持合理的核算,并依此决定应干什么和不应干什么(换言之,商事活动的领导人进行理性的核算,而真正的市场价格则使理性的经济核算成为可能);第四,法律和围绕商事企业的其他制度变得可信赖和可预见(包括商法的法治居于主导地位);第五,劳动是自由的,即人们能自由地享有其劳动所得(确立了个人自主权和自由后劳动力市场,奴隶制、契约劳工和奴役已经不存在);第六,工业化是可行的(产权是可以让渡的,即能将它们卖给别人),能靠发行合资股份筹集资金,为公司融资(建立股票市场)。[①] 改革开放前,我国对旧有工商业的改造是按照逐渐取消上述条件的方式进行的。从步骤上来说,先是对流通领域进行改造,逐渐限缩商事活动的范围,接下来是对商事组织的改造,逐步使商事组织蜕变为经济单位,最后是消灭资产阶级。而改革开放后,则是另一个相反的过程,首先是在流通领域复苏商事活动,接下来是逐渐出现商事组织,最后则是出现企业家阶层,并成为改革开放与现代化建设的引领者之一。

(一)摆脱计划:商事活动的萌芽

马克思在《资本论》中曾明确说:"雇工到了 8 个就不是普通的个体经济,而是资本主义经济,是剥削。"1979 年,年广久开办的"傻子瓜子"雇用了 12 个人。于是,年广久

[①] 参见[澳]柯武刚、[德]史漫飞、[美]贝彼得:《制度经济学:财产、竞争、政策》(第二版),柏克、韩朝华译,商务印书馆 2018 年版,第 273 页。

的"傻子瓜子"算不算剥削的问题成为当时人们争议的话题。这场大讨论一直持续到 1982 年,此时,年广久的工厂已经雇用了 105 人,日产瓜子 9 000 千克。尽管争论未停止,但是邓小平在中央政治局的一次会议上,建议对私营企业采取"看一看"的方针。① 从此私营经济的政策便在这种观望的态度下开启了复苏的历程。实际上,争论并没有立即结束,直到 1988 年,《私营企业暂行条例》才正式出台,并且明确认可了 8 人以上私营企业的合法性。② 按照条例规定,私营企业可以采取独资企业、合伙企业和有限责任公司的形式。年广久事件可以说是我国个体工商户或私营企业发展的一个契机。

私营经济的兴起,从宏观上看是计划经济的严密范围之外市场经济的悄然兴起。1980 年,萧山万向节厂的鲁冠球,就曾努力将自己的万向节打进计划体制内。浙南地区和潮汕地区成为当时商品经济起步最快、民营经济最活跃的区域。③ 沉寂了 30 年之后,中国的商人群体正在兴起。

制度经济学的研究表明,私有财产和私人自主权具有许多超出个体的明显优越性。尽管财产所有者为其私利而行动,但是通过那些具体的行动,他们产生了大量有益于他人的副效应。一种大体上建立在广泛分布的产权之上的体制,以及个人在认为合适时运用和处置产权的经济自主权(经济自由),往往能对共同体产生大量(意想不到)有益后果。④ 尽管改革开放之初许多商事活动出现于法律的边缘,其产权的合法性长期以来只是被默许,但是,由于改革的方向一直没有发生变化,私人的商事活动才能得以快速复兴。商事活动复兴的过程,本质上也就是市场化改革的过程。

(二)打破"一大二公":商事组织的逐步复兴

1978 年以前中国的计划经济体制,是将全国的工商企业紧密地通过国家计划连接起来的体制。20 世纪 70 年代末 80 年代初有经济学者提出,当时我国的企业管理体制基本上是 20 世纪 50 年代从苏联学来的,强调国家高度集中统一领导,企业按照上级行政机关下达的指令性计划指标进行生产。企业需要的主要生产资料,由国家统一调拨,计划分配;企业生产的产品,由物资部门或商业部门统购包销。在财政上,国家实行统收统支,企业的收入,除了留下少量的企业基金和部分折旧基金,全部上缴国家。企业生产建设需要的资金,另行申请,经上级行政管理机关批准后,由国家拨

---

① 吴晓波:《激荡三十年:中国企业 1978—2008》,中信出版社 2014 年版,第 54—55 页。
② 《中华人民共和国私营企业暂行条例》第 2 条规定:"本条例所称私营企业是指企业资产属于私人所有、雇工 8 人以上的营利性的经济组织。"
③ 吴晓波:《激荡三十年:中国企业 1978—2008》,中信出版社 2014 年版,第 74—75 页。
④ [澳]柯武钢、[德]史漫飞、[美]贝彼得:《制度经济学:财产、竞争、政策》(第二版),柏克、韩朝华译,商务印书馆 2018 年版,第 275 页。

给。① 在计划经济体制下,工商企业按照国家的计划安排生产与销售,作为经济单位,完全不同于我们今天所说的商事组织。而中国改革开放后商事组织的复兴,是从外资企业开始的。

早在 1927 年,美国的可口可乐公司就曾在上海设立其最大的海外工厂。20 世纪 70 年代末 80 年代初,可口可乐公司仍然打算在上海建厂。消息一出,便遭到上海方面的强烈反对,因而只能改在北京建厂。北京方面几经周折,瓶装厂厂址最终选在了位于北京五里店的中国粮油进出口总公司下属北京分公司的一个烤鸭厂里。双方当时的合作方式是:中方每年花 30 万美元购买浓缩液,其他生产线全是可口可乐免费赠送。当时在中国粮油进出口总公司工作的佟志广回忆说:"可口可乐进入中国是引进外资的开端。但是,当时是以完完全全内资企业的形式运作的。真正引进外资还不敢想。"②

可口可乐在北京建厂,是改革开放后国外企业进入中国市场的一个开始。尽管当时还"不敢想"引进外资,但是改革开放的步伐却没有停下。1978 年 10 月,美国通用汽车公司派出由汤姆斯·墨菲带队的大型访问团来洽谈轿车和重型汽车项目。在这次洽谈中,墨菲第一次提出了"合资"的概念。他说:"你们为什么只同我们谈技术引进,而不谈合资经营(joint venture)?"参与此次谈判的李岚清后来回忆说,尽管中方人员知道"joint"是"共同或共担","venture"是"风险",连在一起是"共担风险",但是对它的确切含义并不知道。于是墨菲就让他手下的一位经理解释了"joint venture"的含义:双方共同投资,合资经营企业。这位经理还介绍了合资经营企业的好处,怎样搞合资经营,以及他们与南斯拉夫建立合资经营企业的经验等。③ 1979 年 7 月 1 日第五届全国人民代表大会第二次会议通过了《中外合资经营企业法》,对外开放、引进外资的政策正式上升为国家法律,同时也开启了我国商事组织立法的进程。

1979 年的上海,一些老工商人士和部分境外公民以民间集资的方式创建了一家叫"上海市工商办爱国建设公司"的企业,它后来被认定为中国改革开放后第一家民营企业。④

1979 年 4 月 20 日,国家经委召集首都钢铁公司、天津自行车厂、上海柴油机厂等八家企业和有关部门负责人在北京召开座谈会,讨论企业管理体制改革问题,决定在

---

① 周韶成:《扩大企业自主权和企业管理体制的改革》,中国人民大学科学研究处编:《经济改革体制问题论文集》,中国人民大学出版社 1980 年版,第 238 页。
② 房煜:《1979:可口可乐,开放的标签》,《开放中国:改革的 40 年记忆》,中信出版社 2019 年版,第 17—18 页。
③ 吴晓波:《激荡三十年:中国企业 1978—2008》,中信出版社 2014 年版,第 27—28 页。
④ 吴晓波:《激荡三十年:中国企业 1978—2008》,中信出版社 2014 年版,第 39 页。

这八个企业进行扩大经营管理自主权的改革试点。5月25日,国务院转发了会议纪要。首都钢铁公司等企业被国家经委确定为第一批国家经济体制改革试点单位,实行利润留成。1979年7月,国务院颁发了《关于国营企业实行利润留成的规定》,到1979年年底,全国的试点企业达到4 200家。1980年,国务院出台《国营工业企业利润留成试行办法》,规定生产秩序和管理工作正常,实行独立经济核算,并有盈利的国营工业企业,经过批准,可以按照本办法试行利润留成,并且把原规定的全额利润留成办法改为基数利润留成加增长利润留成的办法。在此办法执行3年之后,国务院转批了财政部《关于国营企业利改税试行办法》,将利润上缴改为纳税。制度经济学认为,产权是个人和组织的一组受保护的权利,个人和组织通过如收购、使用、抵押、出租和转让资产的方式,持有或处置某些资产,占有在这些资产的运用中所产生的获益,同时也包括负收益——维护财产的成本,以及因运用财产判断失误而遭受的可能亏损。[①] 无论是中外合资企业的建立,还是民营企业的复苏,抑或是国营企业的改革,尽管经济成分不同,但在改革的进程中能够获得发展,都得益于商法对产权的保护。对于外资企业,在改革之初就通过法律对其产权进行界定与保护;对于民营企业,则是持观望态度,默认其产权;对于国有企业,产权改革贯穿于国企改革的全过程。

(三)经济体制改革过程中商法学理论的探索

在中共十一届三中全会将我国的主要发展方向转变为以经济建设为中心后,社会各界的活力由此激发出来。在这个背景下,经济建设中的法律问题也开始成为法学界集中讨论与研究的问题。同样,在这样的背景下,产生了"经济法"的概念和学科,并且持续繁荣了很长一段时间。经济法学从探索到繁荣,再到与民法和商法分野的过程,也见证了经济体制改革时期我国法学界在理论上的探索历程。

20世纪80年代,有学者在著述中提出,对各种经济关系加以分析,最终可以将其归结为三种性质的关系:一是具有管理性的纵向经济关系,二是具有协作性的横向经济关系,三是管理性和协作性、纵向和横向交织的经济关系。与此相对应,经济建设的法律规范,一是属于经济行政法性质(如计划法、税法、财政法、价格法、企业法、土地法),二是属于民法性质(如民法、公司法、保险法),三是兼有经济行政法和民法两种性质(如经济合同法、基本建设法、中外合资经营企业法、对外贸易法)。[②] 从以上论述中可以看出,由于当时我国经济体制改革还未最终完成,所以即便是商品经济的成分已经渗透到国家计划的各个领域中,诸多在今天看来属于民法、商法范畴的法律规范也

---

① [澳]柯武钢、[德]史漫飞、[美]贝彼得:《制度经济学:财产、竞争、政策》(第二版),柏克、韩朝华译,商务印书馆2018年版,第226页。

② 中国社会科学院法学研究所民法经济法研究室:《经济建设中的法律问题》,中国社会科学出版社1982年版,第22页。

还不能脱离计划经济的框架。最典型的例子就是经济合同法。当时的人们认为,社会主义企业和组织之间的经济联系,不只是单纯的商品交换关系,同时是社会按照统一计划分配产品和劳动的关系。因此,合同既具有商品交换的法律形式,又在一定意义上是计划分配的法律形式。①

20世纪80年代末90年代初,我国基本上还不存在商法学这一学科。王保树教授在总结改革开放以来企业法的理论和实践的基础上,提出了经营法学的概念:经营法学应是研究经营法律现象的学科。② 实际上,王保树教授提出的经营法学就是商法学的前身。经营法学的主要内容包括:第一,经营主体论;第二,经营环境论;第三,经营决策论;第四,经营活动论;第五,经营责任论。③ 当时我国还没有形成商法学科,人们的研究框架主要在民法经济法的领域内,故而王保树教授关于"经营法学"体系的提出无疑是具有创造性的。其中,经营主体论部分,逐渐发展为商法学中的商人制度;经营环境论部分,逐渐发展为经济法学中的反不正当竞争法学和反垄断法学;经营决策论部分,逐渐发展为企业与公司治理制度;经营活动论部分,逐渐发展为商法学中的营业制度;经营责任论部分,逐渐发展为公司企业的责任制度。上文曾提到经济合同因其受到国家计划的约束,故而在发挥企业活力、提高生产经营效率方面具有明显的阻碍。伴随着企业经营中商事活动成分的逐步增多,经济改革也逐步向市场化的方向发展。在理论上,当时的学者提出,生产物资的采购和供应是企业连续性生产的重要保证。④ 这种以企业连续性生产为出发点的合同观点,已经初步界分了民事合同与商事合同。

五、中国商法在市场经济体系化进程中砥砺前行

经济史学家罗伯特·希格斯通过一系列详细研究,确定了私人投资在经济大萧条期间一直处于低谷的原因。他认为,问题的根源在于政策不确定性(regime uncertainty)。这是由于投资者对于其资本和预期收益的产权保障方面存在普遍的疑虑。⑤尽管在20世纪90年初我国就已经确立了市场经济体制的改革目标,但是在市场化进程中,商法的法治化仍然历经了艰难的过程。在一系列商事立法出台的博弈中,我们可以看到对产权保护以及政策确定性的追求。

---

① 中国社会科学院法学研究所民法经济法研究室:《经济建设中的法律问题》,中国社会科学出版社1982年版,第89页。
② 王保树:《关于建立经营法学的一些思考》,载《中国法学》1990年第1期。
③ 王保树:《关于建立经营法学的一些思考》,载《中国法学》1990年第1期。
④ 王保树、崔勤之、袁建国:《经营法学》,法律出版社1990年版。
⑤ Robert Higgs, Regime Uncertainty: Why the Great Depression Lasted So Long and Why Prosperity Returned after the War, *The Independent Review*, 1997, vol. 1 no. 4, pp. 561—590.

(一)公司与企业法的不断发展

20世纪80年代,以私营企业、外资企业的不断涌现为契机,国营企业也在不断地深化改革。20世纪80年代的法学界,人们对企业的认识还是模糊的。尽管人们已经开始认识到创造利润是企业的目的[1],但是仍然未明确回答为什么而创造利润的问题。实际上,无论是资本主义国家的企业还是社会主义国家的企业,除了承担经济社会职能之外,都是要经济核算的。在20世纪80年代留存利润的改革之后,人们对创造利润的问题有了更深入的认识。王保树教授在《工业企业法论纲》[2]中提出了企业的营利性特征,并在《企业法论》[3]一书中进一步认为营利的就是企业通过自己的经营活动而获得利益,并把它分配给其投资者。从盈利到营利,一字之差,见证了我国商法学解放思想的进程。

然而,改革开放以来,我国企业法的发展在很长一段时期内是按照所有制形式来进行的。在这种立法体制和法学思想的指引下,我国逐渐制定了《国营工业企业暂行条例》《全民所有制工业企业法》《集体所有制企业法》《中外合资经营企业法》《中外合作经营企业法》《外资企业法》《私营企业暂行条例》等,也提出过制定企业基本法的立法思路。[4] 随着我国改革的不断深入,建立市场经济体制和现代企业制度成为企业立法改革的方向。我国《公司法》《合伙企业法》《个人独资企业法》逐步制定并完善,以企业组织形式而非所有制形式来制定法律成为立法的新的趋势。两种立法思路实际上有着本质的差异:以企业组织形式立法,体现了不同所有制企业的平等对待与平等保护的思路。2019年《外商投资法》的制定和"三资企业法"的废止,是企业统一立法的又一个里程碑。

改革开放以来,《公司法》的出台与修正最能体现我国商法对商事实践发展的回应与促进。改革开放初期颁布的《中外合资经营企业法》就鼓励合资企业采用有限责任公司形式。而伴随着改革开放的推进,中小型有限责任公司成为民间资本创业的首选组织形态。1993年颁布的《公司法》高度回应了公司的实践,将有限责任公司作为基本的公司组织形态重点规范,股份公司的一些规则却参照有限公司的规定。此后2005年修改《公司法》时,由于有限公司为主的现象依然不变,因而依然保持有限公司为主的立法模式。由于2005年《公司法》取消了股份公司设立的行政许可,股份公司数量也上升很快,其中不乏大量的封闭股份公司,由此引发封闭的股份公司与有限公司的区别何在的讨论。显然,2019年底启动的本次《公司法》修改,不能回避公司组织

---

[1] 参见王廷栋:《论企业的概念》,载《财政问题研究》1983年第3期。
[2] 王保树、崔勤之:《工业企业法论纲》,时事出版社1983年版,第4页。
[3] 王保树、崔勤之:《企业法论》,工人出版社1988年版,第3页。
[4] 王保树、崔勤之:《企业法论》,工人出版社1988年版,第29页。

形态的科学分类之探讨。此外,公司资本制度的多次改革,更能体现公司法对鼓励大众创新创业的社会实践之积极作用。

(二)资本市场的建立与股票注册制改革

1981年,对于大多数中国人来说,有价证券还是一个相当陌生的概念。当年,中国政府开始发行国库券。1984年7月,北京天桥股份有限公司和上海飞乐音响股份有限公司经中国人民银行批准向社会公开发行股票。到1989年,全国发行股票的企业达到6 000多家,累计人民币35亿元。其中,债券化的股票占90%以上,经正式批准的比较规范的股票发行试点企业有100多家。与之相伴的是有价证券的买卖开始出现。1986年5月8日,沈阳信托投资公司率先开展了债券买卖和抵押业务;到1988年全国61个大中城市开放了国库券流通市场;1989年全国有100多个城市的400多家交易机构开办了国库券转让业务。1986年9月26日,中国人民银行上海分行正式批准静安证券工农业部作为第一个证券柜台买卖交易点,开始办理"飞乐音响"和"延中实业"两种股票的买卖交易业务。1990年11月26日,上海证券交易所正式成立。[1]

1994年,国有企业公司制改革开启。为配合国有企业公司制改革,大量国有企业股票开始在交易所上市并发行。1992年全国人大财经委成立证券交易法起草小组,经济学家厉以宁任组长。但由于当时国家机构改革没有落实到位、立法工作机构协调性欠佳、对证券市场功能理解不足等诸多原因,证券交易法草案未能继续审议。在此后历经1995年327国债期货风波和1997年亚洲金融危机之后,国家领导人高度重视证券市场法制建设,1998年我国《证券法》正式颁布。[2] 此后,伴随着中国资本市场历经的风风雨雨、起起伏伏,证券法律制度也在不断完善,包括强化上市公司治理以及完善上市公司信息披露制度等。近几年来,我国的资本市场进行了一系列改革,以集融资与控制为一体的双重股权结构制度和注册制的试点,都在科创版中推出,并最终在2020年实施的新《证券法》中确立了注册制,这应当是商法与资本市场互动的又一例证。

(三)信托业的艰难历程

以1979年改革开放后我国第一家信托公司——中国国际信托投资公司的设立为起点,到1999年,信托业共经历了五次大的整顿。[3] 在我国,信托业实际上存在主营业务不明确和法律制度不健全两方面的困扰。

1978年,当选为全国政协副主席的荣毅仁向邓小平提议:"从国外吸收资金,引进

---

[1] 张勇:《1990:上交所开锣》,见《开放中国:改革的40年记忆》,中信出版社2019年版,第138—139页。
[2] 叶林:《证券法》(第3版),中国人民大学出版社2008年版,第53页。
[3] 这五次整顿分别为1983年、1985—1986年、1988—1989年、1993—1995年、1999—2001年。

先进技术,似有必要设立国际信托投资公司,集中统一吸收国外投资,按照国家计划、投资人意愿,投入国家建设。"此提议当即得到邓小平的赞许,其他领导人也都表示赞许。1979 年中国国际信托投资公司(中信)正式成立。① 回顾历史,我们可以看出,中信的设立是以吸收资金从事金融与实业混业经营为初衷。1980 年中国人民银行发布《关于积极开办信托业务的通知》,指示各分行利用网点多、联系面广的有利优势,在有条件的地区积极开办信托业务,特别是要把委托放款、委托投资业务办起来。中国信托业的基因自此开始遗传下来。1983 年中国人民银行下发的《关于人民银行办理信托业务的若干规定》明确了信托业的经营范围:"金融信托主要办理委托、代理、租赁、咨询业务,并可办理信贷一时不办或不便办理的票据贴现、补偿贸易等业务。"然而 1984 年中国人民银行召开的"全国支持技术改造信贷信托会议"和"全国银行改造座谈会"上提出了"凡是有利于引进外资、引进先进技术,有利于发展生产、搞活经济的各种信托业务都可以办理",在这种导向的指引下,信托业再次开始盲目地过热发展,由于是导致了 1985 年的再次整顿。1986 年,中国人民银行发布《金融信托投资机构管理暂行规定》,明确了中国人民银行对信托业的领导和管理地位,我国信托业自此走上法制化道路。② 然而,透过表象来看,我国的信托业始终没有走上信托的正轨,尽管在此后历经"银信分业""证信分业"等改革与整顿,信托业仍然没有摘下"金融百货公司"的帽子。

2001 年我国颁布《信托法》,2007 年银监会发布《信托公司管理办法》③和《信托公司集合资金信托计划管理办法》④,自此,信托业的"一法两规"格局正式形成。至 2012 年年底,我国信托业管理的信托资产规模就已经超过证券业、保险业、基金业等金融行业的业务规模,成为仅次于银行业的第二大金融行业,截至 2017 年年底,我国信托业管理资产规模已经超过 26 万亿元。尽管信托业的体量已经非常巨大,尽管自"一法两规"格局后,我国信托业开启了从"融资平台"向"受人之托、代人理财"的专业机构转变,但是,我国信托业始终与银行业有着千丝万缕的联系,始终未能走向真正的信托。一方面,信托公司所从事的并非完全的信托业务,《信托法》的适用显得力不从心⑤;另

---

① 吴晓波:《激荡三十年:中国企业 1978—2008》,中信出版社 2014 年版,第 17 页。
② 席月民:《中国信托业法研究》,中国社会科学出版社 2016 年版,第 6 页。
③ 该办法第 16 条明确规定了信托公司可以申请经营下列部分或者全部本外币业务:"(一)资金信托;(二)动产信托;(三)不动产信托;(四)有价证券信托;(五)其他财产或财产权信托;(六)作为投资基金或者基金管理公司的发起人从事投资基金业务;(七)经营企业资产的重组、购并及项目融资、公司理财、财务顾问等业务;(八)受托经营国务院有关部门批准的证券承销业务;(九)办理居间、咨询、资信调查等业务;(十)代保管及保管箱业务;(十一)法律法规规定或中国银行业监督管理委员会批准的其他业务。"
④ 该办法第 2 条规定,集合资金信托计划,是指由信托公司担任受托人,按照委托人意愿,为受益人的利益,将两个以上(含两个)委托人交付的资金进行集中管理、运用或处分的资金信托业务活动。
⑤ 《信托法》第 2 条规定的委托人"将其财产权委托给受托人",长期以来受到诟病。

一方面,非《信托法》调整的信托关系大量存在①,如由《证券投资基金法》调整的证券投资基金信托,"大信托法"还未构建。

(四)资管业的乱象与治理

自从 20 世纪 90 年代初期证券市场开张伊始资产管理就出现了,但当时被人们称为"委托理财"或"代客理财",其中,委托人主要是上市公司或一般股民,担任受托人的,除了证券公司,还有所谓的民间炒股高手。② 此后,资产管理业务逐渐演化为证券公司的一项自营业务,并受到中国证监会监管。2003 年,中国证监会发布的《证券公司客户资产管理业务试行办法》第 11 条规定,证券公司可以从事下列客户资产管理业务:"(一)为单一客户办理定向资产管理业务;(二)为多个客户办理集合资产管理业务;(三)为客户办理特定目的的专项资产管理业务。"从委托理财走出来的资产管理行业,长期以来存在挪用客户资金、挪用客户有价证券等问题。有学者认为,这是我国金融业产生于银行业,吸收存款并利用存款放贷的思维惯性使然。③ 有经济学家认为,中国的社会融资规模一直是银行主导的间接融资占据绝对优势。2008 年金融危机后,银行信贷的结构性调整和定向收缩使房地产、矿产资源、地方融资平台类企业资金供给收紧,融资需求难以满足,银行、券商、信托等各类机构的"非标"和"通道"业务均获得很大发展,成为银行和其他机构投资者提供贷款的通道。④ 在旧的资产管理体系中,"刚性兑付"特征的形成,某种程度上与商业银行及银行理财产品在我国资产管理体系中占据主导地位有关。⑤

有观点认为,基础法律关系的确立是资产管理产品治理和监管的基础。国际上,各类集合投资计划的法律关系为信托关系,投资管理人对投资者负有"信义义务",要求投资管理人以真诚和忠诚的态度为投资者的最大利益行事,如此,才能真正突出资产管理行业"代客理财"的性质。反观中国的资产管理行业,各监管机构对于资产管理产品的法律关系界定一直不十分清晰,导致金融机构在开展资产管理业务时既存在信托关系,又存在委托代理关系,或者是基于资产管理产品当事人的特别约定,使"银信合作""银证合作"等通道业务的对接成为可能,也可能使投资者的利益不能得到有效

---

① 有学者就此提出了"信托兼营权"的概念,即非信托金融机构对信托业务的经营权。参见席月民:《中国信托业法研究》,中国社会科学出版社 2016 年版,第 29 页。
② 参见刘燕:《资管计划的结构、功能与法律性质——以券商系资管计划为样本》,见郭文英、徐明主编:《投资者》(第 3 辑),法律出版社 2018 年版。
③ 彭冰:《客户交易结算资金的法律问题》,见吴志攀、白建军主编:《证券市场与法律》,中国政法大学出版社 2000 年版,第 274 页。
④ 段国圣、段胜辉:《资产管理业发展的嬗变与未来发展趋势》,载《清华金融评论》2019 年第 2 期。
⑤ 巴曙松、杨倞:《平衡多方因素·实现资产管理新旧体系平稳转换》,载《中国银行业》2018 年第 10 期。

保障。[①] 2018年发布的《关于规范金融机构资产管理业务的指导意见》(《资管新规》)规定,资产管理业务是指银行、信托、证券、基金、期货、保险资产管理机构、金融资产投资公司等金融机构接受投资者委托,对受托的投资者财产进行投资和管理的金融服务。按照功能监管的趋势似乎正在形成。法学界也有学者提出应当将我国的《信托法》适用于所有的营业信托、资产管理业。[②]

(五)《民法典》颁行与民商合一的再探索

2017年3月15日,我国《民法总则》颁布;2020年5月28日,我国《民法典》颁布。自此,中国形成了以民法典为统领的民商事立法体系,即民法典包含总则、物权、合同、人格权、婚姻家庭、继承与侵权责任各项制度。而《公司法》《合伙企业法》《证券法》《保险法》《票据法》《海商法》等商事单行法,构成与作为一般法的《民法典》相对应的特别法,在法律适用上,遵循特别法与一般法的规则。然而,《民法典》并非简单地规定了狭义的民法规范,作为一部统领民商事领域的基本法,它还规定了若干商法规范,例如,在"总则"编对营利法人作了相关规定,在"代理"部分新设了职务代理的规定,在"合同"编对融资租赁合同、保理合同、行纪合同等商事合同进行了规范。由此,《民法典》中的这些规范又带有新法的性质,当与商事单行法规定不一致时,按照新法优于旧法的规则予以适用。

《民法典》的颁布,为中国人的民法典之梦谱写了圆满的结局,但同时又为学术上民商合一与民商分立的争论画上了句号。前已述及,《民法典》中大量的商事规范,为完善我国的商事法治起到了非常重要的作用。但是,商事基本规范的缺乏,似乎仍旧没有得到解决。本世纪之初,有学者提出,目前仍然有许多因缺乏商法规则而出现交易秩序混乱的领域。后者归纳起来,主要有两点:第一,现行商事法律缺少关于"商人"制度的规定。关于"商人"的规定不止于"商人"概念的规定,还应包括商人能力、营业辅助、代理商等相关规则的规定。第二,现行商事法律缺少关于"商行为"制度的规定。商行为法律制度不仅包括对商行为的定性规定,还应包括辅助认识商行为的列举规定,以及营业、营业转让、商代理、商事留置等的规定。[③] 总体来说,民法和已有商事单行法律之间的空白依然存在,需要统率商事单行法律的规则,需要创设民法和其他单行商事法律所没有的规则。[④] 商事通则是就其形式意义而言的,就实质意义而言,它应当是商事一般法。商事一般法,不是商法体系之外的另一特殊法律,而是存在于商

[①] 巴曙松、王琳:《资管行业的功能监管框架:国际经验与中国实践》,载《清华金融评论》2018年第4期。
[②] 王涌:《资管业的基本法应当是〈信托法〉》,见北京大学金融法研究中心编:《金融法苑》(总第九十七辑),中国金融出版社2018年版。
[③] 王保树:《商事通则:超越民商合一与民商分立》,载《法学研究》2005年第1期。
[④] 王保树:《商事通则:超越民商合一与民商分立》,载《法学研究》2005年第1期。

法之中。换句话说,商事一般法,并非脱离公司法、证券法、保险法等法律而存在,而是与其一体,共同构成商法。在这个整体中,商事一般法是灵魂。

六、结语

回顾历史,商法是私法改革的先锋,总是走在前面。从 1979 年 7 月开始,我国先后制定了《中外合资经营企业法》《外资企业法》《中外合作经营企业法》等外商投资企业法及其实施细则。上述三资企业法中,涉及大量的公司法律制度。在经济体制改革的摸索期,许多新鲜事物都在尝试,大量新兴业态都在被试验、被观望、被默许。当社会经济关系趋于稳定的时候,民法作为私法的基础予以确认,并在这个过程中创设一般性的私法制度。1986 年我国《民法通则》的颁布就是这样的过程。在 20 世纪 90 年代新一轮的改革过程中,依然是商事活动催生了商法的发展,并依然是商法走在前面,进入快速发展时期,先后颁布了《公司法》(1993 年)、《票据法》(1995 年)、《商业银行法》(1995 年)、《保险法》(1995 年)、《合伙企业法》(1997 年)、《证券法》(1998 年)、《个人独资企业法》(1999 年)。这十年时间奠定了我国商事立法的基础。而在此之后,作为基础的民法开始统一合同法、制定物权法、制定侵权责任法,对以往的改革成果加以确认,并形成新的私法基础。进入新世纪,商法不断改革与完善,社会经济也不断转型升级,在党中央做出完善社会主义市场经济体制的决定之后,市场经济体制改革全面深化,我国《公司法》《合伙企业法》等有关商事主体的法律进行了重要的改革,《证券法》等有关商事行为的法律也进行了全面的革新。这些成果为编纂《民法典》奠定了基础。2020 年《民法典》这部"百科全书"的颁布,标志着民法在商法的引领下走向成熟。

社会在发展,商事活动也在发展,商法改革从未停下脚步。目前,我国商法正在经历着新的变革与发展。《公司法》已经全面取消了最低注册资本制;《证券法》完成了注册制的改革,加大了对投资者的保护力度,正在稳步建立与完善多层次资本市场。可以预见,未来商法与民法之间将继续按照法律发展的轨迹,在互动中不断发展。

继承标的之一般理论

——《民法典》第 1122 条的法经济分析

张永健

摘　要：《民法典》第 124 条、第 1122 条和《最高人民法院关于贯彻执行〈中华人民共和国继承法〉若干问题的意见》(已失效)，都处理继承法最根本的议题：什么财产会在权利人死后成为遗产，为被继承人继承。然而，三者规范均语焉不详。本文运用美国法经济分析中的"多数的缺省规定理论"，提出全新的继承标的一般理论，作为前述规范的前导理论；并以合同法、物权法、侵权责任法、信托法等部门法中继承标的相关规定，展示继承标的一般理论同时作为实然和应然理论的威力。

关键词：信托；保证；劳务；租赁；金钱给付请求权；多数的缺省规定理论

一、导论：继承标的问题

按《民法典》第 124 条第 2 款之规定："自然人合法的私有财产，可以依法继承。"该条文短短几字，却可延伸诸多解释论疑义。第一，有没有"非法的"私有财产？私有这个概念本身就包含了合法，财产若为非法，则不能私有。若条文特别强调"合法的私有财产"，意味着有非法的私有财产存在；此种非法财产虽不能继承，但可拥有和使用。殊难想象此为立法者之本意。其次，何谓本条的"财产"？本文先将此财产理解为"概

作者简介： 张永健，台湾"中研院"法律所研究员、法实证研究数据中心主任，美国纽约大学（N. Y. U.）法学博士。kleiber@sinica.edu.tw。作者感谢崔国斌、汪洋、龙俊、聂卫锋教授的宝贵意见。

本文乃由 2017 年 4 月 1 日在清华大学水木青年工作坊的演讲大幅改写而成，感谢杨紫璇同学逐字缮打演讲内容。本文也在 2017 年 4 月 22 日台湾大学法学院主办之"民法总则的制度更新与理念发展"报告中，感谢朱虎、朱晓喆、庄加园教授的评论意见。本文之继承标的理论首先在作者的一篇合著论文中提出，参见黄诗淳、张永健：《"一身专属性"之理论建构：以保证契约之继承为重心》，《中研院法学期刊》第 25 期（2019 年），第 285—353 页。（该文章以台湾地区法律为分析对象，篇幅达 5 万字，对基础理论的说理比较详尽；本文以中国大陆地区法律为分析对象）。感谢陈冠廷的研究协助。本文是 MOST 计划《独立财产与资产分割：理论基础与应用》104-2628-H-001-001-MY3 之部分研究成果。

括财产"(patrimony)。概括财产①包括个人固有的主财产,也包含特别财产(德国法上称为 *Sondervermögen*)。至于私有(概括)财产是否皆可继承,则并不一定。

1985 年《最高人民法院关于贯彻执行〈中华人民共和国继承法〉若干问题的意见》(以下简称《继承法意见》)虽然已经失效,但对其条文的分析仍有意义。《继承法意见》第 3 条规定:"公民可继承的其他合法财产包括有价证券和履行标的为财物的债权等。"这个规定也有许多解释疑义。

第一,何谓财物?是指金钱请求权与金钱债务吗?若是,此为明示其一、排除其他,进而可推论出行为和不行为的义务无法继承。又,此为强制规定还是缺省规则(default rule;或译"备位规定"或"默认规定"或"任意规定")不够明确。

第二,所有履行标的为财物者,是否皆可继承?恐怕也不是。若参照《民事诉讼法》第 151 条之规定,其谓:"有下列情形之一的,终结诉讼……(四)追索赡养费、扶养费、抚育费……的一方当事人死亡的。"亦即,追索赡养费、抚养费的一方当事人一旦死亡,则此项权利便随之消失,无法继承,故此诉讼无继续之必要。这是履行标的为财物的损害赔偿请求权,所请求的是金钱,而非嘘寒问暖或赔礼道歉,何以不能继承?又,精神损害的赔偿请求权可继承吗?日本法院容许继承,但目前中国大陆地区的相关法规似无此规定,立法者和法院终将面临此项政策问题。

第三,合法财产包括债权皆可继承,则债务是否得继承?依《继承法意见》第 5 条之规定:"被继承人生前与他人订有遗赠扶养协议,同时又立有遗嘱的,继承开始后,如果遗赠扶养协议与遗嘱没有抵触,遗产分别按协议和遗嘱处理。"此条文凸显出中文之奥妙。究竟何谓遗产?遗产有权利能力吗?遗产何以作为文句之主词,甚而可"处理事情"?依笔者之见,条文应如此规定:"某人分别按协议和遗嘱处理遗产。"规定之所以这般奥妙,就在于相关法律皆未明示遗产之归属。② 被继承人死亡后,如按照德国民法学的一物一权理论,总有人要取得遗产,但目前似乎没有法律规定遗产之归属,司法解释出台时又不想处理这个问题,只好用奥妙的中文含混带过。《继承法意见》第 5 条是否规定所有债务皆需要继承?抑或,必须类推适用《继承法意见》第 3 条,理解为标的为财物的债务才可继承?

---

① 相关概念的厘清,参见张永健:《财产独立与资产分割之理论架构》,载《月旦民商法杂志》第 50 期(2015 年);张永健:《资产分割理论下的法人与非法人组织——〈民法总则〉欠缺的视角》,载《中外法学》2018 年第 1 期。

② 《民法典》第 230 条规定:"因继承取得物权的,自继承开始时发生效力。"此条相当于《物权法》第 29 条"因继承或者受遗赠取得物权的,自继承或者受遗赠开始时发生效力"。有学者引用《物权法》第 29 条,认为继承一开始,遗产的所有权便转归继承人。参见马忆南:《婚姻家庭继承法学》(第 3 版),北京大学出版社 2014 年版,第 266 页。此种解释似嫌牵强。《物权法》第 29 条(现《民法典》第 230 条)应该解释为继承人和受遗赠人"溯及"取得所有权的规定,而未清楚规定继承事实发生当下,谁拥有遗产。即令真的可以扩张解释此条,在有多个继承人时,仍需要解决以何种方式共有的问题。

第四，债权是否仅限于债法上所生之权利？物权和身份法所生之权利，是否亦为此"债权"文义所包含？又，物务是否为一种债务？

第五，若(广义的)债权、债务皆可继承，那继续性的法律关系，如委托合同、保证合同产生的法律关系，是否亦可继承？

由以上的简要讨论可知，从《继承法意见》到《民法典》，对继承标的虽有若干规定，却缺乏完整思维。《民法典》"继承"编也仅在第 1122 条规定："遗产是自然人死亡时遗留的个人合法财产。依照法律规定或者根据其性质不得继承的遗产，不得继承。"法律规定为何，经过教义学者的分析整理，应该会逐渐明晰，但何谓"根据其性质不得继承"，依旧模糊，未来必定有许多学理争辩。本文将在此提出一整套理论，作为未来解释《民法典》两个相关条文的前导学理。

二、多数的缺省规定理论

本文的继承标的理论之基本学理为：若法律关系或权利义务是以对特定人之信任或其人之特殊能力、技术为前提者，则此种法律关系或权利义务不继承。信任、能力、技术是可以贯穿各种法律关系或权利义务是否可以继承的一般理论。以信任、能力、技术贯穿继承标的问题乃是基于"多数的缺省规定理论"(majoritarian default rule)[①]之思维，非单纯归类。而多数的缺省规定理论主张：多数的合同双方[②](若有明确约定)会选择之交易条件，应作为合同法之缺省规定，以节省交易成本。在继承标的问题上，法律关系或权利义务不能继承，(至少在意定法律关系中)合理性来自大多数交易者本就不希望继承，只是没有明文写在合同中。而当一方或双方具信任、能力、技术属性时，交易双方会希望其法律关系随该方死亡而终止。即令继承的既有学说与本文结论相同，但从多数的缺省规定理论出发，将更能一贯地思考所有相关问题。此外，可否继承在大多数法律问题上之规定，反映多数人之偏好，降低了其交易成本。因此，若交易者以特约约定法律关系或衍生之权利、义务可以继承，除非有明确的政策考量禁止继承，否则应该尊重特约，容许继承。

需注意，在法律经济分析中，多数的缺省规定理论既为实然(positive)理论，也是

[①] 关于合同法中多数缺省规定理论，参见：Ian Ayres & Robert Gertner, Majoritarian v. Minoritarian Defaults, 51 *Stanford Law Review* 1591 (1999)。中文文献参见王文宇：《论合同法任意规定的功能——以衍生损害的赔偿规定为例》，见王文宇编：《民商法理论与经济分析(二)》，元照出版有限公司 2003 年版，第 170—174 页；张永健：《自始客观不能的经济分析》，《月旦法学杂志》2002 年第 86 期；张永健：《给付不能的分类与归责问题》，载《法令月刊》2003 年第 54 卷第 6 期。

[②] 此处所谓之多数，自然是指法律所影响之法域内的多数缔约人。在参考外国立法例来制订合同法缺省规定时，必须注意他国的商业习惯等与本国不同，两个法域中各自的多数缔约人可能采取不同的合约安排。必要时，应作法实证研究以确定多数交易者之偏好。

应然(normative)理论。实然理论解释现行法规定背后的经济道理。法律规范不如理论预期时,论者便须寻找其他可能的经济或非经济解释;若其他经济解释无法适切解释与证立现行规定,则多数的缺省规定理论作为应然理论即评价现行法为无效率。若有非经济解释可证立此一无效率的法律规定,则情有可原;若缺乏好的非经济论据,则应断定为立法错误。[①]

具备信任、能力、技术属性的法律关系,往往和义务是否以"物"为中介有关。在以物为中介的法律关系中,与信任、能力或技术较无涉者为地役和抵押关系[②],需役地所有权人通常不在乎谁拥有供役地(只要其所有权人不要干涉供役设施即可),抵押权人也不在乎谁拥有抵押物(只要其所有人权不要降低抵押物价值即可)。需役地所有人和抵押权人能受益于物上关系,无关乎物上关系的另一方是否具备某种能力、技术、信任。相对地,不以物为中介的法律关系中,最典型牵涉信任、能力、技术者为劳务合同。对出资购买劳务者,受托人、承揽人、受雇人是谁,差异甚大。尤其在克绍箕裘是例外的现代,资方当然希望劳务合同因为劳方死亡而终止,劳方通常也不需要争取子女继承衣钵的权利。

三、继承标的理论之具体应用

奠基在多数的缺省规定理论上的继承标的理论,无论用以解释、反省任何法域的法律,都可以适用。以下举出各种实例,并以本文的继承标的理论贯穿之。

(一)劳务合同

《民法典》第923条规定:"受托人应当亲自处理委托事务。经委托人同意,受托人可以转委托。"条文何以作此规定?盖因有特别的信任、技术的存在。出版合同也类似。比如甲出版社委托乙教授写一本民法教科书,乙教授若委托丙教授来写,应得出版社之同意。因为出版社缔结出版合同,是看中乙教授对民法的洞见,绝非他人可以任意替代。

进一步言之,在劳务合同中,债务之履行程度往往是"良心事业",取决于债务人能否在债权人难以监管之处,仍务求使命必达。此种合同典型中,将此等合同解释为在债务人死亡时终止——也就是此等合同关系不继承——对合同双方当事人通常是最合理的安排。多数当事人若在事前有商议此事,应会同意各奔东西是最好的做法。

也因此,《民法典》第934条正确地规定:"委托人或者受托人死亡……委托合同终

---

① 这段论述反映了以经济学方法作为民法典立法论的方法。更详细说明参见张永健:《社科民法释义学》,新学林2020年版,第102—110页;张永健:《民法典立法方法论——以〈物权法〉第106条、第107条动产所有权善意取得为例》,载《财经法学》2017年第4期。

② 关于以物为中介的法律关系,参见张永健:《物权的关系本质》,载《中外法学》2020年第3期。

止；但是，当事人另有约定或者根据委托事务的性质不宜终止的除外。"委托合同会预设规定任一当事人死亡就终止，是因为信任是双面的——委托人信任受托人，受托人亦须信任委托人。① 此外，《民法典》第 934 条乃任意性规定。例如委托人若认为受托人父子皆为大画家，无论谁下笔都是惊世巨作；或受托人母女皆是知名声乐家，故由何人来献唱皆可。因此，本即应允许当事人自行约定。

（二）租赁合同

相同之学理亦可解释租赁合同。《民法典》第 732 条规定："承租人在房屋租赁期间死亡的，与其生前共同居住的人或者共同经营人可以按照原租赁合同租赁该房屋。"容许亡者生前共同居住的人可按照原租赁合同租赁该房屋，其意为：若亡者之亲人或其他亲戚未与其同住，即使该人乃第一顺位的继承人，亦不能依原租赁合同租赁该房屋。是故，租赁合同在承租人死亡时，仅于特定少数情形下能成为继承标的。此亦与信任有关，盖房东监管房客的成本甚高，因此房东无法完全仰赖合同规定的激励机制和惩罚机制，而须挑选信得过的房客。②

（三）物权

物上关系③（一般文献称为物权）原则上皆可继承。此不令人意外，因物权的对世效力使物权影响到世界上全部人，因此许多国家的物权法不容许纳入地习惯和在地信息。④《民法典》的物权编尤是，只有两条（第 289 条、第 321 条）容许习惯"介入"。这些物权法的特色使物权类型与内容标准化，而越是标准化的权利义务关系，越不会需要知道权利人、义务人的个人信息，物上关系的一造也越不会在乎另一造是谁。因此，物上关系、物上广义权利、物上广义义务在权利人生时可以流转，死后亦可继承。所有权和担保物权都很明确符合此一法理。至于用益物权，地役权因附着于不动产，不因物权人死亡而消灭。会产生例外的情形的是人役权，以下讨论之。

人役权⑤本可能构成物权自由流转的例外。人役权能否流转、继承的经济考量要同时关照土地所有人和人役权人的激励机制：若人役权不可流转、继承，土地所有人便无须担心自己素不认识、不信任之人成为人役权人，进而以土地所有人所不愿又难以

---

① 前述的出版合同，则很可能看成只有单面的信任、能力、技术关系。亦即，作者死亡后，出版合同中止。但出版社（假设为独资）负责人死亡后，出版合同继续有效，被当事人继承。
② 笔者 2012 年赴芝加哥大学法学院参与法经济学暑期课程时，Douglas Baird 教授问："我们都是做法经济学的，如果你要请保姆的时候，你是要花很多时间订个合同，注明各种激励条款、监管方式，还是要找一个你信得过的？"笔者想，即使是法经济学学者，还是要选信得过的。或许有的保姆有技术，但大部分保姆被聘用，是因为信得过。信任使此种托育合同不应转让、转委托，遑论继承。爹娘一定希望托育合同在保姆过世就立刻终止。
③ 关于物上关系的阐释，参见张永健：《物权的关系本质》，载《中外法学》2020 年第 3 期。
④ 张永健：《物权法之经济分析——所有权》，北京大学出版社 2019 年版，第 161—175 页。
⑤ 人役权是以不动产供役，供特定人使用或受益，此特定人毋须具备不动产权利。而地役权是以不动产供役，供特定不动产权利人使用或受益。

监管之方式利用土地。所有人是"剩余利益的归属者"(residual claimant)，人役权人做得好或坏最终都由土地所有人承受①，土地所有人自然会慎选能信任的人役权人。但如果人役权一律可以自由流转，不能加以限制，则所有人先期投资在"相人"的成本就付诸流水。然而，若人役权无法流转或继承，理性自利之人役权人必将因此只在乎自己用益期间之短期利益，不会在乎自己离开后的长期利益，故可能会加速地力耗竭或是留下污染。而此种行为不容易监管，所以难以用合同中的激励条款解决此种问题。反之，若人役权可流转、继承，则理性之人役权人便有激励去关注长期利益（为了转让时换得好价值，或为了自己继承人的好处)，但土地所有人便会担心后手、继承人是否会如原始人役权人那般保护地利。因为两种方案各有利弊，仅从多数的缺省规定理论出发，无法得出偏好某一方案的结论。不过，正因立法者无法知道多数交易者之偏好，故无论选择何种方案为缺省规定，最好都允许当事人进行特约，方可增加效率。

1. 建设用地使用权

建设用地使用权（一种人役权）之规定看似与前述学理不同，但此种表面不同导因于土地所有权在城市属于国有，而非私有。按《民法典》第353条规定："建设用地使用权人有权将建设用地使用权转让、互换、出资、赠与或者抵押，但是法律另有规定的除外。"因此，土地所有权人无法由特约方式，排除建设用地使用权人的流转权利。在使用期间内，建设用地使用权人之继承人也可以继承，并无法律规定当事人可以特约排除建设用地使用权之继承。②

城市土地是国家所有，城市土地所有权人因此是同一个人，而且是拥有立法权的公法人。透过中央立法方式，得以限制了受让人利用土地之方式，所以不会使建设用地使用权人有短视近利的激励。一个好例子是《民法典》第350条："建设用地使用权人应当合理利用土地，不得改变土地用途；需要改变土地用途的，应当依法经有关行政主管部门批准。"即令在法律规定尚未到位之处，国家作为城市土地之所有权人，亦可仰赖国家的其他各式权力，使建设用地使用权人就范。就此而论，城市土地的管理法律，像是无法改动内容的"格式合同"（一个条文取代了数亿的合同），且剩余权利归属者——国家——还有法律、管制、批准等其他方式要求，促使建设用地使用权人无法在使用期间内耗竭地利——这是将信任、技术的考虑直接吸纳于公法管制。若每个城市对建设用地之利用的考虑都近似，此种做法可谓具有节省交易成本的功能。在其他国家，土地私有，每个土地拥有者都有不同偏好与想法，则容许当事人自行特约会是更

---

① 即令是移转占有给担保权人的物权，如质权，担保物权人也有较高的激励去保持担保物的价值，因为担保物的价值可能会影响担保物权人的债权最终能否获得实现。

② 笔者查阅了数本权威的物权法教科书，并未查得有建设用地使用权因权利人死亡而消灭之规定，也未查得有容许此种特约之法令规章。

好的做法。

2. 承包经营权

农村的土地承包经营权能否继承,是有趣且复杂之问题。笔者在另一篇文章[1]曾指出:整套农村土地承包体系是由双重的共有构成。第一重共有:农村土地由村集体成员集体所有(《民法典》第 261 条),这是一种特殊的共有权。土地承包就是"集体所有/特殊共有"体制中的物上分管约定(real covenant[2])。第二重共有:农户之内由农户成员"整有"。承包的单位是农户(参照《农村土地承包法》第 15 条),农户之内往往不只一人。农户成员共同享有的土地承包经营权,其实很接近美国普通法中的共有形式"整有"[3](tenancy by the entirety)。其在美国普通法中由夫妻共有[4],但若要应用于由全体农户成员(夫妻加上老、小)共有的农村,并无障碍,只是增加共有人人数。

套用整有的构造,整有的农户成员中最后一位生存者,便取得全部的土地承包经营权。当承包农户的最后一位成员过世而就此绝户时,由最后谢世者的继承人在法律限制内继承。此即为中国大陆当前之实践。[5] 此种独钟一脉继承人的设计,亦为整有的运作下自然而然的结果。学者有批评其实质不合理处,[6]亦非无见。不过,美国普通法的弹性甚大,允许当初设立整体承租者,预先安排整体承租的权利人都死亡后的产权归属。因此在美国法的运作下,精明的产权人不会让不合理的产权归属发生。故本文认为,相关法律可以考虑清楚规定:绝户时,土地承包经营权不得继承;土地一律回到村集体。原本承包农户的任一成员的继承人可以在一定时效内,申请优先承包系争土地,而发包方原则上不得拒绝。此处不得继承但得优先承包之设计,并非基于多

---

[1] 参见张永健:《农村耕地的产权结构——成员权、三权分置的反思》,载《南大法学》2020 年第 1 期。

[2] 美国法中的 real covenant,参见 Thomas W. Merrill & Henry E. Smith, Property: Principles and Policies, 2nd ed., Foundation Press, 2012, p. 1030—1040。

[3] 采取此种翻译者,参见高富平、吴一鸣:《英美不动产法——兼与大陆法比较》,清华大学出版社 2007 年版,第 290 页。

[4] 美国普通法中约有半数州承认此种型态,其介绍参见 Joseph William Singer, Property, 3rd ed., Aspen Publishers, 2010, p. 356—357。

[5] 不少权威著作都指出,农村土地承包经营权的消灭原因之一是"土地承包经营权人死亡而无继承人",由此可反面推知,若有继承人则土地承包经营权不消灭,由继承人继承。参见杨立新:《物权法》,法律出版社 2013 年版,第 298 页;陈华彬:《民法物权》,经济科学出版社 2016 年版,第 317 页;尹田:《物权法》,北京大学出版社 2013 年版,第 408 页。另有学者指出"继承"和"继续承包"的差异,但亦认为土地承包经营权的消灭事由之一是"无继承人继续承包",参见崔建远:《物权:规范与学说——以中国物权法的解释论为中心》,清华大学出版社 2011 年版,第 531 页。但也有学者指出,虽然不少省份的管理法规允许承包人的继承人继承,最高人民法院公报中曾有意见指出,绝户时土地承包经营权消灭,由发包方收回承包地,不得继承。参见汪洋:《土地承包经营权继承问题研究——对现行规范的法构造阐释与法政策考量》,载《清华法学》2014 年第 4 期。农村土地承包经营权继承问题的法规演变,参见王金堂:《土地承包经营权制度的困境与解破——兼论土地承包经营权的二次物权化》,法律出版社 2013 年版,第 132—135 页。

[6] 参见汪洋:《土地承包经营权继承问题研究——对现行规范的法构造阐释与法政策考量》,载《清华法学》2014 年第 4 期,第 141 页。

数的缺省规定理论①,而是其他特殊政策考虑(简化农村物权的概念体系、维持农户成员不同继承人间的公平等)。

在三权分置之下,土地承包经营权的继承要分开讨论。承包权之继承,仍可用上述双重共有(尤其是农户整有)的概念体系理解,并参照本文建议方式处理继承。至于经营权的继承,在中共中央办公厅、国务院办公厅2016年10月30日发布《关于完善农村土地所有权承包权经营权分置办法的意见》中,采取了流转必须有承包户书面同意的立场。若流转包括继承②,则实质上经营权继承的缺省规定即为不得继承,但可由承包户与经营户事前书面约定而例外允许经营权继承。

(四)信托

信托非常有趣且特别。按《信托法》第15条之规定:"……设立信托后,委托人死亡……委托人不是唯一受益人的,信托存续,信托财产不作为其遗产或者清算财产……"由此可知,信托不因委托人死亡而当然终止。信托之目的是为受益人的利益;故委托人纵使仙去,仍有信托文件可规范信托关系。③

但按《信托法》第16条第2款之规定:"受托人死亡或者[?]④依法解散、[?]被依法撤销、[?]被宣告破产而[?]终止,信托财产不属于其遗产或者清算财产。"由此可知,受托人死亡会终止信托合同。此规定若是为了防止受托人之继承人成为新的信托受托人,则当然正如本文理论所主张——信任是专属性的关键因素。

然而,信托不同于一般的劳务合同,而具有资产分割(asset partitioning)的性质。⑤ 若认为信托财产由受托人拥有,则终止信托使信托资产的所有权由受托人流转回委托人(或其继承人)。在委托人方破产时,是否容许信托继续存在,对是否达成信托本旨有巨大影响。尤其是委托人、受托人、受益人皆不同的信托关系中,由尚健在的

---

① 如果学者引述的农村调查有统计上代表性,则多数农民显然是希望继承。参见张永健:《农村耕地的产权结构——成员权、三权分置的反思》,载《南大法学》2020年第1期。不过,农民仅为交易的其中一方,另一方村集体的偏好,不得而知。

② 将继承解释为一种流转方式的学理观点,参见张永健:《农村耕地的产权结构——成员权、三权分置的反思》,载《南大法学》2020年第1期。权威解释也明确将继承视作土地承包经营权的一种流转方式,参见黄松有:《〈中华人民共和国物权法〉条文理解与适用》,人民法院出版社2007年版,第386页。

③ 这涉及在《信托法》下信托财产究竟归属于谁。有学者采委托人说,有学者采受托人说。若采委托人说,则信托财产并非遗产的一部分,但信托法没有明定信托财产归属。本文认为,将信托财产设计为受托人的"独立财产",理论上更为一贯,概念体系也很清晰。参见汪洋:《土地承包经营权继承问题研究——对现行规范的法构造阐释与法政策考量》,载《清华法学》2014年第4期;赵廉慧:《信托法解释论》,中国法制出版社2015年版,第211—213页。

④ 《信托法》第16条的文字很奥妙,正文以问号标明。笔者其实不知道法条文字的主语是什么。"受托人死亡或者依法解散",受托人依法解散吗?或许立法者想的是一个商业受托人会被解散,但不是很清楚。什么是"被依法撤销"?自然人可以被依法撤销吗?或者是谁"被宣告破产"?或者是受托人是被什么终止吗?是指信托合同终止吗?不知道。总之本条难以理解,恐滋生解释疑义。

⑤ 张永健:《霍菲尔德分析法学对占有、信托概念的新界定》,载《经贸法律评论》2021年第6期。

委托人指定新的受托人,让信托持续,应是更合理的安排。但若委托人已过世,则须视信托文件是否留下够清楚的指示,便于选择新受托人。若指示不明,则使信托终止,是较保守但可避免未获委托人信任者掌控信托财产。

(五)金钱给付请求权

绝大部分继承争议,多涉及金钱给付请求权与义务,而本文主张这些请求权和给付义务原则上皆可继承:因为给钱、付钱没有信任、能力、技术的问题。此外,因《民法典》第1161条[①]采继承有限责任,债务均从遗产支出,并不会对继承人造成不测之损害。

金钱给付请求权与义务有合意产生,如合同约定违约金;也有非合意产生,如侵权行为产生损害赔偿责任。两者可继承之理论基础有所不同。依合意而产生或嗣后转为金钱给付之权利和义务,当事人应会偏好可继承,这是多数默认规则理论的继续运用。非依合意而产生者,无法适用多数缺省规定理论,因为若无事前交易的机会,事后成为金钱给付义务人者一定偏好不继承,而成为金钱给付权利人者一定偏好继承。但在此非合意之情境,立法者有额外政策理由偏好金钱给付之权利与义务之继承,而此理由相同于事前合意交易会偏好继承之理由:如果金钱给付义务在原始义务人过世后,不但继承人不需要以固有财产偿还(继承限定责任之结果),连原始义务人留下的遗产都毋须用以偿还,则原始义务人就有诱因尽量拖延清偿,和权利人比谁命长。在此种情形下,对给付迟延者加计迟延利息也没有用,因为只要权利人魂归西天,再多的迟延利息加本金都将全部归零。权利人晚拿到清偿,或根本拿不到清偿,降低了侵权法的吓阻效果和填补效果,也降低了义务人遵守合同约定的激励效果。

但一律容许金钱给付请求权和义务继承可能会产生其他缺陷。例如依照《最高人民法院关于确定民事侵权精神损害赔偿责任若干问题的解释》,若某人在车祸中丧生,其配偶、子女跟父母可请求精神损害赔偿;受伤者则可自行请求。假设某人因车祸受伤,三个月后因其他理由过世,其过世时尚未对车祸受伤产生的精神损害赔偿请求权,有任何表示。若其对肇事者的精神损害赔偿请求权可被继承,试问继承人要如何证明被继承人的精神损害大小?继承人是否会漫天喊价?侵权责任的义务人怎么抗辩对造主张的精神损害数额太高?除非走向日本、法国、意大利的精神损害金额定额化制度,否则将来势必肇生解释难题。因此,立法者可依据其他理由,例外约定某些类型的金钱给付请求权与义务不继承,但无论是立法者思考此问题,或学者理论化继承问题,

---

[①] 《民法典》第1161条规定:"继承人以所得遗产实际价值为限清偿被继承人依法应当缴纳的税款和债务。超过遗产实际价值部分,继承人自愿偿还的不在此限。继承人放弃继承的,对被继承人依法应当缴纳的税款和债务可以不负清偿责任。"

都应从上述学理之原则出发,并在考量作出例外规定时,额外说理。

(六)保证

保证看似寻常但最奇崛,因现代的保证人并非是从胸口挖一块肉来还债(见莎士比亚《威尼斯商人》),而是掏腰包。换言之,保证就是金钱债务,故原则上可以继承。何以多数保证人和债权人偏好可继承的保证关系?绝大多数市场上采用之保证交易,是因物保已不可行或不足够,若不采用人保,交易无法合致。若保证因为死亡发生便不得继承,对债权人而言,被担保的价值可否实现便趋于不确定,进而降低了债权人之放款意愿,保证人所欲成就的交易就可能破局。若读者相信法经济学的出发点——越多的自愿交易,越容易促进社会福祉——则法律允许保证关系继承,并以保证合同可继承作为缺省规定,便可促进自愿交易。

四、结论

"没有什么比一个好理论更加实用"(There is nothing more practical than a good theory[①])。本文藉由简单清楚的法经济分析理论,融贯地解释各种私法规范中的继承问题。本文提出的继承标的理论,除描述法律现实外,亦可用于批判。藉本文的牛刀小试,盼有抛砖引玉之效,使民法学说能更紧密地结合法经济分析理论。

---

① Kurt Lewin, Problems of Research in Social Psychology, in Dorwin Cartwright ed. , *Field Theory in Social Science: Selected Theoretical Papers*, Harper & Row, 1951, p. 169.

民法上的"逻辑一秒钟"

杨代雄

摘　要：在民法的某些领域，存在"逻辑一秒钟"。"逻辑一秒钟"是一种重要的教义学分析工具。在某些情形中，"逻辑一秒钟"难以避免，如预期的占有改定、连环买卖中的指令取得、未来债权处分；在某些情形中，"逻辑一秒钟"是为了实现某种效果人为构造出来的，如履行不能情形中"债务违反"的构成；在某些情形中，"逻辑一秒钟"则应当避免，如指示交付情形中物权请求权与物权在"逻辑一秒钟"里的分离。

关键词：物权；债权；交付；逻辑；民法

民法注重逻辑。民法学的科学性体现为民法原理的体系性，而体系性在很大程度上以逻辑法则为基础。在某些问题上，民法原理通过"逻辑一秒钟"为法律事实或者法律效果进行排序，借此获得一个合理的解决方案。反之，在某些问题上，"逻辑一秒钟"则给问题的合理解决造成障碍，应当予以避免。本文拟对民法上若干情形中的"逻辑一秒钟"予以考察与梳理。

一、难以避免的"逻辑一秒钟"

（一）预期的占有改定（通过间接代理取得所有权）

甲委托乙购买一件艺术品，乙以自己名义与丙达成买卖合同和所有权让与合意，丙将艺术品交付给乙。由于所有权让与合意和交付都发生在乙、丙之间，所以艺术品所有权从丙处移转于乙处，乙取得所有权。依据委托合同，乙有义务将处理委托事务所得财物移交给甲，所以乙应将艺术品所有权让与甲。循规蹈矩的做法是，甲、乙达成所有权让与合意，乙将艺术品现实地交付给甲，甲据此取得所有权。这个过程蕴含了一个风险。在乙将艺术品所有权让与甲之前，乙的债权人丁通过法院扣押了该艺术

作者简介：杨代雄，男，法学博士，华东政法大学法律学院教授。

品。由于该艺术品当时归乙所有,属于乙的责任财产,丁有权对其予以强制执行。为了最大可能地规避执行风险,甲、乙可以采用如下做法:在乙从丙处取得艺术品所有权之前,甲、乙预先达成所有权让与合意以及占有改定合意。结果是,在艺术品的占有及所有权移转于乙处时,甲、乙的所有权让与合意和占有改定合意发生效力,甲取得艺术品的间接占有并取得其所有权。[①]

即便如此,艺术品所有权仍然是先由乙取得,再由甲取得。在生活世界中,两次取得同时发生,但在民法世界中,两次取得有先后之分,存在"逻辑一秒钟"(eine logische sekunde)的间隔。只要民法坚守"间接代理在物权法上不能使法律行为直接归属于委托人"之原则,此项间隔即无可避免。乙以自己名义与丙达成的所有权让与行为只能归属于自己,不能归属于甲,所以,该所有权让与行为只能使乙取得所有权。甲、乙之间还需要另一项所有权让与行为。在"逻辑一秒钟"的间隔里,甲的风险无法完全避免。如果乙是一家企业,在执行甲的委托事务之前,乙给丁设立了动产浮动抵押,而且乙为甲购买的动产恰好处于动产浮动抵押范围之内,则在乙取得该动产所有权的同时,该动产即成为浮动抵押权的客体。"逻辑一秒钟"之后,甲虽取得该动产所有权,但该动产上的浮动抵押权可能继续存在。再如,乙取得该动产所有权时,已经进入破产程序,该动产即刻成为破产财产,甲无法在"逻辑一秒钟"之后取得其所有权,只能行使破产债权人的权利。

(二)连环买卖中的指令取得

甲公司将一批货物卖给乙公司,乙公司转卖给丙公司。甲公司按照乙公司的要求直接将货物交给丙公司。两份买卖合同因此得以履行。问题是,货物所有权沿何种路径移转:究竟先由甲公司移转于乙公司,再由乙公司移转于丙公司,还是直接由甲公司移转于丙公司?从物权法原理看,只能承认第一种移转路径。甲公司虽将货物交给丙公司,但甲公司并无将货物所有权让与丙公司的意思。交货时,甲公司未必知道丙公司的确切身份。在甲公司看来,丙公司可能是乙公司的后手买受人,也可能只是保管人、承租人,其未必需要取得货物所有权。在丙公司看来,甲公司可能是乙公司的前手出卖人,也可能只是承运人,其未必可以从甲公司手中取得货物所有权。因此,甲公司与丙公司之间欠缺所有权让与合意,不能发生所有权移转。货物所有权只能先由甲公司移转于乙公司,再由乙公司移转于丙公司。甲公司与乙公司之间存在货物所有权让与合意,甲公司需要将货物所有权让与乙公司,以履行买卖合同中的出卖人义务。同理,乙公司与丙公司之间也存在货物所有权让与合意,乙公司需要将货物所有权让与

[①] 参见[德]鲍尔、施蒂尔纳:《德国物权法》(上册),张双根译,法律出版社2004年版,第125页。

丙公司，以履行买卖合同中的出卖人义务。两个所有权让与合意既可以是明示的，也可以是默示的。

有疑问的是，交付是否发生在甲公司与乙公司之间以及乙公司与丙公司之间。从表面上看，交付发生在甲公司与丙公司之间，但交付在二者之间毫无法律意义，因为二者之间无须移转货物所有权，也无须履行买卖合同。反之，甲公司与乙公司之间需要交付，甲公司作为出卖人一方面需要向乙公司履行交付义务，另一方面需要借助交付向乙公司履行移转货物所有权的义务。因此，在民法上需要将交付解释为发生在甲公司与乙公司之间。甲公司与丙公司之间只是发生了货物在物理层面上的位移，此项位移在法律层面上的意义则发生在甲公司与乙公司之间。具体而言，货物受让人乙公司指示让与人甲公司将货物交付给既非其占有辅助人，亦非其占有媒介人的丙公司，甲公司依该指示完成的交付在效果上归属于乙公司，相当于甲公司交付给乙公司本身。之所以如此，是因为丙公司基于乙公司的指令（geheiß）而取得货物占有，该占有的取得体现了受让人乙公司的意志，甲公司的交付被视为向受让人乙公司方面的人进行交付，尽管没有使乙公司本身取得占有（哪怕间接占有），但也满足了动产所有权让与的交付要件。此为受让人方面的指令取得（geheißerwerb），指令由作为受让人的乙公司发出。[①]

甲公司与乙公司之间发生交付之后，乙公司与丙公司之间也发生交付。让与人乙公司指示既非其占有辅助人，亦非其占有媒介人的甲公司将货物交付给受让人丙公司。甲公司依该指示完成的交付在效果上归属于乙公司，相当于乙公司自己交付给丙公司。尽管整个过程并未包含乙公司自己放弃占有，因为乙公司自己并未取得占有，但也满足了动产所有权让与的交付要件。此为让与人方面的指令取得，指令由作为让与人的乙公司发出。

通过两次指令取得，货物完成了在甲公司与乙公司之间的交付以及在乙公司与丙公司之间的交付。生活世界中的一次交货行为在民法上构成两次交付。两次交付与两项所有权让与合意相结合，导致两次所有权移转。货物所有权先由甲公司移转于乙公司，再由乙公司移转于丙公司。两次移转存在"逻辑一秒钟"的间隔。在此间隔内，乙公司享有所有权的货物成为乙公司的责任财产，在乙公司破产的情况下构成破产财产。货物还可能成为担保物权的客体。比如乙公司事先为第三人设立动产浮动抵押权，乙公司取得的货物在"逻辑一秒钟"的间隔内落入浮动抵押权的"口袋"之内。当然，丙公司可以享受《民法典》第 404 条"正常经营买受人"规则的保护。

---

① Ralph Weber, Sachenrecht Bd. I: Bewegliche Sachen, 2. Aufl. , 2010, S. 105.

(三)未来债权处分

未来债权可以被让与。未来债权让与是一种预先让与(vorausabtretung),因为在让与时,债权尚未发生,不存在处分客体,只能为将来可能发生的债权预先达成处分合意。民法理论上通说将未来债权分为两种:一是已有基础的未来债权;二是没有基础的未来债权。前者如附停止条件法律行为或附期限法律行为产生的债权,或者继续性合同如租赁合同、雇佣合同产生的尚未到期的债权,后者如未来拟订立的买卖合同产生的债权。第一种未来债权让与时,已经取得的法律地位如期待权也应一并让与,受让人在债权让与合意达成时立即取得期待权,在债权发生前,如果让与人破产,期待权不属于破产财产,而属于受让人。未来债权实际发生时,债权直接由受让人取得,不发生让与人逻辑上一秒钟的过渡取得(durchgangserwerb)。反之,第二种未来债权让与由于不存在期待权,所以债权实际发生时,债权先由让与人取得,然后由受让人自动取得,存在逻辑上一秒钟的过渡取得,如果债权发生前,让与人破产,则债权发生时属于破产财产,受让人不受保护。[1]

继续性合同产生的未到期债权究竟如何定性,是否附随期待权,尚有争论余地。除此之外,上述通说值得采纳。有期待权的未来债权与无期待权的未来债权截然不同。期待权是债权或者物权的预备阶段,二者是花蕾与花朵的关系。就债权而论,期待权再往前一步就变成债权。因此,谁享有期待权,谁就能取得作为期待权发展的最终产物的债权。甲、乙订立附停止条件合同,条件一旦成就,甲即取得合同债权。条件成就前,甲享有期待权。甲、丙的未来债权让与合意使丙从甲处取得期待权,丙因此成为"预备债权人"。甲、乙合同的条件成就时,期待权在"预备债权人"丙处(而非甲处)发展成为债权。该债权在甲处一刻未停即由丙取得,丙的期待权消除了"逻辑一秒钟"。反之,甲、丙达成未来债权让与合意时甲、乙的合同尚未订立的,在该合同订立并生效时,债权必须发生于作为合同当事人的甲处。丙事先并未取得"预备债权人"之地位,所以债权不能发生于丙处。债权发生于甲处时,未来债权让与合意因处分客体的产生而生效,使债权移转于丙。在"债权发生于甲处"与"债权移转于丙处"这两个事实存在"逻辑一秒钟"的间隔。此项间隔无可避免。

债权在让与人处停留"逻辑一秒钟"意味着受让人承受该债权被让与人的债权人强制执行或者被列入让与人破产财产的风险。此类风险无法通过将未来债权让与合意视为附停止条件处分行为得以避免。假如未来债权让与合意是附停止条件处分行为,则让与合意达成后,让与人不得再次处分债权,否则,在条件成就的情况下该处分

---

[1] Karl Larenz, Lehrbuch des Schuldrechts, Bd. 1, 14. Aufl., 1987, S. 532.

行为无效,因为其妨害在先处分行为于条件成就时应当发生的效力。然而,将未来债权让与合意定性为以债权发生为停止条件的附条件处分行为,十分勉强。附停止条件法律行为并非欠缺法律行为一般生效要件,而是欠缺意定的特别生效要件。债权让与是处分行为,处分行为以存在处分客体为生效要件。达成未来债权让与合意时,作为处分客体的债权尚不存在,所以未来债权让与合意欠缺法律行为的一般生效要件,不能成为附停止条件法律行为。即便当事人明确将债权的发生约定为债权让与合意的生效要件,这也只能构成"法定条件",并非真正意义上的附停止条件。

(四)占有辅助人取得占有

1. 占有辅助人取得占有后处分占有物

甲公司的雇员乙在驾车送货过程中将部分货物以自己名义出卖给丙,丙可否善意取得货物所有权?如果适用占有委托物无权处分规则(《民法典》第311条),则在丙为善意、已经交付且对价合理的情况下,丙可以善意取得货物所有权。反之,如果适用占有脱离物(脱手物)无权处分规则(类推《民法典》第312条),则丙即便为善意,也未必能取得货物所有权。在上例中,乙与甲公司存在劳动合同关系,乙虽支配甲公司的货物,但并非货物占有人,仅为占有辅助人,甲公司才是占有人。乙从车上取出货物转让给丙,在货物交付给丙之前,乙必须先成为占有人,否则无法在乙、丙之间发生交付(占有移转)的效果。即便从生活事实的角度看,乙取得占有和乙转让占有是同时完成的,但在逻辑上也须分出先后。在转让占有之前的"逻辑一秒钟"里,乙从甲公司处取得占有。乙从占有辅助人转变为(直接)占有人,因为其通过实施无权处分将"不再为甲辅助占有"之意思表达于外部,借此终止了占有辅助关系。没有了占有辅助关系这一法律纽带,甲公司与货物之间的占有关系断裂,甲公司丧失占有;没有了占有辅助关系这层隔膜,乙与货物之间的支配关系毫无障碍地形成占有关系。原占有辅助人乙取得货物占有并非基于原直接占有人甲公司的意思[①]。甲公司的意思只是让乙成为货物的占有辅助人,不是让乙成为货物的占有人。因此,货物成为脱手物,应当适用脱手物无权处分规则。

2. 占有辅助人可否行使留置权

甲公司与其司机乙终止劳动合同时,甲公司尚欠乙3万元工资,乙可否对所驾驶的甲公司汽车行使留置权?按照《民法典》第447条第1款的规定,债权人可以留置的是"已经合法占有的债务人的动产"。在上例中,司机乙是甲公司所有的汽车的占有辅助人。只要占有辅助关系未终止,乙就没有取得汽车的占有,不符合"已经合法占有"

---

① Wolfgang Lüke, Sachenrecht, 4. Aufl., 2018, S. 31.

这一要件,不能对汽车行使留置权。乙必须先以某种行动表明放弃占有辅助意思,借此取得汽车占有,"逻辑一秒钟"后才可能取得留置权。不过,乙取得占有并非基于直接占有人的意思,构成占有侵夺,并非"合法占有",所以不能取得留置权。绝不能说乙因主张留置权而占有甲公司的汽车,构成合法占有,所以有权留置汽车。这显然是一种循环论证。此外,即便认为劳动合同终止导致占有辅助关系终止(该论断在民法原理上未必成立!),乙也不能取得留置权。因为,占有辅助关系终止时乙虽取得占有,但其对汽车并无占有权,属于无权占有,不符《民法典》第447条第1款中的"合法占有"之要件。

二、人为构造的"逻辑一秒钟"

(一)履行不能情形中的"逻辑一秒钟"

债法上的履行不能包括自始不能与嗣后不能。在嗣后不能的情况下,原给付义务在合同生效时发生,此后因履行不能而消灭(《民法典》第580条第1款第1项)。问题是,原给付义务的消灭是否意味着债务人不构成违约。所谓违约即违反合同债务,既然履行不能已经导致原给付义务消灭,就没有给付义务可被违反,何来违约?不应把导致履行不能的债务人行为视为违约行为,否则将导致如下结果:因债务人行为以外的其他因素导致履行不能的,不构成违约。例如,买卖的特定物被第三人毁坏了,债务人并未实施导致履行不能的行为,不构成违约。与此同时,在履行期届满前,债务人在使用归属于自己但将来有义务交付给债权人的标的物时,不慎导致其毁坏,债务人虽有过失,但这是在对自己所有之物行使权利过程中的过失,将其视为对债权人的违约行为,十分牵强。使债务人构成违约的是因履行不能导致给付未被提供这一事实,不是导致履行不能的债务人行为。后者仅为判断债务人对于履行不能(违约)是否具有可归责性的考量因素,因债务人的过错导致履行不能的,债务人具有可归责性。[①]

嗣后履行不能一方面导致违反合同债务,债务人可能需要为此承担违约损害赔偿责任,另一方面导致原给付义务消灭。为了使这两个法律效果都能发生,必须为其确定先后顺序。嗣后履行不能首先导致违反合同债务,然后才导致已经被违反的原给付义务消灭。二者存在"逻辑一秒钟"的间隔。

自始不能比较特殊。在合同生效前,就发生履行不能。由于我国《民法典》未规定自始客观不能导致合同无效,所以解释上应认定自始不能的合同因不存在无效事由而发生效力。依据我国《民法典》第580条第1款第1项之规定,履行不能导致原给付义

---

① [德]迪尔克·罗歇尔德斯:《德国债法总论》,沈小军、张金海译,中国人民大学出版社2014年版,第181页。

务消灭。如果此项义务排除效果发生于合同生效之前,则将出现如下尴尬局面:义务排除效果自履行不能构成之时延续到合同生效之时,阻止合同原给付义务的发生,由于自始不存在原给付义务,所以债务人不可能违反合同义务,无须承担违约损害赔偿责任。该结果实际上等同于否定自始不能合同的效力。从比较法看,为克服此项障碍,《德国民法典》第 311a 条第 2 款专门规定自始不能情况下债权人对债务人享有损害赔偿请求权,该款规定成为《德国民法典》第 280 条第 1 款债务不履行责任规则之外的独立的请求权基础。[①] 也就是说,虽然自始不能合同的债务人不构成债务违反,但仍须承担履行利益损害赔偿责任。此种损害赔偿责任的特别规定能够解决自始不能合同有效情况下的履行利益损害赔偿问题。问题是,我国《民法典》没有此种特别规定。承认自始不能的合同有效,在损害赔偿责任问题上必须适用《民法典》第 577 条的一般规定。该条规定适用的前提是构成债务违反,而债务违反的前提是存在债务。因此,在我国民法上,对于自始不能的合同必须予以特殊处理。一方面,承认在合同生效之前即已构成的履行不能具有原给付义务排除效果;另一方面,将该效果解释为原给付义务在发生之后才被排除。具体言之,履行不能虽然在合同生效之前即已构成,但其原给付义务排除效果一直到合同生效之后才发生。在逻辑上遵循如下顺序:合同生效→原给付义务发生→债务违反→原给付义务因履行不能而被排除。在原给付义务被排除之前,存在"逻辑一秒钟",其间发生了原给付义务和债务违反。

与嗣后不能相比,自始不能情形中的"逻辑一秒钟"的用处更大,不仅给债务违反留下机会,还给原给付义务发生留下机会。

(二)生命权损害赔偿请求权的发生

自然人享有生命权。自然人被害致死的,其生命权遭受侵害。依侵权责任原理,权利遭受侵害的,发生损害赔偿请求权。损害赔偿请求权是一种民事权利,取得该权利以取得人具有民事权利能力为前提。按照我国《民法典》第 13 条的规定,自然人的民事权利能力始于出生,终于死亡。这就给生命权损害赔偿责任出了一个难题。生命权人被害致死时,其民事权利能力终止,如何取得生命权损害赔偿请求权?德国学者冯·巴尔说:"一个被杀死的人不会遭受任何损害,这种说法似乎有些嘲讽的味道,然而这却是为欧洲各国法律所认可的事实。"[②]在所有的民事权利中,只有生命权面临这样的困境,因为生命是民事权利能力的前提,侵害生命权的同时也摧毁了民事权利能力的前提以及民事权利的前提。在受害人死亡的那一瞬间,权利、权利的前提、对于权

---

① [德]迪尔克·罗歇尔德斯:《德国债法总论》,沈小军、张金海译,中国人民大学出版社 2014 年版,第 162 页。

② [德]克雷斯蒂安·冯·巴尔:《欧洲比较侵权行为法》(下),焦美华译,法律出版社 2004 年版,第 70 页。

利的救济权全部归于消灭。从这个意义上说,侵害生命权如同斩草除根,从根本上断绝了受害人的救济途径。

对此,民法学者提出了以下几种学说试图解决这一难题:①权利能力转化说。认为死亡虽然导致权利能力终止,但权利能力从存在到不存在经历了一个转化过程,在此过程中产生了死者的损害赔偿请求权。日本民法学家末川博持该观点。[①] ②间隙取得请求权说。认为受害人从受致命伤到其生命丧失之时,理论上有一个或长或短的间隙,在这个间隙中,受害人有权利能力,可以取得损害赔偿请求权。日本民法学家鸠山秀夫持该说。[②] ③同一人格代位说,认为死者与其继承人的人格在纵向上相连结,而为同一人格,所以被害人因生命侵害而产生的赔偿请求权,可由其继承人取得。日本民法学家我妻荣持该说。[③] ④加害人赔偿义务说。认为侵权行为致人死亡,加害人即负有损害赔偿义务,此项义务不因被害人死亡而消灭,被害人获得赔偿的地位由其继承人继承。[④] ⑤身体权一部分说,认为生命权是身体权的一部分,侵害身体权足以达到丧失生命的程度就构成对生命权的侵害,并立即发生损害赔偿请求权。日本民法学家末弘严太郎持该说。[⑤]

以上五种学说都存在牵强之处,权利能力转化说是纯粹的主观想象,权利能力的消灭是即刻完成的,损害赔偿请求权"跑"得再快,也赶不上权利能力消灭的速度。间隙请求权说也缺乏足够的解释力,从受致命伤到生命丧失,虽然经常有一个时间差,但侵权损害赔偿请求权发生于侵权行为完成之时,就生命权损害赔偿请求权而言,它发生于生命因侵权行为而消灭的那一刻,而不是受致命伤之后死亡之前。同一人格代位说违背了民法基本原理,把两个人的人格混为一体,显然不可取。身体权一部分说混淆了身体权与生命权这两个基本概念,显然站不住脚。加害人赔偿义务说实际上在转移注意力,从权利视角转向义务视角,以义务人的生命来支撑损害赔偿责任,以"地位"来替换受害人的权利,貌似有理,然而义务和权利通常是相对应的,加害人有赔偿义务,必然意味着受害人有赔偿请求权,权利能力问题仍然无法回避。

如果需要赋予受害人本身一项生命权损害赔偿请求权,只能这么解释:侵权行为致人死亡、生命权损害赔偿请求权发生、民事权利能力终止这三个法律事实在同一时间发生,在历史世界中难分先后,但在逻辑上可以进行排序,依法价值考量,不妨把生命权损害赔偿请求权发生这一事实排在民事权利能力终止这一事实之前,从而使受害

[①] 参见杨立新:《人身权法论》(修订版),人民法院出版社2002年版,第477页。
[②] 参见于敏:《日本侵权行为法》,法律出版社2006年第2版,第394页。
[③] 参见于敏:《日本侵权行为法》,法律出版社2006年第2版,第394页。
[④] 史尚宽:《债法总论》,中国政法大学出版社2000年版,第146页。
[⑤] 参见于敏:《日本侵权行为法》,法律出版社2006年第2版,第394页。

人能够取得损害赔偿请求权。也就是说,在受害人死亡与民事权利能力终止之间,存在"逻辑一秒钟"的间隔。在该间隔内,生命权损害赔偿请求权得以发生。当然,是否有必要这么做,还需要进一步探讨。因为,生命权损害赔偿请求权还会面临另一个理论障碍:生命已经确定无疑地终止,无法恢复,所以不存在恢复费用,不能像健康权受害那样赔偿医疗费等损失,而生命本身又不存在财产价值,所以不能像受损的物品那样予以赔偿,从伦理学的角度看,任何试图以货币的方式对人的生命进行定价都是对人格尊严的一种贬低。生命权受侵害情形中的死亡赔偿金可以有其他理论构造。如果不考虑我国现行法及司法解释的规定,则在学理层面上,死亡赔偿金宜定性为包括近亲属精神损害抚慰金与扶养费损失赔偿金的综合性赔偿金。[①]

三、应当避免的"逻辑一秒钟"

我国《民法典》第 227 条规定的"指示交付"中的"请求第三人返还原物的权利"究竟指的是《民法典》第 235 条意义上的返还原物请求权还是债权性返还请求权,不无疑问。如果解释为物权性的返还请求权,则动产所有权让与的流程如下:第一步,所有权人甲与受让人乙达成所有权让与合意;第二步,甲将其对占有人丙的所有物返还请求权(物权请求权)让与乙,等同于交付动产;第三步,让与合意与交付结合,导致动产所有权移转于乙,该所有权不包含所有物返还请求权;第四步,甲在第二步取得的所有物返还请求权与在第三步取得的所有权会合,重新组成一个完整的动产所有权。尽管第二步与第三步在时间上重叠,但在逻辑上必须分出先后,二者存在"逻辑一秒钟"的间隔。

从物权法原理看,物权请求权仅为物权效力的一部分,二者是部分与整体的关系,并非相互独立的两个权利。理由是,没有物权,就没有物权请求权,物权请求权始终与物权共命运。所有权人对无权占有人享有所有物返还请求权,在标的物灭失的情况下,所有权消灭,原所有权人对原无权占有人不再享有所有物返还请求权,只能享有损害赔偿请求权之类的债权请求权;在所有权被第三人取得后,原所有权人对无权占有人不再享有所有物返还请求权,新所有权人当然对无权占有人享有所有物返还请求权,尽管无权占有事实之发生与新所有权人并无关系,但其目前享有所有权即足以使其享有所有物返还请求权。将指示交付中让与的请求权解释为物权请求权,导致在"逻辑一秒钟"的间隔里物权请求权与物权分离,违背上述物权法基本原理。

物权请求权与物权分离的"逻辑一秒钟"在教义学上应当避免,而且可以避免。迄

[①] 详见杨代雄:《民法总论专题》,清华大学出版社 2012 年版,第 27—28 页。

今尚未发现只能通过转让物权请求权而非债权请求权代替交付之情形。所有权人与占有人之间总是存在某种债权请求权关系，比如合同请求权、无因管理请求权。即便动产被盗窃后由所有权人转让动产所有权，所有权人与小偷之间虽不构成占有媒介关系，但所有权人对小偷仍然享有以物的返还为内容的侵权请求权（债权请求权），所有权人可以通过转让该侵权请求权代替现实交付[①]，并非只能通过转让物权请求权实现此项目的。《民法典》第 179 条第 1 款第 4 项规定民事责任的具体方式包括返还财产，这表明返还原物也能成为侵权请求权的内容，并非只能成为物权请求权的内容。侵权损害赔偿在本质上是恢复原状。所谓损害即受害后状态与受害前状态的差别（差额）。甲偷了乙的一幅油画，乙受害前状态是"占有油画"，受害后状态是"不占有油画"，两种状态有差别，构成损害。侵权行为人甲有义务赔偿（填补）受害人乙的损害，即消除两种状态的差别，消除的方式就是甲将油画的占有返还给乙。乙将其对甲享有的此种以返还原物为内容的侵权请求权转让给所有权受让人丙，也构成《民法典》第 227 条中的指示交付。

四、结语

"逻辑一秒钟"存在于民法诸多领域，尤其是物权法与债权法领域。这也表明，物权法与债权法是民法教义学体系的核心构件。霍姆斯有言："法律的生命不在于逻辑，而在于经验。"尽管如此，绝不能认为法律不需要逻辑。无规矩不成方圆，无逻辑不成规则。法律如果还想成为一套规则体系，就必须以逻辑为基础。经验是连接法律与生活的桥梁，也是促进法律发展的动力，因为从经验中产生法律需求，通过法律解释、立法或者判例创造满足法律需求的过程就是法律发展的过程。不过，由经验催生的法律判断或者法律决定终究要被整合于一套以逻辑为基础的成文或者不成文规则体系之中。一个头脑中只有裁判经验、没有规则体系的裁判工作者显然欠缺足够的法律专业素养，其裁判活动容易出现前后矛盾、立场不一的现象。逻辑虽非法律的血肉，却为法律的骨架。"逻辑一秒钟"是一种重要的教义学分析工具，从某种意义上说，也是检验民法教义学之科学性的一块试金石。

---

① Ralph Weber, Sachenrecht Bd. I: Bewegliche Sachen, 2. Aufl., 2010, S. 110.

译文

TRANSLATION

为何存在一门与民法分离的商事私法?[1]

Archiv für die civilistische Praxis,1902,Bd. ,H. 3 (1902),S. 438—466.

菲利普·黑克教授在图宾根大学的就职演讲

尊敬的大会：

　　商法是我学术生涯起步时的研究领域，也是我目前的教职所涉及的主要学科。[2]因此我在就职演讲中选择了这样一个主题，它既能展现我对这门法领域的总体认识，也能部分地表明我的教义学研究的大体方向。

　　我的演讲要讨论导致商事私法(handelsprivatrecht)从民法中分离的原因。这其实是一个因果关系问题(causalproblem)。私法学术从未放弃研究这些问题，但在不同的历史阶段，私法学术却着眼于原因的不同范畴。就目前而言，距离我们最为切近的(原因)是实践考量，即在特定生活关系中存在着的需求，以及蕴含在规则中的利益。当然既要涉及理想化的利益，还要考虑由具体时空关联所决定的、利益的特殊构造。毫无疑问，这种宽泛意义上的生活需求在当下对我们的法律塑形(rechtsbildung)的主要轮廓有着决定性的作用。在我看来，这种生活需求在过去的作用也是决定性的。这是毫无疑问的！诚然，这些因素并非是唯一在起作用的，当我们越是深入观察法律塑

---

　　[1] 本文译者：吴训祥，北京大学法学院博士后。菲利普·黑克教授此次演讲的对象在所有商法教科书和手册中都有讨论。专门的论述可见：Georg Cohn, Drei rechtswissenschaftliche Vorträge, Heidelberg 1888 Ⅱ: Warum hat und braucht der Handel ein besonderes Recht? 亦参见：Rießer, Der Einfluß handelsrechtlicher Ideen auf den Entwurf eines bürgerlichen Gesetzbuchs für das deutsche Reich, Stuttgart 1894. Schirrmeister, Der Kaufmannsbegriff nach geltendem und künftigem deutschen Handelsrecht, Ztschr. für Handelsrecht, Bd. 48, S. 418—49. 以及关于统一问题的文献：Rießer, a. a. O. S. 69, 70. 尤其值得关注的还有 Molengraaf 的两篇文章：Das Gutachten für den holländischen Juristentag 1883, 1, S. 251—377, 和他的就职演讲 Het verkeersrecht in wetgewing en wetenschap, Haarlem 1885, 对此参见 Pappenheim, Ztschr. f. Handelsrecht, 33, S. 148, 49.

　　[2] 译者注：黑克在图宾根大学担任德意志法、商事与票据法、民法讲席教授(Lehrstuhl für Deutsches Recht, Handels-und Wechselrecht und Bürgerliches Recht)。

形的细节就越发现如此。生活需求不会自动起作用，而是必须被民族的法律塑形要素所认知并许可。但情况往往并非如此，或者只是有限度的如此。其他类型的观念经常在有意或无意间起着决定性的作用，比如关于特殊法律类型的观念、关于法律事物本质的观念、关于法概念及其后果所要求的规则的观念。纯粹的外部权威也会经常起作用。在法律塑形的领域内，传统的力量相当强大，循规蹈矩的习惯在任何时代都非常强大，只是在程度上有所不同而已。某些沿袭下来的法律规则和法律制度过去曾经符合生活需求，但后来不再符合了，以至于它们只能通过法律史的研究才能被理解。对上述不同因素相对重视的局面目前已有许多改观。自然法学派以前很重视生活需求，但却经常对其加以片面和恣意的强调，不把它放在社会背景中来评判，因此在对历史沿袭下来的法律进行解释时，会发生严重的谬误。与之相反，历史法学派过分强调了另一种因素的影响。历史法学派关于"法律是在民族精神中不自觉形成"的理论，最初主要是针对自然法学派的主观恣意。然而这一理论接下来的发展却是，民族精神全然一般地成为首要的法概念；而法律观念（juristische vorstellungen），在他们看来即具体的法律规范，成为了次要的法概念，成为逻辑必然性的产物。如果某条法律规则不能被刻画为某个一般性法概念的推论，而是必须通过纯粹的——按照术语来说——功效考量而获得解释，那么这条规则就是不可理喻的。据此，法学的首要任务似乎是探究并进一步确定过去和当下的一般性法律观念。在这个过程中，既存的法律规则将作为对观念的解释手段而被评价，可是却没有审查这些观念在与生活需求所起的作用的关系中，对法律塑形的因果性影响在过去和现在实际上究竟有多大。就连法律在实践中的适用也受到了决定性的影响。因为当某个未被直接规定的问题出现时，概念是被建构起来的，也就是说，从确定的法律规则里找出臆断的基础性法律观念，再从这个观念推导出所缺失的规范。长期以来，上述思路对私法学术有着深远的影响，乃至居于统治地位。该思路使得因果关系研究在根本上偏离了对法律与生活需求之间联系的观察。

我们要尤其感谢鲁道夫·冯·耶林，是他让我们在私法领域摆脱了前述思路的桎梏。我觉得有必要借今天这个机会强调一下，正是耶林的著作为我的教义学研究方向提供了决定性的推动力。耶林起初仅凭一己之力不断地呼吁强调，一方面要考察法律规则对利益的作用以及法律在功能上的面向；另一方面，还要从具体的生活需求出发，深入研究利益对法律规则的影响。他在《法律的目的》中提出了一项宏大但却未进一步开展的研究计划，试图创建一个关于生活需求及其在法律上之满足的体系，有点类似于法律的心理学。他的有些思想在今天已然成为了共同的财富，另外一些合理的思想却还没有。我们的学术也还没能从他的思想的合理部分中抽取出全部成果，例如尚未通过利益衡量来进行漏洞填补。我想在我的理解范围内再强调一下耶林思想现实性的重大意义，因为耶林——如果我没判断错误的话——在他的最后一本著作中漏出了很大的破绽，致使他的名誉在某些圈子里受到减损。犯错虽然是人之常情，但却令人深感遗憾，因为恰恰是耶林，既针对历史法学派而使自然法学派的正确主张得以施行，最终却又陷入了与历史法学派相同的错误里。

在当代，通过《民法典》制定及相关的立法改革过程中的编纂、批评讨论和建议，我们对法律上生活需求的考察获得了强有力的支持，也取得了大量、其中有些部分极具价值的资料。然而要做的工作还有很多。首先，官方汇编的资料主要局限于具体问题的阐明上，而学术上更广阔领域内的问题研究则被忽视。就在我今天演讲所关切的问题里，也有着差不多的情况。尽管认可商法具体规定的实践考量早已获得阐明，在主要事项上也没有什么争议，但关于究竟为何存在着一门特别的商法，这些实践中的具体需求是否以及在何种程度上有着更深层次上的共同根源，这些问题却较少引起讨论，虽然只是偶尔产生争议，但这些争议却相当有意义。

我想在讨论这些根源之前，首先在一般性的框架内对各位展示一下接下来要解释的问题。

商法是一门特别法，因为它与一般民法有所区别。就此而言，人们可以把商法与其他特别法，比如矿产法、水法等归为一类。然而商法与这些法律的区别不仅仅在于篇幅和实践价值，而且还在于商法的两大特性上，对此人们或许可以用较少的封闭性这一表述来加以总结。

商法的法律制度只有很少部分与民法有所区别。它们差不多都是针对同一个问题，只是依据商法该问题会得到不同的解决办法而已。某种程度上，只要人们把问题概括的足够宽泛的话，其他特别法也与民法有此种联系。然而对于商法而言，这种关联是直接被给予的，一旦要适用商法的话，那么买卖合同、承揽合同、合伙就都必须服从于特别的法律规则。如今，这种对民法的修正在主要事项上与债之法律行为的成立和内容相关。作为民商法之间特别突出的差异，需要强调以下数点。首先，对商人实施法律行为的本领（rechtsgeschäftliche tüchtigkeit①）的高要求，以及商法的严格性。《民法典》中关于某些风险交易、担保、抽象合同和违约金的特殊保护条款，对于完全商人（vollkaufmann）并不适用。商人被推定不会草率行事，并且有能力充分保护其自身利益。也是从这一立场出发，商人在履行义务时还被要求更高的注意义务。在私人（privatmann）那里可免责的小疏忽，到了商人那里就可能是重大过失。此外，商人还

---

① 译者注：Rechtsgeschäft 是民法上的法律行为，在商法上也可以表示交易，黑克在本文里没有明确区分民商法中的 rechtsgeschäft 用法，本文将其统一译作法律行为。在此提请读者留意。

有义务登记其法律行为、复制并存留其商业信函。他必须迅速检查已收到的货物并即刻指明瑕疵，而私人则可以从容得多。还有其他一些例子。商法的另一个特性是，商事行为具有类型化特征。与民法相比，商法的内容要更加细致具体，凡是法律本身没有明确规定的，就要援引那些在完全确定的相同形式下运作的交易习惯和商业惯例。默示行为在商法上获得更重要的意义。特定的语词，例如"an ordre"条款①、"cif."②、"Wechsel"③，都有着约定俗成的含义，并且与重要的法律后果相勾连。另外值得关注的是，民法上的无偿行为，如委托和提存，根据商法都是有偿的，并且利息从清偿期届至的当天开始起算且利率一般较高。最后，还有一套全面的、为方便法律行为之交易而服务的规则与制度（instituten）。根据商法，人们可以较民法而在更高的程度上信赖外观，例如代理权的外观。某些代理权是不可被限制的。善意获得了更强的保护。特殊的公开账册——商业登记簿——让任何人都能从中获知对交易缔结而言重要的事实，并可以充分信赖其完整性。为方便交易之目的服务的，还有商号和商标制度。商法还特别规定了从事交易缔结的长期性联合体，即商事合伙。就此而言，商法提供了大量与民法完全不同的多种形式。诚然，这些辅助制度又将产生新的利益和次生法益，它们也需要法律的保护，例如对商号的主观权利以及公司股权。

　　表明商法之分离的第二大特性来源于此，即商法的适用领域既与日常生活的理解不同，也不能在国民经济学的观察下构成一个整体。诚然，商法对商业和商人有效，但这只是一句正确的废话，甚至更容易让外行产生误会。因为制定法为这些语词，即商业（handel）和商人（kaufmann），赋予了同日常用语习惯和国民经济理论不一样的含义。在法学中，这两个概念有着特殊且广泛的内涵。根据现行法，一项营业（gewerbe）将出于三个理由而被归于商法的管辖之下。第一点理由是，根据该营业所包括的交易的内容，如因为货物被购买和出售。此交易类型的数量相当巨大，以至于仅凭这第一条确定理由就可以把社会意义上的商人活动、全部大工业和其他绝大部分手工业纳入商业。几乎所有面包店、肉店、裁缝和鞋匠都是法律意义上的商人。第二点理由是，当营业根据方式和规模要求一种商人式的活动（kaufmännischen betrieb）时，那么一切不考虑交易对象的营业都是商业营业（handelsgewerbe）。这样一来就有许多初级产品的生产活动——尤其是采矿业——被归属于商业了。第三点理由是，公司只要满足采取特定形式即可。例如，所有股份公司都享有商人的权利和义务，无论其从事何种业务都无所谓。同样的规则也适用于其他的公司形式。如果我们不考虑农业和林

---

① 译者注：即 ordreklausel，指标记在指定式证券（orderpapiere）上的条款。
② 译者注：即到岸价格（cost, insurance and freight）。
③ 译者注：即汇票，或泛指票据。Wechsel 在日常德语中意为"更替""交换"。

业——它们是例外,那么所有大型交易活动(geschäftsbetriebe)和众多小型交易活动实际上都属于商业。这当然并非毫无差别。其存在两种不同的资格。较小型的商人作为小商人(minderkaufleute)并不适用一些对其他完全商人有效的重要规则。对于商法在具体法律行为上的适用,新《商法典》要求该法律行为由商人在其营业活动(gewerbebetrieb)中实施。但这也有可能引起误会,因为从此可能得出推论,即新法典把商法作为等级法①而对待。我们至少应当强调,该商人阶层的成员并非通过其他什么社会或经济纽带而关联,该阶层只存在于商法之内、并且是为了商法作为整体才存在的。此外还应表明,这种资格对于海商法或票据法的适用而言均非必需。尽管如此,这两门法律仍然都属于商法的一部分,并且正如要介绍的那般,它们有着充足的理由成为商法的一部分。我的这部分简单勾勒应该已经表明,在社会和经济的观察之下,商业所涵盖的生活关系并非一个统一体。

　　商法还有其他引人注目的特性,这些特性来自于商法史。总体而言,在上升的文化中,法律制度的急剧分化及其相互之间的冲突与更细化的劳动分工和更差异化的生活关系相一致。因此人们可以在这样的时代和区域里期待着商法与民法的截然分立:在那里,商业和贸易有着最繁荣的发展。然而无论在古代还是现代,人们的这种期待都从不曾实现过。在罗马帝国直至古典法学的时代,贸易就已经高度发达。然而商法特别规范却数量稀少。到了帝制时代晚期,贸易衰退,民商事规范分离发展的迹象却日益清晰。在中世纪,我们在13和14世纪的意大利发现了高度发达的特别法,尽管彼时的贸易并不如古代世界那般繁盛,但意大利的商事特别法在篇幅上并不比当代法逊色,而且还被继受至北方地区,随后效仿法国而被分离地法典化。然而尽管在欧洲大陆国家中——除各自的特例之外——商法有着同样的庞大篇幅,民商分立却恰恰出现在如今贸易的中心区域,但在英美法的区域里则不那么显著。同样,尽管瑞士的贸易生活高度发达,但它通过一部总体性的债法典,不仅消除了形式上的分立,而且极大地弱化了民商法实质上的区分。通过进一步观察可以发现,在上升的文化中,商法的退缩也表现为法律形式的纯粹调整。分立虽然消失,但法律规则依然还在,它们成为了一般的民法。② 人们把这种现象表述为民法的商业化(kommerzialisierung)。这或许并非完全准确,因为导致原初的商法规范一般化(verallgemeinerung)的原因有很多种。民法对商法的采纳过程可以这样来发生,即商法首先寻找到了某种解决办法,而

---

　　① 译者注:等级法(standesrecht)存在于中世纪和近代时期,是封建制度下的一种属人法律类型,强调其规制对象的身份属性。后文将根据Stand的语境,译作等级或阶层。
　　② 尤其参见Rießer的一篇内容丰富且迷人的报告:《商法观念对〈德国民法典[第一]草案〉的影响》(Der Einfluß handelsrechtlicher Ideen auf den Entwurf eines bürgerlichen Gesetzbuchs für das deutsche Reich. Stuttgart 1894)。

这种办法随着采纳而显得具有一般化的正确性。然后其与商法的关联被彻底切断。另一方面，商法的优先性也可以来自于此，即某种解决办法早就已经是一般的正确，只是与民法相比，商法率先克服了某些困难。这个观点就可以解释，为何《民法典》采纳了大量来自《德意志普通商法典》（ADHGB，1861 年）的规则。当然还有可能的是，法律规则符合某个时期的商业需求且与彼时的一般法律需求不同，而时过境迁，一般需求已经与商业需求相符合了。例如在我们德意志地区，买卖行为不要式的有效性，是作为古老的商人习惯法而获得佐证的。[①] 不过在这个佐证之后的很长时间里，形式的必要性都贯彻于民事交易中。现在，形式自由已经是共同的法律了。我要说的第三种情况与上述两者有所区别，即一项制度保留了其商业性印记，但却依然被一般化了。一个例子就是票据能力（wechselfähigkeit）的扩张。[②] 票据产生于商人的交易活动。证书以约定俗成的表述而流转，其意义内涵并不会轻易被外行所理解。在这种情况下，票据能力的一般化之所以成为必然，并非因为其一般的可适用性，而是因为任何分立都会带来的严重负面效果。在具体情况中，法律的恰当性必须让位于对法律简明和确定性的需求。不过此时人们的确可以称之为商业化，因为票据法当然是作为商法的一部分被审视的，也并没有比这更正确的办法。前两种情况更适合那种惯常使用的表述，即商法是法学进步的先驱。当然人们也可以说，商法具有侵略性（offensive）。这种说法换一个视角也是准确的。不仅具体的法律规则会改变其效力领域，特别规范的整体、作为特别法的商法也会向外扩张，并涉足新的生活关系。如果我们对与商法邻近的适用领域加以比较的话，就不会误判这一扩张。在较早的法典化法中，商事法律几乎全然限制在社会意义上的商业里。而正如我刚刚讲过的，商法在今天已经大大扩展了其适用领域。商法这一逐步进行的扩张可以解释，为何商业和商人这样的表述在法律语言中经历了令人瞩目的含义转变。这些概念与语言习惯的联系具有历史性。在约定俗成的语言习惯的意义里，商业刻画出一个历史性的突破口，正是它使一些要素成为现实，这些要素继而造就了法规范在如今极其广泛的领域。

  这些要素究竟是什么呢？在商法文献中，这个问题主要是在致力于消除民商分立的努力下来探讨的。在我看来，还没有一个真正的解释。或许这是因为，历史法学派的基本观念仍在以下两个方向有着不好的影响。

---

  ① Notker（1022）在他对波埃修的阐释中说道：chouf liute strîtent, taz ter chouf sule wesen stâte, der ze jârmercate getân wirdet, er sî reht alde unreht, wanda iz iro gewoneheite ist. Piper, Die Schriften Notker's Band I, S. 49.
  ② 一个可资类比的现象，是古典罗马法上的文书合同的一般适用性。文书合同也一定是在商业交易中出现的。以下事实将令这一类比更加完善：文书合同并非如通说所主张的那样通过登记记载而成立，而是通过书面表示。进行登记只是表示的形式，就像今天的票据条款（wechselklausel）一样。

沉积在历史中的要素的影响作用被过分高估了。法律史研究明确了一些条件,在满足了这些条件时,商法在中世纪和近代得以形成:商业贸易对民法之缺陷的厌恶、行会和商事法庭里的自治性司法判决、商人阶层在自治城市里的统治性影响、国际间习惯法的形成,以及法律规则的相互借鉴。这一研究造成了这种观点,即上述要素同样对理解当下有着极为重要的意义。我们之所以有一门分离的商法,乃是因为它产生于这个特别的区域。当我们此前不具备这些要素时,我们就不该有商法。恩德曼(Wilhelm Endemann)①对这种观点有着最清晰的表述。根据恩德曼的说法,商法只能通过民法的不完整性(unvollkommenheit)来解释,而与其他阶层相比,商人阶层出于历史原因而较早地消除了民法的不完整性。因此,民法中任何与时俱进的改革都必将导致民商法的再次统一。其他反对民商分立的学者也持有这种观点。这个观点须被拒绝。我们最近的法典化恰恰已经表明了这个观点所站不住脚的地方。当具有实践重要性的法律规则不再促进实践时,那么它们就会造成困扰,并因此原则上在新的法典化中被剔除。虽然商法如今在德国内外均历经了众多的法典化过程,但部分在瑞士、以及在我们的新《商法典》中都有着无可置疑的趋势,那就是其与民法之间的差别在尽可能地缩小。但是那些依然保留下来的规则却并非来自对传统的无可指摘的沿袭。在商法领域里,法律史研究对制度的具体细节是可靠的,但对整体制度却不然,对商法的存在而言更是没有任何可靠性。更加没有道理的说法是,当今存在于德国的实质区别应追根溯源于此,即商法比民法需要更大的流动性;又或是在商法的领域里,对国际法律统一的需求要比在民法的领域里更强。② 这些要素在过去确实存在,在将来大概也会确实存在。但其对于当下的意义必须被否定。在我们的商法规范与民法之间的差异中,没有任何一项实质差异的根源在于人们打算减轻商法在未来的修订工作。与跟本国民法相适应相比,没有哪一条规范应当更加注重跟外来法相适应。唯一一个追求与国际法律规则接轨的领域是铁路货物运输法,其与民法的差异早就存在了。

那些使得商法的事实构成既有共性也有特性、进而揭示出法学的对策的特征,对它们的辨识却由于特殊的情况而变得困难。商法的学术研究的起点,在于国民经济学里的"商业"概念。而作为法律规范之对象的商业,则被确定为实现商品流通的活动。诚然,最初的设想是通过词语,把日常生活的观念与这两门学科相关联起来。谁要是跟历史法学派的理论一致,相信观念的法律塑形力,那他就会认为国民经济学赋予商业观念的那些详细规定同样对法律也很重要。这样一来,前述关联就与被国民经济学

---

① Endemann, Handbuch des Handelsrechts, I, S. 16; Lehrbuch, § 4, a. E.
② 这些理由被当做论据而强调,不仅用来捍卫形式上的以分离的法典实施的特别法典化,而且用来证明实质差异的正当性。关于先前的法律状况参见 Goldschmidt, Handbuch, 3. Aufl. , S. 10, 11,关于当代法参见 Schirrmeister, a. a. O. , S. 420, 21.

所强调的特征很接近了,也就是人们所谓的商法的国民经济学理论。但事实证明,这套理论对于民商分立的因果关系问题的解决并无裨益。对该理论加以贯彻,将不可避免地导致商法与一般交易法趋同。因为商品销售的实现并非只是通过商业行为促成的,民法上的交易行为同样也可以促成。试图查明民商事交易在内容上的差异,也不会成功。就连很多人所强调的获利意图(erwerbsabsicht)也并非商业所独有。由此可以看出,在商法的学术研究中,试图解释清楚商法与民法的边界的做法并没有给人留下满意的印象。哪怕是在戈尔德施密特(Levin Goldschmidt)那本瑕不掩瑜的著作里,也未能超越商品销售的中介倾向(vermittlungstendenz)会把商业与其他活动区分开的论断,也就是说,特别的商法首先从不变的货物销售和银行家营业(banquiergewerbe)中发展出来,然后延伸到辅助业务之上,最后随着其余货物成为销售的对象,逐渐被纳入商法的管辖。[1] 然而这种中介倾向究竟为何对于法律很重要,为何为该倾向而塑造的法律总是向更广泛的领域迈进,这些问题并未得到回答。同样没有搞清楚的是,民法上的物品买卖和互易为何不能成为销售的对象。这样看来,戈尔德施密特为商法之特殊存在所作出的辩护还不够。戈尔德施密特[2]写道:"某种抽象的、扁平化的观察或许会符合事实,亦即商业,作为正在实现的交易,总的来说应当服从于物品互易的相同法律规则:本不该有商事特别法律,有一部——或许抛开零星的例外不论——一般交易法就可以了。然而这一实际事实却与我们的观念毫不搭调,事实上,在欧洲文明的整体圈子里,出于内部原因和历史原因,已经形成了内容庞杂的商事特别法。"内部原因包括,存在商业的独特需求,"必须拥有与之相符的独特法律规则",然后是商法对自由、流动性和普世性的需求。这样一来,戈尔德施密特就从他自己赞同的概念界定下结论,否认了既存的法律状况和独特需求的存在。这种权衡应该可以让立法者满意了,但学术则不然。如果结论是从结果的特定预设中得出的,且在专业上不可接受,那么就一定是出错了。这种错误应该唤起学术的重视。我们希望看到天然的界限,可它却被对手以不正确的方式推平了。我们希望认识到联系起商法的构成事实与其规范内容之间的纽带。国民经济理论无法提供这种认识。当面对商法的适用领域在新《商法典》中的广泛拓展时,该理论的缺陷就更加明显了。[3] 如果某项人类活动一旦被刻画为商业,继而在民商法两个学科中将产生如此不同的范围,那么划分学科的

---

[1] 尤其参见 Goldschmidt, a. a. O., 2. Aufl., § 40 ff.; Behrend, Lehrbuch, § 1-4 u. a.
[2] Goldschmidt, a. a. O., 3. Aufl., S. 10, 11. 另参见 Revue de droit international, II, p. 359 ff.
[3] 《商法典》广泛扩张至帝国法和几乎全部帝国领域。此前只有符腾堡在 1865 年 8 月 13 日的实施法中为商法划定了如此广阔的效力领域。

要素就不可能是同一种。从与新《商法典》相关的文献中①也可以看出某种保守态度。商法规范的扩张适用乃是出于实践的理由才被允许的,或者干脆被批评。然而并没有给出原则上的正当化或解释,这是因为没人试图对其出发点加以检验。

学术界这种听天由命的态度是不正确的。这本是一个具有一般性的立场,它可以对民商法分立的内容、此分立在当今的范围以及其历史,给出令人满意的解释。我们诚然不应该再依赖商业的经济学特征。但这在方法论上却是不可想象的。因为那些被学术概念和法律概念从日常生活的语言借鉴而来的语词都只是原材料,它们只有通过为学术目标而进行的再加工才能被使用。我们所面对的问题是,国民经济学和法律塑形理论从共同的原材料中各自选取了不同的组成部分加以利用。事实上,情况就是如此。

我们希望在法学研究中独立自主地,正如耶林在其《法律的目的》一书中原则上所做的那样,从对特定生活需求的观察出发直面这一问题,即是否可以证实这些需求作用于私法。众所周知的事实是,人类行动的频繁重复,我想将之表述为大规模活动(massenbetrieb②),会带来显著的影响,包括内部和外部的调整现象。内部的调整以双重方式展现,首先是生产能力的提高和技巧的发展,其次是意识的减退和注意力的节省。人的行动以同样的、习以为常的、类型化的样式做出,人们完成这些行动前已不再考虑其细节。外部的调整会通过设定新需求而实现。在纯粹的偶发行动中,行动者可以平静而游刃有余地努力排除障碍和困扰,但这在大规模活动中将会显得多余且难以承受。行动者会寻求一些在个别情形下不值当、但在重复行动中可以实现等价的辅助措施。具体行动越是需要更大的辛苦付出,在确定总体方向时越是有更多的具体差异,前述影响就会越是深远而显著。职业抄写员只训练手指,而体操运动员则训练整个躯体。这些定律对一切人类行动有效。对于那些私法上重要的行动,对于法律行为同样有效。与其他行动一样,在对它们进行的持续、紧张的重复中,内部调整也会出现,对于外部调整的相同需求也会产生。因而对这样一类人来说——正如我所确信

---

① Cosack,[Konrad,] Lehrbuch [des Handelsrechts],§ 3,a. E.[在第 3 节结尾部分]强调,谈不到存在"两种法律的本质区别",他认为实际上的代表性差异只在于商人被更严格的对待了,对此也没有给出更详细的论证。Schirrmeister 在前引书第 418 页断言,商法所处理的法律关系,其本身与商法无关。另参见 Karl Lehmann, Der Entwurf des revidirten Handelsgesetzbuchs. Arch. f. d. civil. Praxis,86, S. 289 ff. , insbes. S. 297 ff. ;Gierke, Der Entwurf des neuen Handelsgesetzbuchs. Ztschr. f. HR,45, S. 441 ff. , insbes. S. 454 ff. ;Lastig, Zum Entwurfe. H. G. B. von 1896. Jahrb. f. Nationalökonomie,1897,S. 1 ff. ,insbes. S. 17.

② 译者注:Massenbetrieb 理论是本文的核心观点,黑克试图通过这个概念建构起商法规范的统一标准。这一理论似乎并不成功,在目前的主流商法教科书中已较少出现。Vgl. Claus-Wilhelm Canaris, Handelsrecht, 24. Aufl. , München 2006, S. 6;Peter Kindler, Grundkurs Handels - und Gesellschaftsrecht, 9. Aufl. , München 2019,S. 4.

的,法律主要是通过生活需求而被确定的——就不由得产生这个问题:法律行为之大规模活动的需求(bedürfnisse des rechtsgeschäftlichen massenbetriebs)是否对法律的形成施加了影响;是否可以找到一些法律规则,其可被追溯至这一要素。对这个问题应当做肯定回答。我们所找寻的,关于法律行为之大规模活动的法律,恰恰就是我们所拥有的商法。法律行为之大规模活动是那样一种要素,其在历史上首先在狭义的商人也就是小商贩那里有效,如今已经拓展生效至相当广阔的领域。

事实就是这样。如果我们在最初始的关系中比较小商贩活动和农民活动的法律行为要素的话,差异并非显现在行为的类型化内容上,而是体现在其数量与其对营业活动的意义上。农民同样也做买卖,但他们只是偶尔做做,其职业活动的核心不是法律行为式的(rechtsgeschäftlich)。与他们相反,商人以做买卖为生,其职业活动是法律行为式的。区分性要素也一如既往地可在语言塑造中找到表达。商人阶层以其法律行为之活动而被冠名,这并非没有根据。

早在旧《普通商法典》时代的1889年,我就已经指出[①]这一法律行为之大规模活动的要素对于商法分离的决定性意义,那时我评论了格奥尔格·科恩(Georg Cohn)所发表的关于我们问题的研究。我的观点隐藏在这份书评里,没有引起文献中的任何重视。借此机会我想强调一下,这种关联在新《商法典》和旧法典一样体现得更加明确,且这种决定性要素在草案所附理由书[②]中得到了(哪怕并非毫无改动的)突显。在理由书中,商法规范的适用领域摆脱了国民经济学意义上的商业概念,乃至拓展于初级产品的经营之上,此种拓展必要性在下述理由中得以阐明:"大多数商法条文的基础并非在于组成商事活动的具体交易操作的独特性,而是在于此类活动的方式本身,亦即在于大量的、互为条件的行为,其要求迅速而安全的开展,同时为所有参与者的利益而提供企业交易关系中一定的清晰性和可辨识性。"我认为,在这里强调互为条件是不妥当的。诚然这里所指的只是经济上的关联,这种关联在一切经营中都存在,可唯独在新商法中所规定的初级产品的经营——比如农业——中并不存在。只有法律行为的数量和意义具有决定性作用;只有它们才造就了理由书中所提出的需求,并且解释了商事法律规则的独特性和效力领域的界分。

当研究法律规则时,这一关联的细节可以被辨识出来,并且绝大部分几乎可以被不受误解地清晰呈现。

可以确定的是,对商人的严格对待以及法定保护条款的排除,是依赖于商人更强

---

① Ztschr. f. Handelsrecht, Bd. 36, S. 641 ff.

② 译者注:指1896年帝国司法部颁布的《〈商法典〉草案(除海商法),附理由书》(Entwurf eines Handelsgesetzbuchs, mit Ausschluß des Seehandelsrechts nebst Denkschrift)。

大的交易本领（Geschäftstüchtigkeit）的，这种本领被推定属于商人，并被他们通过持续的训练而掌握。商人并非理论家，而是法律行为之活动的演奏者（Virtuose）。同样清楚的还有，商人簿记的必要性恰恰根植于这一困难，即法律行为过程与关系的庞大数量对概览的要求。对交易内容的种类丰富的类型化确定，也应当归因于此理由。正如某个行动的持续重复将为其赋予一种确定的习惯性形态一样，大规模活动也为法律行为赋予一些约定俗成的内容，此内容在没有特别合同时将作为商业惯例而被纳入考量，并在法典中被采纳，以任意性规范的面貌呈现出来。约定俗成的表达方式也与此紧密相关。成疑问之处在于，一切置办活动和劳务的有偿性、一切已届清偿期之债权的利息：它们之间有什么因果关系？若被问起这种条款的理由，商人会回答说："因为时间对我来说就是金钱，我的资本必须为我带来利息。"但这种权衡对私人来说亦如是。这一法律规则为什么就不能对他们有效呢？因此我认为，这种较小的损失只是偶尔地发生在私人身上。而在商人那里，较小的损失却可以通过频繁的重复而成为沉重的负担。同样，商人注意到小的不利，并非是因为它小，而是因为"积少成多"的原理对他奏效。因此在这两个看似迥然不同的规则中，都可以辨识出大规模活动的作用。那种对于本身很小、但会不断积聚的困扰的敏感性在此得到突显。在辅助规则和辅助制度中，上述关联也变得全然清晰。由于大规模活动使始终仔细检验具体交易的前提变得不可能，于是外观和善意必须能够满足交易。此外，交易的巨大数量让特别机构——比如商业登记簿——显得很有必要且很有裨益，而它们对私人来说，负担程度似乎要大过好处。只有对大规模活动的预期，才能为如此复杂且时常带来风险的组织化提供正当性，正如在商事合伙的现代形式——比如股份公司——中所呈现的那样。

　　在我看来毫无疑问的还有，商业的适用领域是通过法律行为之大规模活动而被确定的。当然这种确定并非是直接发生的。法律规则应当被实践地适用。因此，它们可能仅仅取决于这些特征，对其在生活中是否存在、是否能被法官准确辨识，只能做出非肯定即否定的回答。法律行为之大规模活动并不符合这一要求，它是一个格外具有流动性的要素，有着许多不同的层级。在法律塑形过程中，这种流动性要素通常是以这样的方式实现的：法律条款与可辨识的主要情况、某种程度上还有作为事实构成特征的辅助特征和标记相衔接。现在，当我们在与法律行为之活动的关联中，寻找前面提到的将某种营业确定为商业营业的三个理由时，我们就能在其中辨识出此类辅助特征，通过这些辅助特征法律行为之大规模活动的领域可被转换，这种转换虽然在实质上并非总是准确，但在实践中却尽可能具有可用性。我此前在描述第一组营业时提到，交易的内容在此具有决定性作用。对这一分组的更仔细的分析——很遗憾我在此不能展开——表明，恰恰在这类营业中，法律行为的活动已然凭借交易的内容而通常已达到了更广阔的范围。第二个分组可以更加直观地展现出这一关联。这一分组由这样的企业组成，它们根据不同的方式和范围要求以商人的方法安排交易活动。而商人的方式和方法正是通过法律行为的本领（rechtsgeschäftliche tüchtigkeit），以及主要是通过簿记亦即法律行为的记载而实现的，也就是说，通过两大间接由法律行为之大规模活动所给与的要素而实现。最后，在前述第三个分组里，该关联也可得到辨识。某些公司形式之所以被商法管辖，是因为其复杂形式主要是为了法律行为之大规模活动而确定的。是否可以通过内在理由而在全部范围内排除农业和林业，这个问题我将暂且不谈。如今恰是在这些营业里，法律行为的活动已恰如其分地退居次要位置。法律行为式的活动在当代已经达到了相当的差别程度。倘若更高的差异程度会导致民商法分离的话，那么我们就要假设，这一程度提升在商法内部同样也会导致差异化。事实上，这种影响在此前提到的小商人和完全商人的差异化中已经完全直接出现了。但也不仅是这一方面。证券交易中符合商业惯例的法律展现出的特征，其所表彰的商事交易、类型化特性与义务的严格性，甚至要体现在更高的程度上。正如证券交易指明了大规模活动的最高程度，那么在更进一步的审视下，符合证券交易中商业惯例的法律似乎也是潜在的商法。

现在一定不能搞错的是，还存在一些人类活动的领域，其中发生着众多的法律行为缔结，但我们却不对其适用商法。这一现象发生在三类事实构成的组群里。属于第一组的是某些小众人群的法律行为，如取酬手工业者（lohnhandwerker）和马车夫的承揽合同、日工和工厂工人的劳务合同。第二组由"高级职业"成员——例如律师和医生——的酬金合同（honorarverträge）组成。第三组是由公共机构实施的法律行为，比如公共邮政机构所为的、被新《商法典》排除的交易。不过如果仔细研究这三个组群，就会发现它们都各自有与大规模活动的通常效果相悖的特殊情况。在第一组里，法律行为的内容是如此简易而单调，以至于持续性重复也无法引发更深层次的适应现象。这些人群的法律行为活动堪比抄写时的肌肉运动。在酬金合同里，缺少注意力向此类职业的法律行为部分的集中：这一集中是他们的职业道德所排斥的。医生的任务并不在于参与酬金谈判时拥有多么特殊的技巧。无论如何都可以表明，这种高级职业成员并不因酬金合同而被法秩序作为法律行为的演奏者而对待。在邮政交易里，公共利益的优势地位挤压了法律行为的面向，而商法的类推适用事实上也并未被全然排除。故而在我看来，通过排除掉上述交易，法律行为之大规模活动对于解释商法的意义并没有被驳倒，反而得到了强化。

那些导致应用辅助特征的情况，同样也造成了法律行为活动的不同层次间的相互转换，从而解释了那些与过去和现在出现的商法分离相关的、引人注目的时空差异性。

一般的民法同样也必须考虑法律行为活动与本领的明确程度,并在平均水平上将其作为前提。这就可以理解,为什么大规模活动对特别规范的需求越是少,一般标准所涉及的对平均水平的要求就越高。古典罗马法的总结相当准确:法律是写给警觉之人的。① 这句话恰好部分是作为交易法而产生的,但却尤其适合商业。同样的权衡也适用于瑞士法和部分英美法。当然,还另有一件非常重要的情事需要考虑。对相同构成事实的分离对待并非只是直接通过制定法来规定,而是也可以通过对总体性规范的一般理解,在没有实证例外的情况下,由法官来实现。因此,民法越是设计得自由灵活,可见的(sichtbare)商事特别法就出现得越少。这一立场对于理解罗马法和英国法都有着决定性的意义。对瑞士法也是如此。《瑞士债法典》里不包含关于其商法的适用领域的特别规定。但在 15 个条款中②,法律后果却与"商人活动"相联系。通过这个一般条款,瑞士的法官承担了我们由立法者解决的部分任务。

最后,法律行为之大规模活动的意义使得历史的进程显得可以理解,也就是我此前提过的商法在上升的文化中的侵略性,亦即商法规范转换为民法,以及商法所管辖的事实构成的持续扩张。

在回顾此前提过的历史进程时,我们必须首先区分三种不同的情况。首先,法律行为之大规模活动对法律的缺陷极其敏感。因此可以理解的是,一般值得期待的改革总是首先在商法领域得以推行。例如,晚期罗马皇帝法(spätrömischen Kaiserrechts,或拜占庭法)中某些笨拙的条文,在其尚能被民法所忍受的时候,就早已被商法清除掉了。这些条文从来就不是权宜的(angemessenen)③。其次,外在文化的提升却会导致全体民族之间的法律联系增强,法律行为活动的一般水平随之提高。因此在某种程度上,全体民族都已经适应了早先的商法。因而有些早先符合商人而非私人的需求的法律规则,俟后却成为了一般法,因为它们现在迎合了已变化的私人的需求。例如商法规范中对买卖交易之形式强制的解放,正是以这种方式成为了民法规范。在这里我想对票据能力的扩张提出一些不同的判断。票据直到今天也只符合大规模活动的需求,而非全体民族的需求。票据能力的扩张既非基于大规模活动的一般性,也非来自明确区分上的重大困难。因此我认为,将票据作为民法中的一个制度的观点是不恰当的。票据法始终是商法的一部分,票据条款是用作区分大规模活动的辅助特征之一。

此外,复杂活动向愈加广阔领域的扩张、法律行为在最高点的扩散,都与一般交易活动的增长和一般水平的提高相符合。无须详细论述的是,与 100 年前相比,如今我

---

① 译者注:此处原文为 Jura vigilantibus sunt scripta,出自 Scaevola D. 42,8,24。斯凯沃拉的原话为"市民法是写给警觉之人的"。(Ius civile vigilantibus scriptum est.)
② 译者注:1883 年版本的《瑞士债法典》里,与商人(kaufmännisch)交易相关的条文共有 15 个。
③ 译者注:此处所谓"权宜"亦有"敷衍、应付、将就"之意,黑克强调民商法对此类规范的容忍度有所不同。

们的营业活动者即便在全部其他领域里，在大量且复杂的法律联系中也被课以更加严格的要求。毫无疑问，私法上的法律行为以及它们产生的法律联系，是衔接先进的劳动分工与社会建设的私人经济要素的纽带。由于商法的适用重要性在进步的文化中会向外扩张，对商法的通行解释便也得到了证实。

我此次所讲的全部思考证明这句话是正确的：一门与民法相分离的商事私法的存在，根源于法律行为之大规模活动的需求。通过对一开始提出的因果关系问题的探究表明，人类生活需求在这种情况下有着决定性的影响。此种影响的内容和范围随历史中不断变幻的因素而发生。然而，驱动性力量并不仅仅属于历史，而是也在特别高的发展程度上属于现在。有了这一确信，当然就不应该再去问对该需求的全部细节是否都能在立法上得到满足。对参与大规模活动的圈子而言，他们的利益与其他圈子的利益相冲撞。利益衡量只能针对具体的制度和规范而进行，而这并不在我们今天的讨论范围内。

即便在可预见的未来，我们必须猜测民商法的分立仍将持续存在，当然，我们需要对这种期望保持谨慎。

可是民商法的实质分立受到了前面提到的发展趋势的威胁，即具体商法规范的一般化和适用领域的扩张。随着外在文化和贸易的持续增长，前述趋势仍将在未来出现。无论如何，那些可能发生一般化的规则领域始终有限。倒不如观察一下商法适用领域的扩张；主要是在农业和林业里的大规模活动。然而，如果商法的效力领域持续扩大，那么就会产生一个问题：权宜之法（angemessenen rechts）的优先地位是否无法因其对法律确定性的负面作用而被克服？这个问题在票据法里被作出倾向于同化（assimilierung）的回答。而在商法里，人们总体上的顾虑似乎总是很多。无论如何，也还有相当大的部分残存下来。新的规范将在大规模活动的核心里形成。对交易活动的特别法的需求不会得到消除。

不过，为了民商法如今在我们德国的既存范围内的形式分离，也为了商法向那些并不在此范围内存在的国家的法领域的扩张，一个因素将会介入，而我刚刚否认了该因素对于解释我们当代法律的意义。我指的是国际法律统一的需求。这一需求在商法领域里尤其强烈，部分因为法律联系的国际化扩张，如进出口贸易中的海商法和票据法，而且也是由于法律的差异性是一个严重缺陷，何况法律行为之大规模活动对法秩序的一切缺陷都极其敏感。因此可以设想，到了将来，民法仍坚守其在各自国家内的封闭性，而商法则已然全面或部分具有了国际化的规则。就此而言，商法依然是进步的先驱。

约稿函

一、本出版物简介

《中外法商评论》是由上海财经大学法学院组织推出的系列学术文集。本出版物由上海财经大学出版社出版,计划每年出版两卷。《中外法商评论》编辑委员会主要由上海财经大学法学院教授委员会组成,朱晓喆教授担任主编。

上海财经大学法学院秉持"中国立场、国际视野、法经融合"的学科建设原则,突出英美法与比较法的法律教育特色。鉴于此,《中外法商评论》文稿选题聚焦于法律与经济、商业、金融、劳动和社会保障、环境、新科技等社会经济领域。

二、来稿要求

1.《中外法商评论》栏目设置包括主题研讨、论文、案例评析、研究综述、研究报告、译文等。欢迎就上述主题领域进行投稿。来稿请发电子邮件至 zwfspl@163.com,或者联系朱晓喆老师(邮箱 zhuxiaozhe1027@163.com)。

2.《中外法商评论》提倡中外法律比较的研究方法,探索国际性、基础性、前沿性的重大理论和实践问题。

3. 为确保文稿质量,建议投稿文章每篇在 2 万字左右。

4. 投稿文章的注释格式规范请参见附录。未尽的规范要求,参见《法学引注手册》(北京大学出版社 2020 年版)。

三、稿酬

对于《中外法商评论》录用的稿件,稿酬按每千字 500 元人民币计。字数超过 3 万字的,每篇稿酬最高不超过 1.5 万元。译稿按 80% 折算。

上海财经大学法学院期待在学术界同仁的支持下,能够将《中外法商评论》建设成具有鲜明法商特色的系列学术出版物。

《中外法商评论》编辑委员会

附录:《中外法商评论》稿件注释格式规范

一、中文文献注释格式例示

例1:个人专著格式

张文显:《二十世纪西方法哲学思潮研究》,法律出版社1996年版,第134—135页。

例2:多位作者(三人及以上)专著格式

丁志节等:《中国视角的国际金融》,中国法制出版社1999年版,第205页。

例3:主编作品格式

慕亚平主编:《WTO中的"一国四席"》,法律出版社2004年版,第160页。

例4:中文译著格式

[德]京特·雅克布斯:《法哲学前思》,冯军译,法律出版社2001年版,第15—16页。

例5:台港澳著作格式

王泽鉴:《人格权法》,台北,三民书局2012年版,第15页。

例6:间接引用文献格式

参见韩龙:《离岸金融的法律问题研究》,法律出版社2001年版,第11页。

例7:转引文献格式

雷万来:《论司法官与司法官弹劾制度》,台北,瑞星图书股份有限公司1993年版,第165页。转引自高其才、肖建国、胡玉鸿:《司法公正观念源流》,人民法院出版社2003年版,第342—343页。

例8:相邻相同文献格式

1.[意]彼得罗·彭梵德:《罗马法教科书》,黄风译,中国政法大学出版社1992年版,第311页。

2.同上书,第322页。

例9:多卷册文献格式

《马克思恩格斯全集》(第1卷),人民出版社1965年版,第25页。

例10:期刊文献格式

赵晓丽、李春杰:《中国电力产业的规制及其法律问题》,载《法学杂志》2002年第

2 期。

例 11：文集文献格式

尹田：《法国合同责任的理论与实践》，载梁慧星主编：《民商法论丛》（第 3 卷），法律出版社 1995 年版，第 151—152 页。

例 12：报纸文献格式

庚向荣：《说理是司法裁判文书的生命》，载《法制日报》2013 年 2 月 19 日，第 7 版。

例 13：学位论文格式

陈默：《抗战时期国军的战区——集团军体系研究》，北京大学历史学系 2012 年博士论文，第 134 页。

例 14：网络文献格式

苏力：《中国现代化进程中的法制问题》，载北大法律信息网文献库：http://chinalawinfo. com/fzdt/xwnr. asp？id＝11223，最后访问日期：2020 年 1 月 5 日。

二、外文文献注释格式例示（尊重各该语种引用格式）

例 15：英文著作格式

A. Jayier Trevino, *The Sociology of Law：Classical and Contemporary Perspectives*, New York, St. Martin's Press, 1990, pp. 6—7.

例 16：英文期刊文献格式

Douglas D. Heckathorn, "Collective Sanctions and Compliance Norms：A Formal Theory of Group Mediate Social Control", *American Sociological Review* 55, 1990, p. 370.

例 17：德文著作格式

Moritz Wellspacher, Das Vertranuen auf äußere Tatbestände imbürgerlichen Recht, 1906, S. 22 ff.

例 18：德文期刊文献格式

Joachim Hruschka, Vorpositives Recht als Gegenstand und Aufgabe der Rechtswissenschaft, in：JZ 1992, S. 429.

例 19：日文著作格式

喜多了祐：『外観優越の法理』、千倉書房、1997、頁 215。

例 20：日文期刊文献格式

大塚龍児：「商法四三條における使用人の代理權」、『商事法務』1215 号。